번암집

한국고전번역원 한국문집번역총서

번암집 9

樊巖集

채제공 지음
蔡濟恭

양기정 옮김
김정기

일러두기

1. 이 책의 번역 대본은 한국고전번역원에서 간행한 한국문집총간 235~236집 소재 《번암집(樊巖集)》으로 하였다. 번역 대본의 원문 텍스트와 원문 이미지는 한국고전종합DB(http://db.itkc.or.kr)에서 확인할 수 있다.
2. 역주는 내용이 간단하면 간주(間註)로, 길면 각주(脚註)로 처리하였다.
3. 한자는 필요한 경우 이해를 돕기 위하여 넣었으며, 운문(韻文)은 원문을 병기하였다.
4. 문장 부호는 '한글 맞춤법'에 규정된 용법을 따랐으며, 그 밖에 새로 만들거나 용법을 달리하여 사용한 부호는 다음과 같다.

   「 」: ' ' 안의 재인용을 나타낼 때 사용한다.

   『 』: 「 」 안의 재인용을 나타낼 때 사용한다.

   《 》: 책명 및 각주의 전거(典據)를 나타낼 때 사용한다.

   〈 〉: 편명, 작품명, 논문 제목을 나타낼 때 사용한다.

   …… : 번역문에서 원문의 '云云'을 처리할 때, 각주에서 긴 인용문을 처리할 때, 각주의 표제어가 네 어절 이상일 경우 생략되는 말을 처리할 때 사용한다.

   - - : 본문에서 소자(小字) 원문 주(註)의 처음과 끝에 사용한다.

차례

일러두기 • 4

번암집 제32권

서 序

《이천둔전절목》 서문 伊川屯田節目序 • 15
《문헌비고》〈병고〉 서문 文獻備考兵考序 • 19
《희암집》 서문 希菴集序 • 22
《국포집》 서문 菊圃集序 • 29
《대소헌집》 서문 大笑軒集序 • 34
《병와집》 서문 甁窩集序 • 37
《기영상채록》 서문 箕營償債錄序 • 40
《연암유고》 서문 烟巖遺稿序 • 44
덕천 군수로 부임하는 오경삼 대익 을 전송하며 지은 서문
送吳景參 大益 出宰德川序 • 47
《청휘자시고》 서문 淸暉子詩稿序 • 50
용진 별업으로 돌아가는 윤이중 필병 을 전송하며 지은 서문
送尹彝仲 弼秉 歸龍津別業序 • 53
서장관으로 연경에 가는 강성오 침 를 전송하며 지은 서문
送姜誠吾 忱 書狀赴燕序 • 57

순흥 부사로 부임하는 박중함 사해 을 전송하며 지은 서문
送朴仲涵 師海 宰順興序 • 60
《인재집》 서문 訒齋集序 • 63
《양현록》 서문 兩賢錄序 • 66
은율 현감으로 부임하는 이공회 정운 를 전송하며 지은 서문
送李公會 鼎運 宰殷栗序 • 69
《서담집》 서문 西潭集序 • 73
《남파집》 서문 南坡集序 • 77
시랑 홍군택 수보 이 지은 《출새록》에 대한 서문
洪侍郎君擇 秀輔 出塞錄序 • 82
《구주집》 서문 龜洲集序 • 86
《오한집》 서문 聱漢集序 • 90
《시사》 서문 詩史序 • 95
《운암일고》 서문 雲巖逸稿序 • 98
《둔암집》 서문 遯菴集序 • 101
《평강채씨족보》 서문 平康蔡氏族譜序 • 104

번암집 제33권

서 序

《오시재선생산록》 서문 五視齋先生散錄序 • 109
《학명》 서문 鶴鳴序 • 112
《여사서》 서문 女四書序 • 115
심경미 수석 의 《풍악록》 서문 沈景眉 壽錫 楓嶽錄序 • 118
《만와집》 서문 晩窩集序 • 122

백두산을 유람하러 가는 진택 신문초 광하 를 전송하며 지은 서문
送震澤申文初 光河 遊白頭山序 • 126
《서득록》 서문 西得錄序 • 128
《취헌집》 서문 醉軒集序 • 132
《해봉집》 서문 海峯集序 • 136
연경에 가는 사람을 전송하며 지은 서문 送人之燕京序 • 140
《곡굉당유고》 서문 曲肱堂遺稿序 • 144
《현포산인집》 서문 玄圃山人集序 • 148
《원행정례》 서문 園幸定例序 • 152
《경연당집》 서문 景淵堂集序 • 155
《금헌실기》 서문 琴軒實紀序 • 160
《조씨십충록》 서문 趙氏十忠錄序 • 166
덕천으로 돌아가는 조문연 휘진 을 전송하며 지은 서문
送趙文然 輝晉 歸德川序 • 170
《낙원집》 서문 樂園集序 • 174
《성재실기》 서문 省齋實紀序 • 177
기성으로 돌아가는 김지규를 전송하며 지은 시서 送金之奎還箕城詩序 • 181
연경에 서장관으로 가는 이공회를 전송하며 지은 서문
送李公會書狀赴燕序 • 184
《설담집》 서문 雪潭集序 • 188
《이택재유고》 서문 麗澤齋遺稿序 • 190
《김씨가장》 후서 金氏家狀後敍 • 194
화산군 권공 응수 의 유사에 대한 서문 花山君權公 應銖 遺事序 • 196
《송정집》 서문 松亭集序 • 199
부도 월성대사의 시문고에 대한 서문 浮屠月城大師詩文藁序 • 202
죽산 남부동의 계헌좌목에 대한 서문 竹山南部洞稧憲座目序 • 205

번암집 제34권

기 記

대보단에서 배제한 일에 대한 기문 大報壇陪祭記 • 211
약봉 풍단에 대한 기문 藥峯楓壇記 • 214
보통문을 중건한 일에 대한 기문 普通門重建記 • 218
견산루에 대한 기문 見山樓記 • 222
매선당에 대한 기문 每善堂記 • 226
분호정에 대한 기문 分湖亭記 • 229
취은당에 대한 기문 醉隱堂記 • 232
불운정 활쏘기에 대한 기문 拂雲亭射記 • 235
활을 하사하신 일에 대한 기문 賜弓記 • 238
소수운정에 대한 기문 小水雲亭記 • 241
금수정 중수에 대한 기문 金水亭重修記 • 245
구절산 모당에 대한 기문 九節山茅堂記 • 249
연명헌에 대한 기문 戀明軒記 • 253
춘성당에 대한 기문 春星堂記 • 259
적취정에 대한 기문 積翠亭記 • 262
와룡 폭포에 대한 기문 臥龍瀑記 • 264
수옥대에 대한 기문 漱玉臺記 • 266
명덕동에 대한 기문 明德洞記 • 268
견일헌 중수에 대한 기문 見一軒重修記 • 270
현경정에 대한 기문 懸鏡亭記 • 274
만어정에 대한 기문 晩漁亭記 • 279
성씨 정자와 작별하며 남긴 소기 成氏亭留別小記 • 283
종호당에 대한 기문 從好堂記 • 285

여재헌에 대한 기문 如在軒記 • 288
부용재에 대한 기문 芙蓉齋記 • 292

번암집 제35권

기 記

무명정에 대한 기문 無名亭記 • 297
곡식을 반사해 주신 것에 대한 기문 賜租記 • 301
우화재에 대한 기문 寓花齋記 • 304
조원에 대한 기문 曺園記 • 308
증 승지 정공의 충효 정려에 대한 기문 贈承旨鄭公忠孝閭記 • 311
공회정에 대한 기문 公會亭記 • 315
계서 초당에 대한 기문 溪西草堂記 • 318
거듭 조원을 유람한 일에 대한 기문 重遊曺園記 • 321
오원을 유람한 일에 대한 기문 遊吳園記 • 323
이원을 유람한 일에 대한 기문 遊李園記 • 326
북저동을 유람한 일에 대한 기문 遊北渚洞記 • 329
관가대에 대한 기문 觀稼臺記 • 333
삼종헌에 대한 기문 三種軒記 • 336
꿈에 대한 기문 夢記 • 339
연적봉을 오른 일에 대한 기문 登硯滴峯記 • 342
칠장사를 유람한 일에 대한 기문 遊七長寺記 • 346
회룡사에서 폭포를 구경한 일에 대한 기문 回龍寺觀瀑記 • 353
쌀을 하사해 주신 일에 대한 기문 賜米記 • 355
불쇠헌에 대한 기문 不衰軒記 • 358

생선을 하사해 주신 일에 대한 기문 賜魚記 • 362
낙일와에 대한 기문 樂一窩記 • 364
용연사에 대한 기문 容燕舍記 • 367
관악산을 유람한 일에 대한 기문 遊冠岳山記 • 370
정치와에 대한 기문 靜治窩記 • 375
말을 하사해 주신 일에 대한 기문 賜馬記 • 379

번암집 제36권

서 書
공경히 어찰을 받들고 어명을 받아 답장을 올림
敬奉御札承命上復書 • 383
정해좌 범조 에게 답하는 글 答丁海左 範祖 書 • 387
정 사문 충필 에게 답하는 글 答鄭斯文 忠弼 書 • 393
이 함창 헌락 에게 답하는 글 答李咸昌 憲洛 書 • 397
참봉 김점에게 답하는 글 答金參奉漸書 • 400
성 사군 대중에게 답하는 글 答成使君大中書 • 403
최 익찬 홍원 에게 답하는 글 答崔翊贊 興遠 書 • 409
이 교리 현정 에게 답하는 글 答李校理 顯靖 書 • 413
이 참판 헌경 에게 답하는 글 答李參判 獻慶 書 • 415
이생 한주, 한기에게 답하는 글 答李生漢舟漢紀書 • 418
김 진사 종덕, 좌랑 종발, 진사 종섭 에게 주는 글
與金進士 宗德 佐郎 宗發 進士 宗燮 書 • 421
임천 군수 윤지범에게 답하는 글 答林川使君尹持範書 • 424
안변 부사 유범휴에게 답하는 글 答安邊府使柳範休書 • 429

참봉 이진호에게 답하는 글 答李參奉鎭祜書 • 432
영남의 사우들에게 주는 글 與嶺南士友書 • 435
영남의 사우들에게 주는 글 與嶺南士友書 • 439
인동 부사 최헌중에게 답하는 글 答仁同崔使君獻重書 • 444
도정 이세백에게 답하는 글 答李都正世伯書 • 447
진사 이경에게 답하는 글 答李進士燝書 • 451
최 사문 식에게 답하는 글 答崔斯文湜書 • 454
제학 정법정에게 주는 글 與丁提學法正書 • 458

번암집

제32권

序서

《이천둔전절목》[1] 서문

伊川屯田節目序

옛날 둔전(屯田)은 모두 변방 고을의 빈 땅에 있었는데, 수자리 병사들로 하여금 경작하게 하니 군량을 수송하는 번거로움이 줄고 군량이 풍족해졌다. 이것이 둔전이 군대를 위해 설치되었으면서도 그 이익이 항상 백성까지 미쳤던 까닭으로, 한(漢)나라의 금성(金城)과 진(晉)나라의 수춘(壽春), 양양(襄陽), 형주(荊州)가 바로 이에 해당한다. 당(唐)나라 말기에 이르면 중원(中原)에 군대가 주둔하는 곳이면 모두 영전(營田)을 두었고, 그 뒤로 다시 돈 많은 집을 모집하여 그들로 하여금 세금을 납부하고 그것을 경작하게 하였는데, 호부(戶部)에서 별도로 관사(官司)를 두고 총괄하여 주현(州縣)에 예속하지 않았다. 하지만 그러한 정책을 백성들이 괴롭게 여기자, 주 태조(周太祖)가 이곡(李穀)의 건의를 받아들여 모두 혁파하였다.[2] 대개 둔전은 변방에는 적합하지만 내지(內地)에는 맞지 않으니, 형세가 그러한 것이다.

이천(伊川)은 험준한 산중 고을이다. 옛날에는 둔전이 없었는데, 숙종 초년에 처음으로 동북(東北) 다섯 면(面)의 화전(火田)을 훈국

1 이천둔전절목(伊川屯田節目) : 번암이 이천 도호부사로 재직하던 1758년(영조34) 이천 둔전의 결수(結數)를 바로잡아 작성한 절목이다.

2 옛날……혁파하였다 : 《자치통감(資治通鑑)》 권291 후주(後周) 광순(廣順) 3년 기사에 나오는 내용을 간추려 인용한 것이다. 주 태조는 후주를 건국한 곽위(郭威, 904~954)이다. 자는 문중(文仲), 형주(邢州) 사람이다. 이곡(李穀, 903~960)은 영주(潁州) 사람으로, 자는 유진(惟珍)이다. 《中國歷代人名大辭典》

(訓局)의 둔전으로 삼아 호조에 소속시켰다. 처음에는 세금이 매우 가벼운 데다가 본부(本府)로 하여금 징수를 관할하게 하였으므로 작황에 풍흉의 차이가 있으면 그래도 세수(稅收)를 조절할 수 있었다. 하지만 나중에는 간교한 백성의 고발로 인해 징수액이 늘어나고 호조의 의심과 협박으로 인해 징수액이 증가하여 백성의 삶은 날로 어려워지고 호조의 욕심은 더욱 끝이 없었다. 금상 정묘년(1747, 영조23)에는 호조가 낭관(郎官)을 파견하여 330여 결(結)로 억지로 정하였으니,-우리나라 사람들은 화곡(禾穀) 10속(束)을 1부(負)로 삼고 100부를 1결로 삼는다.- 애초에 비해 몇 갑절일 뿐만이 아니었다. 또한 둔장(屯將)을 처음으로 두어 감독하게 하였는데, 이른바 둔장이라는 것은 무교(武校)가 돌아가며 차임되어 오는 자리일 뿐이어서 지방관으로서의 책무는 없고 오직 자기의 호주머니만 채울 줄 아니, 이천의 백성들이 처자식을 팔고 길거리에서 굶주려도 또한 자신과 아무 상관이 없다고 여겼다. 이에 백성들에게 매질과 채찍질로 해를 끼치고 이웃과 친족까지 약탈하였다. 백성들은 세금을 감당할 수 없게 되자 도망가 흩어졌고, 백성이 흩어지자 둔전이 황폐해졌으며, 둔전이 황폐해지자 이전에 100가구가 담당하던 부역(賦役)이 10가구에 집중되었으니, 백성들이 어떻게 도탄에 빠져 죽지 않을 수 있었겠는가.

32년(1756) 여름에 나는 이주(伊州)를 맡아 다스리라는 명을 받았다. 고을에 부임한 뒤 백 리에 걸친 산허리가 온통 황폐해져 있는 광경을 목격하고는 마음속으로 안타깝게 여겼다. 하루는 갑술년(1754)에 새로 자세히 정한 절목(節目)을 살펴보았다. 그 내용에 둔전의 결수(結數)를 기록하였는데 '215결 남짓'이라고 주기(注記)가 달려 있었다. 책머리에 쓰여 있는 윤음(綸音)이 해와 달처럼 명백한데도 절목을 도외시하고 가렴(加斂)을 일삼은 자에게는 나라에서 일정한 법을 제정하여 처벌하고 있다. 이에 책을 덮고 탄식하기를 "이러한 일이 있었구나. 우리 성상의 깊은 사랑과 두터운 은택이 둔전의 백성들에게 미친 지 이미 여러 해가 되었으나, 호조는 징수에 급급하여 돌보지 않았고, 수령은 호조가 무서워 다투지 않았으며, 산골의 백성들은 우매하여 모르고 있었다. 성상의 은택이 막혀 흐르지 않는데, 내가 그 잘못을 바로잡지 않는다면 성상의 뜻을 따른다고 말할 수 있겠는가." 하였다. 그러고는 마침내 이 사실을 영문(營門)에 보고하고 호조에 보고하고 어사(御史)에 보고하고 안집사(安集使)에 보고하였다. 안집사가 장계를 올려 아뢰자 상께서 윤음을 내려 호조 판서와 본도의 도신(道臣)을 엄히 추고하고 자세히 정한 절목에 의거하여 시행하게 명하셨다.

얼마 지나지 않아 내가 회장관(會葬官)으로서 입조하여 사대(賜對)하였을 때 다시 묵은 둔전 사건의 전말과 호조에서 재감전(災減錢)을 억지로 징수한 일의 부당함을 아뢰니, 성상께서 윤음을 내려 호조를 엄히 추고하기를 다시 이전에 명을 내리던 때처럼 하셨다. 그러자 동북면의 백성들이 고을 관아의 문에 와서 기뻐 뛰며 서로 축하하고 도성을 향해 두 손 모아 감축하였는데, 심지어 눈물을 흘리는 자도 있었다.

아, 둔전의 백성들에게 베푸신 성상의 은혜가 지극하여 더할 나위가 없으니, 주 태조가 이곡의 건의를 받아들였던 일 따위가 또한 어찌 비교가 되겠는가. 이에 동북면의 백성들을 모아서 마을에는 결수를 제(除)하고 사람에게는 부수(負數)를 감하여 215결의 기준에 들게 하였으며, 또 절목 1권을 작성하여 우리 성상께서 전후로 내리신 윤음을 공경히 수록하고 둔전과 관련한 문서 따위도 부록하여 훗날의 열람에 편의를 도모하였다. 무릇 이렇게 하는 것은 그 의미가 백성을 위해서일 뿐 아니라 우리 성상의 지극하신 뜻을 드러나게 하려는 것이다. 아, 지금 이후로 오랜 세월이 흐르더라도 호조를 맡고 수령을 맡고 둔장을 맡는 자에 이르기까지 모두 왕의 신하일 것이니, 그 누가 여기에서 더하고 줄일 수 있겠는가. 절목이 영원히 전하여 폐기되지 않을 것이 분명하다. 이 사실을 기록하여 둔전의 백성들을 치하하는 바이다.

금상 34년(1758) 무인년 모춘(暮春)에 통정대부(通政大夫) 행 이천도호부사(行伊川都護府使) 평강(平康) 채제공이 제하다.

《문헌비고》〈병고〉 서문
文獻備考兵考序

하늘은 만물을 낳는 것을 마음으로 삼지만 상설(霜雪)이 아니면 만물을 이룰 수 없으며, 국가는 백성을 기르는 것을 근본으로 삼지만 군대가 아니면 백성을 보호할 수 없다. 옛 성인(聖人)은 국가를 건설하고 군주를 세운 뒤에는 반드시 군대를 양성하였으니, 이는 부득이해서일 뿐만이 아니라 하늘을 본받아 그러한 것이다.

우리나라가 비록 바다 귀퉁이에 치우쳐 있지만, 삼한(三韓)부터 삼국(三國)에 이르기까지 솥발처럼 할거(割據)하여 범처럼 노려보고 이리처럼 깨무니, 비록 수 양제(隋煬帝)나 당 태종(唐太宗)이 천하의 군대를 동원하였어도 무기를 거두고 물러나지 않을 수 없었다. 고려조에 이르러서는 북쪽으로 여진과 접족하고 서쪽으로 몽고의 침략을 당하였다. 군사를 징발하고 불러 모으는 일을 해마다 그친 적이 없어서 화살을 짊어진 전사(戰士)가 마치 땅에서 물이 솟아나듯 끊임없이 배출되었으니, 우리나라를 '해동(海東)의 강국(强國)'이라고 부르더라도 지나친 말이 아니었다. 그 당시 군대의 기율과 제도가 치밀하여 전할 만한 것이 있었을 터이지만, 사실을 상고할 것으로는 단지 《고려사(高麗史)》〈병지(兵志)〉 약간 편뿐이고, 그 나머지는 모두 찾을 길이 없으니 애석한 심정을 견딜 수 있겠는가.

우리 조정이 창업(創業)하여 후세에 전하니 성자신손(聖子神孫)이 계승하였다. 오위(五衛)의 군사는 고려의 제도를 대략 모방하고 장구한 계책으로 문무(文武)를 아울러 등용하였으나, 나라를 세우는 큰 법도로는 예악(禮樂)만을 오로지 숭상하였다. 조관(朝官)과 사부(士夫)는 너른 소매의 옷을 입고 높다란 관을 쓴 채 언동(言動)을 절제하였으며, 읽는 것이라고는 시서(詩書)의 글이고 강구(講究)하는 일이라고는 왕패(王霸)의 구별이었다. 그래서 군대의 일에 대해서는 달갑게 여기지 않을 뿐만 아니라 수치스러운 일로 여겼으니, 주(周)나라의 찬란한 문장과 송(宋)나라의 인후함은 지녔으나 무력(武力)을 겸비할 수 없었던 것은 이치상 당연한 일이었다.

임진년(1592, 선조25)과 병자년(1636, 인조14)의 국난이 있은 이후로 군주의 마음이 위에서 분발하고 백성의 마음이 아래에서 경계하여 우리의 군사 정책을 가다듬어 유사시를 대비하는 일에 모든 노력을 다하였다. 이에 오위를 혁파하고 여러 군문(軍門)을 설치하였다.[3]

아, 부자(夫子)께서 군대에 관한 일은 배우지 못했다고 위 영공(衛靈公)에게 대답하신 것[4]은 단지 이유가 있어서 그렇게 말씀하신 것일 뿐이다. 그런 것이 아니라면 공자께서 삼가신 것 가운데 전쟁이 어째서 그 하나에 해당하겠는가.[5] 이것이 우리 성상께서 병제(兵制)를 예악

3 여러 군문(軍門)을 설치하였다 : 임진왜란 이후에 서울과 그 외곽을 방어하기 위해 다섯 군영을 설치한 것을 가리킨다. 훈련도감(訓鍊都監), 어영청(御營廳), 금위영(禁衛營)은 서울 방어를 위한 군영이며, 총융청(摠戎廳)과 수어청(守禦廳)은 서울 외곽 방어를 담당하였다.

4 부자(夫子)께서……것 : 위(衛)나라 영공(靈公)이 공자에게 진법(陳法)에 대해 묻자, 공자가 "조두(俎豆)에 대한 일은 일찍이 들었거니와, 군대에 관한 일은 배우지 못하였습니다."라고 대답하고, 다음 날 위나라를 떠났다. 《論語 衛靈公》

5 공자께서……해당하겠는가 : 《논어》 〈술이(述而)〉에 "공자께서 삼가신 것은 재계와 전쟁과 질병이었다."라는 말이 나온다.

(禮樂)의 다음에 두도록 명하시고 신들이 수집하여 편차한 까닭이니, 훗날 나라를 다스리는 자로 하여금 예악과 군대는 마치 한 쌍의 수레바퀴나 새의 날개와 같아서 어느 한쪽을 없앨 수 없음을 알게 하려는 것이다. 이에 〈병고(兵考)〉 제5를 지으니, 모두 4권이다.

《희암집》[6] 서문

希菴集序

문장은 천부적인 경우도 있고 사람의 노력에 의한 경우도 있다. 사람은 본래 천부적인 재능에 대해서는 어찌할 수 없지만, 천부적인 재능은 사람의 노력이 지극하지 않으면 또한 그 재능을 온전히 발휘할 수 없는 것이다. 그러므로 하늘이 이러한 사람을 세상에 낼 때는 비록 탁월한 재능을 부여하더라도 반드시 중년(中年)에 시련을 겪게 함으로써 공명(功名)을 이루어 은택을 베푸는 일에는 마음을 나누어 쓰지 못하게 한다. 그런 뒤에 비로소 장구(長久)하고 위대한 일에 정성과 뜻을 오로지 다 쏟아부어 비로소 훌륭한 결과를 성취할 수 있게 한다. 이는 하늘이 이러한 사람을 곤궁하게 만드는 것이 아니라 그를 사랑하고 보호하는 것이다. 예로부터 이 공봉(李供奉)과 소 내한(蘇內翰)[7]이 겪은 일과 성취한 사업이 이미 그러하였으니, 이러한 사람들이 아니었다면 다시 누가 능히 이러한 일을 감당할 수 있었겠는가.

6 희암집(希菴集) : 채팽윤(蔡彭胤, 1669~1731)의 문집이다. 채팽윤의 종손(從孫)인 번암이 가장 초고(家藏草稿)를 교정하고 편차하여 평안도 관찰사로 재직 중이던 1775년(영조51) 목판(木板)으로 간행하였다. 분량은 29권 14책이다. 권수에 번암이 1775년에 지은 서문이 실려 있다. 채팽윤은 자는 중기(仲耆), 호는 희암(希菴)·은와(恩窩)이다.

7 이 공봉(李供奉)과 소 내한(蘇內翰) : 당 현종(唐玄宗) 때 한림 공봉(翰林供奉)을 지낸 이백(李白)과 송(宋)나라 때 내한(內翰) 즉 한림학사(翰林學士)를 지낸 소식(蘇軾)을 가리킨다.

우리 조정이 문치(文治)로 나라를 다스린 지 장차 400년이 되어 간다. 문단(文壇)에서 명성을 날리며 자신을 돌아보며 자부했던 문인(文人)들이 손가락으로 이루 다 셀 수 없을 만큼 많았지만, 앞에서 언급한 두 군자(君子)와 업적을 견줄 수 있는 경우는 이제껏 보지 못하였다. 이는 천부적인 재능을 지닌 사람이 본래 매우 드문 데다 천부적인 재능을 부여받고서 사람의 노력을 다한 자는 더욱 얻을 수 없어서 그러한 것이 아니겠는가.

숙고(肅考 숙종) 때 성대한 운수를 맞이하여 비로소 우리 종조조부(從祖祖父) 희암(希菴) 선생이 태어나셨으니, 천부적인 재능이 매우 특이하였다. 겨우 돌이 되었을 때 스스로 능히 책에 쓰인 글자를 알아보았고, 4, 5세 때는 내뱉는 말들이 이미 사람을 놀라게 하였다. 10세 때는 《시경》을 천번이나 읽고 오래지 않아 《서경》도 그러하였으니, 신동(神童)의 얼굴을 한번 보고자 하는 세상 사람들이 문 앞에 날마다 찾아왔다.

19세에는 진사(進士)가 되고 21세에 대과(大科)에 급제하였다. 그 해 겨울에 호당(湖堂)의 선발에 들었는데, 전쟁터를 치달리는 전마(戰馬)나 순풍을 만난 돛배의 기세로 붓을 휘둘러 일백 장 종이를 다 써 버리자 호당에 같이 올랐던 큰선비들과 문장 대가(大家)들이 모두 손을 움츠리고 숨을 죽였다. 얼마 뒤에 〈옥지(玉墀)〉 시 한 구절이 대내(大內)에 흘러들어 간 일로 인해 숙묘(肅廟)께서 특별히 불러 술을 내리며 훗날 나라를 빛낼 인재가 되라고 격려하셨다.[8]

8 옥지(玉墀)……격려하셨다 : 1690년(숙종16) 12월 호당에 숙종이 음악을 하사하자, 당시 호당에서 사가독서를 하고 있던 채팽윤이 그 일을 기념하는 시인 〈옥지〉를

한원(翰苑 예문관)에 천거되어 들어갔을 때는 액정서의 하례가 공의 뒤를 좇아다니며 엿보다가 시를 읊을 때마다 몰래 서로 전하여 베꼈다. 한원의 서리(胥吏)가 그 까닭을 물으니, 성상(聖上)의 명이라고 대답하였다. 성상께서 하사하신 법악(法樂)과 황류(黃流),[9] 금련(金蓮)과 고비(皐比)[10]가 빈번하게 도로를 오가니, 그 영예가 세상을 진동하였다. 당시에 사람들이 모두 이 공봉과 소 내한이 지금 세상에 다시 태어난 줄 여겼으며, 하인들과 아녀자들조차 모두 상서로운 별과 구름처럼 공을 우러러보아 공의 한마디를 얻으면 그것을 천상(天上) 신선의 침방울에 비하였으니, 참으로 성대하였다. 비록 그렇지만, 이것은 공의 뛰어난 점이 아니었다. 하늘이 세상에 공을 내면서 어찌 이러한 정도에서 그쳤겠는가.

세상의 운수(運數)가 크게 변하여 도(道)가 세상에 용납되지 못하였

지었다. 〈옥지〉 제3수에 "성대한 신선 음악이 하늘에서 내려오니, 아이 노인 할 것 없이 은혜를 입었도다. 평생 임금님 얼굴이 어떠한지 모르지만, 한 꿈은 언제나 대궐 섬돌을 서성인다네.〔洋洋仙樂下天扉, 童歲龍鍾荷盛私. 平生不識君王面, 一夢尋常繞玉墀.〕"라는 구절이 있었다. 그 이듬해 10월 11일 밤 숙종이 홍문관의 관원을 소대(召對)하면서 설서(說書)로서 시강원(侍講院)에 숙직하던 채팽윤을 불러 "평생 임금님 얼굴이 어떠한지 모르지만, 한 꿈은 언제나 대궐 섬돌을 서성인다네."라는 구절을 외면서 임금을 그리는 심정이 흘러넘친다고 칭찬하고는 술을 하사하였다. 《希菴集 卷2 臘月十一日賜樂湖堂途中口號, 卷3 感恩歌》

9 법악(法樂)과 황류(黃流) : 법악은 궁중의 음악이고, 황류는 제사 때 강신(降神)을 청하는 데 쓰는 울창주(鬱鬯酒)이다. 여기서는 임금이 하사한 음악과 술을 가리킨다.

10 금련(金蓮)과 고비(皐比) : 금련은 주로 궁중에서 사용하는 황금 연꽃 모양의 등촉(燈燭)으로, 금련촉(金蓮燭)이라고도 한다. 고비는 호피(虎皮)를 가리킨다. 모두 임금의 하사품으로 자주 사용되는 물건이다.

으므로 공은 30여 년 동안 작은 고을에서 하찮은 직무에 매여 바삐 지내거나 그렇지 않으면, 강해(江海)와 산림(山林) 사이에서 한산하게 지내면서 어느덧 백발로 늙어 버렸다. 하지만 자신을 높이 표방하여 절대 세상사에 관여하지 않았으며, 이미 세상사에 마음을 나누어 쓰지 않게 되자, 모든 곤궁과 영달(榮達), 성공과 실패, 쾌락과 근심을 한결같이 문장에다 쏟아부었다. 바야흐로 공이 무엇인가를 마음에서 얻어서 손에서 응하여 써낼 때는 세찬 우레가 기둥을 깨뜨려도 그 소리를 듣지 못하고 대악(岱岳)[11]이 앞에 버티고 있어도 그 거대함을 보지 못하는 듯하였으니, 천하 만물로도 그 즐거움을 바꿀 수 없었던 것이다.

공력(工力)이 독실해지자 오묘함이 점차 깊어져 회음후(淮陰侯)의 용병(用兵)이 군사가 많을수록 더 좋아져서[12] 도략(韜略)[13]의 병법(兵法)에 얽매일 필요가 없는 것과 같았고, 건장궁(建章宮)의 문호(門戶)가 정연하고 성대하여 공수(工倕)[14]의 솜씨를 본받을 필요가 없는 것과 같았다. 짧아야 하면 짧게 쓰고 길어야 하면 길게 써서 붓을 던져 지향하는 바에 뜻대로 이루어지지 않는 경우가 없었으니, 풍격과 운율이 생동하고 비유와 홍취가 영롱하여 자연스레 물에 비친 달이 되고 거울

11 대악(岱岳) : 중국 태산(泰山)의 다른 이름이다.

12 회음후(淮陰侯)의……좋아져서 : 회음후는 한(漢)나라 고조(高祖)의 명장(名將) 한신(韓信)의 봉호이다. 고조가 일찍이 한신에게 “그대는 군사를 얼마나 거느릴 수 있겠느냐?”라고 묻자, 한신이 대답하기를 “신은 많을수록 좋습니다.”라고 한 데서 온 말이다. 《史記 淮陰侯列傳》

13 도략(韜略) : 태공망(太公望)이 지은 병서(兵書)인 《육도(六韜)》와 황석공(黃石公)이 지은 병서인 《삼략(三略)》을 아울러 이르는 말이다.

14 공수(工倕) : 요(堯) 임금 때의 뛰어난 목수이다.

속의 꽃이 되었다. 장주(莊周)의 "5년이 되자 사람들이 모여들었고, 6년이 되자 귀신이 들어왔고, 7년이 되자 자연스러움이 이루어졌고, 8년이 되자 죽음도 삶도 알지 못하게 되었고, 9년이 되자 크게 신묘해졌다."라는 말[15]을 공이 시에서 구현하였던 것이다.

아, 문장은 공물(公物)이니 소자(小子)가 어찌 감히 마음대로 논할 수 있겠는가. 나는 삼가 공의 문장에 대해 들은 바가 있다. 이송파(李松坡)[16]는 공에게 시를 지어 주면서 창해(滄海)의 광대함을 지녔다고 인정하였고, 공이 세상을 떠난 뒤에 이서당(李西堂)[17]은 일찍이 공의 시가 신묘한 경지에 들어 근세의 농암(農巖)과 삼연(三淵)[18]도 한 발 물러서야 할 정도라고 하였으며, 오약산(吳藥山)[19]은 공의 후파(侯芭)[20]로

15 장주(莊周)의……말 : 《장자(莊子)》 〈우언(寓言)〉에서 안성자유(顔成子游)가 동곽자기(東郭子綦)의 가르침을 받고 난 뒤 자신의 변화를 묘사한 말이다.

16 이송파(李松坡) : 이서우(李瑞雨, 1633~1709)로, 본관은 우계(羽溪), 자는 윤보(潤甫), 호는 송곡(松谷)·송파이다. 집안은 대북(大北) 계열이나 남인과 정치적 노선을 같이하여 갑술환국 때 삭출되었다. 문집으로 《송파집(松坡集)》이 전한다.

17 이서당(李西堂) : 이덕수(李德壽, 1673~1744)로, 본관은 전의(全義), 자는 인로(仁老), 호는 벽계(蘗溪)·서당, 시호는 문정(文貞)이다. 참판 이징명(李徵明)의 아들이며 박세당(朴世堂)과 김창흡(金昌翕)의 문인이다. 문집으로 《서당사재(西堂私載)》가 전한다.

18 농암(農巖)과 삼연(三淵) : 숙종 연간에 문장으로 이름을 날렸던 농암 김창협(金昌協)과 삼연 김창흡(金昌翕) 형제이다.

19 오약산(吳藥山) : 오광운(吳光運, 1689~1745)으로, 본관은 동복(同福), 자는 영백(永伯), 호는 약산, 시호는 충장(忠章)이다. 영조의 탕평책을 적극 지지하여 청남(清南)의 지도자가 되었다. 문집으로 《약산만고(藥山漫稿)》가 전한다.

20 후파(侯芭) : 한나라 양웅(揚雄)의 제자이다. 양웅이 《태현경(太玄經)》을 지어 《주역》에 견주고 《법언(法言)》을 지어 《논어》에 견주었는데, 후파가 곁에서 극진히

서 항상 "희옹(希翁)께서는 천부적인 재주가 특출하니 마땅히 왕자안(王子安)[21]과 견주어야 한다."라고 하였다. 우리나라의 문장은 논할 만한 것이 별로 없지만, 문단의 월조평(月朝評)[22] 가운데 믿을 만하면서도 근거가 있는 것으로 이와 같은 말이 있으니, 이 어찌 소자가 아부할 수 있겠는가.

만약 공이 대과에 합격한 뒤로 임금의 지우(知遇)가 처음과 같아 중신(重臣)으로서 평생토록 화려한 지위를 누리며 임금을 보좌했더라면 아마도 국가의 인재가 되었을 것이다. 하지만 공이 천부적인 재능을 부여받고서 사람의 노력을 다하여 이룬 찬란하고 심오하여 천고(千古)에 썩지 않을 문장은 반드시 지금처럼 성대하지 못했을 것이다. 공은 마땅히 저것으로써 이것을 바꾸어서는 안 되었으니,[23] 하늘이 공을 사랑하고 보호함이 이에 지극하였다.

공의 저술은 권질(卷帙)이 거대하여 세상 만물을 포괄할 정도여서 사람들이 그 경지를 엿볼 수 없는데, 가성에서 의발(衣鉢)을 부탁받은 사람은 우리 선대인(先大人)[24]뿐이다. 소자가 외람됨을 헤아리지 않고

모시며 《태현경》과 《법언》을 전수하고 양웅이 죽자 심상(心喪) 3년을 지냈다. 《漢書 揚雄傳》 여기서는 채팽윤을 정치적, 문학적으로 계승한 오광운을 가리킨다.

21 왕자안(王子安) : 당나라 시인 왕발(王勃)로, 자는 자안이다.

22 월조평(月朝評) : 월단평(月旦評)과 같은 말로, 인물을 품평하는 것을 말한다. 후한 때 허소(許劭)가 그의 종형 허정(許靖)과 함께 향당(鄕黨)의 인물을 평하기를 좋아해서 매월 초하루마다 인물에 대한 품제(品題)를 다시 작성하였던 데서 유래한 말이다. 《後漢書 許劭列傳》

23 공은……되었으니 : 저것은 임금의 인정을 받아 영달하는 것을 가리키고, 이것은 천부적인 재능과 인간적인 노력을 통해 훌륭한 문장을 이룬 것을 가리킨다.

24 선대인(先大人) : 번암의 부친인 채응일(蔡膺一)이다.

일일이 여쭈면서 시(詩)는 무릇 산삭하여 20권으로 편집하고, 문(文)은 9권으로 편집하는 데 그쳤다. 이는 공이 생존해 계실 때 큰 책 한 권 분량의 문을 잃어버렸기 때문이다. 이것들을 선사(繕寫)하여 시렁에 보관하고 10여 년 세월이 흘렀다. 50년(1774)에 소자가 평안도 관찰사의 명을 받들고 부임하여 그해 겨울에 간역(刊役)을 시작하였고 이듬해 봄에 완성을 고하였다. 공이 세상을 떠나신 지 45년 만에 이 글이 비로소 세상에 드러난 것이다.

한편으로 소자는 이 일에 대해 특별히 감회가 있다. 호주공(湖洲公)이 공의 종조조부였는데, 그분의 유집을 편차하고 서문을 쓴 분이 바로 공이었다.[25] 지금 소자와 공의 관계가 또한 공과 호주공의 관계와 같다. 하나의 기운이 서로 전하고 일이 부절(符節)처럼 들어맞아 마치 우연이 아닌 듯하지만, 사람으로 말하자면 능력도 없으면서 이 일을 했을 뿐이다. 문단의 융체(隆替)와 문호(門戶)의 성쇠를 숨길 수 없는 점이 있으니, 어찌 이 문집을 어루만지며 한번 탄식하지 않을 수 있겠는가.

금상 51년(1775) 을미에 종손(從孫) 숭정대부(崇政大夫) 행 평안도 관찰사 겸 병마수군절도사 도순찰사 평양부윤 관향사(行平安道觀察使兼兵馬水軍節度使都巡察使平壤府尹管餉使) 제공이 삼가 쓰다.

25 호주공(湖洲公)이……공이었다 : 호주공은 채유후(蔡裕後, 1599~1660)로, 본관은 평강(平康), 자는 백창(伯昌), 호는 호주(湖洲)이다. 진사 채충연(蔡忠衍)의 아들이다. 문집으로 《호주집(湖洲集)》이 전한다. 《호주집》은 채유후의 종손 채명윤(蔡明胤)과 채팽윤(蔡彭胤) 형제가 편차하여 1705년 함경도 관찰사 홍만조(洪萬朝)의 협조를 받아 함경도 감영에서 목판으로 간행한 것이다. 여기서 서문(序文)이라는 것은 《희암집》에 수록된 〈종조조부호주선생집서(從祖祖父湖洲先生集序)〉를 가리키는데, 《호주집》에는 권미(卷尾)에 발(跋)로 실려 있다.

《국포집》[26] 서문

菊圃集序

세상 사람들은 문장이 예전만 못한 것을 근심할 줄은 알지만 사람이 옛사람만 못한 것은 근심할 줄 모르니, 나는 세상 사람들이 흐리멍덩하다는 것을 알겠다. 문장은 사람의 말이다. 말이라는 것은 마음에서 나오는 것이요, 밖으로부터 갑자기 찾아와서 취하는 것이 아니다. 사람은 옛사람만 못하면서 말로 표현된 것만 유독 천고(千古) 이전의 것을 따라잡을 수 있겠는가. 성인(聖人)이 지은 경(經)은 그 유래가 오래되어 감히 논할 수 없지만, 진한(秦漢) 이후부터 도를 꿰는 그릇[27]을 자임하며 우뚝이 일가언(一家言)을 이루었던 인물을 두루 꼽아 보면 대체로 현인군자(賢人君子)가 아니면 모두 탁월한 호걸지사(豪傑之士)였나. 문장을 언마하는 사가 능히 사신이 남보나 못함을 부끄럽게 여기고, 부질없이 외면의 문식(文飾)에 힘쓰지 않는다면,

26 국포집(菊圃集) : 강박(姜樸, 1690～1742)의 문집이다. 평안도 관찰사로 재직 중이던 번암이 강박의 아들 강필악(姜必岳)과 함께 시문을 수집하고 편차하여 1775년(영조51) 목판으로 간행하였다. 분량은 12권 6책이다. 권수에 번암이 1775년에 지은 서문이 실려 있다. 강박은 본관은 진주(晉州), 자는 자순(子淳), 호는 국포(菊圃)이다. 1715년(숙종41) 문과에 급제하여 홍문관 정자가 되었으나 척신(戚臣) 민진원(閔鎭遠)과 어유귀(魚有龜) 등을 탄핵하다가 안주(安州)에 유배되었다. 이서우(李瑞雨), 채팽윤(蔡彭胤)으로 내려온 기호 남인의 시문학 전통을 번암, 이헌경(李獻慶)으로 전해주어 17～18세기 남인 문단(文壇)에서 핵심적인 역할을 하였다.

27 도를 꿰는 그릇 : 당나라 때 이한(李漢)이 쓴 〈한창려집서(韓昌黎集序)〉에 "문이라는 것은 도를 꿰는 그릇이다."라는 말이 나온다. 《韓昌黎集》

자신의 말이 불후(不朽)의 문장이 되기에 부족할까 근심하지 않을 것이다.

근세 문장가 가운데 문단(文壇)에 기치(旗幟)를 세워 앞 시대를 압도했던 인물로, 여러 사람이 구가(謳歌)하는 소리를 들어 보면 모두 이구동성으로 국포(菊圃) 강공(姜公)을 꼽는다. 제공은 소년 시절부터 공의 문하에 출입하면서 공에게 가르침을 받은 것이 남들이 배운 것과는 달랐다. 공은 풍모가 고결하니 청전(青田)에 우뚝 선 선학(仙鶴)[28]과 같았고, 성품은 엄격하고 곧으니 격랑(激浪)에 버티고 선 지주(砥柱)[29]와 같았다. 가정에서 효우(孝友)의 도리를 다하니 향당(鄕黨)이 감복하였고 조정에서 홀로 청렴한 지조를 견지하니 악인(惡人)들이 범하지 못하였다. 도(道)와 현실이 어긋나게 되자 문을 닫고 세상사를 사절하였다. 그러면서도 세도(世道)를 돌아보고 염려하여 인재를 가르쳐 이끌었는데, 원대한 뜻을 지닌 채 위로 벗을 삼은 옛사람은 오직 곽임종(郭林宗)[30]뿐이었다.

28 청전(青田)에……선학(仙鶴) : 청전은 학으로 유명한 중국의 지명이다. 《초학기(初學記)》 권30에 "수목계(洙沐溪)라는 곳이 청전에서 9리 거리에 있다. 여기에 백학(白鶴) 한 쌍이 살며 해마다 새끼를 까는데, 새끼들이 다 자라 떠나면 오직 백학 한 쌍만 남아 있을 뿐이다. 그 색깔이 아주 하야니 사랑스러워 많은 사람이 신선이 기르는 학이라고 한다."라는 말이 나온다.

29 지주(砥柱) : 중국 하남성(河南省) 삼문협(三門峽)에 있는 작은 바위섬인데, 황하(黃河) 강줄기 안에 서 있다. 황하의 세찬 물결에도 굽히지 않고 버티고 서 있는 형상으로 인해 세상 풍파를 견디며 굳센 지조를 지키는 사람을 비유할 때에 쓴다.

30 곽임종(郭林宗) : 곽태(郭太)로, 자는 임종(林宗)이다. 위태로운 발언과 엄한 논의를 하지 않아 당시 권력을 쥐고 있던 환관들이 당고(黨錮)의 난을 일으켜 청류(清流)의 지식인들을 탄압할 때도 해를 당하지 않았다. 향리에 은거하여 수천 명의 제자를

당시에 공의 도는 곤궁하고 공의 몸은 움츠려 있었다. 공이 거처하던 도성 서쪽의 몇 뙈기 농토의 집을 보면 잡초가 무성한 가운데 쓸쓸히 자리하고 있었다. 사람들은 공에게서 한마디 인정과 칭찬을 받는 것을 마치 용문(龍門)[31]에 오르는 것과 같은 영광으로 여겼으니, 비록 능히 사람을 귀하게도 만들고 천하게도 만들 수 있는 조맹(趙孟)[32]이라도 그 권위를 빼앗을 수 없었다. 이것이 고인이 말한 '당세(當世)의 제일인(第一人)'이라는 것으로, 공이 비록 그러한 이름을 사양하고 차지하지 않고자 해도 그럴 수 없는 점이 있었다.

맹자(孟子)는 "그분의 시를 외고 그분의 글을 읽으면서 그분에 대해 모른대서야 말이 되겠는가."라고 하였다. 이 말을 가지고 말하자면, 시문(詩文)과 그 사람을 별개로 볼 수 없는 것이 분명하다. 공의 문장은 웅혼하고 노련하며 힘써 고도(古道)를 만회하였다. 시로 말하자면 오언(五言)과 칠언(七言)의 근체(近體)는 소릉(少陵 두보(杜甫))이 아니면 탐탁하게 여기지 않았고 오언 고풍(五言古風)은 말은 나 함이

양성했다고 한다. 《後漢書 郭太列傳》

31 용문(龍門) : 명망이 높은 사람을 비유한 것이다. 후한(後漢) 영제(靈帝) 때 조정이 문란하고 기강이 무너졌으나 이응(李膺)만이 지조를 지켜 고결한 명망이 있었으므로 당시 사람들이 그의 인정을 받는 것을 등용문(登龍門)이라고 하였다. 《後漢書 黨錮列傳 李膺》

32 조맹(趙孟) : 조양자(趙襄子)를 가리킨다. 춘추 시대 진(晉)나라 경(卿)인 조둔(趙盾)의 자가 맹(孟)이었는데, 조둔의 자손인 조무(趙武), 조앙(趙鞅), 조무휼(趙無恤) 등이 대대로 진나라 조정의 권력을 독단하고 부귀를 누렸기 때문에 그 자손들을 모두 조맹이라고 일컫게 되었다고 한다. 《맹자》 〈고자 상(告子上)〉에 "남이 귀하게 해 준 것은 진정한 귀함이 아니니, 조맹이 귀하게 해 준 것을 조맹이 능히 천하게 할 수 있다."라는 말이 나온다.

있으나 뜻은 무궁하였으니, 그 장중함은 동서(東序)[33]의 종(鐘)이요 그 소리는 청묘(淸廟)[34]의 거문고였다. 문으로 말하자면 육경(六經)에 근원을 두고 용문(龍門)[35]을 씹어 음미하였다. 간결하고 오묘하면서 능히 호방하고 전아하면서 능히 변화하니, 글을 구상하여 지으면 조금도 유감이 없었다. 요컨대 허미옹(許眉翁 미수(眉叟) 허목(許穆)) 이후로 가장 뛰어난 인물이었다.

아, 이것이 어찌 공의 힘으로 능히 이룰 수 있던 것이겠는가. 표출한 것은 공의 마음이고 표현한 것은 공의 말이었는데, 공이 마음에 지니고 있던 바가 바로 옛사람의 도였으니, 공의 문사(文辭)가 옛사람과 합치되었던 것에는 그렇게 되기를 기약하지 않아도 그렇게 되는 이치가 있었다. 비록 그렇지만 세상에 문장으로 공의 전체를 평가하는 사람은 이미 공에 대해 아는 것이 별로 없는 사람이다. 그런데 공은 이러한 문장조차 오히려 숨기고 물러나서 국가를 빛내는 인재로 쓰이지 못하였으니, 더구나 옛사람의 도를 그 누가 공으로 하여금 세상에 펼치게 할 수 있었겠는가. 그리고 공의 수명이 중년(中年)에 그쳐 선비들이

33 동서(東序) : 궁궐의 동쪽에 있는 건물로 도서(圖書)를 보관하는 곳이다. 두보의 〈기배시주(寄裴施州)〉 시에 "금종과 대용이 동서에 있고, 빙호와 옥형은 가을 하늘에 걸렸네.〔金鐘大鏞在東序, 氷壺玉衡懸淸秋.〕"라는 구절이 있다. 《杜少陵詩集 卷20》

34 청묘(淸廟) : 주 문왕(周文王)의 사당 이름으로, 후대에는 종묘(宗廟)라는 뜻으로 쓰였다. 또한 《시경》 〈주송(周頌)〉의 편명으로, 주공(周公)이 문왕에 제사할 때 연주한 악장(樂章)이기도 하다. 《예기(禮記)》 〈악기(樂記)〉에 "청묘를 연주할 때의 거문고는 붉은 현에다 밑에 구멍을 뚫는다."라는 말이 나온다.

35 용문(龍門) : 사마천(司馬遷)이 태어난 곳으로, 나중에 사마천을 지칭하는 말로 쓰였다. 여기서는 사마천이 지은 글을 가리킨다.

통한(痛恨)으로 여기니, 아, 슬프도다.

공은 저술이 있어도 버려두고 갈무리하지 않아 망실된 것이 상당히 많았다. 지금 모은 글은 사우(士友)들이 평소에 전송(傳誦)하던 것과 시렁에 보관되어 있던 것에 불과하다. 제공이 마침 관서(關西)의 관찰사가 되었는데, 사문(斯文)이 쇠락하게 된 것을 가슴 아파하고 전형(典型)이 간데없게 된 상황을 개탄하다가 마침내 공의 큰아들 강필악(姜必岳) 씨와 함께 공의 글을 검토하고 교정하여 목판(木板)에 새겼다.

옛날에 공은 제공이 노둔하고 못났다는 것도 모르고 일찍이 국사(國士)로 대우해 주셨다. 하지만 제공은 백수(白首)가 되도록 덩그러니 학문이 더 진보하지 않아 선배가 기대한 뜻에 부응하지 못하였고, 부족한 내가 스스로 정성을 다한 일이라고는 단지 문집을 간행하는 한 가지일 뿐이다. 아, 만약 공이 이것을 아신다면, 공의 기대를 저버렸다고 하실까, 아니면 공의 기대를 저버리지 않았다고 하실까?

금상 51년(1775) 을미에 후학(後學) 숭정대부(崇政大夫) 행 평안도 관찰사 겸 병마수군절도사 도순찰사 평양부윤 관향사(行平安道觀察使兼兵馬水軍節度使都巡察使平壤府尹管餉使) 채제공이 삼가 쓰다.

《대소헌집》[36] 서문

大笑軒集序

아, 이것은 대소헌(大笑軒) 조 선생(趙先生)의 일고(逸稿)이다. 시와 문이 모두 약간 편이다. 선생의 유고(遺稿)가 이 정도에 그칠 뿐이란 말인가. 선생은 천하의 큰 인물이다. 진실로 한 가지 기예(技藝)만으로 선생을 칭할 수 없는데, 먼지와 때나 쭉정이와 겨처럼 하찮은 시문에서 어느 겨를에 많고 적음을 논하겠는가. 선생이 세상을 떠난 지 장차 200년이 되어 간다. 사람들이 외는 것은 선생의 이름이고, 우러르는 것은 선생의 절개이고, 전하는 것은 선생이 술과 웃음에 기탁하여 쏟아낸 걸출한 기상일 뿐이니, 사람들이 어떻게 선생이 내면에 수양했던 바를 알 수 있겠는가.

선생은 일찍이 안기 독우(安奇督郵)로 부임하여 애로(厓老 유성룡(柳成龍))와 학옹(鶴翁 김성일(金誠一)) 같은 퇴계(退溪) 문하의 제현(諸賢)과 매우 친밀하게 교유였는데, 그분들과 입으로 손으로 학문을 담

36 대소헌집(大笑軒集) : 조종도(趙宗道, 1537～1597)의 문집이다. 후손들이 유고를 수집하여 이광정(李光庭)의 교정을 거쳐 1769년(영조45)경 목판으로 간행하였다. 현재 3권 1책의 《대소헌일고(大笑軒逸稿)》로 전하는데, 권수에 번암이 1769년에 지은 서문이 실려 있다. 조종도는 본관은 함안(咸安), 자는 백유(伯由), 호는 대소헌, 시호는 충의(忠毅)이다. 남명(南冥) 조식(曺植)의 문인이다. 임진왜란이 일어나자 초유사(招諭使) 김성일(金誠一)과 함께 의병을 일으켰다. 함양 군수(咸陽郡守)로 있을 때 정유재란이 일어나자 안음 현감(安陰縣監) 곽준(郭䞭)과 함께 황석산성(黃石山城)을 수축하고 성을 지키다가 왜적에게 성이 함락되자 순사(殉死)하였다.

론한 기간이 8년이나 되도록 싫증 내지 않았다. 훗날 국가의 위난을 당해 외침을 막을 때 죽음을 마치 집으로 돌아가는 것처럼 여기고 담소하며 느긋해하는 사이에 대절(大節)을 성취할 수 있었던 것은 모두 평소의 강학(講學)이 근본이 되어 이루어 낸 결과였으니, 아, 참으로 위대하였다.

오랑캐의 병란(兵亂)을 겪은 끝에 문헌이 산일(散逸)되어 당시에 서로 도와 학문을 닦으며 왕복했던 글이 백에 한둘도 남지 않았다. 후학들이 안타깝게 여기는 것도 응당 이러한 점에 있는 것이지, 시문의 잔결(殘缺)에 있는 것이 아니다. 내가 일찍이 남쪽 지방을 유람하면서 촉석루(矗石樓)에 올라 강물을 내려다보며 〈삼장사(三壯士)〉의 시구를 읊은 적이 있었다.[37] 선생의 충성스럽고 굳센 혼백이 그윽하기가 마치 바람과 우레를 타고 해와 달까지 이르러 하늘에서 넘실대는 것 같았고, 환하기가 마치 산악(山岳)으로 변화하여 우리 조정을 견고히 하여 늠름하게 나라의 간성(干城)이 된 듯하였다. 그때 하늘을 우러러서는 모발이 곤두섰고 땅을 굽어서는 눈물을 닦으면서 머뭇거리며 오래도록 그곳을 떠나지 못하였다.

후생인 소자가 선생의 단간잔편(斷簡殘編)에 두고 공경히 손을 씻고서 이를 간행함으로써 선생을 천하에 길이 전하려고 한다. 선생께서 이것을 본다면 찬란한 하늘에서 큰 웃음을 지으며 초라한 규모의 문집

37 촉석루(矗石樓)에……있었다 : 촉석루는 진주(晉州) 남강(南江) 가에 있는 누대의 이름이다. 〈삼장사〉는 학봉 김성일이 1592년(선조25) 초유사(招諭使)로서 진주에 파견되었을 때 조종도, 이로(李魯)와 함께 촉석루 위에 올라 결사 항전의 의지를 다지며 지은 〈촉석루일절(矗石樓一絶)〉을 가리킨다.

을 하찮게 여기실 것이다. 하지만 후대에 위로 고인(古人)을 논하는 선비가 선생의 성정(性情)과 기상(氣像)에 대해 알고자 한다면, 이 일고를 버려두고 무엇으로 알 수 있겠는가. 이것이 바로 선생의 후손 조휘진(趙輝晉)이 서너 차례 부지런히 서문을 부탁하고, 그에 대해 내가 감히 사양하지 못하는 까닭이다. 이에 공경히 이와 같이 기록하는 바이다.

《병와집》[38] 서문

瓶窩集序

옛날에는 문장과 도(道)가 하나였다. 사람에게 이러한 도가 있으면 곧 이러한 말이 있게 되고 이러한 말이 있으면 반드시 문장에 실어 드러냈다. 문장이 생겨난 유래는 이와 같을 뿐이니, 어찌 문장을 잘 짓는 것을 마치 한 가지 기예(技藝)인 것처럼 일컬을 수 있겠는가. 세상이 쇠한 뒤로는 이러한 도가 분열되었다. 이로 인해 비로소 이른바 '문인(文人)'이라는 호칭이 생겨났는데, 쥐어짜고 교묘하게 얽어서 지극한 경지에 이르면 또한 간혹 불후(不朽)의 문장이 되는 경우도 있겠지만, 이러한 문장에 도를 실었다고 말하는 것은 옳지 않다.

제공은 어려서 병와(瓶窩) 이 선생(李先生)이 근세의 대인(大人)이라는 말을 들었다. 선생은 성명한 시대에 과거에 급제하여 크게 포부를 펼칠 듯하였으나, 얼마 뒤에 도와 현실이 어긋나자, 군주를 보좌하여 성군(聖君)으로 만들 재주를 지녔는데도 공수(龔遂)와 황패(黃霸)의 치적(治績)을 쌓고 거문고와 학의 청빈(淸貧)을 행한 수령이 되었을 뿐이었다.[39] 만년에는 영남(嶺南)의 영양(永陽 영천(永川))에 정자를

38 병와집(瓶窩集) : 이형상(李衡祥, 1653~1733)의 문집이다. 손자 이만송(李晩松)이 가장 초고(家藏草稿)를 수집하고 편차하여 1774년(영조50) 영천(永川)에서 목판으로 간행하였다. 분량은 18권 9책이다. 권수에 번암이 1764년에 지은 서문이 실려 있다. 이형상은 본관은 전주(全州), 자는 중옥(仲玉), 호는 병와·순옹(順翁)이다. 남인이라는 한계로 요직에 오르지 못하고 주로 외직을 전전하였다.

39 군주를……뿐이었다 : 뛰어난 재능을 지니고도 지방관으로만 전전해야 했던 이형

지어 '호연정(浩然亭)'이라고 편액을 건 뒤에 성리서(性理書)와 예학(禮學)에 침잠하고 날마다 책을 지으며 즐겁게 노년을 마쳤다.

선생은 항상 장부(丈夫)의 사업은 문장의 자구에 마음을 쓸 필요가 없다고 여겼다. 그러므로 상황에 따라 붓을 잡을 때면 문장의 뜻을 명확히 표현하는 정도에 만족할 뿐이었다. 하지만 총명하고 해박하여 여러 성현(聖賢)의 말씀에 두루 통달하였고, 심학(心學)의 조예도 이로 인해 일마다 요체를 파악하는 경지에 이르렀다. 서간(書簡)에서 사람들의 질문에 답한 것이나 잡저(雜著)에서 사리를 논변한 것을 보면 천도(天道)와 인사(人事) 사이를 넘나들고 세밀한 법도 안에서 정밀하게 따졌으니, 풍부하되 난잡하지 않았고 자세하되 번잡하지 않았다. 요컨대 쥐어짜고 교묘하게 얽어서 이룬 것이 아니라 콩이나 조를 먹고 털옷이나 베옷을 입듯이 상황에 알맞게 할 뿐이었다.[40]

선생이 돌아가신 지 30년 만에 선생의 손자 이만송(李晩松) 씨가 선대인(先大人) 상사공(上舍公)[41]의 사업을 계승하여 상자에 보관되어 있던 유고(遺稿)를 산삭하고 교정(校正)하여 18권으로 정리하였다. 이

상의 행적을 표현한 말이다. 공수와 황패는 모두 한(漢)나라 선제(宣帝) 때 지방관으로서 선정을 베푼 사람들이다.《漢書 循吏傳 黃霸, 龔遂》 거문고와 학의 청빈은 송(宋)나라 때의 인물 조변(趙抃)이 촉(蜀)에 부임하면서 거문고 한 벌과 학 한 마리만 가지고 갔던 고사에서 온 말이다.《宋史 趙抃列傳》

40 콩이나……뿐이었다 : 콩을 먹어야 할 상황이면 콩을 먹고 조를 먹어야 할 상황이면 조를 먹으며, 추운 날이면 털옷을 입고 더운 날이면 베옷을 입는 것처럼 억지로 인위적으로 문장을 짓지 않고 상황에 따라 자연스럽게 지었음을 말한다.

41 상사공(上舍公) : 이형상의 차남이자 이만송의 부친인 이여항(李如沆)을 가리킨다.《司馬榜目》

에 영천과 경주(慶州) 두 고을의 선비들이 재력(材力)을 모아 간행을 도모하면서 제공에게 서문을 지어 달라고 부탁하였다. 제공은 세교(世交)가 있는 집안의 소자(小子)이다. 평소 선생을 존모하던 터라 훌륭한 선생의 유집(遺集)을 통해 미천한 나의 이름을 남기게 된 것을 다행스럽게 여겨 마침내 감히 사양하지 않았다.

하지만 한편으로 책을 가슴에 품고 길이 탄식하는 점이 있다. 하늘이 선생을 낳아 이 세상과 이 백성을 구제하게 하려는 듯했으나, 불행히도 당인(黨人)들의 시기를 한 몸에 받아 몸이 하루도 조정에서 용납되지 못하였다. 그래서 궁리한 것이 이의(理義)에 대한 글을 지어 후인들에게 베풀어 주는 것뿐이었다. 그러한 하늘의 뜻이 어찌 하찮은 것이었으랴. 몸은 죽었어도 도는 무너지지 않아 추로지향(鄒魯之鄕)의 사람들로 하여금 한목소리로 경모하여 선생을 위해 유집이 영원히 전해지도록 도모하니, 이는 당인들이 막을 수 없는 일이다. 하늘이 정한 운명이 여기에 있는가? 하지만 애석하게도 서원(書院)에 향사(享祀)하려는 논의가 막혀서 이루어지지 않아 선비들로 하여금 이 책을 읽으며 학문을 연마하는 장소로 삼도록 하지 못하였다. 선생이 저술한 예서(禮書) 40권이 이 문집을 이어 간행될 것이라고 한다.

《기영상채록》[42] 서문

箕營償債錄序

성상(聖上) 50년(1774, 영조50)에 내가 빈자리를 채우느라 관서(關西)의 관찰사에 임명되었다.[43] 하직 인사를 할 적에 상께서 침전(寢殿)으로 불러 모년(暮年)에 석별하게 된 심정을 간곡하게 말씀하시고 팔을 뻗어 신으로 하여금 꽤 한참 동안 주무르게 하셨다. 그리고 다시 승지에게 명하여 소매 속에 가지고 있던 종이를 올리게 하여 친히 글을 써서 주셨는데, 바로 "관서는 마음을 놓겠지만 나의 그리움은 어이 이길까.〔關西心弛 予戀曷勝〕"라는 여덟 글자였다. 신은 머리를 조아리고 눈물을 흘리며 나왔다.

관찰사로 부임한 뒤에 막부(幕府)의 보좌(補佐)들을 불러 말하기를,

"내가 어떻게 해야 성상께서 말씀하신 '마음을 놓겠다.'라는 하교를 체현할 수 있겠는가? 백성들이 다급하게 여기는 일을 탐문하여 아뢰도록 하라."

하였다. 며칠 뒤에 보좌가 와서 아뢰기를,

"부로(父老)들에게 묻고 유생들에게 묻고 무교(武校)들에게 물었더니, 이구동성으로 '백성들의 일을 다급하게 여기지 않으면 그만이지

42 기영상채록(箕營償債錄) : 번암이 1774년 평안도 관찰사로 부임하여 평안도 백성들이 영부(營府)에 진 채무(債務)를 탕감해 준 뒤에 그 전말을 기록한 책이다.

43 성상(聖上)……임명되었다 : 빈자리를 채운다는 말은 관직에 임명된 것을 일컫는 겸사이다. 번암은 1774년 4월 평안도 관찰사에 임명되어 5월 하직 인사를 하였다.

만, 다급하게 여기신다면 영부(營府)의 빚보다 다급한 일은 없습니다.'라고 말하였습니다. 영부에서 빚을 거두어들이고 풀어놓는 일이 언제부터 시작되었는지 알 수 없지만, 관서의 풍속이 휩쓸려 허물어졌습니다. 처음에는 단지 주식(酒食)과 연악(宴樂)의 비용에 쓰려고 하였는데, 포흠(逋欠)이 쉽게 묵는 바람에 지금은 그 액수가 꼭 12만 5, 6천 민(緡)이고, 시행된 햇수는 100년이 넘어가려고 합니다. 당사자가 죽으면 그 아들에게 징수하고 그 아들이 죽으면 손자와 증손에게 징수합니다. 손자나 증손에게 징수할 수 없을 때는 불이 번져 가듯이 친족과 이웃과 원근 마을을 따지지 않고 미치지 않는 곳이 없습니다. 매번 가을과 겨울 사이가 되면 채찍질이 자행되어 관아의 뜰은 피로 뒤덮이고 울부짖는 소리가 차마 들을 수 없을 정도입니다. 그로 인해 생명을 잃는 자도 왕왕 발생하고, 이 때문에 백성들이 달아나 호수(戶數)가 열에 두셋은 줄어들려고 합니다."

하였다. 듣기를 마치기도 전에 내가 한숨을 쉬며 말하기를,

"내가 이 일에 진력을 다하지 않고서 장차 어떻게 우리 성상께 돌아가 보고하겠는가."

하고는 마침내 보좌 가운데 사리에 밝은 자로 하여금 그 일을 주관하게 하였다.

일이 미처 성공하기도 전에 상께서 조회에 납시어 여러 도(道)의 폐단에 대해 물으셨다. 무반(武班) 가운데 관서에 사는 자가 나아와 아뢰기를 "관서의 백성들이 빚에 시달린 나머지 달아나 숨어 다 없어지려 하는데, 도신(道臣)이 지금 그 폐단을 개혁하고 있습니다. 이 외에는 아뢸 만한 폐단이 없습니다." 하였다. 이에 상께서 매우 칭찬하는 내용의 별유(別諭)를 내리시니, 신은 더욱 황공한 마음을 이길 수 없었

다. 조석으로 편히 지내지 않고 일마다 절약하고 긴축하여 1개월 뒤에는 두서가 대략 잡히더니, 마침내 돈이나 면포(綿布)로 각 고(庫)의 빚을 규정대로 갚아 조금도 모자람이 없게 하였다.

을미년(1775) 가을 7월에 대동문(大同門) 누각에 나가 앉아 빚 문서를 들여오게 하여 종가(鍾街)에 쌓으니 그 높이가 언덕만 하였는데, 모조리 불살랐다. 당시에 모인 남녀 백성들이 저자처럼 많았다. 그들에게 유시하기를 "이 일은 내가 은혜를 베푼 것이 아니라 성상의 뜻을 받든 것이다." 하니, 백성들이 모두 북쪽을 바라보고 두 손 모아 절하였다. 잠시 뒤에 은은하게 들리는 곡소리가 거리에 이어졌다. 괴이하게 여겨 사람을 시켜 물어보니, 어떤 사람은 "내 남편이 빚 때문에 죽었는데, 오늘을 보지 못한 것이 한스럽습니다."라고 하였고, 어떤 사람은 "내 아들과 사위가 빚 때문에 죽었는데, 오늘을 보지 못한 것이 한스럽습니다."라고 하였다. 이 말에 내가 마음이 아파 한참 말하지 못하다가 탄식하기를,

"밖으로 드러난 폐단은 알기 어렵지 않은데도 오히려 이러하다. 더구나 백성으로 하여금 마음에 원한을 품게 하여 밖으로 드러나 쉽게 알 수 있는 것이 아닌 경우에 이번 경우보다 배나 심한데도 내가 살피지 못한 일이 없을 것이라고 어떻게 보장하겠는가."

하였다.

내가 행한 지금의 조치는 풍환(馮驩)[44]이 이미 했던 일에 불과하니,

44 풍환(馮驩) : 전국 시대 제(齊)나라 맹상군(孟嘗君)의 문객이다. 맹상군이 풍환을 자신의 영지(領地)인 설(薛)에 파견하여 연체된 빚을 받아 오게 하자, 풍환은 형편이 되는 사람에게만 받고 형편이 어려운 사람들의 빚은 문서를 불태워 면제해 주었다.

교화(教化)를 펼쳤다고 하기에는 본래 부족하며 또한 성상의 뜻을 따른 것으로 말미암을 뿐이다. 무지한 백성들이 만약 이 일을 나의 공으로 돌린다면, 어찌 나의 마음이겠는가. 더구나 이것 이외의 일은 하나도 살피지 못한 채 임기를 마쳐야 할 시기가 가까워졌다. 이 기록을 '상채(償債)'라고 이름 붙여 전말을 기록하게 하였다. 이는 나의 부끄러움을 기록한 것이고 또한 나를 이어 부임할 사람으로 하여금 이 기록을 통해서 기록 바깥의 사정을 살필 수 있게 하려는 것이다.

이로 인해 맹상군은 많은 빚을 회수하지 못했지만, 대신 설 사람들이 마음을 얻게 되었다.《史記 孟嘗君列傳》

《연암유고》[45] 서문
烟巖遺稿序

하늘은 사람에 대해 인애(仁愛)할 뿐이니, 만물을 낳으매 그것으로 하여금 자라서 번성하게 하고, 그 본성을 꺾고 막지 않는 것이 본래 하늘의 이치이다. 그러나 만물 가운데 총명함이 특별히 현저해서 온갖 무리 중에서 빼어난 경우가 하나라도 있으면, 도리어 그것을 막고 꺾어서 그것을 이기지 못할까 두려워하니, 그 까닭은 무엇인가?

하늘의 권세는 조화(造化)일 뿐이니, 하늘은 이 권세를 사람에게 이양(移讓)하고자 하지 않는다. 하지만 저 총명함이 특별히 현저한 자는 신령한 안목과 지혜로운 식견으로 일찌감치 이치를 깨닫고 높은 경지에 이르러 붓을 잡고 종이를 펼쳐 삼라만상을 희롱한다. 그윽한 것으로 귀신, 밝은 것으로 일월, 고요한 것으로 장중한 산악, 움직이는 것으로 흐르는 강하(江河)에서부터 창공을 나는 새, 물속에서 헤엄치는 물고기, 동물, 식물에 이르기까지 모조리 그에 의해 망라되어 끄집어내어져 정서(情緖)와 변화가 극진히 묘사되어 형체를 숨길 수 없다.

45 연암유고(烟巖遺稿) : 이좌훈(李佐薰, 1753～1770)의 문집이다. 부친 이동현(李東顯)이 편차하여 안변 부사(安邊府使)로 재직하던 1773년(영조49) 석왕사(釋王寺)에서 목판으로 간행하였다. 현재 1책의 《연암시집(煙巖詩集)》으로 전하는데, 권수에 1773년 번암이 지은 서문이 실려 있다. 이좌훈은 본관은 평창(平昌), 자는 국보(國輔), 호는 연암이다. 번암의 문인이다. 천재적인 글재주가 있어 13세 때 승상시(升庠試)에서 이름을 날리고, 15세 때에는 진사(進士) 초시(初試)에 합격하여 영조 앞에서 시권(試券)을 송독하기도 하였으나, 불행히 18세에 병으로 요절하였다. 《旅菴遺稿 卷12 李君國輔墓誌銘》

이렇게 되면 하늘의 권세가 이양된 것이다. 비록 사람을 인애하는 하늘이더라도 이것에 대해 노하지 않을 수 없으니, 본성이 막히고 꺾이는 데서 이러한 이치가 없다고 할 수 없다. 동오(童烏)와 자안(子安)[46]이 바로 그러한 증거이다.

아, 이군 좌훈(李君佐薰)이 홀로 어떻게 오래 살 수 있었겠는가. 군이 15세 때 자신이 지은 시 한 권을 소매에 지니고 와서 나에게 가르침을 청하였다. 그 시록(詩錄)에 수록된 것은 모두 12, 3세 때 지은 오언(五言)과 칠언(七言) 각체(各體)로서, 수준이 높은 것은 능히 위진(魏晉)을 계승하고 수준이 낮은 것이라도 모두 이당(李唐)의 풍미(風味)가 있었으니, 당세는 논할 것이 없거니와 고인(古人) 가운데도 이러한 경우가 있었는지 모르겠다.

나는 일찍이 나의 못난 점도 헤아리지 못한 채 함부로 후진(後進)을 이끌어 주려고 한 적이 있었다. 당시 문하에 이르렀던 여러 젊은이 가운데 인물이 없지 않았는데, 한번 군을 보고는 바로 의발(衣鉢)을 의탁할 곳이 생겼다고 스스로 여겼다. 그러니 한 문공(韓文公)이 〈안문행(雁門行)〉 한 편을 보고 신을 거꾸로 신고 급히 달려가 장길(長吉)을 맞이했던[47] 정도에 그칠 뿐이었겠는가.

46 동오(童烏)와 자안(子安) : 천재로 태어나 요절한 대표적인 인물이다. 동오는 한(漢)나라 양웅(揚雄)의 아들이다. 9세 때 부친이 《태현경(太玄經)》을 저술하는 것을 도울 정도로 신동(神童)이었으나 어린 나이에 요절하였다. 자안은 초당 사걸(初唐四傑)의 한 사람인 왕발(王勃)의 자이다. 6세 때 글을 지을 줄 알던 천재였으나 29세의 나이로 익사(溺死)하였다.

47 한……맞이했던 : 한 문공은 시호가 문(文)인 한유(韓愈)이다. 〈안문행〉은 당나라 때의 문인 이하(李賀)가 지은 〈안문태수행(雁門太守行)〉이다. 장길은 이하의 자이

몇 년이 흘러 내가 궁궐에서 직숙할 적에 군이 병들었다는 소식을 들었다. 사람들이 간혹 군에 대해 근심하면 나는 "이 사람은 하늘이 낸 사람이다. 하늘이 이미 이러한 인재를 낳았으니, 또한 반드시 아끼고 보호할 것이다."라고 하였다. 그런데 얼마 뒤에 군이 죽었다. 아, 나는 군의 재주를 믿었기에 하늘이 필시 군을 요절하게 하지 않으리라 여겼으나, 군의 요절이 바로 하늘이 그의 재주를 노여워한 것과 관련되었다는 사실은 알지 못하였다. 참으로 원통하도다.

군이 죽은 지 1년 뒤에 군의 부친 덕휘(德輝)[48] 씨가 《연암만영(烟巖漫詠)》 한 권을 소매에 지니고 와서 눈물을 흘리며 나에게 주고는 말하기를 "부디 산정(刪定)해 주고 이어서 또 한마디 말씀을 아끼지 말아서 불행히 단명한 자로 하여금 흙 속에서 썩어 없어지지 않도록 해 주십시오." 하였다. 나도 눈물을 흘리며 받아서 자세히 살펴보았다. 그것은 지난날 군이 소매에 넣어 가지고 와서 나에게 가르침을 청하던 것이었다. 그 뒤로 몇 년 동안 과거 공부에 마음을 나누어 쓰느라 거기서 더 늘어난 것이 없었다. 아, 내가 어찌 차마 이 책에 서문을 쓸 수 있으랴, 내가 어찌 차마 이 책에 서문을 쓸 수 있으랴. 단지 하늘에 유감이 없을 수 없다는 점을 기록하여 덕휘 씨에게 돌려주고 그로 하여금 간행하게 하였다. 군이 나로 인해 썩어 없어지지 않을는지, 아니면 내가 군의 시에 이름을 의탁해서 썩어 없어지지 않을는지 알 수 없다.

다. 한유가 국자 박사(國子博士)로 있을 적에 이하가 자신의 시권(詩卷)을 가지고 와서 뵙기를 청하였다. 당시 한유는 손님을 전송하고 돌아온 터라 피곤하여 의관(衣冠)을 벗고 쉬려고 하였으나 시권의 첫머리에 쓰인 〈안문태수행〉을 읽고는 바로 의관을 다시 정제하고 이하를 맞이하였다고 한다. 《唐詩紀事 卷43》

48 덕휘(德輝) : 이좌훈의 부친 이동현의 자이다.

덕천 군수로 부임하는 오경삼[49] 대익 을 전송하며 지은 서문
送吳景參 大益 出宰德川序

어느 날 내가 병이 조금 낫자 보은동(報恩洞) 집에서 시사(詩社)를 결성하였다.[50] 시에 능하다는 친지들이 모두 모였는데, 당시에 학사(學士) 오경삼(吳景參), 학사 유수오(兪秀五),[51] 종질자(從姪子) 사술(士述)[52] 같은 사람들이 참여하였다. 이들은 시를 가장 잘 짓는 사람들로서, 자리에 없는 날이 없었다. 그런데 지난해 겨울에 경삼이 소행인(小行人)으로서 명을 받들고 연경(燕京)에 갔고,[53] 얼마 뒤에는 수오가 호남(湖南) 낭주(朗州)[54]의 수령이 되었으며, 사술은 해서(海西) 봉주

49 오경삼(吳景參) : 오대익(吳大益, 1729~?)으로, 본관은 동복(同福), 자는 경삼이다.

50 보은동(報恩洞)……결성하였다 : 보은동은 도성(都城) 안 남대문 근처에 있던 광통방(廣通坊)에 속한 마을의 이름이다. 《신증동국여지승람(新增東國輿地勝覽)》에는 '보은단동(報恩緞洞)'이라고 하였다. 번암이 보은동의 시사에서 지은 시를 모은 것이 바로 《번암집》 권11 〈정원록(貞元錄)〉이다.

51 유수오(兪秀五) : 유항주(兪恒柱, 1730~?)로, 본관은 기계(杞溪), 자는 수오이다.

52 사술(士述) : 채홍리(蔡弘履, 1737~1806)로, 자는 사술, 호는 기천(岐川)이다. 대제학 채유후(蔡裕後)의 5대손이고, 채의공(蔡義恭)의 아들이다.

53 지난해……갔고 : 오대익이 1776년(정조 즉위년) 11월 사은사(謝恩使) 서장관(書狀官)으로 연경에 갔다가 이듬해 3월 복명하였다. 《正祖實錄 1年 3月 24日》 소행인은 《주례(周禮)》 〈추관사구(秋官司寇)〉에 나오는 빙문(聘問)을 맡은 관직으로, 여기서는 서장관의 별칭으로 쓴 것이다.

54 낭주(朗州) : 전라도 영암(靈巖)의 옛 이름이다.

(鳳州)[55]의 수령이 되었다. 서로 흩어져 바람에 구르는 쑥대나 새벽에 뜬 별[56]처럼 되더니, 우리 시사의 일에 쓸쓸히 흥취가 적어지고, 거의 함께 이야기를 나눌 사람이 없는 지경이 되었다. 지방관으로서의 책무를 지닌 사람들을 매번 생각하면 함께 모이기는 참으로 기약하기 어려운 상황이었지만, 경삼이 사신의 임무를 완수하고 돌아오면 그를 시사의 아름다운 손님으로 삼을 수 있을 터였다.

금년 봄에 경삼이 북쪽에서 돌아왔다. 이에 기뻐하며 손을 잡고 연계(燕薊) 지방 성읍(城邑)의 장관(壯觀)과 오랑캐와 중화(中華) 풍속의 차이를 모조리 나열해 가면서 간간이 연도(沿途)에서 지은 시 꾸러미를 나를 위해 펼치기도 하였는데, 밤 3, 4경(更)을 넘기지 않고서는 잠자리에 들지 않았다. 얼마 뒤에 경삼이 다시 관서(關西) 덕천군(德川郡)의 수령이 되어 나에게 작별을 고하였다. 한 사람을 아침에 전송하고 또 한 사람을 저녁에 전송하다 보니 우리 시사가 텅 비었다. 비록 그렇지만 성상께서 새로 즉위하시어 만물이 모두 우러러보는 때 조정이 어진 수령을 선택하면서 반드시 우리 시사에서 취하는 것이 이러하니, 우리 시사의 영광이다. 내가 어찌 이별을 한스러워하랴.

내가 근래 도로에 떠도는 소문을 가만히 들어 보니, 사술의 다스림은 자비를 위주로 해서, 아전이 잘못을 저질러도 차마 장(杖)을 치지 못하고 부득이 장을 치게 되면 네다섯 대에 불과하다고 한다. 이는 인애(仁

55 봉주(鳳州) : 황해도 봉산(鳳山)의 옛 이름이다.

56 새벽에 뜬 별 : 당(唐)나라 시인 유우석(劉禹錫)의 〈송장관부거시서(送張盥赴擧詩序)〉에 "옛날에 함께 급제했던 벗들과 어울려 노닐 적에는 말고삐를 나란히 하고서 병풍처럼 대로(大路)를 휩쓸고 돌아다녔는데, 지금은 쓸쓸하기가 새벽에 뜬 별이 서로 멀리서 바라보는 것 같기만 하다."라고 하였다. 《古今事文類聚 前集 卷29》

愛)로써 교화하려는 것이다. 수오의 다스림은 엄한 단속을 위주로 해서, 아전에게 장을 치되 피를 보지 않으면 그치지 않아 온 고을이 엄동설한도 아닌데 덜덜 떤다고 한다. 이는 굳셈과 과단함으로써 제어하려는 것이다. 사술은 보살(菩薩)에 가깝고 수오는 금강(金剛)에 가까우니, 자애로운 표정과 성난 눈빛이[57] 모두 백성을 바른길로 들게 하는 데 해되는 것은 아니지만, 나의 견해로는 두 사람이 한쪽으로 치우침을 면치 못한 것이다. 경삼은 어느 쪽을 선택하려는가? 《시경》에서 "저 산의 돌이여, 옥을 다듬을 수 있도다.〔他山之石 可以攻玉〕"라고 하였으니, 시험 삼아 두 사람이 다스리는 방법을 가지고 두 끝을 잡아 그 가운데를 쓴다면 거의 훌륭한 다스림에 가깝지 않겠는가. 경삼이 부임하는 길에 봉주를 지나리니, 내 말을 사술에게 해 준다면 사술이 큰 웃음을 터뜨리지 않겠는가. 내가 비록 늙었지만, 변함없이 우리 시사를 지키면서 제군들이 다스림을 완수하고 임기를 마치기를 기다렸다가 다시 시사로 물러들여 각각 세 고을의 치적(治積)을 살펴본 뒤에 《중용》 읽기를 권하리라.

57 사술은……눈빛이 : 수(隋)나라 때의 문인(文人) 설도형(薛道衡)의 고사에서 유래한 표현이다. 설도형이 종산(鍾山) 개선사(開善寺)에 놀러 가서 승려에게 묻기를 "금강은 어찌해서 성난 눈빛이고, 보살은 어찌해서 자애로운 표정인가?" 하니, 승려가 "금강의 성난 눈빛은 네 마귀를 굴복시키기 때문이고, 보살의 자애로운 표정은 모든 중생에게 자비를 베풀기 때문입니다."라고 대답하였다. 《太平廣記 卷174》

《청휘자시고》[58] 서문

淸暉子詩稿序

내가 일찍이 약산옹(藥山翁)[59]께 문안드리러 갔을 적에 약산옹께서 눈가에 은은히 기뻐하는 표정으로 웃으며 나에게 이르시기를 "오늘 훌륭한 선비를 얻었다. 그 선비의 성은 황(黃)이고, 사술(思術)이 그의 이름이다. 용모는 옥(玉) 같고 두 눈동자는 추수(秋水) 같았다. 그가 소매에서 시(詩) 약간 편을 꺼내 보였는데, 모두 시조(時調)였다. 재주가 매우 빼어나 볼만하더구나. 나에게 가르침을 청하기에 내가 허락하였으니, 군(君)은 그와 교유해 보게나." 하였다. 나는 마음속으로 기억해 두었다.

훗날 그를 만나 그의 용모를 접하고 그의 시를 살펴보니, 어르신께서 칭찬하신 말씀에 털끝만큼도 과장이 없었다. 당시 나는 이미 과거에 합격한 신분이고 군은 까마득한 일개 서생(書生)일 뿐이었지만, 서로가 깊이 애호(愛好)하여 잠시도 떨어질 수 없는 사이처럼 붙어 다녔다. 얼마 뒤에 약옹(藥翁)께서 세상을 떠나시자 나도 세상에 대한 관심이 사라져 도성 서쪽의 숲 사이에서 문을 걸어 닫고 살았다. 그곳은 군이

58 청휘자시고(淸暉子詩稿) : 황사술(黃思述, 1722～?)의 시고(詩稿)이다. 분량은 1권이다. 현전하지 않는 것으로 보인다. 황사술은 본관은 상주(尙州), 자는 선여(善汝), 호는 청휘자(淸暉子)이다. 약산(藥山) 오광운(吳光運)의 문인(門人)이다. 1747년 생원시에 합격하였다. 《司馬榜目》

59 약산옹(藥山翁) : 오광운(吳光運, 1689～1745)으로, 본관은 동복(同福), 자는 영백(永伯), 호는 약산(藥山), 시호는 충장(忠章)이다.

사는 마을과 가까이 인접하였는데, 비가 오면 나막신을 끌고 달이 뜨면 지팡이를 짚고 사흘이 멀다고 서로 왕래하였다. 대화를 나누기라도 하면 언제나 약봉(藥峯)[60] 아래에서의 지난 추억을 언급하였고, 또 나를 위해 항상 자신이 지은 오언시와 칠언시를 읊어 주었다. 그 가락은 맑고 간드러졌으며, 그 음색은 찬란하고 밝았다. 송(宋)나라의 저열한 시마(詩魔)[61]를 보면 마치 자신을 더럽히기나 할 것처럼 여겼다. 나는 매번 그의 시 읊는 소리를 감상하고는 모자란 점을 면려해 주었다.

하루는 군이 나에게 이르기를 "어젯밤 온 천지의 소리가 적막한 가운데 달을 마주하고 외로이 앉아 왕망천(王輞川)의 '밝은 달〔明月〕, 맑은 샘〔淸泉〕'의 구절[62]을 읊으니, 마음이 맑아지면서 세상에 대한 생각이 한 점도 없게 되었습니다." 하였다. 그 뒤로 얼마 되지 않아 군이 병들었다. 그리고 나는 그가 시어(詩語)를 담론하는 소리를 다시는 들을 수 없었으니, 군이 끝내 병석에서 일어나지 못해서였다. 아, 외로운

60 약봉(藥峯) : 서울특별시 중구 중림동에 있던 작은 언덕으로, 오광운이 살던 곳이다.

61 시마(詩魔) : 시의 괴벽한 격률(格律)과 성조(聲調)를 가리킨다. 송나라 엄우(嚴羽)의 《창랑시화(滄浪詩話)》 〈시변(詩辯)〉에 "시를 배우는 사람은 식견을 위주로 하여 입문(入門)을 바르게 하고 뜻을 높이 세워야 하니, 한(漢), 위(魏), 진(晉), 성당(盛唐)의 시인을 스승으로 삼아야지 개원(開元), 천보(天寶) 연간 이후의 인물처럼 되어서는 안 된다. 스스로 위축되어 굴복하면 저열한 시마가 그 폐부 사이로 들어갈 것이다. 이는 뜻을 높이 세우지 않았기 때문이다."라고 하였다.

62 왕망천(王輞川)의……구절 : 망천은 중국 섬서성(陝西省) 남전현(藍田縣) 남쪽에 있는 하천이다. 당나라 시인 왕유(王維)가 이곳에다 별업(別業)을 경영하였으므로 왕망천이라고 불렀다. 왕유의 〈산거추명(山居秋暝)〉 시에 "빈산에 새로이 비가 내린 뒤, 저녁 들어 날씨는 가을이어라. 밝은 달은 소나무 사이 비추고, 맑은 샘은 바위 위로 흘러내리네.〔空山新雨後, 天氣晩來秋. 明月松間照, 淸泉石上流.〕"라는 구절이 있다.

밤에 세상에 대한 생각이 사라진 것은 본래 군이 야기(夜氣)[63]를 잘 길렀기 때문이다. 하지만 그가 세상의 혼탁함을 싫어하여 허물을 벗어 던지고 세상을 떠난 것이 앞서 말한 시기와 머지않았으니, 말에서 드러난 조짐이 자연히 이렇게 되지 않을 수 없었던 것인가?

군의 맏아들이 군의 시를 모아 한 권으로 엮어 나에게 서문을 부탁하였다. 내가 그것을 받고 눈물을 흘리며 답하기를 "시가 어찌 꼭 많을 필요가 있겠는가. 《시경》 삼백 편(篇)이 몇 사람의 손에서 나온 것인지 모르지만, 공자께서 채집하여 후세에 밝히셨다. 진실로 성정(性情)의 바름을 잃지 않았다면, 한마디라도 어찌 장구히 전해지지 않겠는가." 하였다. 나는 말을 잘하지 못하는 사람이니, 어떻게 능히 군을 길이 전하도록 할 수 있겠는가. 사우(師友)들이 군을 칭찬한 말을 기록하여 사문(斯文)에 뜻을 둔 후생으로 하여금 흥기할 수 있도록 하고, 다음으로 사람이 살고 죽는 것에 대한 감회를 서술하여 후세 사람들로 하여금 약옹 문하에 있던 황선여(黃善汝)라는 사람이 뛰어난 재주를 품은 채 불행히도 단명하여 천고의 한이 되었다는 사실을 알게 하려고 한다. 선여(善汝)는 군의 자(字)이다.

63 야기(夜氣) : 사람이 외물을 접하기 전인 밤에 자라나는 맑은 기를 말한다. 그때는 사람의 타고난 착한 마음이 발현된다고 한다. 《孟子 告子上》

용진 별업으로 돌아가는 윤이중 필병 을 전송하며 지은 서문[64]

送尹彜仲 弼秉 歸龍津別業序

나의 벗 윤이중(尹彜仲)이 하루아침에 어사대(御史臺)[65]를 사퇴하고 필마(匹馬)로 용진강(龍津江) 가로 나가 초가(草家) 몇 칸을 짓고 온 가족을 이끌고 돌아가 은거할 계획을 세웠다. 이중은 참으로 어질도다.

연전에 내가 관서(關西)의 관찰사가 되었는데, 당시 이중은 해서(海西)의 작은 고을 현감으로 있었다.[66] 관서와 해서는 경계를 접하고 있었으므로 이중은 나를 만나려고 관찰영(觀察營)에 말미를 청하여 해상(海上)을 통해 배를 타고 대동강(大同江) 가에 있는 감영의 공관(公館)으로 방문하였다. 나는 이중을 놀려 주려고 하였다. 그래서 일부러 응접하지 않고서 날이 어두워지려 할 때 정사당(政事堂)에 나가 앉았는데, 비낀 살개가 다섯 섭이나 되었다. 십으로 두른 높다란 등촉(燈

64 용진(龍津)……서문 : 1780년(정조4) 사헌부 장령으로 있던 윤필병(尹弼秉, 1730~1810)이 서명응(徐命膺)을 탄핵하다가 권력자의 미움을 받자 사직하고 용진에 분호정(分湖亭)을 짓고 7년 동안 은거하였다. 이 서문은 자신을 찾아왔다가 용진으로 돌아가는 윤필병에게 번암이 지어 준 것이다. 윤필병은 본관은 파평(坡平), 자는 이중(彜仲), 호는 무호암(無號庵)이다.《性齋集 卷28 無號庵尹公行狀》용진은 남한강과 북한강이 만나는 양수리의 옛 이름으로, 그 앞의 강을 용강(龍江) 또는 용진강(龍津江)이라고 불렀다.

65 어사대(御史臺) : 한(漢)나라 때 백관(百官)을 규찰하던 관청으로, 조선 시대 사헌부의 별칭으로 사용되었다.

66 내가……있었나 : 번암이 1774년 평안도 관찰사에 부임하였는데, 윤필병은 전년부터 장련 현감(長連縣監)으로 재직하고 있었다.

燭)을 주렁주렁 들보에 매달고 정사당의 전후와 상하에 벌여 놓아 그 광채가 환히 사방을 비추었으며, 시중드는 기생 4, 5십 명이 연분(鉛粉)을 바르고 진홍색 치마를 끌면서 바람막이처럼 빙 둘러섰고, 뜰 아래에는 횃불을 촘촘히 세운 가운데 날래고 건장한 병졸과 사내 들이 갈까마귀 떼처럼 버티고 섰다. 그런 뒤에 이중에게 들어오도록 명하고는 그가 들어오는 모양새를 살폈다. 좌우에서 빨리 걸으라고 재촉하여 그 소리가 화내며 외치는 듯하였는데, 이중은 걸음을 느긋하게 걸으며 겉으로는 고관(高官)을 하찮게 여기는 태도를 취하였다. 다섯 겹 깔개 아래에 이르자 눈이 어찔어찔하여 내가 앉아 있는 곳을 알지 못하다가 한참 뒤에야 절을 하고는 서로 마주 보고 웃었다. 이중은 가난한 선비여서 서경(西京)의 위의(威儀)를 본 적이 없었다. 입으로는 말하지 않았지만 그 표정을 살펴보니, 자신을 느릅나무에 깃들어 사는 메추라기처럼 여기고 나를 붕새로 여기는 듯하였다.[67]

이듬해 내가 관찰사의 임무를 마치고 돌아오자 나라에 일이 있어 감히 수고로움을 말하지 못한 채 욕되게도 춘관(春官)과 하경(夏卿)[68]

67 자신을……듯하였다 : 윤필병이 자신을 메추라기처럼 보잘것없이 여기고 번암을 붕새처럼 우러러보았다는 의미이다. 붕새가 하늘을 높이 올라 남해(南海)로 멀리 날아가는 모습을 본 매미나 작은 비둘기가 "우리는 힘을 다해 날아올라야 느릅나무 높이에 이르고 때로는 거기에도 이르지 못하고 땅으로 떨어지는데, 어찌해서 붕새는 구만리 높이까지 날아올라 남쪽으로 가는가."라고 비웃고, 메추라기는 "저것은 도대체 어디로 가겠다는 것인가. 내가 훌쩍 뛰어올라 날아도 몇 길을 오르지 못하고 내려와 쑥대밭 사이를 날아다닐 뿐이다. 이것만 해도 잘 나는 것이거늘, 저것은 도대체 어디로 가겠다는 것인가."라고 비웃었다는 우화에서 온 말이다. 《莊子 逍遙遊》

68 춘관(春官)과 하경(夏卿) : 춘관은 예조의 별칭이고, 하경은 병조 판서의 별칭이다. 번암은 1775년 평안도 관찰사에서 내직(內職)으로 돌아와 병조 판서에 제수되었다

의 일을 맡았다. 종루(鍾漏) 소리에 맞추어 일찍 나갔다가 늦게야 들어오니 흰머리와 희끗희끗한 살쩍이 거의 누런 먼지로 더러워졌고, 나도 병들고 지쳤다. 이러한 가운데 이중이 나에게 용진 생활의 즐거움을 말하였다.

"용진은 남한강과 북한강이 합수(合水)하는 곳으로, 운일산(雲日山)[69] 한 봉우리가 그 위로 가로질러 있습니다. 내가 경영하는 은거지는 실로 강 구름과 산 남기 사이에 묻혀 있으니, 세상의 치란이 어찌 귀에 들리겠으며, 세상의 영욕(榮辱)이 어찌 몸에 이르겠습니까. 느지막이 일어나 하는 일 없이 지내다가 책을 읽고 흥이 다하면 문득 작은 배 한 척을 준비하여 소 울음소리가 들리는 가까운 곳에 사는 권 상대(權霜臺)[70]를 찾아가서 구름과 달을 품평하고 갈매기와 백로를 응접합니다. 저녁 무렵 집으로 돌아올 때면 은자(隱者)의 아내는 어린 자식을 보듬고 주방의 여종은 보리밥을 지어 솔 울타리와 갈대발 사이에서 나를 기다립니다. 마음껏 소요하며 스스로 만족하는 흥취를 대사마(大司馬)가 아침부터 저녁까지 홀로 고생하는

가 이듬해에 예조 판서에 제수되었다.

69 운일산(雲日山) : 경기도 남양주시 조안면에 있는 운길산(雲吉山)인 것으로 보인다.

70 권 상대(權霜臺) : 권이강(權以綱, 1730~?)으로, 본관은 안동(安東), 자는 숙기(叔紀)이다. 《司馬榜目》 윤필병과 권이강은 모두 병조 좌랑을 지낸 홍길보(洪吉輔)의 문인이자 사위로서 매우 친밀한 사이였다. 윤필병이 벼슬에서 물러나 용강에 살 때 권이강도 사헌부 지평에서 물러나 용강에 거주하고 있었다. 당시 두 사람이 친밀하게 교유했던 정황이 《번암집》 권34 〈분호정기(分湖亭記)〉에 잘 나타나 있다. 상대(霜臺)는 사헌부의 별칭이다. 사헌부는 백관을 규찰하고 탄핵하는 책임을 맡았으므로 추상(秋霜)같이 엄하다 하여 '상대'라고 불렀다.

것과 비교하면 과연 어떠합니까?”

그때 마침 내가 조정에서 물러나 집으로 돌아왔기에 땀이 피부에 흥건하고 헐떡이는 숨이 안정되지 않았다. 이중의 말을 듣고는 놀라 살펴보니 이중은 기미를 잘 살피는 큰 기러기로 여겨지고 나 자신은 기장이나 쪼아 먹는 닭처럼 보였다.

지난날 이중은 내가 뭔가를 가졌다고 여겼다. 하지만 내가 가졌던 것은 내 것이 아니라 모두 외물이었다. 지금 나는 이중이 뭔가를 가졌다고 여긴다. 물건마다 모두 이중의 소유이니, 누가 능히 다투어 빼앗을 수 있으랴. 이중이 나보다 훨씬 낫다. 비록 그렇지만 많고 적은 것은 때에 따라 다르고, 수고롭고 편한 것은 일정하지 않다. 이중은 초야(草野)에서 늙어 갈 사람이 아니니, 훗날 그가 지금 내가 하는 것처럼 하고 그가 소유한 것이 도리어 나의 소유가 될지 어찌 알겠는가. 이중이 만약 내 말이 옳다고 여기지 않는다면, 나를 대신해 용진 모래사장 위의 갈매기에게 말하여 갈매기로 하여금 훗날 증인이 되게 하게나.

서장관으로 연경에 가는 강성오[71] 침 를 전송하며 지은 서문
送姜誠吾 忱 書狀赴燕序

나는 일찍이 청렴한 관리의 자손들은 청렴하지 못한 경우가 많다고 생각했다. 청렴은 자신에게 박한 것을 일컫는다. 청렴한 관리라면 자신에게조차 박한데 어느 겨를에 자손을 염려하겠는가. 만약 자손을 염려한다면 청렴한 관리가 아니다. 그러므로 그 자손 된 자는 세상에 태어난 이래로 사는 집은 비바람을 막지 못하고 굶주린 배는 명아주 잎과 콩잎 따위로도 채우지 못하면서 온갖 고초를 다 겪는다. 입으로 말은 못 해도 마음속으로 '옛날 사람들은 들은 것도 아는 것도 없다.'[72]라고 하지 않을 자는 아마 별로 없을 것이다.

그래서 자신이 현달하게 되면 처자식을 돌보고 생계를 염려하면서 자신을 살찌우는 데에 힘쓰는 것이 다른 사람들에 비하여 더욱 심하다. 이것은 그가 경험했던 일이 절실하고 경계했던 일이 깊기 때문이리라. 이름난 조상과 그 조상을 닮은 훌륭한 후손에게 어찌 이러한 일이 있겠는가마는, 중간 수준 이하의 사람들은 이러한 경우를 면하는 경우가 드물다. 오호라, 세교(世敎)가 쇠락한 것을 또한 볼 수 있도다.

71 강성오(姜誠吾) : 강침(姜忱, 1732～?)으로, 본관은 진주(晉州), 자는 성오(誠吾)이다.

72 옛날……없다 : 청렴한 조부나 부친을 둔 자손이 자신이 가난하여 고생하는 것은 조부나 부친이 옛날 사람이라서 세상 물정을 모르기 때문이라고 원망한다는 뜻이다. 《書經 無逸》

학사(學士) 강성오(姜誠吾)는 삼휴당(三休堂) 선생의 후손이다.[73] 선생은 문학(文學)이 당대에 으뜸이셨고, 충성(忠誠)은 인륜을 지탱하셨다. 진실로 한 가지 일만 가지고 논할 수는 없지만 시험 삼아 100년 이래로 명릉(明陵)의 명신(名臣) 가운데 청렴함으로 드러났던 분을 꼽아 보자면 선생만 한 분이 없다. 성오는 선생을 조상으로 두었으니, 온갖 고초를 다 겪지 않고자 해도 할 수 있었겠는가. 그러한데도 밤이면 관솔불을 밝히고 아침이면 허기를 참으며 부지런히 독서하고 수행하여 대과(大科)에 합격하고 옥당(玉堂)에 선발되었으니, 성오가 선생을 닮은 훌륭한 자손이라는 점은 의심의 여지가 없다.

금상(今上) 1년(1777, 정조1) 여름에 성오가 서장관(書狀官)으로서 명을 받들고 연경(燕京)에 가게 되었다. 이번이 처음 가는 사행인데, 성오가 장차 어떻게 처신할지 모르겠다. 연경은 천하의 큰 도회지이다. 촉(蜀)의 비단과 남만(南蠻)의 구슬이 산더미처럼 쌓여 사람의 마음과 눈을 홀릴 수 있는 가운데 역관(譯官)들이 나의 욕구에 맞는 이익과 기이한 물건으로 이끄는 경우가 한 번뿐만이 아닐 것이다. 만약 탐천(貪泉)에 지조를 바꾸고 월탁(越橐)을 마음에 둔다면,[74] 사람들이 필시

73 학사(學士)……후손이다 : 삼휴당은 숙종 연간의 문신 강세귀(姜世龜, 1632~1703)의 호이고, 강침은 그의 종증손(從曾孫)이다. 강세귀는 본관은 진주, 자는 중보(重寶)이다. 1701년 세자의 보호를 위해 희빈(禧嬪) 장씨(張氏)의 사사(賜死)를 반대하다가 홍원(洪源)에 유배되어 그곳에서 죽었다. 시호는 문안(文安)이다.

74 탐천(貪泉)에……둔다면 : 탐천은 중국 광동성(廣東省) 남해현(南海縣)에 있는 샘이다. 이 샘의 물을 마시는 사람은 갑자기 탐욕이 생긴다고 한다. 진(晉)나라 때 광주 자사(廣州刺史)로 부임하던 오은지(吳隱之)가 탐천의 물을 마시고도 더욱 청렴한 지조를 지켰다는 고사가 전한다. 《晉書 良吏列傳 吳隱之》 월탁은 사신에게 선물로 주는 재물을 가리킨다. 한나라 때 육가(陸賈)가 남월(南越)에 사신으로 갔을 때 남월의 왕이

"그따위 사람이여, 그따위 사람이여."라고 할 것이다.[75] 사신 노릇 하기가 참으로 어렵지만, 사신이면서 청렴한 관리의 자손 노릇 하기는 더욱 또 어렵지 않겠는가. 성오는 경계할지어다.

일찍이 들으니, 삼휴당 선생은 의관(衣冠)이 지극히 소박하면서도 보도(寶刀) 한 자루를 차고 한시도 몸에서 떼지 않았다. 사람들이 그 연고를 물으니, 선생께서 말하기를 "내가 언젠가 연경에 사신 갔다가 마침 내조(來朝)한 유구(琉球) 사신을 만나 수레를 멈추고 대화를 나누어 보니, 뜻이 같고 마음이 맞았다. 이별할 때 그가 허리에 차고 있던 보도를 나에게 주기에, 나도 수중에 있던 편면(便面)[76]으로 보답하면서 생전에 서로 잊지 말자고 약속하였다. 내가 보도를 차는 것은 그를 기억하여 잊지 않으려는 것이다." 하였다. 저 유구 사신은 선생과 뜻이 같았으니, 속된 사람이 아니었음을 알 수 있다. 선생의 뜻은 오랑캐 땅에 있는 자를 이끌어 주려는 것이었다. 성오는 사행(使行) 가서 연경의 서자들 한번 찾아가 보세나. 지금 오랑캐 중에도 이끌어 줄 만한 사람이 있지 않겠는가.

그에게 천금의 보물이 들어 있는 전대를 선물했다는 고사에서 온 말이다. 《漢書 陸賈傳》

75 사람들이……것이다 : 사람들이 비루하게 여길 것이라는 말이다. 어떤 사람이 공자(孔子)에게 자산(子産)의 인품에 대해 묻자 은혜로운 사람이라고 대답하였고, 자서(子西)의 인품에 대해 묻자 "그따위 사람이여, 그따위 사람이여."라고 하면서 언급을 피하였다는 고사에서 온 말이다. 《論語 憲問》

76 편면(便面) : 얼굴을 가리는 데 쓰던 부채의 일종이다.

순흥 부사로 부임하는 박중함[77] 사해 을 전송하며 지은 서문
送朴仲涵 師海 宰順興序

문인(文人)들은 대체로 백성을 다스리는 일에 익숙하지 않은데, 능하지 않은 것이 아니라 대개 달갑게 여기지 않는 것이다. 옛날 정요(貞曜) 선생이 율양위(溧陽尉)가 되었을 때 한가로이 투금뢰(投金瀨) 가의 숲속에 가서 앉아 노닐며 시(詩)만 지었으므로 공무(公務)가 거의 정지되었다. 그러자 가위(假尉)로 하여금 공무를 대신 보게 하고는 봉급의 반을 나누어 주었다.[78] 정요 선생처럼 재주가 뛰어난 분이 머리를 숙이고 관리의 업무를 수행했다면 율양(溧陽) 정도의 고을을 다스리는 데 무슨 어려움이 있었겠는가. 하지만 산수(山水)만 즐기고 공무에 마음을 두지 않은 것은 너무 불속(不俗)한 처사였다. 후세에 문인으로 자처하는 자들이 많이 이것을 구실로 삼아 매임 없이 자유로운 것을 고상한 것으로 여기고 공무를 속된 것으로 여겨 제멋대로 행동하는 경우가 정말로 있었다. 아, 유독 백성은 생각하지 않는단 말인가.

나의 벗 박중함(朴仲涵)은 특출한 선비이다. 그의 선대부(先大夫)[79]

77 박중함(朴仲涵) : 박사해(朴師海, 1711~1778)로, 본관은 반남(潘南), 자는 중함(仲涵), 호는 창암(蒼巖)이다. 1777년(정조1) 10월 순흥 부사(順興府使)로 부임하여 재직하던 중에 세상을 떠났다.

78 정요(貞曜)……주었다 : 정요는 당(唐)나라의 문인(文人) 맹교(孟郊)의 사시(私謚)이다. 이 고사는 맹교가 51세 때인 801년 율양위에 부임했을 때의 일로서, 《산당사고(山堂肆考)》와 《설부(說郛)》 등에 보인다.

부터 영예와 이익을 버리고 산수를 집으로 삼았는데, 하루아침에 전담성(錢淡成)[80]의 사례를 들어 사직소를 올리고 치사(致仕)를 청하자 영묘(英廟)께서 특별히 허락하고 매번 칭찬하셨으니, 참으로 이른바 "광무제(光武帝)가 아니었으면 엄자릉(嚴子陵)의 고절(高節)을 이루어 줄 수 없었다."라는 경우이다.[81] 중함은 이름난 부친을 닮아 조정에서 벼슬한 지 수십 년 동안 당로자(當路者)에게 나아가 청탁을 한 일이 없었으며, 문을 닫고서 책을 읽었다. 글을 지으면 한 번 붓을 휘둘러 천 마디 말을 지었고, 간혹 또 장난삼아 글씨를 쓰면 성난 사자나 목마른 준마(駿馬)의 형세를 이루었으며, 흥이 나면 문득 말 한 마리와 종복(從僕) 한 명을 이끌고 봉래산(蓬萊山)과 묘향산(妙香山)을 찾아가기도 하였으니, 뜻이 소탈하여 늙는 줄도 몰랐다.

79 그의 선대부(先大夫) : 박사해의 부친 박필기(朴弼琦, 1677~1757)로, 자는 치규(稚圭), 호는 무취옹(無臭翁)이다. 1727년(영조3) 문과에 합격하고, 장령(掌令), 헌납(獻納), 고성 군수(高城郡守), 교하 군수(交河郡守) 등을 역임하였다. 1746년 3품관으로서 치사(致仕)를 청하니, 영조가 가상하게 여겨 허락하였다.《承政院日記 英祖 22年 1月 3日》

80 전담성(錢淡成) : 북송(北宋)의 문신인 전약수(錢若水)로, 담성은 그의 자이다. 전약수가 소년 시절 거자(擧子)일 때 화산(華山)에서 진단(陳摶)을 만나 관상을 부탁했더니 "급류 속에서 용감하게 물러날 수 있는 사람이다."라고 평하였는데, 과연 그가 추밀 부사(樞密副使)에 이르렀을 때 갓 40세 된 젊은 나이로 관직에서 물러났다는 일화가 송나라 소백온(邵伯溫)이 지은《문견전록(聞見前錄)》권7에 나온다.

81 이른바……경우이다 : 엄자릉은 후한(後漢) 때의 고사(高士) 엄광(嚴光)으로, 자릉은 그의 자이다. 어릴 때 광무제와 같이 공부하였다. 광무제가 즉위한 뒤에 엄광을 간의대부(諫議大夫)에 제수하고 불렀으나, 사양하고 부춘산(富春山)에 은거하자 광무제가 그의 뜻을 허락하였다.《後漢書 逸民列傳 嚴光》치사를 청한 박필기를 엄자릉에, 치사를 허락한 영조를 광무제에 비유한 말이다.

금상 1년(1777, 정조1) 겨울에 그가 죽계(竹溪)[82]의 부절(符節)을 나누어 받았다. 나는 중함이 수령의 자질구레한 직무를 즐거워하지 않으리라 생각했다. 그런데 그가 나에게 작별하러 왔을 때 표정은 기쁜 듯하였고 기운은 충만한 듯하였다. 어찌 중함이 관직을 감당할 수 없어서 그러한 것이겠는가. 나는 중함의 뜻이 죽계 한 지역에 있지 아니하고, 영남 70개 고을의 명산대천(名山大川) 사이에 있다는 것을 안다. 중함이 제자리를 얻었도다. 비록 그렇지만, 나는 일찍이 군자(君子)가 사물을 볼 때는 눈으로만 볼 뿐만이 아니라 반드시 마음에 오묘하게 합치되는 것이 있어 자신에게 잘 미루어 적용한다고 들었다. 이것이 인자(仁者)와 지자(智者)가 산수를 좋아하는 것[83]이 각각 부류에 따라 다른 까닭이다. 중함이 만약 마음껏 유람하여 오래 묵혀 두었던 소원을 이룬 뒤에 돌아가 그것을 추구하여 인(仁)으로써 백성을 사랑하고 지(智)로써 백성의 생업을 다스린다면 나는 반드시 "산수가 정사와 통했다."라고 할 것이다. 부디 중함은 "우리 문인들이 어찌 정요 선생만 못하겠는가."라고 말하지 말지어다.

82 죽계(竹溪) : 경상도 순흥(順興)의 옛 이름이다.

83 인자(仁者)와……것 : 《논어》 〈옹야(雍也)〉의 "지자는 물을 좋아하고 인자는 산을 좋아한다."라는 공자의 말을 가리킨다.

《인재집》[84] 서문

訒齋集序

인묘(仁廟)께서 난을 평정하고 즉위하시던 시기에 떼로 모여들어 정사(靖社)의 공훈(功勳)을 담당했던 사람들도 있었고, 청론(淸論)을 견지하며 세도(世道)의 책임을 짊어진 사람들도 있었다. 이 두 부류 사람들의 힘을 입어 국가가 존속하였던 것이다. 그러나 청론을 견지했던 사람들은 강직하고 자존심이 높아 훈귀(勳貴)의 뜻에 구차하게 맞추려고 하지 않았다. 그래서 왕왕 그물과 덫에 걸리고 배척을 당한 채 일생을 마치는 경우를 면치 못하였으니, 후대에 옛일을 논하는 선비들이 성주(聖主)가 있었는데도 가의(賈誼)가 장사왕(長沙王) 태부(太傅)로 쫓겨난 것[85]에 유감이 없을 수 없는 것과 같은 이치이다.

영남에 인재(訒齋) 최공(崔公)이 있었으니, 바로 인묘의 명신(名臣)

84 인재집(訒齋集) : 최현(崔晛, 1563~1640)의 문집이다. 최현의 6대손 최광벽(崔光璧, 1728~1791) 등이 1778년(정조2) 선산(善山)에서 목판으로 간행하였다. 분량은 원집(原集) 13권, 별집(別集) 2권, 부록 등 총 9책이다. 권수에 번암의 서문이 실려 있다. 최현은 본관은 전주(全州), 자는 계승(季昇), 호는 인재(訒齋)이다. 학봉(鶴峯) 김성일(金誠一)과 한강(漢江) 정구(鄭逑)의 문인이다. 1606년 문과에 합격하고, 홍문관 수찬, 형조 참의, 강원도 관찰사 등을 역임하였다. 시호는 정간(貞簡)이다.

85 성주(聖主)가……것 : 가의는 한(漢)나라 문제(文帝) 때의 문신이다. 흉노의 침입과 제후의 발호로 인한 국가의 위기를 타개하기 위해 상소를 올려 시무책(時務策)을 건의하였으나, 주발(周勃), 관영(灌嬰) 등 권신들의 미움을 받아 장사왕의 태부로 좌천되어 서른셋의 젊은 나이로 죽었다. 《漢書 賈誼傳》 여기서 성주는 한나라 문제를 가리키는데, 인조(仁祖)를 비유한 말이다.

중에 한 분이셨다. 그 사우(師友)로 학봉(鶴峯), 한강(寒岡), 여헌(旅軒)[86] 같은 여러 선생이 있었으며, 추천하고 막부(幕府)로 끌어들여 조석으로 계책을 모의한 분으로 오성부원군(鰲城府院君)[87]과 한음(漢陰)[88] 같은 여러 명공(名公)이 있었다. 공이 태평성대를 만났을 때 군주의 지우(知遇)에 감격하여 의연히 경세제민을 자임하였다. 조정에 들어가서는 경연에서 마음을 다해 임금을 보좌하였으니 천덕(天德)과 왕도(王道)가 아니면 말하지 않았고, 조정에서 나와서는 임금께 올리는 글에다 부지런하고 간절한 정성을 쏟았으니 더욱 군대를 정비하고 성지(城池)를 수축하는 것을 국가를 다스리는 급무로 삼았다.

당시에 건주위(建州衛)의 오랑캐[89]가 날마다 우리를 엿보며 매섭게 노략질하였는데도 조정에서는 근심하지 않고 희희낙락하는 것이 제비와 참새가 평안하게 집에 거처하는 듯하자,[90] 공이 장탄식과 눈물로 비통해하며 대책을 거듭 아뢰고 또 아뢰었다. 나라가 있는 줄만 알고 자신의 몸이 있는 줄은 몰랐으며, 도(道)를 지킬 줄만 알고 권력에 아첨할 줄은 몰랐는데, 어느새 나라의 권력을 쥔 자가 눈을 흘기면서 공을 노리게 되었다. 얼마 뒤에 무함이 끝없이 틈을 타고 나와 충심(忠

86 여헌(旅軒) : 장현광(張顯光, 1554~1637)의 호이다.

87 오성부원군(鰲城府院君) : 이항복(李恒福, 1556~1618)의 봉호(封號)이다.

88 한음(漢陰) : 이덕형(李德馨, 1561~1613)의 호이다.

89 건주위(建州衛)의 오랑캐 : 여진족(女眞族)을 가리킨다. 건주위는 명나라가 중국 동북 지방 여진족 거주 지역에 설치했던 지방 군사 행정 기구이다.

90 제비와……듯하자 : 제비와 참새가 사람의 집에 의지하여 집을 짓고 살면서 그 집에 불나서 타고 있는데도 어미와 새끼가 즐거워하며 화가 닥치는 줄을 모른다는 고사에서 나온 말이다. 《孔叢子 論勢》

心)은 상을 받지 못한 채 몸이 화를 입게 되었다. 지난날 인묘께서 공의 충직한 말을 유념하여 온전히 보호하는 은전을 베풀지 않으셨다면 호랑이 꼬리를 밟아 물리는 화를 면할 수 있었겠는가.[91] 하지만 공은 마침내 배척되었고, 그 뒤 10년 만에 오랑캐가 크게 침입하였다.

공은 자질이 총명하여 상위(象緯),[92] 산수(算數), 군사(軍事)의 학문에 통달하지 않은 것이 없었으니, 문장은 공에게 뛰어난 것이 못 된다. 하지만 공의 문장은 자연스럽고 넉넉하면서도 화려한 수식을 일삼지 않고 이치만 명백하게 할 뿐이었으니, 읽어 보면 군자(君子)의 말이라는 것을 알 수 있다. 사전(事前)에 간절한 정성으로 밝게 계책을 헤아려 임금께 올렸던 글들이 생전에는 세상과 어긋나 비록 백에 한두 가지도 시행되지 못하였다. 만약 후대의 군자가 공의 책을 읽고 공의 말을 기뻐하여 그것으로 천하 국가에 이익을 끼친다면 비록 백세(百世)가 흐른 뒤라도 꼭 기회를 만난 것이 아니라고는 할 수 없을 것이다. 공의 6세손 전(前) 지평(持平) 최광벽(崔光璧) 씨가 공의 유집(遺集)을 간행하면서 나에게 서문을 부탁하였다. 내가 한참을 감개에 젖었다가 이 글을 써서 돌려주니, 한편으로는 옛일을 논하는 사람들의 유감을 풀어 주고, 한편으로는 천하 국가에 뜻을 둔 우리 당(黨)의 사람들에게 알려 주려는 것이다.

91 인묘께서……있었겠는가 : 1627년(인조5) 겨울 최현이 이인거(李仁居)의 역모(逆謀)에 연루되어 처벌을 받게 되었을 때 인조가 석방하라고 하교하였던 일을 두고 한 말이다. 하지만 최현은 결국 이듬해 1월 회령(會寧)으로 유배되었다가 9월 특명으로 풀려났다. 《訒齋集 訒齋先生年譜》

92 상위(象緯) : 상수(象數)와 참위(讖緯)를 가리킨다. 상수는 사물의 변화를 살펴 점치는 것이고, 참위는 미래의 길흉화복의 조짐이나 예언 또는 그것을 기록한 책이다.

《양현록》[93] 서문

兩賢錄序

옛날 한 문공(韓文公)은 당(唐)나라의 경서(經書) 한 부(部)를 지어 덕을 숨기고 살던 사람들의 묻힌 업적을 현창하고자 하였다.[94] 선비들 가운데에는 진실로 골짜기에 은거하여 남이 알아주지 않아도 성내지 않은 채 늙어 죽을 때까지 재능을 숨기고 사는 사람이 있으니, 진실로 문공과 같은 사람이 현창해 준 뒤에야 후세에 전해질 수 있는 것이다. 충효(忠孝)와 경행(經行)이 뛰어난 선비는 간혹 불행한 일을 당하여

93 양현록(兩賢錄) : 박한주(朴漢柱, 1459~1504)와 그의 족손(族孫)인 박수춘(朴壽春, 1572~1652)의 유문(遺文)을 후손과 지역의 선비들이 모아 만든 문집이다. 현재 전하지 않는 것으로 보인다. 박한주는 본관은 밀양(密陽), 자는 천지(天支), 호는 우졸재(迂拙齋)이다. 박수춘은 자는 경로(景老), 호는 국담(菊潭)·숭정처사(崇禎處士)이다. 두 사람 모두 대구 남강서원(南岡書院)에 제향되었다.

94 한……하였다 : 한 문공은 한유(韓愈)로, 한유는 박학굉사과(博學宏詞科)에 연거푸 세 차례 낙방하고, 재상(宰相)에게 세 번 편지를 올렸으나 모두 답장을 받지 못하자, 장안(長安)을 떠나면서 친구에게 부친 〈답최입지서(答崔立之書)〉에 "지금 천하의 풍속이 순후하던 옛날에 미치지 못하고, 변경에는 아직도 전쟁이 벌어지고 있어 황제께서는 기쁘실 수 없고, 재상은 근심하고 있습니다. 저는 비록 어질지 못하지만, 또한 세상의 득실에 대해 깊이 연구하여 그것을 재상에게 바치고 황제께 올려 높게는 경대부의 지위를 얻고자 바랐으며, 낮게는 일개 지방관의 자리라도 차지하기를 원하였습니다. 만약 모두 얻을 수 없다면, 장차 넓고 한가로운 전야(田野)로 가서 적막한 물가에 낚싯대를 드리운 채 살며 국가에서 빠뜨린 고사(故事)를 찾아내고 현인(賢人)과 철사(哲士)의 평생 행적을 살펴 당대(唐代)의 경서 한 부를 편찬하여 후세에 전해 이미 죽어 버린 간사(奸邪)한 자들을 성토하고 덕을 숨기고 살던 사람들의 묻힌 업적을 현창하고자 합니다."라고 하였다. 《韓昌黎集 卷16》

그 도(道)가 비록 세상에 행해지지 않더라도 그 이름은 더욱 드러나고 그 글은 더욱 드러나는 법이니, 그의 고고한 풍모와 큰 덕행을 사람들이 존모하는 것은 그가 남긴 말의 많고 적음에 있지 않다. 그러한 경우에는 어찌 자신을 알아주는 사람의 손을 빌려 세상에 드러나는 방법을 쓸 것이 있으랴.

우졸재(迂拙齋) 박 선생은 점필재(佔畢齋 김종직(金宗直))를 스승으로 섬겨 엄연히 한훤당(寒暄堂 김굉필(金宏弼)), 일두(一蠹 정여창(鄭汝昌))와 어깨를 나란히 하였다. 연산주(燕山主)가 매우 무도하자 선생은 근심과 울분이 격심하였는데, 군주의 잘못을 바로잡고 간사한 자들을 물리치다 의연하게 무오년(1498, 연산군4) 사화(士禍)에 죽음을 당하였다.[95] 나중에 족손(族孫)인 국담(菊潭) 선생이라는 분이 있었는데, 선생을 사숙(私淑)하신 분이었다. 왜적이 침입하자 포의(布衣)의 신분으로 개연히 의병을 일으켜 세운 공(功)이 곽재우(郭再祐) 장군에 못지않았다. 얼마 뒤에 다시 상소를 올려 광해주(光海主)가 모후(母后 인목대비(仁穆大妃))를 서궁(西宮)에 유폐한 일을 간쟁하였고, 마침내는 스스로를 '숭정처사(崇禎處士)'라고 칭하여 노중련(魯仲連)이 진(秦)나라 왕을 제(帝)로 부르는 것을 부끄럽게 여겼던 뜻을 담았다.[96]

95 무오년……당하였다 : 박한주는 1504년 5월 갑자사화에 연루되어 처형되었다. 이 내용은 번암의 착오인 듯하다.

96 숭정처사(崇禎處士)라고……담았다 : 숭정은 명(明)나라 마지막 황제인 의종(毅宗)의 연호이다. '숭정처사'라고 호를 지은 것은 청나라에 불복하고 명나라에 대한 의리를 지키겠다는 의지의 표명이다. 노중련은 전국 시대 제(齊)나라의 고사(高士)이다. 진나라가 조(趙)나라의 수도 한단(邯鄲)을 포위하였을 때 위(魏)나라 사신(使臣) 신원연(新垣衍)이 진나라 소왕(昭王)을 제로 높여 불러 위급한 상황을 모면할 것을 조나라

오호라, 세상의 운수(運數)가 혼란한 가운데 불행한 일을 당하여 우졸재 선생은 죽음을 당하고 국담 선생은 은둔하였으니, 자신이 마땅히 행해야 할 바를 행하여 그 마음에 부끄럽지 않게 하였던 것일 뿐이다. 후세에 그분들의 덕을 숭상하는 선비들이 같은 서원(書院)에 함께 제향(祭享)하고 사화와 병화(兵火)를 겪고 남은 유문(遺文)을 수집하여 약간 편(篇)을 얻었다. 그 책을 《양현록》이라고 이름을 붙이고 목판(木板)에 새겨 길이 전할 것을 도모하니 그 뜻이 정성스럽고 부지런하다.

오호라, 두 선생이 벼슬에 나아가기도 하고 나아가지 않기도 하여 그 일은 비록 달랐지만, 두 분의 충의(忠義)는 환히 배운 바를 저버리지 않아 애초부터 하나의 책을 찍어 낸 것 같았으니, 이는 도가 같기 때문이다. 후세에 현자(賢者)를 보고서 현자처럼 되고자 하는 자가 두 선생의 도를 배운다면 또한 두 선생처럼 될 것이니, 어찌 꼭 두 선생이 남긴 단간잔편(斷簡殘編) 사이에 매여 심력을 허비할 것이 있겠는가.

비록 그렇지만, 도가 다른 데 있는 것이 아니라 이 책에 실로 그분들의 도가 실려 있으니 만약 도를 찾고자 한다면 이 책을 버려두고 어떻게 찾을 수 있겠는가. 나처럼 못난 사람은 선생의 업적을 세상에 드러낼 수 있는 적임자가 아니지만, 박군 경수(朴君慶秀)와 경인(慶寅)이 선부형(先父兄)이 마치지 못한 일을 계승하여 천 리 길을 몸소 찾아온 간절한 정성에 감복한 나머지 외람됨을 잊고서 이와 같이 써서 준다.

에 권하자, 노중련이 대의(大義)를 가지고 신원연을 질책하고 진나라 왕을 제로 높여 부른다면 자신은 동해(東海)에 빠져 죽을 것임을 천명하였다. 진나라 장수는 노중련의 말을 듣고 군대를 50리나 퇴각하였다. 《史記 魯仲連列傳》

은율 현감으로 부임하는 이공회[97] 정운 를 전송하며 지은 서문

送李公會 鼎運 宰殷栗序

이군 공회(李君公會)가 어버이께서 연로하시자 봉양할 것을 청하여 옥당(玉堂)에서 해서(海西)의 은율 현감(殷栗縣監)으로 나가게 되었다. 옛날 공자(孔子)께서 칠조개(漆雕開)에게 벼슬하도록 권하니, 칠조개가 "제가 벼슬하는 것에 대해 아직 자신이 없습니다."라고 대답하였다. 고인(古人)들이 벼슬했던 것은 자신의 도(道)를 실천하고자 해서였다. 그렇지 않고 벼슬하는 것일 뿐이라면 나는 그 사람이 공자의 문도(門徒)가 아님을 알겠다.

공회가 능히 도를 자신하는지는 내가 감히 단정하여 말할 수 없지만, 군은 책을 읽은 사람이니 벼슬하는 것과 노가 별개일 수 없나는 사실을 알 것이 분명하다. 더구나 군은 일찍이 상소를 올려 간신(奸臣)을 지적하다가 당시 권력자에게 모함을 받아 남쪽 변방 천 리 밖에 유배되었다.[98] 상께서 특별히 방면하시고 얼마 되지 않아 발탁하여 옥서(玉署)와 대각(臺閣)에 두어 한창 총애가 극진하였으니, 군이 한없이 성은에

97 이공회(李公會) : 이정운(李鼎運, 1743~1800)으로, 본관은 연안(延安), 자는 공회, 호는 오사(五沙), 시호는 정민(貞敏)이다. 번암의 문인이다. 1781년(정조5) 6월 은율 현감(殷栗縣監)으로 부임하였다.

98 군은……유배되었다 : 지평으로 있던 이정운이 1776년(영조52) 상소를 올려 당시 권력자인 이병정(李秉鼎)을 탄핵한 일로 인해 강진(康津)으로 정배되었다가 정조가 즉위하자 석방되었다. 《英祖實錄 52年 1月 20日, 21日》

감격하였다. 그가 도를 존모하는 정성에다 성은에 감격하는 마음을 겸하여 지녔으니, 임금과 근심을 나누어 짊어지는 수령의 직책을 수행하는 데 무슨 어려움이 있으랴. 비록 그렇지만 내가 몇 살 더 많다는 이유로 군이 일찍이 나에게 가르침을 청하였으니, 그가 떠나는 마당에 한마디 말로써 면려하지 않을 수 있겠는가.

군자(君子)의 학문은 자신에게 있는 것을 미루어 남에게 미치는 것에 불과할 뿐이다. 하늘이 본래 어질고 선한 본성을 사람에게 부여했지만, 그것으로 자신의 사욕(私慾)을 능히 이겨 내지 못한다. 그러므로 오직 자신만을 이롭게 하면서도 사물이 각자 자신의 이익을 도모하려는 것이 애초에 내가 나 자신을 이롭게 하려는 것과 다름이 없다는 사실을 모른다. 지금 공회가 부임해 가면 거기에는 사직이 있고 백성이 있다. 그 책임은 사물을 다스리는 것이니, 어찌 또한 자신의 마음을 사물까지 미루지 않을 수 있으랴.

군은 가난한 사람이라 어버이가 연로했어도 봉양할 수 없었다. 그가 집에 있을 때 해가 중천에 떴는데도 어버이가 밥을 드실 수 없었으니 군의 심정이 어떠했겠는가. 추위가 닥쳤는데도 어버이가 옷을 제대로 갖춰 입을 수 없었으니 군의 심정이 어떠했겠는가. 천하 사람들이 모두 어버이가 계시니, 군만 어버이가 계신 것이 아니다. 어버이가 굶주리면 걱정하고 어버이가 추위에 떨면 근심하는 것은 천하 사람이 다 같으니, 군의 마음만 그런 것이 아니다. 성상께서 이미 군의 심정을 가련히 여기고 수령에 제수하여 어버이를 봉양하도록 해 주셨다. 은율의 백성이 군에게 자식 된 것이 군이 성상에게 자식 된 것과 무슨 차이가 있겠는가. 그렇다면 인정(仁政)을 베풀지 않아서야 되겠는가. 그 혜택을 미루어 나간다면 우리 고을의 백성으로 하여금 자신의 어버이를 섬기게 할 수 있을 것이다.

군은 가난한 사람이라 집을 장만할 수 없어 남의 집을 빌려 살았다. 올해는 동쪽으로 다음 해에는 서쪽으로 이사를 다니느라 그 고생을 거의 견딜 수 없는 지경이었다. 한창 그러한 때에 누군가 군을 받아들여 편히 살도록 해 준다면 군은 필시 고맙게 여길 것이지만, 군을 쫓아내 분주하게 만든다면 군은 필시 원망스럽게 여길 것이다. 지금 백성의 초가와 담장은 자신의 부모와 처자식을 보호하려는 것인데, 고을의 수령이 가혹한 정사로 뒤흔들고 과중한 세금으로 잔악하게 굴어서 자신의 집에 안주하지 못하고 마침내 흩어져 사방으로 달아나게 만든다면, 장차 감사하겠는가, 아니면 원망하겠는가? 이것을 안다면 필시 처신할 방도를 알 수 있을 것이다.

군은 가난한 사람이라 돈을 빌리지 않으면 조석(朝夕)을 지낼 수 없었다. 누군가 군에게 채무를 상환하도록 요구하는데, 상환 날짜를 늦추어 주고 표정과 말투를 상냥하게 한다면 군은 필시 기쁘게 여길 것이고, 문 앞에서 가혹하게 독촉하며 성난 눈으로 노려보면 군은 필시 원망스럽게 여길 것이다. 지금 백성들이 관(官)에서 곡식을 빌리는 일도 돈을 빌리는 것과 유사한 것이다. 어떻게 하면 백성을 기쁘게 하며, 어떻게 하면 백성을 원망하게 만들겠는가? 군이 지난날 기쁘고 또 원망했던 일을 가지고 백성에게까지 미루어 생각한다면, 백성의 심정은 그들의 미간을 살피지 않더라도 알게 될 것이다.

이 몇 가지는 내가 특별히 대략을 들어 말한 것이지만, 관가(官家)의 일마다 어떤 경우든 그러하지 않겠는가. 자신의 마음을 미루면 인하고, 자신의 마음을 미루지 않으면 포악해지는 법이니, 인을 버리고 포악함을 취하는 것은 지극히 어리석은 자라도 차마 하지 않는데, 더구나 군처럼 도를 존모할 줄 아는 사람이겠는가. 증자(曾子)는 "부자(夫子)의 도는 충서(忠恕)일 뿐이다."라고 하였는데, 성인(聖人)의 충서는 비록 미칠 수 없지만, 학자(學者)의 충서는 노력 여하에 달린 것이다. 일찍이 내가 군과 함께 책상을 맞대고 독서를 하며 이 의리에 대해 매우 자세히 강구한 바 있다. 지금 한마디 말을 해 주는 마당에 그것을 거듭 권면하면 충분할 것이니, 다시 어찌 많은 말을 할 필요가 있겠는가.

《서담집》[99] 서문

西潭集序

말을 감별하는 사람이 기북(冀北)[100]에 가면 말의 털빛을 따져 볼 필요도 없이 그곳의 말이 구름을 차고 오르는 명마(名馬)의 품종이라는 것을 안다. 옥을 캐는 사람이 곤륜(崑崙)[101]에 올라 보면 옥의 광채를 문질러 볼 필요도 없이 그곳의 옥이 세상에 드문 보물이라는 것을 안다. 사물이 모두 그러한데, 사람의 경우는 더욱 심하다. 훌륭한 선비를 어떻게 알 수 있을까? 사우(師友)의 연원(淵源)일 뿐이다. 그러므로 "왕표(王豹)가 기수(淇水) 가에 살자 하서(河西) 지방의 사람들이 노래를 잘 불렀고, 면구(綿駒)가 고당(高唐)에 살자 제(齊)나라 서쪽 지방 사람들이 노래를 잘 불렀다."[102]라는 말이 비록 구변(口辯) 좋은 사

99 서담집(西潭集) : 홍위(洪瑋, 1559~1624)의 문집이다. 홍위의 후손들이 유고를 편차하여 이광정(李光庭)의 교정과 번암의 서문을 받아 두었다가 1846년(헌종12) 목판으로 간행하였다. 분량은 4권 2책이고, 권수에 번암이 1779년(정조3)에 지은 서문이 실려 있다. 홍위는 본관은 남양(南陽), 자는 위부(偉夫), 호는 서담(西潭)이다. 서애(西厓) 유성룡(柳成龍)의 문인이다. 우복(愚伏) 정경세(鄭經世), 창석(蒼石) 이준(李埈) 등과 교유하였다. 65세 때인 1623년(인조1) 군위(軍威)로 낙향하였고, 그 이듬해에 이괄(李适)의 난으로 인조가 공주(公州)로 피난하자 병사와 군량을 모집하였다.

100 기북(冀北) : 기주(冀州)의 북쪽으로, 좋은 말의 산지이다.

101 곤륜(崑崙) : 중국의 서역(西域)에 있는 산으로, 좋은 옥의 산지이다. 《서경》 〈윤정(胤征)〉에 "화염이 곤륜산을 태우면 옥과 돌이 다 함께 불탄다."라는 말이 나온다.

102 왕표(王豹)가……불렀다 : 이 내용은 《맹자》 〈고자 하(告子下)〉에 나오는 말로, 현자(賢者)를 통해 백성들의 풍속이 교화됨을 비유한다.

람의 말이지만, 또한 좋은 비유가 아니라고 할 수 없다. 직하(稷下)[103]에서 포의(布衣)를 걸치고 가죽띠를 둘렀던 사람치고 누군들 경서(經書)의 의미를 담론하는 선비가 아니었겠는가. 호학(湖學) 학생의 용모와 언동을 살펴보면, 선생과 제자의 어짊을 묻지 않아도 알 수 있었다.[104] 맹자가 "그러므로 그 당세(當世)를 논하는 것이다."라고 하였으니,[105] 성인(聖人)이 어찌 우리를 속였겠는가.

서담(西潭) 홍공(洪公)은 영남 사람이다. 젊어서 서애(西厓) 유 선생(柳先生) 문하에서 수학하여 학문하는 방도를 들었으며, 만년에는 우복(愚伏)과 창석(蒼石) 두 선생과 막역한 교분을 맺었다. 벼슬에 나아가 임금을 섬기게 되었을 때는 대각(臺閣)에서 명성을 날려 장차 포부를 펼칠 수 있을 듯하였다. 하지만 광해주(光海主)의 난정(亂政)을 당하자 군위(軍威) 서담의 시내와 바위를 사랑하며, 그곳에 오두막

103 직하(稷下) : 전국 시대 제(齊)나라의 도성 서쪽 문인 직문(稷門) 부근을 지칭한다. 제나라 위왕(威王)과 선왕(宣王)이 이곳에 학궁(學宮)을 짓고 선비들을 우대하므로 추연(騶衍), 순우곤(淳于髡), 신도(愼到), 환연(環淵) 등과 같은 훌륭한 학자들이 모여들었다.

104 호학(湖學)……있었다 : 호학은 북송(北宋) 때의 학자 호원(胡瑗)이 호주(湖州)의 교수(敎授)로 있으면서 세운 학교이다. 호원이 그 학교에 경의재(經義齋)와 치사재(治事齋)를 설치하여 인재를 양성하였는데, 당시 그에게 배운 제자들이 모두 단아하여 그들의 용모와 행동을 보면 묻지 않아도 그들이 호원의 제자라는 것을 알 수 있었다고 한다. 여기서 선생은 곧 호원을 가리킨다. 《小學 善行》

105 맹자가……하였으니 : 이 내용은 《맹자》 〈만장 하(萬章下)〉에 "천하의 훌륭한 선비와 벗하는 것을 만족스럽지 못하게 여겨, 또다시 위로 올라가서 옛사람을 논하니, 그 시를 외우며 그 글을 읽으면서도 그 사람을 알지 못한다면 되겠는가. 이 때문에 그 당세를 논하는 것이니, 이는 위로 올라가서 벗하는 것이다.〔以友天下之善士爲未足, 又尙論古之人, 頌其詩, 讀其書, 不知其人可乎? 是以論其世也, 是尙友也.〕"라는 맹자의 말에 보인다.

집을 짓고 여생을 마칠 계획을 세웠다. 인조(仁祖)께서 즉위해서는 조만간 불러 등용하려고 하셨으나, 공은 세상을 떠나고 말았으니 어찌 운명이 아니었겠는가.

공의 평소 저술이 대부분 산일(散佚)되고 남은 것이라고는 단지 시문 약간 편이 있을 뿐이다. 사람 중에는 아마 너무 규모가 초라한 점을 유감으로 여길 이가 있을 것이다. 아, 이런 사람이 어찌 공을 아는 사람이랴. 애로(厓老)와 우복, 창석은 백세토록 사람들이 존모하는 분들이다. 훗날 앞 시대를 논하는 선비들이 서애 문하에서 학문하던 선비를 묻는다면 필시 공이라 할 것이요, 우복, 창석과 도의(道義)로 교유했던 분을 묻는다면 오직 공을 말할 것이다. 이것으로 공을 아는 것이 충분하니, 어찌 꼭 글이어야 하겠는가. 더구나 이 문집에서 공이 체찰사(體察使) 오리공(梧里公)[106]에게 올린 편지를 보면 충의(忠義)로운 울분과 뛰어난 계책이 사람들을 감동시킬 수 있음을 알 수 있으며, 대삭에서 응지(應旨)하여 올린 상소를 보면 학술과 문장이 임금의 마음을 바로잡을 수 있음을 알 수 있다. 그 나머지 단편잔간(斷編殘簡)은 모두 세교(世敎)를 바로잡고 후진(後進)을 이끌어 주는 내용이니 공의 글이 많은 것이 아니겠는가.

공의 후손 부정자(副正字) 홍석(洪奭)이 나에게 한마디 말을 구하여 서문으로 삼고자 하였다. 가만히 생각해 보니, 나의 선조 응교공(應教公)[107]이 선조(宣祖) 연간에 군위 현감으로 나가 공과 교유하였고, 얼

106 오리공(梧里公) : 이원익(李元翼)을 가리킨다.

107 응교공(應教公) : 채경선(蔡慶先, 1559~1610)으로, 자는 자장(子長), 호는 죽촌(竹村)이다. 번암의 6대조이다.

마 뒤에는 다시 만력(萬曆) 신축년(1601, 선조34) 문과에 함께 급제하여 서로 학문을 도와 연마하는 교분이 만년에 더욱 돈독하였다. 비록 내가 미욱하지만 또한 선대의 우의를 공경하고 존모할 줄 알기에 마침내 사양하지 않고 서문을 짓는다.

《남파집》[108] 서문

南坡集序

음과 양, 낮과 밤은 천지 사이에 본래 있는 것이니, 인간이라고 군자(君子)와 소인(小人)이 없겠는가. 그렇다면 군자니 소인이니 하는 것도 하늘이 지상하게 구분하여 사람에게 알려 줄 수 없는 것이다. 그러므로 어떤 사람을 두고 누군가에게 "이 사람은 군자요, 저 사람은 소인이다." 라고 말한다면 어찌 그 사이에 논쟁이 벌어지지 않겠는가.

옛날에는 인심(人心)이 순후(淳厚)하여 교묘한 속임수가 먹혀들지 않았다. 군자와 소인이 마치 검고 흰 것처럼 쉽게 구별되고 정해진 방위(方位)처럼 바뀌지 않았으므로 사람들이 사사로운 뜻을 가지고 밀어 주거나 끌어 줄 수 없었던 것이다. 그래서 요순(堯舜) 시대에는 고요(皐陶)와 기(夔)와 후직(后稷)과 설(契)[109]이 환두(驩兜)와 공공

108 남파집(南坡集) : 홍우원(洪宇遠, 1605~1687)의 문집이다. 현손(玄孫) 홍복전(洪福全)이 가장 초고(家藏草稿)를 바탕으로 편정(編定)하여 1782년(정조6) 안성(安城)의 백봉서원(白峯書院)에서 원유(院儒)들의 도움을 받아 활자로 간행하였다. 분량은 원집(原集) 11권, 연보(年譜) 2권 합 7책이다. 홍우원은 본관은 남양(南陽), 자는 군징(君徵), 호는 남파(南坡)이다. 판서 홍가신(洪可臣)의 손자이고, 판서 허성(許筬)의 외손자이다. 1645년(인조23) 문과에 급제하고 정언, 수찬, 강화 유수(江華留守), 이조 판서 등의 관직을 역임하였다. 1680년(숙종6) 경신환국(庚申換局)으로 남인이 실각하고 서인이 집권하자 허적(許積)의 역모에 연루되어 명천(明川)에 유배되었다가 1687년 배소(配所)에서 세상을 떠났다. 시호는 문간(文簡)이다.

109 고요(皐陶)와……설(契) : 모두 요순 때의 현신(賢臣)이다. 고요는 형관(刑官)을, 기는 악관(樂官)을, 후직은 농관(農官)을, 설은 사도(司徒)를 담당하였다.

(共工)[110]을 소인이라고 지목하더라도 환도와 공공은 고요와 기와 후직과 설에게 "도리어 우리가 군자이고, 너희들이 사실은 소인이다."라고 감히 되받아치지 못하였다. 그것은 천하의 인심을 속일 수 없고, 천하의 공의(公議)에 대적할 수 없기에 그런 것이 아니었겠는가.

후세에는 그렇지 않아서 군자가 소인을 소인이라고 지목하면 소인도 군자를 소인이라고 지목한다. 더구나 같은 편 숫자의 다소(多少)와, 지위와 세력의 강약(强弱)이 서로 두 배 다섯 배 혹은 열 배 백 배의 차이가 난다면 무엇이 선(善)인지 무엇이 악(惡)인지를 또한 누가 능히 변별할 수 있을 것인가. 그러니 어찌 뭇사람이 떠드는 말과 스스로 달리 주장할 필요가 있겠는가. 그렇다면 결국 군자와 소인을 변별하지 못하고 마는 것인가? 이것은 후세 사람의 참된 안목과 공변된 시비에 달려 있을 뿐이다. 비록 그렇더라도 당세 사람들이 변별하지 못한 것을 백세(百世) 뒤에 태어난 사람이 무엇을 근거로 믿을 것이며, 무엇을 근거로 판단을 내릴 것인가? 그 사람이 평소 했던 말과 행동을 통해 진실을 살피는 데 달렸을 뿐이다.

남파(南坡) 홍 선생(洪先生)은 지극히 바르고 지극히 강직한 기운을 타고나서 거대한 물살에 버티고 선 지주(砥柱)[111]와 같은 신망을 받으셨다. 바른 도(道)가 아니라면 비록 천자(天子)의 공경(公卿)이 되더라도 달가워하지 않았으며, 의로운 일이라면 비록 베어 죽이고 삶아

110 환두(驩兜)와 공공(共工) : 요 임금 때의 악인(惡人)이다. 이들은 나라의 중임(重任)을 맡았으나 직임을 잘 수행하지 못하고 간악한 짓을 저질렀으므로, 순 임금이 공공을 유주(幽洲)에 유배하고, 환두를 숭산(崇山)에 유배하였다. 《書經 舜典》

111 지주(砥柱) : 30쪽 주29 참조.

죽이는 형벌을 받더라도 두려워하지 않았다. 효종(孝宗)에게 상소 한 통을 올렸던 일은 선생이 아니면 누가 그것을 해냈겠으며, 효묘(孝廟) 같이 성스러운 군주가 아니면 누가 능히 그것을 수용해 줄 수 있었겠는가.[112] 숙종(肅宗)께서 즉위해서는 유현(儒賢)을 우대하는 예법으로 선생을 초야(草野)에서 발탁하여 총재(冢宰)의 직책을 내린 뒤에 다시 성균관 대사성을 겸직하게 하셨으니, 실로 국조(國朝) 이래로 없던 일이었다. 선생은 남다른 지우(知遇)에 감격하여 의연히 임금을 바른 도로 이끄는 것을 자신의 소임으로 삼았으니, 아침에 임금의 직무에 실수가 생기면 낮에는 공의 상소가 벌써 당도해 있었다. 부지런하고 정성스러움은 송(宋)나라 때의 이 문정(李文靖)[113]과도 같고 곧고 절실함은 국조의 정동계(鄭桐溪)[114]와도 같았으니, 두 공은 각자 한 가지

112 효종(孝宗)에게……있었겠는가 : 1654년(효종5) 6월 수찬(修撰) 홍우원이 상소를 올려 강화도(江華島)에 유배되어 있던 인조와 귀빈(貴嬪) 조씨(趙氏) 사이의 소생인 숭선군(崇善君) 이징(李澂)과 낙선군(樂善君) 이숙(李潚), 소현세자(昭顯世子)의 아들인 경안군(慶安君) 이회(李檜) 등을 선처해 줄 것을 호소하였다. 이 상소에서 홍우원은 "선왕(先王)의 삼년상이 겨우 지나 왕릉의 흙이 마르지도 않았는데, 사랑하던 여인은 죽음을 당하고 사랑하던 아들은 귀양 갔습니다."라는 과격한 표현을 사용하여 조정 신료들의 강한 반발을 샀다. 하지만 효종은 홍우원의 상소를 너그럽게 수용하고, 삭직하여 문외출송(門外黜送)하라는 신료들의 요청을 끝내 받아들이지 않았다. 《孝宗實錄 5年 6月 17日, 7月 24日, 8月 4日》

113 이 문정(李文靖) : 송나라 진종(眞宗) 때의 이름난 재상인 이항(李沆, 947~1004)으로, 문정은 시호이다. 재상에 올라 법도를 엄격히 지키고 경박한 사람을 등용하는 것을 반대하였으며, 백성들의 어려움을 자주 황제에게 진달하여 항시 국정(國政)에 유의하도록 이끌었다. 당시 사람들이 성상(聖相)이라고 칭하였다. 《宋史 李沆列傳》

114 정동계(鄭桐溪) : 정온(鄭蘊, 1569~1641)으로, 본관은 초계(草溪), 자는 휘원(輝遠), 호는 동계이다. 정구(鄭逑)의 문인이다. 성품이 강직하여 1614년(광해군6)

덕목만을 지니고 있었지만 선생은 실로 그 모두를 겸하여 지녔던 것이다. 선생이 세운 뜻의 원대함과 배운 학문의 바름은 이 외에 따로 찾아보지 않더라도 이를 통해 알 수 있다. 불행히도 《주역》의 괘(卦)를 인용한 상소 한 통으로 인해 당시 권력자가 흠을 잡아 모해하였으니, 성군(聖君)과 현신(賢臣)이 의기투합했던 일이 좋은 결실을 맺지 못한 채 선생은 끝내 북쪽 변방의 배소에서 세상을 떠나고 말았다.[115] 이것이 초야(草野)의 군자들이 탄식하며 눈물을 흘리는 까닭이다.

선비들이 사당을 세워 선생을 향사하여 앙모하는 정성을 담았으니, 돌아가신 뒤에 존모하여 모시는 점에서는 거의 유감이 없었다. 다만 선생이 저술한 글이 책 상자에 방치되어 실로 사문(斯文)이 미처 이루

부사직(副司直)으로 있으면서 영창대군(永昌大君)의 처형이 인륜에 어긋난다고 상소하였다가 10년간 제주도에서 유배 생활을 하였다. 병자호란 때는 척화(斥和)를 주장하였으며, 그 뒤 벼슬을 단념하고 덕유산(德裕山)에 은거하다 세상을 떠났다. 문집으로 《동계집(桐溪集)》이 있다.

115 주역의……말았다 : 숙종의 즉위 초기에 인평대군(麟坪大君)의 아들인 복창군(福昌君)과 복평군(福平君)이 궁중의 나인들과 간통하여 자식을 두었다고 주장하는 이른바 '홍수(紅袖)의 변(變)'이 일어났다. 평소 인평대군의 아들들이 숙종에게 위협된다고 여겼던 왕대비 명성왕후(明聖王后)가 이들을 처벌하는 데 적극적으로 간여하자, 부제학 홍우원이 명성왕후의 처사를 비판하는 상소를 올렸다. 그 내용에 "《주역》 〈가인괘(家人卦) 단(彖)〉에 '여자가 안에서 위치를 바르게 하고 남자가 바깥에서 위치를 바르게 한다.'라고 하였습니다. 남자의 자리는 바깥에 있고 여자의 자리는 안에 있기 때문에 부인(婦人)은 안에서 위치를 바르게 하여 바깥의 일을 간섭하지 않아서 전제(專制)하는 뜻이 없고 삼종(三從)의 도리가 있습니다. 진실로 이 도리를 어기면 《주역》의 뜻에 어그러짐이 있습니다."라고 하였다. 《肅宗實錄 1年 4月 1日》 상소를 올렸던 당시에는 남인의 집권기였으므로 문제가 되지 않다가 1680년 경신환국으로 남인이 축출되고 서인이 다시 집권하자, 서인이 이 상소를 문제 삼았다. 홍우원은 결국 이 상소가 빌미가 되어 그해 4월에 명천(明川)으로 유배되었다.

지 못한 전례(典例)가 되었다. 선생의 4세손 홍복전(洪福全)이 원유(院儒)들과 도모하여 지금 비로소 활자(活字)를 모아 간행을 이루니 모두 약간 권이다. 아, 선생의 청렴한 명성과 곧은 절개는 아녀자조차 모두 우러르는 바이니, 문장이 전하고 전하지 않음이 선생과 무슨 관계가 있겠는가. 하지만 후세에 시간을 거슬러 올라 선생의 언행(言行)을 논하려는 사람이 이 책을 통해 선생을 찾지 않는다면 어디서 다시 찾을 수 있겠는가. 비록 백세 뒤라도 과연 능히 참된 안목과 공변된 시비를 지니고 있는 사람이 이 책을 본다면, 애당초 선생과 아침저녁으로 만나는 격의 없는 사이처럼 되지 않음이 없을 것이다. 아, 슬프다.

시랑 홍군택 수보 이 지은 《출새록》에 대한 서문[116]

洪侍郎君擇 秀輔 出塞錄序

하늘이 인재(人才)를 태어나게 하는 것은 사람이 그를 쓰게 하려는 것이다. 사람이 그 인재를 쓰지 않으면 하늘은 반드시 어떤 일로 인해 그 인재를 드러내는데, 마치 집집마다 알려 주는 것처럼 한다. 하늘이 인재를 아끼는 마음이 참으로 지극하도다.

국조(國朝)에 최간이(崔簡易)와 한석봉(韓石峯) 같은 분들[117]은 하늘이 재주를 부여한 것이 어떠하였던가. 하지만 우리나라 사람들이 안목이 없어 알아주는 사람이 없었다. 중국 조정의 여러 대가(大家)에게 칭찬을 받은 뒤에야 비로소 그분들의 문장과 서예(書藝)가 천하에서 절묘한 것임을 알게 되었다. 아, 이것은 누가 그렇게 만든 것인가.

116 시랑(侍郎)……서문 : 홍수보(洪秀輔, 1723~1799)가 1781년(정조5) 11월부터 이듬해 4월까지 동지사(冬至使)의 부사(副使)로 연경(燕京)에 다녀오면서 지은 시를 모아 엮은 기행 시집에 대한 서문이다. 홍수보는 본관은 풍산(豐山), 자는 군택·군실(君實), 호는 함취(含翠)이다. 판서 홍중효(洪重孝)의 아들이다. 1756년(영조32) 문과에 급제하고 예문관 검열, 홍문관 교리, 경기 수군절도사(京畿水軍節度使), 형조 판서 등을 역임하였으며, 봉조하(奉朝賀)가 되었다. 시호는 간헌(簡憲)이다. 《屐園遺稿 卷10 奉朝賀洪公諡狀》

117 국조(國朝)에……분들 : 조선 선조 연간의 문장가 최립(崔岦, 1539~1612)과 서예가 한호(韓濩, 1543~1605)를 가리킨다. 최립은 본관은 통천(通川), 자는 입지(立之), 호는 간이(簡易)이다. 한호는 본관은 삼화(三和), 자는 경홍(景洪), 호는 석봉이다. 모두 출신이 한미하여 지닌 재주에 비해 출세하지 못하였다. 당시 최립의 글과 차천로(車天輅)의 시와 한호의 글씨를 송도삼절(松都三絶)이라고 일컬었다.

비록 그렇지만 두 공은 재주는 있어도 지벌(地閥)이 없었다. 애초에 나라의 습속(習俗)에 막혀 사람들이 그들을 귀중히 여기지 않았으니, 괴이할 것도 없을 듯하다.

하지만 나는 시랑(侍郎) 홍군택(洪君擇)에 대해서는 마음속으로 의아하게 여기는 점이 있다. 군은 재상가의 자제로 문장이 남보다 뛰어나 약관에 과거에 급제하여 이미 한원(翰苑)에서 사필(史筆)을 잡았고, 옥서(玉署)에서 경서(經書)를 강독하였다. 사람들이 군에게 거는 기대는 실로 태평성대에 군주를 보좌할 인재였으며, 설령 군이 평소에 스스로 기대했던 것으로 말하더라도 필시 이것을 벗어나는 것은 아니었으리라. 그런데 어찌하여 조정이 군을 인재로 대하는 것이 모두 이것과는 반대였단 말인가. 군을 변방 고을의 수령으로 제수하였다가 통어사(統禦使)로 임용하여 무인(武人)처럼 대접하자,[118] 군도 자신의 문장을 깎아내려 "문(文)도 아니고 무(武)도 아니다."라고 하였으니, 이는 자조(自嘲)하는 말이었다. 하지만 군의 재주는 본래 한 가지 기예에 국한되지 않아서 문묵(文墨)을 여사(餘事)로 삼았다고 해도 괜찮을 정도였다. 하지만 만약 "우선 너의 문묵을 버리고 나의 말을 들으라."라고 말한다면, 이것이 어찌 하늘이 인재를 낳은 뜻이겠는가.

5년 겨울 군이 동지사(冬至使)의 부사(副使)로 청나라에 갔다. 청나라 황제가 원명원(圓明園)에 앉아 열흘 동안 잡희(雜戲)를 베풀 때 여러 나라의 사신을 불러다 연회에 참석시켰다. 황제가 군을 돌아보며

118 군을……대접하자 : 홍수보가 1776년(정조 즉위년) 4월 강계 부사(江界府使)로 제수되었다가 8월 경기 수군절도사에 임명되어 1779년 봄까지 재직하였던 사실을 가리킨다. 경기 수군절도사가 삼도 통어사(三道統禦使)를 겸직하므로 이렇게 말한 것이다.

속히 시를 지어 올리라고 하자, 군이 사양할 수 없어서 부득이 응해 지었다. 청나라 황제가 군의 시를 보고 매우 경탄하고는 상으로 비단과 문방구를 과분하게 하사하였다.[119] 이에 군의 시와 필적을 얻고자 하는 청나라 조정의 경대부(卿大夫)들이 숙소로 줄지어 찾아왔다. 중국이 인재를 중시하는 것이 그러하였다.

군이 조정으로 돌아오자 어떤 사람이 나에게 "군이 오랑캐 황제 앞에서 이름을 날렸다 해서 겸연쩍은 기색이 있는 듯합니다."라고 하기에, 나는 "그렇지 않습니다. 공자께서 '말이 충성스럽고 믿음직하고 행동이 독실하고 공경스러우면, 비록 오랑캐 나라라도 가서 행세할 수 있다.'라고 하셨지, 군자의 말과 행동을 오랑캐 나라에서 행해서는 안 된다고 말씀하신 적이 있던가요? 시는 말에 속하는 것입니다. 말을 해서 오랑캐들로 하여금 존경심을 불러일으키게 하였다면, 그 사람은 공자의 문도(門徒)이지요."라고 대답하였다.

며칠 뒤에 군이 연도(沿途)에서 지은 수백 편의 시를 나에게 보여 주어 내가 그것을 다 읽어 볼 수 있었다. 장편(長篇)과 단편(短篇)으로 체제가 다 갖추어져 있었고, 법도에 맞아 송독할 만한 것들이 여기저기 많이 보였다. 나도 일찍이 이러한 사행(使行)을 통해 기행시(紀行詩) 한 권을 남겼기에,[120] 자못 나 자신을 돌아보며 좋아하였다. 지금 이후로는 마땅히 홍구(鴻溝)의 한쪽을 떼어 군이 할거(割據)하도록 허락해야 할 것이다.[121] 오호라, 하늘이 사행을 통해 군의 재주를 드러내지

119 겨울……하사하였다 : 이 내용은 《정조실록》 6년 2월 24일 기사에 자세히 나온다.

120 나도……남겼기에 : 번암이 1778년(정조2) 청나라로 사행을 다녀오면서 지은 시를 〈함인록(含忍錄)〉으로 엮었다. 《번암집》 권13과 권14에 수록되어 있다.

않았다면 우리나라 사람들이 군을 보기를 아마 문도 아니고 무도 아닌 것으로 여기고 말았을 것이다. 하지만 군은 하늘에게는 능한 사람이니, 설령 사람에게는 능하지 못한 사람이라 해도 근심할 바는 아니다.

121 홍구(鴻溝)의……것이다 : 번암이 자신처럼 사행을 통해 뛰어난 시를 지은 홍수보를 인정해 준다는 말이다. 홍구는 옛날 중국의 운하(運河) 이름으로, 한(漢)나라와 초(楚)나라가 패권을 다툴 때 서로의 경계선으로 삼았던 곳이다. 《사기(史記)》 〈고조본기(高祖本紀)〉에 "항우(項羽)가 두려워한 나머지 한왕(漢王)과 천하를 중분(中分)하기로 약속하고는, 홍구 서쪽을 떼어 한나라에 주고 자신은 홍구 동쪽을 차지하기로 하였다."라는 말이 나온다.

《구주집》[122] 서문

龜洲集序

우리나라 조정은 과거(科擧)로 사람을 취사(取捨)한다. 이것이 나라의 제도이니, 전형(銓衡)을 통해 감히 올리고 내릴 수 없는 것은 당연하다. 그런데 문단(文壇)의 월조평(月朝評)[123]도 과거의 합격 여부에 따라 고하(高下)를 결정하고자 하니, 우리나라의 습속이 비루한 정도가 심한 것이다.

구주(龜洲) 이공(李公)은 문헌이 성대한 집안에서 태어나 하계(霞溪)[124]의 문하에 종유하였는데, 학식과 문장을 배양하는 공부가 독실해지자 포부가 매우 컸었다. 온 나라의 학문하는 선비들은 매번 과거가 있을 때면 공이 걸출하게 수석을 차지하기를 항시 기다렸고, 비록 당대에 윤음(綸音)을 짓던 인사(人士)라도 훗날 나라를 빛낼 솜씨를 꼽으라면 휩쓸리듯 모두 공을 지목하여 수많은 사람 사이에 이견이 없었으니, 공이 시대의 명망을 짊어진 것이 어떠하였던가.

세도(世道)가 성쇠(盛衰)를 겪는 가운데 어지러운 시운(時運)을 당

122 구주집(龜洲集) : 이복운(李復運, 1664~?)의 문집이다. 이복운은 본관은 한산(韓山), 자는 복초(復初), 호는 구주이다. 본 서문에는 손자 이수하(李秀夏)가 《구주집》을 간행하려고 한다는 내용이 있으나 간행 여부는 미상이며 현재 전하지 않는 것으로 보인다.

123 월조평(月朝評) : 27쪽 주22 참조.

124 하계(霞溪) : 권유(權愈, 1633~1704)로, 본관은 안동(安東), 자는 퇴보(退甫), 호는 하곡(霞谷)·하계이다.

하여 초(楚)나라의 벽옥(璧玉)을 지니고도 발꿈치를 세 번이나 잘리니,[125] 공도 지쳐서 그만두었다. 불평한 마음에 축적된 것과 억울한 심정에 누적된 것을 문장에 결집하여 표출하지 않을 수 없었으니, 공이 즐거워하느라 늙어 가는 것을 잊었던 것을 통해 세운(世運)의 변화를 살피기에 충분하다.

공은 읽지 않은 책이 없었는데, 독서에서 터득한 것을 시어(詩語)의 바탕으로 삼았다. 나는 일찍이 생각하기를,

'옛사람의 사업은 전일(專一)했고, 지금 사람의 사업은 번잡하다. 전일했던 까닭에 문(文)에 뛰어난 사람이 굳이 시(詩)를 익힐 필요가 없었고, 시에 뛰어난 사람이 굳이 문을 익힐 필요가 없었다. 신(神)의 경지는 도달하기 어렵고 재주와 힘에는 한계가 있는 상황에서 전일하지 않으면 후대에 보배로 여겨질 수 없기 때문이다. 지금 사람은 옛사람보다 못한 재능을 지녀 한 가지 기예(技藝)도 부족하면서 온갖 방면에 뛰어나기를 바라니, 동쪽에서는 무늬 한 조각을 엿보고 서쪽에서는 고기 한 점을 맛본다.[126] 그 사람에게 사업을 물어

125 초(楚)나라의……잘리니 : 이복운이 뛰어난 재능과 명망을 지니고도 과거에서 세 번이나 낙방한 것을 '화씨벽(和氏璧)'의 고사를 가지고 비유한 것이다. 옛날 초나라 사람 변화씨(卞和氏)가 초산(楚山)에서 박옥(璞玉)을 얻어 가지고 여왕(厲王)에게 바치니, 여왕은 돌을 가지고 거짓말한다고 그의 왼발 발꿈치를 잘라 버렸고, 그 후 또 무왕(武王)에게 바치니, 무왕 역시 거짓말한다고 그의 오른발 발꿈치를 잘라 버렸다. 그러나 그는 좌절하지 않고 다시 문왕(文王)에게 바치니, 문왕은 옥인(玉人)을 시켜 그 박옥을 다듬게 하여 보물을 얻자, 마침내 그것을 화씨벽이라 불렀다 한다.《韓非子 和氏》

126 동쪽에서는……맛본다 : 한 가지에 전일하지 못하여 여러 사물의 일부분만 터득하는 것을 비유한 말이다. '무늬를 엿본다'는 표범 가죽의 무늬 하나만을 보았다는 '규표

보면 한 가지 재능조차 전일하지 않은 듯하고, 성취한 것을 살펴보면 술지게미를 마신 것이고 조롱박을 그린 것이다.[127] 이것은 다른 이유가 아니라 전일하지 않기 때문이다.'

하였다.

지금 공의 시어를 가지고 보자면, 대작(大作)은 기세(氣勢)를 누르고 올리는 가운데 넉넉하면서 시원스럽고, 율시(律詩)와 절구(絶句)는 진솔하면서 질박하고 담담하면서 고아하니, 공이 돌아가시고 5, 6십 년 동안 인구(人口)에 회자되어 마치 공의 손에서 방금 새로 지어져 나온 것 같을 뿐만이 아니다. 사람을 제사 지내며 지은 글은 선배들의 진부한 투식을 답습하지 않아 문단에서 모범으로 삼을 만한 것이 곳곳에 남아 있다. 전일하면 독실하고, 독실하면 성취하며, 성취하면 불후(不朽)의 업적이 되니, 그 이치는 의심할 여지가 없다. 공은 옛사람의 사업을 배운 분이라고 일컬을 수 있겠다.

일반(窺豹一斑)'에서 온 말이다. '고기를 맛본다'는 한유(韓愈)의 〈송고한상인서(送高閑上人序)〉에 "외물을 부러워한 나머지 자기의 본업에 전력하지 않는 사람은 모두 마루 위에 올라가지도 못할 것이요, 고기 맛도 음미하지 못하게 될 것이다."라고 한 데서 온 말이다. 《韓昌黎集 卷21》

127 술지게미를……것이다 : 술지게미는 쓸모없는 것을 비유한 말이고, 조롱박은 진부한 것을 비유한 말이다. 《장자(莊子)》 〈천도(天道)〉에는 제 환공(齊桓公)이 대청에서 독서하는 것을 보고 바퀴 만드는 사람이 환공에게 "왕께서 읽으시는 것은 옛사람이 남겨 놓은 술지게미일 뿐입니다."라고 말한 일화가 나온다. 조롱박의 비유는 송 태조(宋太祖)가 한림학사(翰林學士) 도곡(陶穀)에게 "한림학사는 제서(制書)를 지을 때 옛사람의 작품을 베껴 조금씩 말만 바꿀 뿐이라고 들었다. 이는 바로 세속에서 '조롱박 모양만을 본떠서 그려 낸다.'라는 것일 따름이니, 힘쓴 것이 뭐가 있다고 하겠는가."라고 조롱한 데서 온 것이다. 《東軒筆錄 卷1》

나의 부친[128]께서 언젠가 말씀하기를,

"다른 자리에 갔다가 공이 변려(騈儷)에 대해 논한 고풍시(古風詩)를 보고는 마음속으로 기뻐하고 조용히 외워 돌아와서 종이에 적어 희암(希菴) 선생[129]께 질정하였다. 희옹(希翁)께서 '이것은 지금 사람의 작품이 아니다.'라고 하시자, 내가 대답하기를 '그 사람이 살아 있으니 어찌 지금 사람이 아니라고 할 수 있겠습니까.' 하니, 희옹께서 '그렇다면 이송파(李松坡)[130]가 아니면 이렇게 말할 수 없다.'라고 하셨다. 이윽고 그것이 공이 지은 것이라는 말을 듣고는 '구주의 문장을 경외할 만함이 이러한 경지에 이르렀구나.'라고 감탄하셨다."

하셨다. 아, 이송파는 당시 문단의 종장(宗匠)이었는데, 귀신 같은 안목을 지닌 희옹 같은 대가(大家)가 공의 시를 짐작으로 판단하여 "송파의 솜씨에서 나온 듯하다."라고 하신 말 한마디에서 공이 지은 시의 가치를 충분히 확인할 수 있다. 그러니 내가 어찌 감히 췌언(贅言)을 덧붙이겠는가.

공의 휘(諱)는 복운(復運)이고, 자는 모(某)이며, 아계(鵝溪)[131] 상공(相公)의 5세손이다. 공의 유집(遺集)을 간행하려고 도모하는 사람은 공의 손자인 전(前) 헌납(獻納) 이수하(李秀夏) 씨이다.

128 나의 부친 : 번암의 부친 채응일(蔡膺一, 1686~1765)로, 자는 경언(敬彦)이다.

129 희암(希菴) 선생 : 채팽윤(蔡彭胤, 1669~1731)으로, 본관은 평강(平康), 자는 중기(仲耆), 호는 희암이다. 번암의 종조부이다.

130 이송파(李松坡) : 이서우(李瑞雨, 1633~1709)로, 본관은 우계(羽溪), 자는 윤보(潤甫), 호는 송곡(松谷)・송파이다.

131 아계(鵝溪) : 선조 연간의 상신(相臣) 이산해(李山海, 1539~1609)의 호이다.

《오한집》[132] 서문

鼇漢集序

군자(君子)는 말과 행실일 뿐이다. 말이 행실을 돌아보지 않고 행실이 말을 돌아보지 않는다면 군자이겠는가. 자공(子貢)이 말하기를 "군자의 한마디 말에 사람들이 지혜롭다고 한다." 하였으니,[133] 이것은 말의 어려움을 말한 것이다. 하지만 세상이 비운(否運)을 당했을 때 처사(處士)의 담론(談論)에 대해 말하자면 "비록 백이(伯夷)라도 내가 그와 같이 할 수 있고, 노중련(魯仲連)[134]이라도 내가 그와 같이 할 수 있다." 라고 하다가도 이욕(利慾)이 지혜를 어둡게 하고 작록(爵祿)이 마음을 유혹하면 지조를 잃지 않고 지난날 했던 말을 잊지 않을 사람은 드물

132 오한집(鼇漢集) : 손기양(孫起陽, 1559～1617)의 문집이다. 본래 유고(遺稿)로 배민록(排悶錄) 2권과 철조록(輟釣錄) 4권이 남아 있었는데, 철조록 권1부터 권3까지는 화재로 타 버리고 권4만 남았다. 1825년(순조25) 손기양의 7대손인 손종하(孫鍾夏)가 원집(原集) 4권과 부록(附錄) 1권으로 편집하여 목판으로 간행하였다. 권수(卷首)에 번암이 1782년(정조6)에 지은 서문이 수록되어 있다. 손기양은 본관은 밀양(密陽), 자는 경징(景徵), 호는 오한(鼇漢)이다. 정구(鄭逑)의 문인이다. 1588년(선조21) 문과에 급제하고, 영천 군수(永川郡守), 창원 부사(昌原府使) 등을 역임하다가 정치가 어지러워지자 벼슬을 버리고 낙향하였다. 《번암집》 권52에 묘갈명이 실려 있다.

133 자공(子貢)이……하였으니 : 진자금(陳子禽)이라는 사람이 공자(孔子)의 제자인 자공에게 공자보다 낫다고 말하자, 자공이 "군자의 한마디 말에 사람들이 지혜롭다고 하며, 한마디 말에 사람들이 지혜롭지 못하다고 하니, 말을 조심하지 않을 수 없다.〔君子一言, 以爲知, 一言, 以爲不知, 言不可不愼也.〕"라고 하여 진자금의 실언(失言)을 꾸짖은 고사에서 온 말이다. 《論語 子張》

134 노중련(魯仲連) : 67쪽 주96 참조.

다. 말하는 것이 어려운 것이 아니라 실천하는 것이 어려운 것이다. 성현(聖賢)일지라도 그 점을 근심했는데, 더구나 후세의 선비는 어떠하겠는가.

오한(聱漢) 손공(孫公)은 영남의 밀양(密陽) 사람이다. 목릉(穆陵) 때 비록 과거를 통해 벼슬에 나갔지만, 학문을 하여 학식이 넉넉해진 뒤에 벼슬을 하신 분이다. 왜란 뒤에 목민(牧民)의 직임을 맡아 백성들의 상처를 어루만지니 공적과 교화가 크게 행해졌다. 한음(漢陰) 이 선생(李先生)[135]이 공을 천거하는 말에 "문무(文武)를 겸한 인재이고, 선정(善政)을 베푼 목민관이다."라고 하였으니, 공의 재주는 속된 선비가 미칠 바가 아니었음을 알 수 있다.

광해군(光海君)의 난정(亂政) 때는 공의 처족(妻族)에 권력자가 있어 공을 끌어 주려고 하였으나, 공은 거절하였다. 마침내 창원 부사(昌原府使)의 인끈을 버리고 다산(茶山) 아래로 돌아와 '오한'이라 스스로 호를 지었으니, 오(聱)는 말이 귀에 들리지 않는다는 의미이다. 우수(憂愁)와 울분이 극에 달할 때는 이따금 시가(詩歌)에다 표현하여 시정(時政)을 풍자하였는데, 그것을 위태롭게 여기는 사람이 있으면, 공은 "이것으로 세상에 도움이 되면 다행이지, 뭐 두려울 게 있겠습니까." 라고 하였다.

영창대군(永昌大君)의 옥사(獄事)[136]가 일어났다는 소식을 듣고는

135 한음(漢陰) 이 선생(李先生) : 이덕형(李德馨, 1561~1613)으로, 본관은 광주(廣州), 자는 명보(明甫), 호는 한음이다.

136 영창대군(永昌大君)의 옥사(獄事) : 1613년(광해군5) 대북파(大北派)가 박응서(朴應犀)를 사주하여 일으킨 옥사를 말한다. 박응서는 영의정 박순(朴淳)의 서지(庶子)로 시문(詩文)에 능하고 학문이 높았으나, 서출이라는 이유로 출세의 길이 막혔다.

시를 짓기를 "어찌 중화께서 노기를 품으셨던가,[137] 문모(文母)[138]께서 상하시어 사랑이 끊어질까 두려워라." 하였다. 그때부터 도롱이 차림에 낚싯대를 들고 칠리탄(七里灘)[139] 가에서 낚시를 하였는데, 다시 시를 짓기를 "우스워라 당시에 갖옷 입었던 사람이, 끝내 인간의 간의 벼슬 띠었네.〔當年却笑羊裘子 終帶人間諫議官〕"[140] 하였다. 얼마 뒤에 조정에서 백부(柏府)와 미원(薇院)의 관직으로 공을 불렀으나 공은 나가지 않았다. 이어서 다시 당상관으로 올려 상주 목사(尙州牧使)에 제수했으나 끝내 나가지 않고, 후손들에게 이 관직으로 사후에 축호(祝

이에 불만을 품고 같은 명문의 서출인 서양갑(徐羊甲), 김경손(金慶孫) 등과 죽림칠우(竹林七友)를 자처하며 시와 술로 세월을 보내다가 조령(鳥嶺)에서 은상(銀商)을 죽이고 은(銀)을 강탈하였는데, 이 일이 발각되어 일당이 검거되었다. 이때 대북파의 이이첨(李爾瞻) 등이 이들을 꾀어 영창대군을 옹립하기 위한 군자금이 필요하여 은을 강탈했다고 거짓 자백하게 하였다. 이 허위 자백으로 인해 영창대군이 강화(江華)로 유배되어 살해되었고, 인목대비(仁穆大妃)의 아버지인 김제남(金悌男)이 사사되었다.

137 어찌……품으셨던가 : 중화는 순 임금의 미칭(美稱)이다. 순 임금이 자신을 해치려고 했던 부친 고수(瞽瞍)와 계모(繼母), 이복동생 상(象)에게 앙심을 품지 않고 시종일관 잘 대해 주었던 고사를 가지고 광해군의 처사를 비판한 구절이다.

138 문모(文母) : 원래 '문덕(文德)이 있는 어머니'라는 뜻으로, 전하여 후비(后妃)를 가리킨다. 여기서는 영창대군의 친모인 인목대비를 가리킨다.

139 칠리탄(七里灘) : 본래 후한(後漢) 때 은사(隱士)인 엄광(嚴光)이 광무제(光武帝)의 부름을 거절하고 은둔하며 낚시를 즐겼던 곳이다. 여기서 말하는 칠리탄은 손기양이 은거하던 밀양 다산 남쪽에 있던 진암(眞巖)을 에워싸고 흐르던 여울의 이름이다. 《聱漢集 聱漢先生年譜》

140 우스워라……띠었네 : 광무제가 엄광을 간의대부(諫議大夫)에 제수하고 불렀으나, 엄광은 양피(羊皮) 갖옷을 입고 부춘산(富春山)의 칠리탄에서 낚시로 소일하며 여생을 마쳤다. 실제 벼슬에 나아가지 않았지만 후세 사람들이 '간의대부'라고 하면 으레 엄광을 떠올리므로 이렇게 말한 듯하다. 《後漢書 逸民列傳 嚴光》

號)[141]로 쓰지 말도록 경계하였다. 59세로 집에서 세상을 떠났다.

아, 폐주(廢主)가 인륜을 끊어 버린 때 만약 하늘이 부여한 본성을 잃지 않은 사람이 관복(冠服)을 찢고서 벼슬을 버리고자 했다면, 어찌 그럴 인물이 없었다고 하겠는가. 하지만 평소 행적을 살펴볼 때 시종일관하여 행실이 능히 자신의 말을 실천했던 사람이 또한 몇이나 있었겠는가. 공과 같은 분은, 그 시를 외어 보고 그 행실을 궁구해 보면, 흠잡을 곳이 없다고 할 수 있다. 옛글에 "군자가 없다면 어떻게 나라를 잘 다스리겠는가."라고 하였는데, 아마도 공 같은 분을 두고 일컬은 말일 것이다.

공의 평소 저술은 중간에 화재를 겪는 바람에 백에 하나도 남지 않았다. 하지만 남아 있는 것으로 말하자면 크게는 세상의 교화(敎化)를 지탱하고 작게는 문단(文壇)을 밝힐 수 있어 후학들에 의해 귀중하게 보관되어 왔으니, 가래나무에 새겨 영원히 전할 것을 도모하는 것은 비단 후손의 정성스러운 마음일 뿐만 아니라 실로 사림(士林)의 바람이기도 하다.

나는 이에 대해 특별하게 느끼는 감정이 있다. 소인(小人)들이 제멋대로 행동하여 애옹(厓翁)이 도성을 떠나던 날[142]에, 공이 분연히 시를

141 축호(祝號) : 제사 때 신주(神主), 축문(祝文), 지방(紙榜) 등에 쓰는 호칭이다.

142 소인(小人)들이……날 : 1598년(선조31) 9월 명나라 경략(經略) 정응태(丁應泰)가 조선이 일본과 연합해 명나라를 공격하려 한다고 본국에 무고한 사건이 일어나자, 북인(北人)들은 영의정 유성룡(柳成龍)이 직접 가서 사건의 진실을 해명하려고 하지 않는다는 구실로 탄핵하였다. 이 결과 유성룡은 11월 도성을 떠나 낙향하였다가 12월에 관직이 삭탈되었다. 《西厓集 西厓先生年譜》 애옹은 호가 서애(西厓)인 유성룡을 달리 부르는 말이다.

짓기를 "코앞의 왜적도 여태 물리치지 못했거늘, 기둥 같은 인재를 쳐서 많이 꺾어 버리네.〔謨猷未退門庭寇 攻擊多摧柱石良〕" 하였다. 공이 당인(黨人)의 행태를 시로 써내어 후대의 충신과 지사(志士)로 하여금 서성대며 울분에 차게 만들었으니, 이처럼 핍진하고 절실한 시구는 이제껏 없었다. 성주(成周) 시대 이후로 시를 채집하던 정사[143]가 폐지되어 행해지지 않았으니, 어떻게 이것을 임금께 아뢸 수 있었겠는가. 아, 슬프다.

143 성주(成周)……정사 : 성주는 서주(西周)의 동도(東都)인 낙읍(洛邑)으로, 전하여 주나라 초기의 흥성하던 시기를 가리킨다. 주나라 초에 열국(列國)의 풍속과 정치 상황을 살피기 위하여, 천자의 명으로 채시관(採詩官)을 두어 시를 채집하고 경대부(卿大夫)들에게 시를 지어 바치게 한 다음, 태사(太師)와 악관(樂官)으로 하여금 정리하게 하였던 것을 말한다. 이것이 이른바 '채시설(採詩說)'이다.

《시사》[144] 서문
詩史序

전적(典籍)이 있은 이래로, 순(舜) 임금 때의 〈갱재가(賡載歌)〉[145]가 시(詩)의 시초가 되었는데 애초부터 중화(重華)[146]의 역사가 아님이 없었고, 주(周)나라 때의 〈관저(關雎)〉[147]가 시의 종주(宗主)가 되었는데 애초부터 서백(西伯)[148]의 역사가 아님이 없었다. 사실을 기록하면서 시와 문(文)을 어찌 가렸겠는가. 하지만 후세 사람들의 식견이 여기에 미치지 못하여 두 공부(杜工部)의 시만을 유독 '시사(詩史)'라고 하니,[149] 고루하

144 시사(詩史) : 노하준(盧夏駿)이 중국 은(殷)나라부터 명(明)나라까지의 역사 인물과 우리나라 박혁거세(朴赫居世)부터 고려까지의 역사 인물을 소재로 지은 사운시(四韻詩) 4백여 편을 모아 엮은 《오산시사(午山詩史)》를 가리킨다. 현재 전하지 않는 것으로 보인다. 노하준은 본관은 광주(光州), 자는 성기(聖器), 호는 오산(午山)이다. 소재(穌齋) 노수신(盧守愼)의 5세손으로, 상주(尙州)에 살았다.

145 갱재가(賡載歌) : 고요(皐陶)가 순 임금이 부른 노래를 이어받아 화답한 노래이다. 순 임금이 "대신들이 즐거우면 임금이 흥성하고 백관도 화락할 것이다."라고 노래하자, 고요가 "임금님이 밝으시면 신하들도 훌륭하여 만사가 안정될 것입니다."라고 화답하고, 다시 또 "임금님이 잗달게 굴면 신하들도 해이해져서 만사가 실패할 것입니다."라고 화답한 것을 가리킨다. 《書經 益稷》

146 중화(重華) : 순 임금의 미칭이다.

147 관저(關雎) : 《시경》의 편명으로, 주나라 문왕(文王)과 후비(后妃)의 성덕(盛德)을 읊은 시이다.

148 서백(西伯) : 문왕(文王)을 가리킨다. 본래 주(紂)가 서쪽 지방 제후의 우두머리에게 붙여 준 호칭이다.

149 두……하니 : 두 공부는 당(唐)나라 때 공부 원외랑(工部員外郞)의 벼슬을 지낸

도다.

오산(午山) 노공 하준(盧公夏駿) 성기(聖器) 씨는 소재(穌齋) 문간공(文簡公)[150]의 5세손이다. 문장을 좋아하고 담론을 잘하였는데 교유한 사람들이 모두 당대의 명류(名流)였다. 전후로 13차례나 향시(鄕試)에 합격하였으나 끝내 과거에 급제하지 못하고 상주(尙州)에 있는 문간공의 묘소 아래로 물러나 살았다. 공이 마음을 담을 곳이 없던 나머지 상(商)나라에서 시작하여 황명(皇明)에 이르기까지 명군(明君), 현신(賢臣), 현사(賢士), 간인(奸人) 가운데 역사책에 드러난 자들을 모두 아울러 사운시(四韻詩)로써 각각 그들의 공적과 마음을 서술하고 간간이 포폄(褒貶)과 평가를 담았다. 4천 년 동안의 치란(治亂)과 흥망(興亡)과 사정(邪正)과 득실(得失)이 책을 한번 펴 보면 손바닥을 가리켜 보여 주듯이 명료하다. 분량이 4백여 편이고 '오산시사(午山詩史)'라고 이름을 지었으니, 아마도 또한 순 임금과 주나라의 일에서 터득한 바가 있어서 그러한 것이리라.

후대에 이 책을 읽는 사람들이, 산골짜기 사이에 이처럼 참된 식견을 지닌 훌륭한 인물이 있었으나 세상이 그를 끝내 몸은 삐쩍 마르고 얼굴은 누렇게 떠서 죽게 하였다는 것을 알게 된다면, 당세(當世)를 어떠했다고 여기겠는가. 공자께서 《춘추(春秋)》를 지을 때 정공(定公)과 애공(哀公) 사이의 일에 대해서는 은미하고 완곡하게 다루면서[151] 오히려

두보(杜甫)를 가리킨다. 두보의 시가 당시의 사회상을 핍진하게 묘사하고 역사의식을 잘 반영하였으므로 후세 사람들이 그의 시를 시사라고 불렀다.

150 소재(穌齋) 문간공(文簡公) : 노수신(盧守愼, 1515~1590)으로, 본관은 광주(光州), 자는 과회(寡悔), 호는 소재이다.

"나를 알아줌도 《춘추》 때문일 것이요, 나를 질책함도 《춘추》 때문일 것이다."라고 하셨다. 성인도 그러하였는데, 평범한 학자는 어떠하겠는가. 공의 시가 우리나라의 역사에 대해서는 고려(高麗)에서 그치고 우리 조정을 감히 언급하지 않은 것은 참으로 예(禮)이지만, 이로 말미암아 순 임금 때의 〈갱재가〉나 주나라 때의 〈관저〉와도 같은 이 시집에 궐문(闕文)이 있게 되었으니, 애석한 일이다.

151 공자께서……다루면서 : 정공과 애공은 모두 공자가 생존하던 시기 노(魯)나라의 군수였다. 공자가 《춘추》를 지을 때 당대의 역사 기록에 대해서는 조심스러웠다는 말이다.

《운암일고》[152] 서문

雲巖逸稿序

오호라, 이것은 운암(雲巖) 김공(金公)의 일고(逸稿)이다. 공의 평소 저술은 오랑캐의 병란(兵亂)에 산일(散佚)되었다가 후손이 수습하여 책 상자 속의 보물로 삼았는데, 단지 시와 문 약간 편뿐이었다. 아, 애석하도다. 공의 8세손 김영(金瑩)이 간행하여 길이 전하기를 도모하면서 나에게 서문을 부탁하였다. 그런데 부탁하는 모습이 마치 편질(編帙)이 제대로 이루어지지 못한 것을 한스럽게 여기는 듯하였다. 그래서 내가 "그럴 것 없습니다. 잘 살피는 사람은 그 가치를 마땅히 알 것입니다."라고 하였다.

《서경》에 "집을 지을 적에 부지런히 담을 쌓은 뒤 벽에다 흙을 바르고 지붕을 덮어야 하는 것과 같으며, 가래나무 재목을 다룰 적에 부지런히 다듬고 깎은 뒤 단청을 칠해야 하는 것과 같다."라는 말이 있다. 벽에 흙을 바르고 지붕을 덮었거나 단청을 칠한 뒤에는 아름답지 않거나 윤택하지 않음이 없는 것이다. 하지만 그 시초를 궁구해 보면 거기에는 그렇게 되는 까닭이 있는 것이다. 그러니 집이나 재목을 살피는 사람

152 운암일고(雲巖逸稿) : 김연(金緣, 1487~1544)의 문집이다. 8대손 김영이 산일(散佚)되고 남은 가장 초고(家藏草稿)를 바탕으로 연보(年譜)와 관계 기록을 수집 편차하여 1783년(정조7)경 목판(木板)으로 초간(初刊)하였다. 분량은 2권 1책이고, 권수(卷首)에 1783년 번암이 지은 서문이 수록되어 있다. 김연은 본관은 광산(光山), 자는 자유(子由), 호는 운암이다. 이언적(李彦迪)과 교유하였다. 예안(禮安) 오천(烏川)에 살았다.

이 그저 흙을 바른 벽과 얹은 지붕의 아름다움만을 보거나 단청의 윤택함만을 볼 뿐이라고 한다면, 그 사람을 잘 살핀다고 말할 수 있겠는가.

공과 회재(晦齋) 이 선생(李先生)은 교유가 매우 친밀하였다. 집에 들어앉아 있을 때는 서로 학문을 강마하였고, 조정에 나아갔을 때는 서로 도(道)로써 의기투합하였다. 서로 함께 왕실을 위해 힘을 다하여 김안로(金安老)의 간악함을 물리쳤는데, 얼마 되지 않아 간악한 무리에게 해코지를 당하여 조정에 몸을 둘 수 없었다.[153] 김안로가 죽은 뒤에 다시 대각(臺閣)에서 활약하다가 방백(方伯)으로 제수되었다. 백성을 다스리는 정사를 통해 재주의 일부나마 조금 베풀었으나 공의 재주로 보자면 부족한 자리였다. 식견 있는 사람들이 세도(世道)를 위해 유감으로 여기는 것은 당연하다.

하지만 공이 자신의 몸을 수양하고 가정에서 법도를 세워 후손에게 끼친 영향이 어떠하였던가. 공의 아들인 후조당(後凋堂)과 읍청정(挹淸亭)[154] 두 공은 모두 퇴도(退陶) 선생을 스승으로 섬기면서 힘써 공부

153 공과……없었다 : 회재(晦齋)는 이언적(李彦迪, 1491~1553)의 호이다. 1537년(중종32) 김안로가 조정에서 쫓겨났을 때 심언광(沈彦光), 채무택(蔡無擇) 등이 다시 김안로를 끌어들이려는 시도를 하였다. 간관(諫官)으로 있던 김연과 이언적 등이 그 시도를 저지하자, 앙심을 품은 김안로 일당이 김연을 무고하였다. 이로 인해 김연은 군자감 판관(軍資監判官)으로 좌천되었다가 경성부 판관(鏡城府判官)으로 쫓겨났다. 《雲巖逸稿 雲巖先生年譜》

154 후조당(後凋堂)과 읍청정(挹淸亭) : 김부필(金富弼, 1516~1577)과 김부의(金富儀, 1525~1582)의 호이다. 김부필은 자는 언우(彦遇), 시호는 문순(文純)이다. 참봉(參奉)에 제수되었으나 나아가지 않았다. 문집으로 《후조당집(後彫堂集)》이 전한다. 김부의는 자가 신중(愼仲)이다. 1555년(명종10) 생원시에 합격하였다. 두 사람 모두 퇴계(退溪) 이황(李滉)의 제자로, 행실과 학문이 뛰어났다고 한다.

하여 높은 경지를 지향한 결과, 찬란히 추로지향(鄒魯之鄕)의 군자가 되었다. 손자인 근시재공(近始齋公)[155]은 일찌감치 학문과 행실로 이름나더니 한원(翰苑)에서 명성을 떨쳤다. 만력(萬曆) 연간에 일어난 임진왜란 때는 의병을 규합하여 눈물을 뿌리며 의병장에 올라 무도한 오랑캐와는 세상을 함께 살지 않을 것을 맹세하고 힘을 다해 싸우다 전장(戰場)에서 죽었으니, 배운 바를 저버리지 않았던 분이다. 아, 그 얼마나 훌륭한가. 한강(寒岡) 정 선생(鄭先生 정구(鄭逑))이 일찍이 말하기를 "오천(烏川) 한 마을은 모두가 다 군자이다." 하였으니, 공의 집안을 가리킨 것이다. 그 학문의 아름다움과 충효의 실제는 덕행(德行)을 잘 말하는 사람이 능히 근원을 거슬러 탐색하여 살핀다면, 그러한 까닭을 모르를 수 있겠는가.

공의 시와 문이 비록 태산(泰山) 가운데 티끌 정도라고 할 수 있지만, 오히려 이것을 통해 공이 집의 담을 쌓고 재목을 다듬고 깎는 역할을 했다는 사실이 가려지지 않을 수 있게 되었다. 세상에 덕(德)을 알아보는 사람이 없으면 그만이지만, 그렇지 않다면 이 시문이 후세에 전해질 것이 분명하다. 그러니 한스러워할 것이 무에 있겠는가. 김군(金君)에게 이 말을 해 주고 나서 이 말을 엮어 《운암일고》의 서문으로 삼는다.

155 근시재공(近始齋公) : 김해(金垓, 1555~1593)로, 자는 달원(達遠), 호는 근시재이다. 김부의의 아들이다. 1589년(선조22) 문과에 급제하고, 예문관 검열을 역임하였다. 임진왜란 때 의병장으로 활약하다 경주(慶州)의 진중(陣中)에서 병사하였다. 문집으로 《근시재집(近始齋集)》이 전한다.

《둔암집》[156] 서문

遯菴集序

성(聖)은 하늘이다. 지금 지극히 어리석은 자라도 하늘은 사다리를 타고 오를 수 없다는 것을 안다. 그렇다면 유독 사람을 성인(聖人)에게 견줄 수 없다는 사실을 모르는 자가 있다고 말할 수 있겠는가.

내가 회봉(檜峯) 권득평(權得平)[157]이 둔암(遯菴) 서공(徐公)에게 지어 준 시를 읽었는데 "맑은 풍모가 백이에 못지않도다.〔淸標不讓伯夷班〕"[158]라는 구절이 있었다. 백이는 성인이다.[159] 행실이 독실한 군자였던 회봉이 어찌 동등한 부류를 가지고 사람을 견주는 도리에 신중할 줄 몰라서 그 말이 이러했겠는가. 그러니 아무 까닭 없이 그렇게 말했다고 일컬을 수 있겠는가. 둔암공은 그 자취가 사라지고 그 마음이 괴로웠기에 사람들이 그 내면을 엿볼 수 없었으나, 회봉은 같은 시기

156 둔암집(遯菴集) : 서한정(徐翰廷, 1407~1490)의 문집이다. 1814년(순조14) 10세손 서영윤(徐永胤) 등이 편집하여 목판으로 간행하였다. 분량은 2권 1책이다. 권수(卷首)에 1785년(정조9) 번암이 지은 서문이 실려 있다. 서한정은 본관은 달성(達城), 호는 둔암이다.

157 회봉(檜峯) 권득평(權得平) : 본관은 안동(安東), 호는 회봉이다. 1462년(세조8) 진사시에 합격하였다. 효성이 지극하여 1499년(연산군5) 효행으로 정려(旌閭)되었다. 《新增東國輿地勝覽 卷25 豐基郡》

158 맑은……못지않도다 : 《둔암집》 부록(附錄)에 수록되어 있는 권득평의 〈둔암의 새로운 거처에 올리다〔呈遯菴新居〕〉 시에 보인다.

159 백이는 성인이다 : 《맹자》 〈만장 하(萬章下)〉에 "백이는 성인 중에 맑은 분이다." 라는 말이 나온다.

같은 마을 사람으로서 홀로 둔암이 백이와 비교하여 그처럼 동등하다는 것을 능히 알았으니, 후대에 앞 시대를 논하는 사람이 이것을 가지고 둔암을 탐구한다면 충분할 것이다.

둔암공은 휘가 한정(翰廷)이고, 관향(貫鄕)은 달성(達城)이다. 일찌감치 성균관 사마시에 합격하였는데, 광묘(光廟 세조(世祖))가 선위(禪位)를 받자 과거 공부를 그만두고 처자식을 이끌고 소백산(小白山) 아래로 들어갔다. 그 땅은 금성대군(錦城大君)의 유허였고,[160] 그 산은 궐봉(蕨峯)이었으며, 그 마을은 등강촌(登岡村)이었다. "지금 같은 시사에 말하고 싶지 않아라, 어디에 몸을 둘까 하다 별천지에 두네.〔時事如今不欲言 安身何處別區存〕"라는 시를 짓고는,[161] 마침내 문을 닫고 단정히 앉아 경학(經學)에 침잠한 채 곤궁하게 숨어 살다가 세상을 마쳤다.

공이 세상을 떠난 지 거의 3백 년이 되었다. 후손 서영윤(徐永胤)이 공의 시를 수습하여 칠언 율시(七言律詩) 2수와 절구(絶句) 6수를 얻었는데, 여기에 회봉이 공과 창화한 시 2수와 공을 곡(哭)하며 지은 글 1편을 붙이고, 하권(下卷)에는 가장(家狀), 묘명(墓銘), 재기(齋記)

160 금성대군(錦城大君)의 유허였고 : 금성대군(1426~1457)은 세종(世宗)의 아들로, 단종(端宗)의 숙부이자 세조의 친동생이다. 금성대군이 사육신(死六臣)의 단종 복위에 연루되어 순흥(順興)에 유배되었을 때 순흥 부사(順興府使) 이보흠(李甫欽)과 함께 단종 복위를 꾀하다가 관노(官奴)의 고발로 발각되어 사형되었다. 유허는 금성대군이 위리안치(圍籬安置)되었던 곳인, 지금의 영주시 순흥면 내죽리로 추정된다.《둔암집》에 의하면 서한정이 살던 등강촌에서 북쪽으로 10리쯤에 있었다고 한다.

161 지금……짓고는 : 서한정의 시 〈신거(新居)〉 중 두 번째에 보인다.《遯菴集 卷1 新居》

각 1편, 《영주지(榮州誌)》의 내용 2단락, 여러 선비가 올린 정문(呈文) 약간 편을 이어서 붙였다. 그리고 '둔암선생유고(遯菴先生遺稿)'라 명명(命名)하고서 나에게 서문을 부탁하였다.

그런데 그의 표정을 보니 공의 유집(遺集) 내용이 적은 것을 한스럽게 여기는 듯하였다. 내가 웃으며 말하기를,

"군은 〈채미가(採薇歌)〉를 아시는가? 그 가사가 모두 합해 40자뿐인데도,[162] 그 광채가 마치 하늘에 걸린 해와 달처럼 찬란해서 적다고 여기는 사람이 있다는 말을 들어 보지 못했네. 지금 공의 시는 그것에 비한다면 많다고 해도 안 될 것이 없다네. 후세 사람이 '어디에 몸을 둘까 하다 별천지에 두네.'라는 공의 시를 '우리는 누구에게 돌아가야 한단 말인가.'라는 〈채미가〉 아래에 실어 책을 엮지 않을지 누가 알겠는가."

하였다. 감개하여 탄식하고는 서문을 지어 그에게 주었다.

162 채미가(採薇歌)를……40자뿐인데도 : 무왕(武王)이 은나라를 멸하고 천자가 되자 백이와 숙제(叔齊)는 주나라 곡식을 먹지 않겠다고 수양산(首陽山)에 숨어서 고사리를 캐 먹으며 살았는데, 그때 백이와 숙제가 지어 부른 노래가 〈채미가〉이다. 내용은 다음과 같다. "저 서산에 올라 고사리를 캐도다. 포악함으로 포악함을 바꾸면서도 잘못을 모르도다. 신농씨, 당우씨, 하후씨 홀연 사라졌으니, 우리는 누구에게 돌아가야 한단 말인가. 아 가는구나, 명이 다 되었노라.〔登彼西山兮, 采其薇矣. 以暴易暴兮, 不知其非矣. 神農虞夏忽焉沒兮, 我安適歸矣. 于嗟徂兮, 命之衰矣.〕"《史記 伯夷列傳》

《평강채씨족보》[163] 서문

平康蔡氏族譜序

사람이 사람다울 수 있는 것은 효와 우애뿐이다. 하지만 효라는 것은 부모에 대한 효만 효가 될 뿐이 아니다. 부모로부터 거슬러 올라 시조(始祖)에 이르게 되면, 성(姓)을 갖게 된 이래로 나의 선조(先祖)인 분들은 비록 백 세대(世代) 위라도 효를 다해야 할 대상이 된다. 우애라는 것은 형제에 대한 우애만 우애가 될 뿐이 아니다. 형제로부터 미루어 나가 시조의 먼 후손에 이르게 되면 나와 성이 같은 사람은 비록 백 분파(分派)라도 우애로 대해야 할 대상이 된다. 하지만 사람의 대수(代數)는 거듭하여 이어지고 문헌은 쉽게 산일(散佚)되니, 10세(世) 이상의 내 선조가 누구인지 알 수 없다면 비록 나의 효를 다하고자 해도 다할 수가 없으며, 시조 이후로 내 종족의 분파가 몇이나 되는지 알 수 없다면 비록 나의 우애를 넓히고자 해도 넓힐 수 없는 것이다. 이것이 보첩(譜牒)이 없어서는 안 되고, 사대부 집안에서 반드시 보첩을 중요하게 여기는 까닭이다.

우리 채씨(蔡氏)는 관향(貫鄕)이 평강(平康)으로, 나라의 저성(著姓)이다. 종5대조 대간공(大諫公) 휘(諱) 충원(忠元)께서 일찍이 보첩

163 평강채씨족보(平康蔡氏族譜) : 1791년(정조15) 번암이 채응찬(蔡膺纘), 채위하(蔡緯夏) 등과 함께 편찬하여 목판으로 간행하였다. 분량은 8권이다. 권수(卷首)에 1792년 번암이 쓴 서문이 실려 있는데, 족보의 판각(板刻)이 완료된 이듬해에 추각(追刻)하여 붙인 것으로 추정된다.

을 처음으로 편찬하여 간행(刊行)하셨으나 너무 간략한 것이 흠이었다. 종조조부(從祖祖父) 희암공(希菴公) 휘 팽윤(彭胤)께서는 개수(改修)할 뜻을 가지고 있었으나 이루지 못하셨다. 영종(英宗) 병인년(1746, 영조22)에 종인(宗人) 시문(時文) 씨가 호남(湖南) 흥덕(興德)의 연기사(煙起寺)에 보청(譜廳)을 설치하고 3, 4년 동안 정성을 기울여 판각(板刻)하여 4책으로 간행하였다. 구본(舊本)에 비해 매우 상세하다고는 하지만 종인들의 여론에는 여전히 아쉬움이 남아 있었다. 그 손자인 응찬(膺纘) 씨가 개연히 사업을 계승할 마음을 먹고 동서남북 사방에서 단자(單子)를 모아 호남으로부터 도성에 들어와 족제(族弟)인 하관(夏官) 시랑(侍郎)[164] 위하(緯夏)의 집에 임시로 머물렀다. 시랑은 효성스럽고 우애로운 사람이었다. 흔쾌히 마음을 모았는데, 일이 거의 성취될 무렵에 불행히도 시랑이 병으로 세상을 떠나고 말았다. 응찬 씨가 죽고 사는 것으로 마음을 변치 아니하고 마침내 능히 완성을 고하니, 책 수가 4책에서 배(倍)가 되었다.

이에 채씨 성을 가진 사람들이, 성을 갖게 된 이래로 나의 선조가 누구인지 알 수 있게 되었고, 나의 선조의 먼 후손이 몇 개 분파인지 알 수 있게 되었으며, 그 몇 개 분파가 동서남북 어디에 사는지 알 수 있게 되었다. 우리 종족이 효를 다해야 할 때 효를 다하고 우애로 대해야 할 때 우애로 대하는 것이 비록 사람의 노력 여하에 달려 있다고 말하지만, 이 족보가 아니면 또한 무엇을 근거할 것인가.

오호라, 나의 선조는 신라 때부터 3대가 국상(國相)이 되었으나, 이것은 아득히 먼 이야기일 뿐이다. 고려에 이르러서는 재상의 지위에

164 하관(夏官) 시랑(侍郎) : 하관은 병조(兵曹)를, 시랑은 참판(參判)을 가리킨다.

올라 청전(靑氈)[165]처럼 대대로 차지하였으니 한나라 때의 양덕조(楊德祖)[166]보다도 능가하는 점이 있었다. 고려의 국운(國運)이 종말을 고하였을 때는 의리를 소중하게 여겨 조선의 신하가 되려고 하지 않았다. 송경(松京)에서 온 가족이 바다로 배를 타고 호남의 임피현(臨陂縣)에 이르러 머물렀으니, 3대의 분묘(墳墓)가 임피현에 모셔진 것은 이 때문이다.

아, 우리나라는 기성(箕聖 기자(箕子))의 나라이다. 예법과 품행을 오직 기성의 가르침에 따랐다. 나의 선조가 몸을 깨끗이 하여 멀리 피하기를 마치 천명(天命)의 소재를 모르는 듯이 하였으니, 참으로 기자의 유민(遺民)이 되기에 부끄럽지 않았다. 사대부 집안의 보첩 가운데 이런 일이 실린 것이 과연 몇이나 있을는지 모르겠다. 특별히 이와 같이 기록하였으니, 이 보첩을 보는 세상 사람들도 여기에 손을 씻고 경의를 표할 것이다.

165 청전(靑氈) : 푸른 모포로 집안에 대대로 전하는 유물(遺物)을 의미한다. 진(晉)나라 때 사람인 왕헌지(王獻之)가 누워 있는 방에 도둑이 들어와서 물건을 모조리 훔쳐 가려고 하자 "도둑아, 청전은 우리 집안의 유물이니, 그것만은 놓고 가는 것이 좋겠다." 라고 했다는 고사에서 유래하였다. 《晉書 王羲之列傳 獻之》

166 양덕조(楊德祖) : 동한(東漢) 말기의 인물인 양수(楊修, 175~219)로, 자는 덕조이다. 고조인 양진(楊震)부터 아버지인 양표(楊彪)까지 4대가 연이어 태위(太尉)에 올랐다.

번암집

제33권

序서

《오시재선생산록》[1] 서문

五視齋先生散錄序

공자(孔子)의 문하에서 사람을 가르칠 때는 행동을 우선으로 삼고 말은 뒤로 삼았다. 정자(程子)와 주자(朱子)는 공자의 도통(道統)을 계승한 분들이다. 그분들의 학문은 존덕성(尊德性)과 도문학(道問學)[2] 가운데 어느 하나를 편중할 수 없다는 것이었지만, 행동을 우선으로 삼고 말을 뒤로 삼는 것을 어찌 그 가운데 행하지 않았겠는가. 그런 까닭에 정자는 "1자(尺)의 글을 읽는 것이 1치(寸)의 행동을 하는 것만 못하다."라고 하였고, 주자는 만년(晩年)에 또한 학자들이 글의 뜻에 얽매이는 것을 근심하였으니, 입으로 말하고 귀로 듣기만 하는 학문을 염려하였던 것이다. 후대에 경술(經術)로 이름난 자들은 항상 도문학을 구실로 삼았는데, 그들의 말을 관찰해 보면 공자니 맹자(孟子)니 정주(程朱)니 하면서 마치 이치로써 하늘과 사람을 분석할 수 있는 것처럼 하였지만, 그 행동을 고찰해 보면 보통 사람조차 하지 않는 일도 저지른다. 그러한 자들은 내뱉은 말이 비록 천 개 백 개의 책 상자를 채울 정도라도 스스로를 속이고 남을 속이는 것만 될 뿐이니,

1 오시재선생산록(五視齋先生散錄) : 번암의 백조(伯祖)인 채명윤(蔡明胤, 1652~1720)의 유고(遺稿)로, 분량은 사본(寫本) 1책이다. 현재 전하지 않는 것으로 보인다. 채명윤은 본관은 평강(平康), 자는 중선(仲宣), 호는 오시재이다.

2 존덕성(尊德性)과 도문학(道問學) : 《중용장구》 제27장에 나오는 말이다. 존덕성은 인간의 덕성을 높이는 것으로 행(行)의 측면이고, 도문학은 학문을 익히는 것으로 지(知)의 측면이다.

자신의 심신(心身)과 세상의 교화에 무슨 도움이 되겠는가. 이것은 말류(末流)의 폐단으로, 정주를 잘 배우고자 한다면 이 폐단을 바로잡는 것이 가장 중요하다.

나의 백조(伯祖) 오시재(五視齋) 선생은 명릉(明陵 숙종(肅宗)) 때 비록 과거를 통해 입신(立身)하였지만 재야(在野)에서 3, 4십 년 동안 정(靜)을 위주로 한 독서를 하셨다. 정주를 종사(宗師)로 삼고 퇴도(退陶 이황(李滉))를 사숙(私淑)하며, 한마음으로 경건함을 견지하여 자나 깨나 게을리하지 않았다. 발휘하여 실천하신 것으로 말하자면, 부모를 섬김에 사랑하고 공경하여 도리를 다하니 향당(鄕黨)이 지극한 효자라고 칭찬하였으며, 70세의 고령으로 엄숙하게 상(喪)을 치르느라 끝내 상을 이기지 못하고 세상을 떠나셨다. 여러 아우를 대하여 엄숙할 때는 아버지와 같았고 가르칠 때는 스승이 되어 마침내 그들이 자신들의 재주를 성취하여 태평성대에 이름을 떨치게 하였다. 일상 행동에서는 천리(天理)를 따르고 사욕(私慾)을 막으니, 이웃들이 감화되어 불선(不善)한 행동을 하는 경우가 있으면 항상 "채공(蔡公)께서 혹시라도 들으실까 두렵다."라고 말하였다. 조정에 나가 벼슬할 때는 나아가는 것을 어렵게 여기고 물러나는 것을 쉽게 여겼는데, 자신의 도(道)가 행해질 수 없다는 것을 아시면 옥서(玉署)와 상대(霜臺)에 제수하는 명에 대해서는 한 번도 나가신 적이 없었다. 어버이를 위해 잠시 뜻을 굽혀 수령으로 나가서는 청고(淸苦)한 자세로 자신을 가다듬어 털끝만큼도 지조를 더럽히지 않았다. 힘써 배운 바를 실천하여 시종일관 흠이 없으셨으니, 근세의 학자에서 찾아보더라도 견줄 사람이 없을 듯하다.

유독 평소에 저술(著述)을 좋아하지 않으셨다. 사람들이 만사(輓詞)를 부탁하면 응하셨고, 친구와 문하의 제자들이 의심스러운 예(禮)를 가지고 질문하면 대답해 주셨다. 삼대(三代) 이후로 악학(樂學)이 전해지지 않기에 율려(律呂)[3]의 법에 정력을 다해 사사로이 책제(策題)를 가지고 반복하여 힐문하셨고, 이기(理氣)의 학문에 더욱 공력을 쏟아 여러 해 동안 침잠한 끝에 〈사칠변(四七辨)〉을 지어 퇴도의 취지를 밝히셨다. 이것 이외에는 쓸데없는 말을 책에다 쓰는 일이 없으셨다. 세상을 떠나신 뒤에 문인(門人)들이 그것을 수습하여 모아 보니 '산록(散錄)'이라고 이름을 붙여 엮은 한 권의 책뿐이었다. 공의 깊은 뜻은 후학들이 짐작할 수 있는 바는 아니지만, 행동은 민첩하게 하고 말은 어눌하게 한다는 의미에서 나온 것임을 대략 상상할 수 있다. 그렇지 않다면 공이 널리 읽은 만 권의 책이 가슴속에 쌓여 질서정연하게 창고의 재부(財富)처럼 저장되어 있었는데, 겉으로 드러나 말이 된 것이 어찌 이토록 간략하였으랴.

오호라, 행동은 말의 주인이고, 말은 행동의 손님이다. 말은 본래 그만둘 수 없지만 행동이 아니면 말을 어디에 쓸 것인가. 진실로 그 도가 같다면 정주의 말씀이 비록 많더라도 많은 것이 아니요, 선생의 말씀이 비록 적더라도 적은 것이 아니다. 후대에 이 《산록》을 보는 사람이 만약 선생이 정주를 제대로 배웠다는 사실을 능히 깨닫는다면, 자신이 무엇을 힘써야 할지 아마도 알 것이다.

3 율려(律呂) : 옛날에 악률(樂律)을 정하는 기구(器具)인데, 전하여 악률을 가리키는 말로도 쓰인다. 대나무 또는 금속으로 직경이 동일한 12개의 관(管)을 만들고, 그 길이를 달리하여 성음(聲音)의 청탁(淸濁)과 고하(高下)를 구분한다. 저음(低音)의 관부터 홀수의 여섯 개 관이 율(律)이 되고 짝수의 여섯 개 관이 여(呂)가 되며 이를 합해 12음이 된다.

《학명》[4] 서문

鶴鳴序

왕고(王考)인 구봉공(九峯公)께서 영종(英宗) 을사년(1725, 영조1)에 은대(銀臺)에 계시다가 능주 목사(綾州牧使)로 나가셨다. 당시에 백부(伯父) 현암공(玄巖公)께서 선대부(先大夫)와 함께 서로 이어서 달려가 근친(覲親)하셨다. 능주는 호남에서 산수가 빼어난 고장이다. 왕고께서는 공무의 여가에 정자와 누각에서 활쏘기를 하기도 하고 명찰(名刹)을 유람하기도 하셨는데, 매번 시를 읊으면 백부와 부친께서 화답하셨다. 그리하여 몇 개월 사이에 번듯하게 큰 시집(詩集) 하나를 이루니, 선대부께서 친히 깨끗이 베낀 뒤에 '학명(鶴鳴)'이라고 책에다 제명(題名)하셨다. 《주역》에 나오는 "우는 학이 음지에 있으니, 그 새끼가 화답하도다.〔鳴鶴在陰 其子和之〕"의 의미를 취한 것이다.

주 부자(朱夫子)께서는 일찍이 성인(聖人)의 우열(優劣)을 비교하여 논하는 것을 부친과 조부의 연세(年歲)를 비교하는 것에 비유하셨다.[5] 더구나 어리석고 식견이 없는 나 소자(小子)가 어찌 감히 논할

4 학명(鶴鳴) : 번암의 조부 채성윤(蔡成胤, 1659~1733)이 1725년 능주 목사로 나갔을 때 두 아들인 채응만(蔡膺萬, 1677~1746), 채응일(蔡膺一, 1686~1765)과 함께 능주의 경승지를 유람하며 지은 시를 모아 엮은 시집(詩集)이다. 현재 전하지 않는 것으로 보인다. 채성윤은 본관은 평강(平康), 자는 중미(仲美), 호는 구봉(九峯)이다. 채응만은 자는 수언(綏彦), 호는 현암(玄巖)이다. 번암의 백부이다. 채응일은 자는 경언(敬彦)이고 번암의 부친이다.

5 주……비유하셨다 : 주희(朱熹)가 장현보(張顯父)에게 답한 편지에서 "또 성현의

수 있겠는가. 다만 가정에서 전해 들은 것을 말하겠다. 종조조부(從祖祖父) 희암공(希菴公)께서 당시에 홍주(洪州) 매학헌(梅鶴軒)에 계셨는데,[6] 이 시집을 보고는 누차 칭찬하셨다. 더욱이 선대부께서 지은 시 가운데 경계가 되는 구절을 누차 뽑아 읊기를 마지않으면서 "내가 미칠 수 없는 바이다."라고 하셨으니, 이 평가는 또한 천고에 드리우기에 충분한 것이었다.

가만히 전적(典籍)을 살펴보면, 천지(天地)의 순수하고 빼어난 기운이 한 가문에 모두 모여 백세토록 세상 사람들의 부러움과 추앙을 받는 경우는 오직 소씨(蘇氏) 삼부자[7]가 그러하다. 이것은 천고에 기이하고 상서로운 일이어서 이것을 이어 다시 있는 경우가 또한 어렵지 않겠는가. 우리 동방(東方)의 맑은 기운이 오롯이 우리 채씨(蔡氏) 가문에 있었으니, 대대로 문학(文學)을 종자(種子)로 삼았다. 우리 부조(父祖)에 이르러 빼어난 기운을 타고 나시어 태평성세를 울린 빼어난 소리가 삼소(三蘇)에 못지않은 데다가 희옹(希翁)의 뛰어난 글솜씨까지 더해졌다. 저 소씨가 비록 탁월했다지만 부자가 셋일 뿐이고,

우열을 논하였는데, 이것도 어리석은 사람이 부친과 조부 중에서 누구의 연세가 더 높은가를 비교하였다는 이야기와 같습니다. 학문 공부는 모두 이렇게 하는 데에 있지 않으니, 생각과 말을 허비하는 것입니다."라고 한 것을 가리킨다.《晦庵集 卷58 答張敬之》

6 희암공(希菴公)께서……계셨는데 : 희암은 채팽윤(蔡彭胤, 1669~1731)으로, 자는 중기(仲耆), 호는 희암이다. 매학헌은 채팽윤이 홍주의 고산(孤山)에 지은 서재로, 송나라 임포(林逋)의 고사에서 이름을 따온 것이다. 대사간을 사직하고 낙향하여 1728년 3월부터 6월까지 여기서 머물렀다.《星湖全集 卷52 梅鶴軒序》

7 소씨(蘇氏) 삼부자 : 송대(宋代)의 문장가인 소순(蘇洵)과 그의 두 아들인 소식(蘇軾), 소철(蘇轍)을 가리킨다. 소순을 노소(老蘇), 소식을 대소(大蘇), 소철을 소소(小蘇)라 하였고, 셋을 합하여 삼소(三蘇), 소식 형제를 이소(二蘇)라 칭하였다.

노소(老蘇)의 형제 중에 다시 노소처럼 문단(文壇)에 우뚝한 사람이 있었다는 소리를 들어 보지 못하였다. 소씨의 셋이 우리는 넷이 될 수 있었으니, 우리 조부에게 희옹이 계셨던 것은 실로 소씨 가문에는 없던 일이다. 하늘이 우리 채씨 가문을 기이하고 상서로운 것으로 치장해 준 것이 어떠하였던가.

아, 이 시집이 온 세상 사람들의 부러움과 추앙의 대상이 된 지가 오래이다. 더구나 나의 부조에게서 나온 자손들이 이것을 진귀한 보물로 여겨 간직하는 것이 어찌 주(周)나라 왕실의 완염(琬琰)과 홍벽(弘璧)[8]만 못하겠는가. 후세의 먼 자손들도 이 시집을 받들어 완상(玩賞)하기를 마치 부친이나 스승이 자리에 계신 것처럼 한다면 그들이 경계하고 깨우치는 바가 깊을 것이다. 세상 사람들은 "채씨 성을 가졌으면서 문장에 능하지 못하다면 채씨라고 할 수 있겠는가."라고 말한다. 이것은 우리 채씨에게 기대하는 말이다. 사람으로서 부조의 세대를 제대로 계승하지 못해 부조의 성씨로 인정받지 못한다면 사람이라고 할 수 있겠는가. 내가 백세토록 채씨를 성으로 삼을 자손을 위해 염려하는 바이다.

8 완염(琬琰)과 홍벽(弘璧) : 옥으로 만든 진귀한 보물을 가리킨다. 《서경》 〈고명(顧命)〉에 "옥을 오중으로 하며 보물을 진열하니, 적도와 대훈과 홍벽과 완염은 서서에 있고 대옥과 이옥과 천구와 하도는 동서에 있다.〔越玉五重, 陳寶, 赤刀大訓弘璧琬琰在西序, 大玉夷玉天球河圖在東序.〕"라고 하였다.

《여사서》[9] 서문

女四書序

오호라,《여사서》 한 책은 증(贈) 정경부인(貞敬夫人) 동복 오씨(同福吳氏)[10]가 손수 쓴 책이다. 부인은 15세에 나에게 시집와서 29세에 서울의 도동(桃洞) 집에서 세상을 마쳤다. 당시에 나는 부친의 비안(比安) 임소(任所)에 근친(覲親)하러 갔다가 미처 돌아오지 못했는데, 부인이 병으로 죽었다는 소식을 듣고는 눈물을 흘리며 귀경길에 올랐다. 옛집에 돌아오니 뜰에는 눈이 쌓이고 방은 먼지로 덮인 채 여종 몇이 관(棺) 하나를 지키고 있을 뿐이었다. 부인은 자녀가 없었으니 어디서 그 자취를 찾을 수 있었겠는가. 흐느끼며 이리저리 배회하다가 홀연 궤안(几案) 사이에 거꾸러진 언문책(諺文冊) 한 권을 발견하였다. 바로 부인이 손수 쓴《여사서》였는데, 미처 필사(筆寫)를 다 마치지 못한 것이었다. 자획이 부드럽고 아름다워 마치 부인을 보는 듯했다. 이에 주워서

9 여사서(女四書) : 한(漢)나라 반표(班彪)의 딸이자 반고(班固)의 누이동생 반소(班昭)가 지은《여계(女誡)》, 당(唐)나라 덕종(德宗) 때의 여학사(女學士) 송약신(宋若莘)이 지은《여논어(女論語)》, 명(明)나라 성조(成祖)의 후비(后妃) 서씨(徐氏)가 지은《내훈(內訓)》, 명나라 왕상(王相)의 모친 유씨(劉氏)가 지은《여범첩록(女範捷錄)》 등 4권의 책을 명나라 말기에 합본하여 편찬한 책이다. 전통 시대에 아녀자가 지켜야 할 규범이 기록되어 있다. 조선에서는 영조(英祖)가 1736년(영조12) 서당(西堂) 이덕수(李德壽)에게 명하여 언해하게 한 뒤 활자로 인행(印行)하였다. 번암의 본 서문은 부인 동복 오씨(同福吳氏)가 손수 필사한 언해본《여사서》에 대한 것이다.

10 동복 오씨(同福吳氏) : 1723~1751. 번암의 첫째 부인이다. 직장(直長) 오필운(吳弼運)의 딸로, 1737년 번암과 혼인하였다.

부인이 예전에 쓰던 작은 오궤(烏几)에다 넣어 내가 자는 곳 옆으로 옮겨 두었으니 잃어버릴까 염려했던 것이다.

가만히 보건대, 근세에 규방(閨房)에서 다투어 능사로 여기는 것이라고는 오직 패관 소설(稗官小說)을 숭상하는 일이다. 날마다 달마다 그 종수(種數)가 늘어나서 천 가지 백 가지에 이른다. 장사치들이 그것을 깨끗하게 베껴 두었다가 누가 빌려 볼 때면 매번 요금을 거두어서 이익으로 삼는다. 부녀자들은 식견이 없어 비녀나 팔찌를 팔기도 하고 혹은 빚을 내어 다투어 서로 빌려 와 그것으로 긴긴 하루를 허비하느라 음식과 길쌈의 책무가 있음을 알지 못한다. 도처가 다 이러한 지경이지만, 부인만은 홀로 능히 습속에 휩쓸리는 것을 달가워하지 않았다. 가사(家事)가 한가할 때면 간간이 송독(誦讀)을 하였는데, 오직 규방에서 규범으로 삼을 만한 아녀자의 책만을 송독하였다. 게다가 마음을 써서 종이와 먹을 마련하여 여가를 틈타 글을 쓰기를 마치 일과(日課)에 맞추는 것처럼 하였다. 부인이 성현(聖賢)의 격언(格言)을 깊이 음미하는 것이 이와 같았으니, 어질지 않다면 능히 이러할 수 있었겠는가. 이것은 나의 가르침이 나의 처(妻)에까지 끼친 것이 아니라, 실로 부인의 습성이 그러했던 것이다. 나의 자손에게 전해 보여서 그들로 하여금 이것을 미루어 어진 부인에게 아름다운 자태가 있었음을 알게 하지 않을 수 있겠는가.

그 뒤로 수십 년이 흘러 내가 개성 유수(開城留守)로 부임했을 때[11] 도둑이 서울 집에 들어 나의 일상 용구를 가져가 버렸는데, 작은 오궤도 그 안에 들어 있었다. 아, 부인의 모습을 어렴풋이나마 그려 볼

11 개성……때 : 1764년 7월 개성 유수에 제수되었다.

수 있던 필적(筆跡)을 지금은 다시 볼 수 없게 되었다. 매번 그것을 생각할 때면 슬픈 마음을 견딜 수 없다. 그 일을 기록해 두었다가 생각이 간절해지면 볼 것이다.

심경미 수석 의 《풍악록》[12] 서문

沈景眉 壽錫 楓嶽錄序

내가 언젠가 금강산(金剛山)에 들어가 만폭동(萬瀑洞)[13]과 비로봉(毗盧峯)[14]의 경치를 다 구경했을 즈음, 곡기(穀氣)를 끊은 승려가 중향성(衆香城)[15] 아래 가장 깊숙한 곳에 산다는 말을 들었다. 이에 가마를 버리고 도보로 덤불을 헤치고 덩굴을 가르며 기어서 들어가니, 한 노승이 마지못해 일어나 문지방 밖에서 합장하고 멈추어서는 눈을 감고 앉은 채 보는 듯 마는 듯하였다. 한참 있다가 내가 묻기를 "대사(大師)는 음식을 드시오?" 하니 "먹지 않습니다." 하였다. "대사는 잠을 자시오?" 하니 "자지 않습니다." 하였다. 내가 "사람은 자고 먹어야 사는데,

12 풍악록(楓嶽錄) : 심수석(沈壽錫, 1720~1787)이 1781년(정조5)경 금강산을 유람하며 지은 시를 모아 엮은 시고(詩稿)이다. 지금은 전하지 않는 것으로 보인다. 심수석은 본관은 청송(青松), 자는 경미(景眉)이다. 첨지(僉知) 심야(沈埜)의 아들이고, 판서 심단(沈檀)의 종증손(從曾孫)이다. 평생 포의(布衣)로 살았던 듯하다. 《青松沈氏大同世譜, 青松沈氏大同世譜刊行委員會, 2002》 정범조(丁範祖)의 《해좌집(海左集)》에도 〈제심경미풍악록후(題沈景眉楓嶽錄後)〉가 실려 있고, 목만중(睦萬中)의 《여와집(餘窩集)》에도 〈제심경미동유록후(題沈景眉東游錄後)〉가 실려 있어 이 글과 서로 참고가 된다.

13 만폭동(萬瀑洞) : 금강산 내금강(內金剛)에 있는 골짜기이다. 수미동(須彌洞)과 팔담동(八潭洞)에서 흘러내리는 물이 합쳐져 절경을 이룬다.

14 비로봉(毗盧峯) : 금강산의 주봉(主峯)이다.

15 중향성(衆香城) : 만폭동 상류의 마하연(摩訶衍) 뒤를 병풍처럼 에워싸고 있는 하얀 바위 봉우리의 명칭이다. 절경으로 유명하다.

대사는 홀로 자고 먹을 줄 모르는구려. 어째서 이토록 스스로를 괴롭히는 것이오?"라고 하니,

"오랫동안 면벽(面壁)하다 보면 낮도 없고 밤도 없습니다. 때로 간혹 밤이 깊어 등불이 꺼지면 조금 졸릴 때가 있는데, 바람이 불어와 숲의 나무 끝을 스치면 쏴 하는 소리가 나서 놀라 깨니 잠을 어떻게 이룰 수 있겠습니까. 음식은 하루에 솔잎 가루 한 사발이면 족합니다. 어찌 그것을 기르려고 나를 수고롭게 하고 해칠 수 있겠습니까."

하였다. 내가 그 말을 다 듣기도 전에 자신을 돌아보니 오싹한 기분이 들어 다시 묻지 않았다. 돌아와서는 마음속으로 그 승려가 참으로 도(道)를 깨달은 사람이라고 생각했다. 그가 말한 '그것'이라는 것은 형체(形體)를 가리킨 것이고, 그가 말한 '나'라는 것은 마음을 가리킨 것이었다. 천하 사람들이 진실로 능히 형체를 '그것'으로 삼고 마음을 '나'로 삼아 내가 귀하고 그것이 천한 줄 알게 된다면, 어찌 인욕이 사람에게 근심거리가 되는 일이 있을 수 있겠는가. 그 뒤로 나는 2, 3십 년 동안 형체에 매여 사방을 떠돌아다니느라 '나'를 극도로 수고롭게 만들었다. 금강산 도승(道僧)의 말을 떠올릴 때마다 얼굴이 붉게 달아오르지 않은 적이 없었다.

하루는 심군 경미(沈君景眉)가 명덕산(明德山)[16]의 거처로 나를 방문하여 당나귀 한 마리와 술통 하나로 금강산에 들어가 기이한 경승지

16 명덕산(明德山) : 지금의 서울특별시 강북구 번동 인근에 있던 산 이름으로 추정된다. 번암이 60세 무렵부터 이 산의 계곡인 번계(樊溪) 가에 연명헌(戀明軒), 춘성당(春星堂), 적취정(積翠亭) 등의 건물을 지어 별업(別業)을 조성하고, 여기에 자주 머무르며 도성을 왕래하였다. 번암이라는 호도 이곳의 지명에서 유래하였다.

여러 곳을 두루 탐방하고 시 한 축(軸)을 지어 돌아왔노라고 스스로 말하였다. 그러고는 나에게 한마디 말을 지어 자신의 시를 드러내 달라고 부탁하였다.

경미는 뛰어난 재능을 품고 있지만 이 시대에 불우한 사람이다. 백천동(百川洞)[17]의 물로 가슴속에 쌓인 불평을 한번 씻어 내려고 하였으니, 참으로 마땅한 일이다. 다만 생각건대, 군이 여행길에 바람을 맞으며 밥을 먹고 이슬을 맞으며 잠을 자고 산에 들어가서는 오르내리고 부여잡고 당기면서 '나'를 수고롭게 함을 아랑곳하지 않았던 것은, 눈으로 옥설(玉雪) 같은 봉우리의 경치를 잡아당겨 보고, 귀로 우레 같은 폭포 소리를 거두어 듣고, 코로 주수(珠樹)와 기화(琪花)[18]의 향기를 만끽하려는 것이었다. 이는 '나'를 수고롭게 하여 '그것'에 아첨하는 것에 가깝지 않겠는가. 더구나 내면(內面)의 것을 쥐어짜 내고 정신을 수고롭게 만들어 읊조리는 시로 표현함으로써 문단(文壇)의 명성을 얻고자 하니 '그것'에 부림을 당하고 '나'에게 고달픔을 끼치는 것이 또한 심하다 하겠다.

내가 지금 '그것'과 '나' 사이에 귀천(貴賤)이 있음을 분별하지 못하는 군을 비웃으면서 오히려 구구하게 시와 문을 뱉어 내어 그대의 유람을 포장해 준다면, 군은 위하지만 '나'는 위하지 않은 것이 또한 되지 않겠는가. 나는 말할 수 없다. 하지만 다시 생각해 보니, 도승의 말은

17 백천동(百川洞) : 금강산 내금강 초입에 위치한 장안사(長安寺)의 동북쪽 명경대(明鏡臺) 아래에 있는 계곡이다.

18 주수(珠樹)와 기화(琪花) : 주수는 전설에 나오는 신선(神仙)의 나무이고, 기화는 주수에 핀 꽃이다. 여기서는 금강산에 자라는 각종 수목과 화초를 가리킨다.

길을 잃은 나루에서 강을 건네주는 뗏목이다. 내가 도승의 말을 이미 들은 마당에, 이것을 남에게 가르쳐 주지 않는다면, 이는 그 도를 독점하는 것이요, 우리 중생을 널리 구제하는 것이 아니다. 더구나 경미처럼 나와 친밀한 사람에 있어서랴. 부득이 이것을 써서 그에게 돌려줌으로써 '나'를 보호하여 '그것'에 빼앗기지 말기를 당부하는 바이다.

《만와집》[19] 서문

晩窩集序

영남은 옛날에는 경학(經學)에 박식하고 단아한 선비가 많다고 일컬어졌으나 지금은 없다고 한다. 산천(山川)의 맑은 기운이 예전과 같고 선현(先賢)의 향기로운 자취가 아직 사라지지 않았는데, 인재가 옛날에는 있다가 지금은 없는 것이 어찌 이치이겠는가. 한자(韓子)가 말하기를 "채찍을 잡고 말 앞에 서서 천하에 좋은 말이 없다고 하지만, 어찌 정말로 좋은 말이 없는 것이랴."[20] 하였으니, 오호라, 고금이 어찌 다르겠는가.

조종(祖宗)이 성대하던 시기에 인재를 등용하면서 특정한 제한을 두지 않아 영남을 '추로지향(鄒魯之鄕)'이라고 일컬으며 어진 자는 임용하고 능한 자는 등용하였다. 그래서 그들의 공훈(功勳)과 문장이 한 나라에서 존중받고 법도가 되었으니, 영남을 인재의 기북(冀北)[21]이

19 만와집(晩窩集) : 김유수(金裕壽, 1695～1761)의 문집이다. 김유수의 아들 김몽화(金夢華)가 정조(正祖) 연간에 간행하려고 하였으나 이루지 못하였고, 6대손 김세동(金世東)이 1908년 목활자로 초간(初刊)하였다. 분량은 4권 2책이고, 권수(卷首)에 번암이 1783년(정조7)에 지은 서문이 실려 있다. 김유수는 본관은 선산(善山), 자는 수백(綏伯), 호는 만와(晩窩)이다. 1761년(영조37) 행의(行誼)로 영릉 참봉(英陵參奉)에 제수되었으나 병으로 나아가지 않았다. 《번암집》 권52에 번암이 지은 묘갈명이 수록되어 있다.

20 채찍을……것이랴 : 당(唐)나라 때의 문인 한유(韓愈)가 지은 〈잡설(雜說)〉에 나오는 말이다. 《韓昌黎集 卷11》

21 기북(冀北) : 기주(冀州)의 북쪽으로, 좋은 말의 산지이다.

라고 불렀던 것도 당연하지 아니한가. 당론(黨論)이 분열된 뒤로는 조정의 권력자와 친한 사람이 아니면, 비록 관중(管仲)이나 제갈량(諸葛亮)과 같은 재주를 지닌 인재라도 대개는 산골에 숨어 사는 처지를 면치 못하고 말았다. 영남의 경우는 더욱 심하였으니, 누가 기꺼이 흥기하고 분발하여 국가의 성대함을 노래하려고 하였겠는가. 세도(世道)를 담당하는 사람이 인재를 찾지 않을 뿐이지, 만약 찾는다면 나는 반드시 "애초에 인재가 없는 것이 아니었다."라고 말할 것이다.

만와(晩窩) 김공(金公)은 영남 사람이다. 구암(久菴) 이래로 세상 사람들이 3세(世)의 연원(淵源)을 칭송하니,[22] 학문의 전통을 지닌 집안이다. 공은 어려서부터 사람의 올바른 도리를 배웠고 재능이 일찍 성취되었다. 일찍이 공이 소년 시절에 응대하여 지은 시책(試策) 몇만 자를 읽어 본 사람들은 모두 혀를 내둘렀다. 33세 때 진사(進士)가 되었고, 그 이후로는 한 번도 경사(京師)에 들어가지 않았다. 사람들이 간혹 태학(太學)에 가서 유학하라고 권하기라도 하면 공은 "내가 좋아하는 바가 아닙니다."라고 하였다. 독서하고 수행(修行)하느라 이웃이 공의 얼굴을 보는 경우가 드물었다.

일찍이 금오산(金烏山) 아래 골짜기가 깊고 못이 맑은 곳을 사랑한

22 구암(久菴)……칭송하니 : 김유수의 6대조 김취문(金就文, 1509~1570), 5대조 김종무(金宗武, 1548~1592), 4대조 김공(金玒, 1581~1641)이 대를 이어 학문과 행실이 뛰어났던 것을 가리킨다. 김취문은 자는 문지(文之), 호는 구암이다. 박영(朴英)의 문인이다. 1537년(중종32) 문과에 급제한 뒤에 대사간, 부제학 등을 역임하였다. 시호는 문간(文簡)이다. 김종무는 자는 의백(毅伯)이다. 사근도 찰방(沙斤道察訪)을 지냈으며, 임신왜란 때 순절하였다. 김공은 자는 자량(子亮), 호는 욕담(浴潭)이다. 여헌(旅軒) 장현광(張顯光)의 문인이다.

나머지 초가(草家)를 지어 노년을 마치려고 하였다. 하지만 돈이 없었으므로 마침내 선영(先塋)이 있던 백운(白雲) 골짜기를 귀의처로 삼고 재사(齋舍)의 편액을 '만산와(晩山窩)'라고 하였다. 솔가지로 이은 오두막과 계곡의 여울에서 날마다 성현의 책을 마주하니, 세상의 이른바 작록(爵祿)과 영리(榮利)는 마음에 들어오지 않았다. 조정에서 공의 행실을 듣고 일명(一命)[23]의 관직을 제수하고 불렀으나 나아가지 않고 태연히 살다가 생을 마쳤다. 오호라, 공은 고인(古人)의 책을 읽은 분이니, 어찌 짐승들과 무리 지어 함께 살고자 했겠는가. 하지만 초야(草野)에서 재능을 숨기고 살면서도 원망하거나 후회하지 않았으니, 필시 까닭이 있었을 것이다. 세상이 현사(賢士)를 예우(禮遇)하지 않은 것이 너무도 심하였다.

공은 저술을 좋아하지 않았다. 사람들의 지조 있는 행실을 들으면 흔쾌히 그 일을 기록하였고, 좋은 절기에 술을 마시게 되면 거나하게 취해 그 심정을 써내었으니, 시와 문이 모두 2권이다. 게다가 주자(朱子)의 서간(書簡)을 좋아하여 요어(要語)를 모아 성찰(省察)의 도구로 삼았다. 또 같은 마을의 청년들과 월삭강(月朔講)[24]을 결성하고 글을 지어 그들을 권유하였는데, 글의 이치가 극진하였다. 후세에 그것을 보는 사람이 그것으로써 공을 평가한다면, 공의 문장이 꾸밈을 일삼지 않고 이치가 잘 통하기만을 힘써서 절로 문단(文壇)의 모범이 될 수 있었음을 알게 될 것이다.

23 일명(一命) : 주(周)나라의 아홉 등급 관직 가운데 가장 하위 등급이다. 조선 시대의 9품에 해당한다. 김유수가 9품직인 영릉 참봉(英陵參奉)에 제수된 것을 말한다.

24 월삭강(月朔講) : 매월 초마다 경서(經書)를 강독하는 모임이다.

공의 아들인 전(前) 헌납(獻納) 김몽화(金夢華) 씨는 나의 벗이다. 내가 외람되이 서문을 부탁받고서 참망(僭妄)함을 헤아리지 않고 써서 돌려주었으니, 이는 세상의 영남에 인재가 없다고 말하는 자들로 하여금 부끄러워할 바를 알게 하려는 것이다.

백두산을 유람하러 가는 진택 신문초[25] 광하 를 전송하며 지은 서문

送震澤申文初 光河 遊白頭山序

금상(今上) 7년(1783, 정조7) 여름에 진택(震澤) 신문초(申文初)가 말 한 마리와 종 하나를 거느리고 호서(湖西)에서 경사(京師)로 들어와 며칠 머무르다가 북쪽 변경 수천 리로 나간다. 그의 뜻은 백두산 꼭대기에 있다. 듣자니, 백두산은 오랑캐와 중화(中華)의 경계에 걸쳐 있는데, 그 높은 봉우리는 하늘 끝까지 치솟았고 5월에야 얼음이 비로소 녹으며 7, 8월이면 많은 눈이 내린다. 그런 까닭에 초목이 번성하지 못하고 짐승도 살지 않는데, 더구나 사람의 자취이겠는가. 정상에는 큰 못이 있어 비록 천하의 기이한 경치라 불리지만, 깊고 시꺼먼 물이 일렁이며 끓어오르니 혼령도 두려워서 감히 가까이 다가서지 못하고, 사람이 이르면 문득 뇌우(雷雨)가 일어나 사람을 몰아 끌어내거나 고함쳐 쫓아내듯이 한다. 나는 문초의 유람이 허명(虛名)을 좇은 나머지 실질적인 얻음이 없을까 걱정스럽다. 비록 그렇지만 문초는 문장을 짓는 일을 업으로 삼으면서 근본을 탐색하여 근원에 다다르지 않으면 그만두지 않으니, 이번 유람을 통해 문초의 뜻을 알 수 있을 것이다.

25 신문초(申文初) : 신광하(申光河, 1729~1796)로, 본관은 고령(高靈), 자는 문초, 호는 진택·백택(白澤)이다. 목만중(睦萬中), 정범조(丁範祖), 홍양호(洪良浩) 등과 교유하였다. 형인 석북(石北) 신광수(申光洙), 기록(騎鹿) 신광연(申光淵)과 함께 삼형제가 문명(文名)을 떨쳤다.

출발에 앞서 번암자(樊巖子)가 웃으며 그를 전송하면서 이렇게 말해 준다.

"수고롭겠구나, 문초의 유람이여. 맹자(孟子)는 '돌아가 찾아보면 많은 스승이 있을 것이다.'[26]라고 하였다. 내가 비록 종남산(終南山) 아래에서 문을 걸어 닫은 채 집을 벗어나지 않지만 날마다 《기언(記言)》[27]을 읽으며 산천의 형세를 두루 살펴보니 산이 여기에 있도다, 산이 여기에 있도다."

26 돌아가……것이다 : 조교(曹交)라는 사람이 숙소를 마련한 뒤에야 수업을 받겠다고 하자, 맹자가 그를 넌지시 거절하며 "도는 큰길과 같으니, 어찌 알기 어렵겠는가. 사람들이 찾지 않는 것이 폐단일 뿐이니, 그대가 돌아가 찾아보면 많은 스승이 있을 것이다."라고 하였다. 《孟子 告子下》

27 기언(記言) : 미수(眉叟) 허목(許穆)의 문집이다. 이 문집에는 허목이 전국의 산수를 유람하고 지은 기문(記文)이 많이 실려 있다.

《서득록》[28] 서문

西得錄序

《서득록》은 홍인호(洪仁浩)가 지은 것이다.

금상 7년(1783, 정조7) 여름 홍운백(洪雲伯)이 초계 학사(抄啓學士)의 자리에서 쫓겨나 관서(關西)의 중화 부사(中和府使)에 보임되었다. 이에 앞서 운백이 옥당(玉堂)의 직임에 있으면서 대조회(大朝會) 자리를 기회로 근세의 위학(僞學)을 배척하였는데, 언사(言辭)가 지나치게 곧았다.[29] 그를 좋아하지 않는 자들이 시끄럽게 공격하자, 상께서 그들을 진정시키고자 이러한 명을 내리셨던 것이다. 비록 쫓아내는 것을 명분으로 삼았지만 실제로는 남다른 은혜였다. 부임한 지 열흘이 되기도

28 서득록(西得錄) : 홍인호(洪仁浩, 1753~1799)가 중화 부사(中和府使)로 부임하여 지은 시를 모아 엮은 시록(詩錄)인데 현전하지 않는다. 홍인호는 본관은 풍산(豐山), 자는 원백(元伯)·운백(雲伯)이다.

29 홍운백(洪雲伯)이……곧았다 : 1783년 1월 5일의 대조회에서 초계 문신(抄啓文臣)이자 교리인 홍인호가 홍문관의 동료들과 함께 거짓 도학자(道學者)를 배격하고, 당파나 문벌에 구애됨이 없이 명망(名望)과 실제가 부합하는 인재를 찾아 등용할 것을 건의하였다. 그 내용 중에서 "어진 이를 찾는 방법에서 학자(學者)라는 것을 먼저 명목으로 세울 필요가 없다.", "과거 공부를 폐하고 용모나 꾸미면서 책상에 정자(程子)와 주자(朱子)의 책 몇 권만 놔두면 대뜸 도학(道學)을 하는 군자라고 일컬어진다.", "그들은 이상한 의견이나 주장하여 인심(人心)을 그르치고 세도(世道)를 무너뜨리는 데에 불과할 뿐이다." 등과 같은 과격한 표현이 상대 당파의 공격 대상이 되었다. 이 일로 인해 홍인호는 4월 17일 중화 부사에 보임되었다가 이듬해 1월 동부승지에 제수되어 내직으로 돌아왔다. 《正祖實錄 7年 1月 5日, 4월 17日》《承政院日記 正祖 7年 1月 5日, 4월 17日》

전에 규장각 응제(應製)에서 하루에 세 번 수석(首席)을 차지하였다 하여 당상(堂上)에 올릴 것을 특별히 명하셨다. 그리고 경사(京師)로 달려 들어와 직접 전문(箋文)을 올려 사례할 것을 다시 명하셨으니,[30] 또한 남다른 은혜였다.

운백이 경사(京師)에 이르러 매선당(每善堂)[31]으로 나를 방문하였다. 그러고는 수십 편의 시가 담겨 있는 《서득록(西得錄)》이라는 것을 소매에서 꺼내 나에게 보여 주었다. 나는 생각건대, 관서가 비록 아름다운 고장으로 칭송되기는 하지만, 뛰어난 재주와 학문을 지닌 운백이 경악(經幄)의 직책을 그만두고 쌀이나 소금 따위를 관리하는 수령이 되었다는 점으로 보자면 그에게 적합한 곳은 아니다. 더구나 장부(帳簿) 정리에 익숙하지 않고 백성에게 근심거리가 있는 상황에서 답답하고 불만스러운 점이 혹시라도 없겠는가. 하지만 지금 마음을 평탄하게 가라앉히고 시가(詩歌)로 표현하여, 길 위에서 보았던 초목(草木)이나 운연(雲煙)과 관아 안에서 행했던 분조(分糶)[32]나 시예(試藝) 등을 모두 상황에 따라 시에다 포괄해 넣고 마음을 다해 묘사하여 완성하였다.

30 부임한……명하셨으니 : 홍인호가 초계 문신 친시(親試)에서 세 번 연이어 수석을 차지하자, 1783년 5월 1일 정조가 정식(定式)에 따라 홍인호를 당상관으로 가자하고 서울로 올라와 전문을 올리게 하였으며, 5월 25일의 연석에서는 홍인호가 전문을 올릴 때 친림하는 것으로 마련하게 하였다. 《承政院日記 正祖 1年 5月 1日, 25日》

31 매선당(每善堂) : 번암이 살던 보은동(報恩洞) 집의 서재 이름이다. 보은동은 남대문 근처인 광통방(廣通坊)에 속한 마을 이름이다. '보은단동(報恩緞洞)'이라고도 부른다. 《번암집》 권34와 《여유당전서(與猶堂全書)》 권13에 각각 〈매선당기(每善堂記)〉가 보인다.

32 분조(分糶) : 환곡(還穀)을 나누어 주는 일이다.

연마(鍊磨)가 정밀한 것은 노련한 아전이 옥사(獄事)를 심문하는 듯하였고, 기교(技巧)가 치밀한 것은 노반(魯班)[33]이 도끼를 휘두르는 듯하였다. 찬란한 시구(詩句)가 각기 대오(隊伍)를 가지런히 이루었으니, 비록 이것을 가지고 일가(一家)를 이루는 데로 나아가더라도 애초에 안 될 것이 없었다. 어찌 그리도 성대하단 말인가.

비록 그렇지만 시도(詩道)는 말하기 어려운 것이다. 군의 집이 거의 완성되었으니, 집을 가지고 비유해 보겠다. 사람의 상정(常情)에 누군들 집을 소유하기를 원하지 않겠는가. 또한 집을 짓는 사람치고 누군들 남보다 못함이 없기를 바라지 않겠는가. 다만 역량에 크고 작은 차이가 있고 뜻과 바람에 얕고 깊은 차이가 있으니, 재목(材木)이 그것에 따라 빈부(貧富)의 차이가 나는 것이 두 배나 다섯 배가 되기도 하고 열 배나 백 배가 되기도 한다. 이에 수천수만의 문호(門戶)가 있는 건장궁(建章宮)[34] 같은 경우도 있고, 널찍하고 환하며 구획이 정연한 권문세가의 저택 같은 경우도 있고, 아로새긴 창과 그림 그린 담이 있는 한 채의 정사(精舍) 같은 경우도 있는데, 그 아래로 노끈으로 지도리를 묶고 깨진 옹기로 창을 가린 집과 대나무로 엮은 문과 벽을 뚫어 창을 낸 집에 이르기까지 또한 집이라고 이름을 붙이지 않는 경우가 없다. 집이라는 점에서는 비슷한 듯하지만 그 규모와 정교함에서 하늘과 땅의 차이가 나는 점은 거의 이루 다 헤아릴 수 없을 정도이다. 시도가

33 노반(魯班) : 춘추 시대 노(魯)나라의 뛰어난 건축 장인(匠人)이다. 성은 공수(公輸)이고 이름은 반(班)인데, 노나라 사람이므로 '노반'이라고도 불렀다. 《맹자》 〈이루 상(離婁上)〉에 "이루(離婁)의 눈썰미와 공수자(公輸子)의 솜씨로도 규구(規矩)를 쓰지 않으면 네모와 원을 이루지 못한다."라는 말이 나온다.

34 건장궁(建章宮) : 한(漢)나라 무제(武帝)가 장안(長安)에 세웠던 궁전이다.

이것과 어찌 다르겠는가. 사람이 집을 원하지 않으면 그만이지만 그렇지 않다면 앞에서 언급한 몇 가지 경우의 집 가운데 필시 스스로 선택함이 있을 것이다.

오호라, 지금 말한 것은 시(詩)일 뿐이다. 하지만 말을 잘 풀이하는 사람이 끌어다 펼쳐 유사한 일마다 확장해 나간다면, 천하의 일에 어떤 경우가 그러하지 않겠는가. 나는 운백에 대한 사랑이 변함없고 기대가 끝없다. 늙은 말이 길을 안다는 고사[35]에다 스스로를 비유하고 이것을 적어 주어 운백을 면려한다. 부디 운백은 "나의 집은 아로새긴 창과 그림 그린 담이 있으니, 남의 집이 널찍하고 환하며 구획이 정연함을 부러워할 것 없다."라고만 하지 말고, 이것을 바탕으로 크게 확장하기를 바란다.

35 늙은……고사 : 춘추 시대 제(齊)나라의 관중(管仲)과 습붕(隰朋)이 환공(桓公)을 수행하여 고죽국(孤竹國)을 정벌하였다. 봄에 정벌을 하러 갔다가 겨울에 돌아오면서 길을 잃어버리자, 관중이 "늙은 말의 지혜를 쓸 만하다."라고 하고는 늙은 말을 풀어 놓았다. 마침내 그 말을 따라가서 길을 찾게 되었다. 《韓非子 說林上》 번암이 자신을 늙은 말에 비유하여 경험이 많은 자신의 충고가 교훈이 될 만함을 말한 것이다.

《취헌집》[36] 서문

醉軒集序

국조(國朝)의 사대부들은 불행히도 재앙을 많이 겪었다. 명종(明宗) 이전의 사화(士禍)와 선조(宣祖) 기축년(1589, 선조22)의 당화(黨禍)는 재앙이라는 점에서는 비록 같지만, 사화는 공론(公論)이 쉽게 정해져 한 세대가 지나기도 전에 군자니 소인이니 하는 것이 검은색과 흰색처럼 구별되는 것에 비해 당화는 재앙을 당한 쪽은 약하고 재앙을 끼친 쪽은 강하기 때문에 세도(世道)가 떨어진 뒤로는 일의 시비(是非)를 막론하고 약한 쪽이 강한 쪽을 이길 수 없었던 차이가 있다. 그러니 동호(董狐)[37]의 직필(直筆)을 어디서 찾을 수 있겠는가. 오직 그 사람의 시를 외고 그 사람의 글을 읽음으로써 그 사람을 알 수 있으니, 그 사람을 안다면 또한 당세(當世)를 알 수 있을 것이다.

취헌(醉軒) 김공(金公)은 호남 사람이다. 어려서부터 학문을 좋아하여 외숙(外叔)인 만취(晩翠) 이황종(李黃鍾)[38]에게 나아가 배워 경학과 역사에 통달하였다. 뛰어난 기상을 지니고 호방하면서도 자중(自

36 취헌집(醉軒集) : 선조, 광해군 연간의 문인 김익성(金益成)의 문집이다. 1913년 목활자로 간행되었다. 분량은 2권 1책이다. 김익성은 본관은 광산(光山), 자는 유응(裕應), 호는 취헌이다.

37 동호(董狐) : 춘추 시대 진(晉)나라의 사관(史官)으로, 진나라의 권력자인 조둔(趙盾)이 임금을 시해한 일을 사실대로 기록하는 등 직필로 유명하였다.

38 이황종(李黃鍾) : 1534~1589. 본관은 전주(全州), 자는 중초(仲初), 호는 만취이다. 기축옥사에 화를 당하였다.

重)하여 벼슬에 나아가 공명(功名)을 취하는 일에 얽매이지 않았다. 그러다 오래지 않아 당화가 일어나서 역신(逆臣)으로 미끼를 삼아 사류(士類)에 뒤섞어 몰아가니, 모두가 머리를 나란히 하고 법망(法網)에 걸려들었는데, 만취도 피하지 못하였다. 이것이 이른바 기축옥(己丑獄)이다. 공은 너무도 원통한 나머지 날마다 술을 마셨다. 술이 거나해지면 항상 비가(悲歌)를 강개하게 부르니, 공의 뜻을 아는 사람은 눈물을 흘리기도 하였다.

광해주(光海主)가 인륜(人倫)을 무너뜨릴 때 공의 형 가운데 조정에서 벼슬하던 사람이 있었다. 공이 힘써 간하면서 간간이 시를 지어 넌지시 알려 주었으나, 형은 끝내 교유(交遊)를 신중하게 하지 못한 결과 연좌되어 옥(獄)에서 죽었다. 이에 공은 더욱 세상과 사절하고 시종일관 술에다 마음을 부치게 되었다. 집안이 가난하여 술을 구해 취할 형편이 안 되면 비록 갖옷과 말을 전당(典當)하더라도 아까워하지 않았다. 여럿이 추렴하여 술을 마시고 크게 웃을 때면 세상을 깔보고 제멋대로 행동하기를 마치 장차 물조(物祖 조물주)와 노닐 듯이 하였다.

공은 유독 시에다 때때로 불평한 심정을 풀었다. 지금 책 상자에 남아 있는 시를 보면, 그 소리가 낮게 흐느끼는 것은 양운(楊惲)이 술을 마신 뒤에 치는 질장구 소리[39]와 같고, 그 기상이 울울하게 맺힌

39 양운(楊惲)이……소리 : 한 선제(漢宣帝) 때 평통후(平通侯) 양운이 죄에 걸려 폐서인이 된 뒤 빈객을 모아 연회를 열어 즐기자, 그의 친구 손회종(孫會宗)이 자중하라고 편지를 보내 충고하였다. 이에 양운이 손회종에게 답한 글에 "나는 본디 진(秦)나라 사람으로 진나라 노래를 잘하고, 부인은 조(趙)나라 여자로 평소 거문고를 잘 타며, 노비 가운데 노래를 잘하는 자가 몇 있다. 술이 거나해져 귀가 달아오르면 하늘을 올려보며 질장구를 두드리며 노래를 한다."라고 하였다. 《漢書 楊敞傳》

것은 풍성(豐城)의 옥 안에 숨겨진 검의 섬광[40]과 같다. 한 자도 쓸데없는 투식을 답습함이 없고 한마디도 제멋대로 읊은 것이 없으니, 풍인(風人)이 비(比)와 흥(興)으로 시를 읊었던 취지[41]를 터득하지 않았다면 능히 이와 같을 수 있겠는가. 아, 공이 재주와 학문을 지닌 채 술과 시 속에 은거함이 어찌 즐거워서 했던 일이겠는가. 사류(士類)가 해를 입고 쓰러진 뒤로는 밝은 조정을 보익(輔翼)하고 우리 도를 부식(扶植)할 수 없었으니, 차라리 술에 빠져 운월(雲月)이나 마음껏 읊으면서 자신을 천지(天地) 사이의 석과(碩果)[42]로 여기는 것이 사리를 명철하게 판단하여 그 뜻을 보전하는 데 해가 되지 않았던 것이다. 또한 슬프지 아니한가.

공이 세상을 떠나고 몇 년 뒤 효묘(孝廟)께서 공의 시를 듣고서 칭찬을 그치지 않으셨고, 미수(眉叟) 허 선생(許先生 허목(許穆))은 공의 시를 병풍에 써서 읊고 찬탄하였다. 이것이 공을 썩지 않게 하리니, 내가 무엇을 덧붙여 말하겠는가. 우선 이 말을 기록하여 후세 사람들로 하여금 공이 살았던 시대 상황에 대해 알도록 하였다. 공의 휘(諱)는

40 풍성(豐城)의……섬광 : 진(晉)나라 때 장화(張華)가 북두(北斗)와 견우(牽牛) 사이에 자기(紫氣)가 쏘아 비추는 것을 보고는, 예장(豫章)의 풍성현(豐城縣)으로 뇌환(雷煥)을 부임하게 하고, 그로 하여금 풍성의 옛 옥사(獄舍)의 터를 발굴해서 마침내 용천(龍泉)과 태아(太阿) 두 보검을 찾아내게 했던 데서 온 말이다. 《晉書 張華列傳》

41 풍인(風人)이……취지 : 풍인은 고대 중국에서 민요와 풍속을 채집하여 민정(民情)을 살피던 관원이다. 비와 흥은 《시경》의 '육의(六義)' 가운데 하나로, 비는 어떤 사물을 다른 사물로 비유하는 것이며, 흥은 다른 사물을 먼저 언급함으로써 흥취를 고취하는 표현 방법이다.

42 석과(碩果) : 《주역》 〈박괘(剝卦)〉의 "큰 과일이 먹히지 않았다.〔碩果不食〕"에서 온 말로, 어지러운 세상에서도 소인들에게 해를 당하지 않고 남아 있는 군자를 비유한다.

익성(益成)이고 자는 유응(裕應)이다. 서문을 청한 사람은 공의 5세손 상사생(上舍生) 김길우(金吉羽)이다.

《해봉집》[43] 서문

海峯集序

소매가 넓은 유자(儒者)의 옷을 입고 장보관(章甫冠)을 쓰고 걸을 때는 천천히 걷고 앉을 때는 꼿꼿이 앉는데, 그 학식(學識)을 물어보면 꽉 막혀 있고 그 행동의 동기를 살펴보면 인욕(人慾)의 구렁텅이에 빠진 사람이 여기 있다고 한다면, 이러한 사람을 유자라고 할 수 있겠는가. 네모난 가사를 입고 염주(念珠)를 걸치고 절을 하면 고두례(叩頭禮)를 하고 여름이면 결제(結制)[44]를 하는데, 그 학업을 물어보면 《주역》을 손에서 떼지 않고 그 글을 읽어 보면 여러 문체(文體)를 다 구비한 사람이 있다면, 이러한 사람을 승려라고 부를 수 있겠는가. 외면은 그러하면서 내면은 그러하지 않은 사람에 대해 나는 그러하지 않은 점을 가지고 그를 그러하지 않다고 여기고, 외면은 그렇지 않으면서

43 해봉집(海峯集) : 조선 후기의 승려 유기(有璣, 1707~1785)의 문집이다. 1785년(정조9)경에 문인(門人)인 지학(旨學), 정학(定學) 등에 의해 4권 1책의 목판본으로 간행되었다. 권수(卷首)에 번암이 1785년에 지은 서문이 실려 있다. 표제는 《호은집(好隱集)》이다. 유기는 본관은 문화(文化), 호는 해봉(海峯)·호은(好隱)이다. 유공권(柳公權)의 후손이다. 9세 때 속리산에 들어가 《소학(小學)》을 읽고, 15세에 출가(出家)하였다. 28세에 가야산(伽倻山)에서 낙암(洛巖) 의눌(義訥)로부터 선교(禪敎)의 요체를 체득하고 가사와 발우를 전수받았다. 여러 불경에 통달했는데, 특히 《화엄경(華嚴經)》에 정통하였다. 78세로 해인사(海印寺)에서 입적하였다.

44 결제(結制) : 승려들이 절 문을 나서지 않고 일정한 기간 동안 수행하는 것을 말한다. 음력 4월 보름부터 시작하는 석 달 동안의 결제를 하안거(夏安居)라 하고, 10월 보름부터 석 달 동안 행하는 결제를 동안거(冬安居)라 한다.

내면은 그러한 사람에 대해 나는 그러한 점을 좇아 그러하다고 여기니, 그러한 점을 과연 귀중하게 여기지 않을 수 있겠으며, 그러하지 아니한 점을 과연 부끄럽게 여기지 않을 수 있겠는가.

어느 날 가야산(伽倻山)의 승려 지학(旨學)이 석장(錫杖)을 짚고 천 리를 날아와 유양(維楊)[45]의 시골 마을로 나를 방문하였다. 그러고는 자신의 스승인 해봉(海峯)이 모아 기록한 책 한 권을 소매에서 꺼내 나에게 서문 한 편을 얻고자 하였다. 나는 지학을 앞으로 나오게 하고는 말하기를,

"기이하도다, 그대 스승의 글이여. 그대 스승은 승려이다. 승려이면 승려의 글을 짓는 것이 옳은데, 지금 그 시와 문은 겉으로는 곳곳에 서방(西方)의 게어(偈語)[46]를 뒤섞었지만, 체재(體裁)로 보자면 모두가 다 문필가(文筆家)가 삼매(三昧)를 얽어 엮은 글이다. 그리고 감개하여 불평한 기운이 음조(音調)의 사이에 때로 드러나 있으니, 어찌 그러한 까닭이 없겠는가. 내가 비록 대사(大師)를 만나 보지 못하였으나 그의 글을 통해 파악한 것이 이러하다. 내가 대사를 두고 대사는 승려가 아니라고 말한다면 대사는 본디 승려이니, 어찌 가당하겠는가. 대사를 두고 대사는 승려라고 말한다면, 승려의 글은 본디 응당 그러해서는 안 되는 것이니, 어찌 가당하겠는가. 기이하도다, 그대 스승의 글이여. 가령 내가 대사에 대해 알지 못하고 하는

45 유양(維楊) : 경기도 양주(楊州)의 별칭이다.

46 서방(西方)의 게어(偈語) : 불가(佛家)에서 사용하는 말을 가리킨다. 서방은 서방정토(西方淨土) 즉 불국(佛國)을 뜻하며, 게어는 부처의 공덕이나 가르침을 찬탄하는 노래인 게송(偈頌)의 다른 말이다.

말이라면 알지도 못하는 것을 가지고 대사의 글에 서문을 지어서는 안 될 것이요, 내가 대사에 대해 알고 하는 말이라면 이미 대사에 대해 말을 했으니, 다시 어찌 서문을 지을 필요가 있겠는가."

하니, 지학이 놀란 눈으로 한참 있다가 천천히 대답하기를,

"저의 스승은 본래 사대부 집안 출신입니다. 어려서 부모를 잃고 가난하여 몸을 의탁할 곳이 없었기에 마침내 부처의 제자가 되었습니다만 뜻은 유학(儒學)에 있지 않은 적이 없었습니다. 여러 불경(佛經)에 모두 박통하였으나 좋아하는 것은 《주역》이었고, 별을 보고 깨달았던 부처[47]의 은미한 뜻을 모두 강설(講說)하였으나 마음에 품은 것은 유교(儒教)였습니다. 하지만 스승은 일찍이 남들이 스승을 알기를 원하지 않았습니다. 스승의 일은 스승이 알았고, 두세 명의 승려가 알았을 뿐, 나머지 사람들은 스승에 대해 알지 못하였습니다. 지금 공은 스승의 글을 통해 스승을 알았고, 스승에 대해 알고 난 뒤에 그것을 말씀하셨습니다. 글은 말을 싣는 것입니다. 이 말씀을 가지고 서문에 싣는 것이 무슨 어려움이 있겠습니까. 그리고 저의 스승은 공께서 일찍이 봉암대사(鳳巖大師)를 위해 지었던 비명(碑銘)[48]을 보고는 감탄하기를 '고문(古文)이다. 내가 죽어 공의 글을 얻게 된다면 죽어서도 영광일 것이다.' 하였습니다. 스승이 공을 알았던 것이 공이 스승을 알게 된 것보다 먼저입니다. 감히 이것으로써

47 별을……부처 : 부처가 설산(雪山)에 들어가 고행(苦行)한 지 6년 만에 보리수나무 아래에 앉아 있다가 밝은 별이 나오는 것을 보고 깨달음을 얻어 성불(成佛)했다고 한다. 《廬山蓮宗寶鑑 念佛正論 卷10》

48 봉암대사(鳳巖大師)를……비명(碑銘) : 《번암집》 권57 〈봉암대사 비명(鳳巖大師碑銘)〉을 가리킨다. 봉암대사는 조선 후기의 승려이다.

서문을 청합니다."

하니, 나는 그러겠다고 하였다.

대사의 법명(法名)은 유기(有機)이고, 속성(俗姓)은 유(柳)이다. 문간공(文簡公) 유공권(柳公權)의 후예이다. 9세에 속리산(俗離山)에 들어가《소학(小學)》을 읽었는데, 눈에 세 번만 스치면 입으로 외울 수 있었다. 15세에 불가(佛家)에 귀의하였고, 79세에 가야산 해인사(海印寺)에서 입적(入寂)하였다. 다비(茶毗)하던 저녁에 정수리의 뼈가 날아올랐다고 한다. 대사는 일찍이 스스로 호은(好隱)이라고 자(字)를 지었으니, 불가에 숨어 있는 유자라는 의미이다.

연경에 가는 사람을 전송하며 지은 서문[49]

送人之燕京序

금상 7년(1783, 정조7) 겨울에 이 상사 자술(李上舍子述)이 자신의 부친 서장공(書狀公)을 배종하여 북으로 청나라에 가게 되었다. 그사이 나를 방문하여 글을 청하였다. 내가 나이는 조금 더 많고, 또 일찍이 사명(使命)을 받들고 연경(燕京)에 다녀오면서 외적으로는 산천과 옛 유적을 감상한 바가 있고 내적으로는 중화(中華)와 오랑캐의 흥망에 대해 감개한 바가 있었으며, 아래로 역관(譯官)들의 진위(眞僞)와 마부(馬夫)들의 고락(苦樂)에 대해 남몰래 헤아려 처리한 바가 있었기 때문이다. 비록 그렇더라도, 만약 이것만 가지고 말해 줄 뿐이라면 다른 사람들이 모두 말한 것들이니, 내가 어찌 자술을 위해 질펀하게 언급할 필요가 있겠으며, 자술이 나의 글을 청했다지만 그것을 어디다 쓸 것인가.

나는 청나라 수도에 들어간 뒤에 재빨리 국학(國學)에 가 보았다. 공성(孔聖)의 신위(神位)를 배알하고서 종종걸음으로 대성전(大成殿) 안을 살펴보니, 정중앙에서 좌우로 공자를 모시는 분은 안자(顔子),

49 연경(燕京)에……서문 : 1783년(정조7) 이승훈(李承薰)이 동지 겸 사은사의 서장관으로 임명된 부친 이동욱(李東郁)을 따라 북경(北京)에 가게 되었을 때 지어 준 서문이다. 이승훈은 본관은 평창(平昌), 자는 자술(子述), 호는 만천(蔓川)이다. 어머니가 이가환(李家煥)의 누이이다. 1780년 진사시에 합격하고, 평택 현감(平澤縣監)을 역임하였다. 부친을 따라 북경에 들어가 머물던 40일 동안 그곳에 머물면서 선교사들로부터 필담으로 천주교 교리를 배우고 세례를 받아 한국인 최초의 영세자가 되었다.

증자(曾子), 자사(子思), 맹자(孟子)였고, 동벽(東壁)과 서벽(西壁)으로 나뉘어 엄연하게 줄지어 모시는 분은 십이철(十二哲)이었다.[50] 이것은 우리나라의 제도와 같았다.[51] 이 외에 공자의 문하에 있던 분으로 유자(有子 유약(有若))가 끼어 철인(哲人)이 한 분 더해졌고, 후대분으로는 유독 주 문공(朱文公 주희(朱熹))이 끼어 있었다. 비록 두 분 정자(程子)라도 양무(兩廡)에 종향되는 데 그쳤다. 이것은 앞 왕조와 우리나라에서 미처 행하지 못한 것인데,[52] 청나라 제도만 그러하였다.

오호라, 예악(禮樂)과 의장(儀章)이 있는 줄 모르는 오랑캐가 주자의 학문이 능히 이전의 성인(聖人)을 계승하고 후대의 학자에게 길을 열어 줄 수 있었음을 홀로 능히 알아서 과단하게 성인의 전당(殿堂) 안에 올려 배향하였던 것이다. 성대하도다, 주자의 도가 오랑캐에게도 존모를 받았음이여. 공자는 "풀에 바람이 가해지면 풀은 반드시 쓰러진

50 정중앙에서……십이철(十二哲)이었다 : 번암 당시 청나라 대성전의 제도는 중앙에 공자의 신위를 봉안하고, 양옆으로 사성(四聖)인 안자, 증자, 자사, 맹자의 신위를 봉안하고, 동벽에는 민손(閔損)·염옹(冉雍)·단목사(端木賜)·중유(仲由)·복상(卜商)·유약(有若)의 신위를, 서벽에는 염경(冉耕)·재여(宰予)·염구(冉求)·언언(言偃)·전손사(顓孫師)·주희(朱熹)의 신위를 차례로 봉안하였다. 동벽과 서벽에 봉안된 인물이 바로 십이철이다. 본래 당나라 개원(開元) 8년(720)에 민손, 염옹, 단목사, 중유, 복상, 염경, 재여, 염구, 언언, 증자가 십철(十哲)로 정해져 동벽과 서벽에 봉안되었는데, 증자가 남송(南宋) 함순(咸淳) 3년(1267) 사성의 지위로 올라가자 전손사가 그 자리를 메웠고, 청나라 건륭(乾隆) 3년(1738) 공자의 문인인 유약과 주희의 신위가 추가로 봉안되어 십이철이 되었다.

51 이것은……같았다 : 공자를 주벽(主壁)으로 모시고 사성을 그 양편에, 철인을 동벽과 서벽에 배향한 제도가 청나라와 같았다는 말이다. 당시 조선 대성전의 동벽과 서벽에는 청나라와 달리 십철만 배향하고 있었다.

52 이것은……것인데 : 유자와 주희를 동벽과 서벽에 추가로 배향한 것을 가리킨다.

다."라고 하였다. 무릇 위에서 주자의 도를 존모하는 것이 이토록 지극하니, 천하 학자들이 마땅히 주자학(朱子學)의 범주로 한결같이 귀의해야 할 듯하다. 하지만 유독 이상한 점은, 위로 조정을 살펴보고 아래로 여항(閭巷)에 물어보면 어수선하게 학문을 한다고 이름을 내건 자들이 애초에 적은 것이 아니어서 불학(佛學)을 하는 자도 있고 서양학(西洋學)을 하는 자도 있고 육상산(陸象山)과 왕양명(王陽明)[53]을 배우는 자도 있는데, 심한 자는 근래의 이른바 서하(西河) 모기령(毛奇齡)[54]이라는 자를 종주(宗主)로 삼아 가가호호 배척하고 비난하며 자신의 주장만 옳다 하고 남의 주장은 그르다고 매도하여 논쟁을 그칠 줄 모른다는 것이다. 풀에 부는 바람과 같은 교화가 본래 이러한 것인가. 나는 참으로 어째서 그러한지 알 수 없다. 학자는 본래 자신이 좋아하는 것을 좇아서 자신의 견해를 가지게 되면 비록 위의 명령이더라도 좇을 수 없어서 그러한 것인가? 아니면 중국은 규모가 커서 사람들이 스스로 학문을 하도록 내버려 둔 채 속박하지 않고 꾸짖지도 않는 것이 마치 법령처럼 되어서 그러한 것인가? 아니면 위에 있는 사람들은 주자를 존모하는 것이 겉으로만 하고 마음으로 하지 않는 까닭에

53 육상산(陸象山)과 왕양명(王陽明) : 육상산은 남송(南宋)의 학자이자 문신인 육구연(陸九淵, 1139~1193)으로, 호는 존재(存齋)·상산(象山)이다. 심학(心學)을 개창하여 이학(理學)을 주도하던 주희와 학문적으로 대립하였다. 왕양명은 명(明)나라의 학자이자 문신인 왕수인(王守仁, 1472~1529)으로, 자는 백안(伯安), 호는 양명(陽明)이다. 육구연의 학문을 계승 발전시켜 육왕학파(陸王學派)를 성립하였다.

54 모기령(毛奇齡) : 1623~1716. 명말 청초의 학자이자 문신이다. 자는 대가(大可), 호는 초청(初晴)·추청(秋晴)이다. 절강(浙江) 소산(蕭山) 사람이다. 사람들이 서하(西河) 선생이라고 불렀다. 《사서개착(四書改錯)》을 지어 주희의 《사서집주(四書集註)》를 비판하였는데, 이런 이유로 조선의 성리학자들은 그를 배척하였다.

아래에 있는 사람들도 그것에 영향을 받아 그러한 것인가?

자술은 성현의 책을 읽고서 청년 시절부터 학문에 뜻을 두었다. 이번 여행은 부친께 조석으로 문안을 드리는 예를 빠뜨리지 않고자 하는 목적일 뿐만 아니라 장차 중국의 광대함을 유람함으로써 포부를 넓히고 견문을 넓히려는 것이니, 만약 학자를 만나 담론하게 된다면 성학(聖學)의 대일통(大一統)[55]을 가지고 한번 물어보게나.

55 성학(聖學)의 대일통(大一統) : 주자학 중심의 학문적인 통일을 가리킨다. 본래 대일통은 천하의 제후국 모두가 중국 황제에게 복속되어 그 문물과 제도를 따르는 것을 말한다. 《춘추(春秋)》 은공(隱公) 1년 기사 첫머리에 "원년 춘 왕정월(元年春王正月)"이라고 한 연대 표기 방식과 관련하여, 《춘추공양전(春秋公羊傳)》에 "어째서 왕정월이라고 하였는가? 크게 하나로 통일하기 위해서이다.〔何言乎王正月? 大一統也.〕"라고 하였다.

《곡굉당유고》[56] 서문

曲肱堂遺稿序

근세에 뛰어난 문장이 없는 것이 어찌 다 재능의 잘못이겠는가. 사람이 고요히 앉아 있지 못하는 까닭일 뿐이다. 고요하면 마음이 전일(專一)하고 마음이 전일하면 학업이 전일하며, 학업이 전일하면 재능의 고하(高下)에 따라 육예(六藝)[57]의 학문에 반드시 편안히 안착하게 된다. 고인(古人)이 탁월하게 성취할 수 있었던 것은 이러한 방법을 썼기 때문이다. 지금 사람은 그렇지 못하다. 닭이 울면 잠에서 깨어 외물과 관계를 맺는데, 지향하는 바는 명리(名利)에 관계된 것이고 마음을 졸이는 바는 득실에 대한 근심이니, 아침부터 낮 동안에 하는 행위가 그 심지(心志)를 뒤흔들지 않는 경우가 드물다. 문(文)이라는 것은 마음에서 나와 말로 표현된 것이다. 마음이 확고하지 못한 상태에서 마음에서 나와 표현된 말은 거칠고 경박하여 모두 〈하리(下里)〉[58]처럼

56 곡굉당유고(曲肱堂遺稿) : 황진(黃瞋, 1698~1768)의 유고이다. 분량은 4책이다. 간행에 이르지 못하고 산일된 것으로 보인다. 황진은 본관은 창원(昌原), 자는 성관(聖觀), 호는 부재(覆齋)·곡굉당(曲肱堂)이다. 1737년(영조13) 문과에 급제한 뒤에 병조 좌랑, 평택 현감(平澤縣監) 등을 역임하였다. 경사(經史)와 제자백가(諸子百家)에 통달하고, 사부(詞賦)에 능하였으며, 명리(名利)에 초탈하였다고 한다. 《下廬集 卷15 覆齋先生黃公墓碑銘》

57 육예(六藝) : 중국 고대 학생들이 배우는 여섯 가지 과목인 예(禮), 악(樂), 사(射), 어(御), 서(書), 수(數)를 가리키기도 하며, 유가(儒家)의 육경(六經)인 《예기(禮記)》, 《악기(樂記)》, 《서경》, 《시경》, 《주역》, 《춘추(春秋)》를 가리키기도 한다.

58 하리(下里) : 격조가 낮고 통속적인 가요의 이름이다. 송옥(宋玉)의 〈대초왕문(對

비루하게 되고 마니, 괴이할 것도 없다.

곡굉당(曲肱堂) 황공(黃公)은 포의(布衣)일 때부터 이미 행비서(行秘書)[59]라고 칭해졌다. 과거에 급제한 뒤에도, 성품이 조용하고 고요한 생활에 익어서 도성 입구에서는 쑥대를 엮어 문(門)으로 삼고 강호(江湖)에서는 물고기와 새를 벗으로 삼고 살았는데, 미관말직에 몸담고 숨은 채 천명(天命)을 따를 뿐이었다. 항상 말하기를 "변변찮은 벼슬은 내 분수이고 자주 굶는 것은 내 일상이다. 하지만 이러한 것 모두 나의 마음에 영향을 끼치기에는 부족하고, 하루라도 내 곁에 없어서는 안 되는 것은 고인의 책이다." 하였다. 마음을 가라앉히고 심력(心力)을 쏟아 심오한 경지에 넉넉히 이르렀는데, 사시(四時)의 흥취와 일상의 행동을 한결같이 시를 읊조리는 가운데 발현하였으니, 이는 자신이 좋아하는 바를 따른 것이었다. 공은 이것을 가지고 세상에 알려지기를 바란 적이 없었지만, 공을 아는 사람들은 공이 세상에 알려지기를 바라지 않는 것을 통해 공에 대해 더욱 알게 되었다.

楚王問)〉에, 초(楚)나라의 어떤 사람이 영중(郢中)에서 격조가 가장 낮고 통속적인 〈하리〉와 〈파인(巴人)〉이라는 노래를 부르자 그 소리에 화답하는 사람이 수천 명이었고, 그보다 조금 격조가 높은 〈양아(陽阿)〉와 〈해로(薤露)〉라는 노래를 부르자 화답하는 사람이 수백 명으로 줄었으며, 가장 고아하고 격조가 높은 〈양춘(陽春)〉과 〈백설(百雪)〉이라는 노래를 부르자 화답하는 사람이 수십 명으로 줄었다는 고사가 나온다. 《文選 卷45》

59 행비서(行秘書) : 걸어 다니는 비서라는 뜻으로, 박람강기(博覽强記)한 사람을 비유하는 표현이다. 비서는 궁중에 비장(秘藏)한 서적을 말한다. 당나라 태종(太宗)이 출행할 적에 유사(有司)가 궁중의 서적을 싣고 갈 것을 청하자, 태종이 "필요 없다. 우세남(虞世南)이 여기에 있지 않으냐. 그는 행비서이다."라고 말한 고사가 전한다. 《類說 卷54 隋唐嘉話》

공이 세상을 떠나고 20년이 흘러 맏아들 황민곤(黃敏坤)이 책 상자에 보관해 오던 네 책을 소매에 넣어 가지고 와서 나에게 서문 한 편을 얻고자 하였다. 내가 공의 시와 부(賦)를 읽어 보니 글자를 운용하는 기이한 솜씨는 좌태충(左太沖)[60]이라도 쉽게 깨달을 수 없을 정도였고, 전고(典故)를 인용하는 오묘한 기교는 초(楚)나라 좌사(左史)[61]라도 쉽게 이해할 수 없을 수준이었다. 그 형식을 관찰하고는 눈을 휘둥그레 뜰 만큼 놀랐고, 그 내용에 빠져서는 황홀하여 길을 잃었다. 이것은 마치 페르시아의 기화(奇貨)를 보고 찬란히 빛나는 것을 좋아하지 않는 것은 아니지만, 눈으로 처음 보는 것이어서 마음에 아직 모르는 점이 있기에 그저 감탄하고 칭찬하면 될 뿐인 경우와 같다. 만약 그것의 종류를 평하고 우열을 논하고자 한다면 또한 어찌 모르는 것을 모른다고 하는 취지[62]이겠는가.

60 좌태충(左太沖) : 진(晉)나라의 문인 좌사(左思, 250~305)로, 자는 태충이다. 부(賦)를 짓는 솜씨가 뛰어나서 〈제도부(齊都賦)〉, 〈삼도부(三都賦)〉 등을 지었다. 그가 10년의 각고 끝에 〈삼도부〉를 짓자 그것을 베끼기 위해 사람들이 앞다투어 종이를 산 탓에 낙양(洛陽)의 지가(紙價)가 뛰었다고 한다. 《晉書 文苑列傳 左思》

61 초(楚)나라 좌사(左史) : 춘추 시대 초나라의 좌사인 의상(倚相)을 가리킨다. 좌사는 임금의 좌측에서 임금의 말 또는 행동을 기록하던 사관(史官)이다. 《춘추좌씨전》 소공(昭公) 12년에 "초나라 좌사 의상이 종종걸음으로 지나가자 왕이 말하기를 '저 사람은 훌륭한 사관이다. 그대는 잘 보도록 하라. 그는 《삼분(三墳)》, 《오전(五典)》, 《팔색(八索)》, 《구구(九丘)》를 읽을 수 있다.' 하였다."라는 말이 나온다. 《삼분》, 《오전》, 《팔색》, 《구구》는 모두 당시에도 난해한 상세(上世) 제왕(帝王)의 유서(遺書)이다.

62 모르는……취지 : 공자가 자로(子路)에게 "아는 것을 안다고 하고 모르는 것을 모른다고 하는 것, 이것이 아는 것이다.〔知之爲知之, 不知爲不知, 是知也.〕"라고 한 것을 가리킨다. 《論語 爲政》

옛날에 소암(疎菴) 임공(任公)이 운서(韻書)도 없이 지자(支字) 운(韻)으로 수백 구의 시를 지었는데, 차오산(車五山)이 내용을 이해할 수 없자 공에게 자주(自註)를 지어 달라고 청하였다.[63] 공이 승낙하였으나 실행하지 못하였는데, 지금껏 후생들의 아쉬움을 자아낸다. 공이 지은 〈관물(觀物)〉, 〈민지(悶志)〉 등과 같은 작품은 공이 생존해 있을 때 오산이 소암에게 그랬던 것처럼 자주를 미처 청하지 못한 것이 아쉽다. 나는 감히 공을 평할 수 있는 사람이 아니다. 공의 유고를 소중히 간직하다 보면 후세에 반드시 양자운(揚子雲) 같은 사람이 있을 것이다.[64] 황민곤 씨에게 이 말을 해 주고서 우선 서문을 지어 돌려준다.

63 소암(疎菴)……청하였다 : 소암은 조선 중기의 문인 임숙영(任叔英, 1576~1623)으로, 본관은 풍천(豐川), 자는 무숙(茂叔), 호는 소암이다. 기억력이 매우 비상하였고, 사륙문(四六文)과 시에 뛰어났다. 차오산(車五山)은 차천로(車天輅, 1556~1615)로, 본관은 연안(延安), 자는 복원(復元), 호는 오산(五山)이다. 여기서 말하는 시는 《소암집(疎菴集)》 권2에 실려 있는 〈술회기정강화이동악사군(述懷寄呈江華李東岳使君)〉인 것으로 보이는데, 716개의 지운(支韻)이 사용된 오언 율시(五言律詩)이다. 이식(李植)이 지은 〈임소암언행록(任疎菴言行錄)〉에는 자주를 지으라고 권한 사람이 유근(柳根)이라고 하였는데, 어느 것이 옳은지 알 수 없다.

64 후세에……것이다 : 후대에 진가를 알아주는 사람이 반드시 있을 것이라는 말이다. 양자운은 서한(西漢) 성제(成帝)에서 왕망(王莽) 사이에 걸쳐 활동했던 학자인 양웅(揚雄)으로, 자는 자운(子雲)이다. 그가 지은 《태현경(太玄經)》을 사람들이 비웃으니, 자운이 말하기를 "세상 사람들이 나를 알아주지 않더라도 해될 게 없다. 후세에 다시 양자운이 있어 반드시 좋아할 것이다." 하였다. 《韓昌黎集 卷18 與孟尙書書》

《현포산인집》[65] 서문

玄圃山人集序

내가 일찍이 서경(西京)을 안찰(按察)하게 되었을 적에[66] 하루는 아전이 백성들이 올린 소첩(訴牒)을 안고 와서 보고하였다. 그런데 어느 소첩 하나에 이르러서는 구두(句讀)를 뗄 수 없는 곳이 많았다. 당황스럽고 난처하여 제대로 소리 내어 읽지도 못한 채 마침내 넣어 두라고 명하였다. 그 소첩의 첫머리에는 "국자생(國子生) 김점(金漸)이 목욕재계하고 상서(上書)합니다."라고 쓰여 있었고, 중간에는 "가슴속에 잔뜩 서리고 쌓여 있던 것을 종이와 먹으로 풀어내었는데, 고금(古今)의 일을 망라하였습니다."라고 쓰여 있었으며, 끝에는 "이후로는 지하(地下)의 수문랑(修文郎)[67]이 될 일만 남았습니다."라고 쓰여 있었다. 그의 글솜씨는 실로 옛날 작자(作者)의 규범으로서, 시골의 학구(學究)가 감히 미칠 수 있는 수준이 아니었다. 나는 놀랍고 기이하여 아전

65 현포산인집(玄圃山人集) : 김점(金漸, 1695~?)의 문집이다. 본 서문에 10책이라는 언급이 있으나, 간행에 이르지 못했던 것으로 보인다. 김점은 본관은 김해(金海), 자는 중홍(仲鴻), 호는 현포산인이다. 1721년(경종1) 진사시에 합격하였다. 평안도 성천(成川) 출신으로 평양(平壤)에 거주하였던 것으로 보인다. 《司馬榜目》

66 내가……적에 : 번암은 1774년(영조50) 4월부터 1775년 5월까지 평안도 관찰사로 재직하였다. 서경(西京)은 평양의 별칭이다.

67 수문랑(修文郎) : 진(晉)나라 때 중모 영(中牟令) 소소(蘇韶)가 죽은 뒤 형제들 앞에 다시 나타나 "현재 지하에는 안연(顔淵)과 복상(卜商)이 수문랑으로 있다."라고 말했다는 고사가 있다. 이후로 수문랑은 사후 세계에서 글짓기를 담당하는 관원으로 불리게 되었다. 《太平廣記 卷319》

으로 하여금 그 사람의 소재를 수소문하게 하였다. 잠시 뒤 아전이 들어와서 고하기를 "이 글을 지은 사람은 실제로 성도(成都)[68]의 늙은 선비인데, 자신은 오지 않고 사람을 시켜 대신 보냈습니다." 하였다. 나는 그의 뜻을 가련히 여기고 그의 글을 기특하게 여겨 붓을 들어 종이 끝에다 글을 적어 정중한 뜻을 표하였다.

며칠이 지나 아전이 작은 명함을 가지고 아뢰었다. 나는 신발을 거꾸로 신고 달려가 군을 맞이하였다. 군은 당시 나이가 80여 세였다. 수염은 모두 희고 두 눈동자는 또렷하여 그 광채가 사람을 쏘는 듯했으며, 정신은 강건하여 젊은이에 못지않았으니, 보통 사람이 아님을 알 수 있었다. 군은 평양(平壤) 사람이었다. 20여 세에 진사가 되었으나 끝내 과거 공부를 그만두고 성도의 비류강(沸流江)[69] 가로 들어가 책을 읽고 고문(古文)을 익히며 60년을 보냈는데, 처자식이 굶주린 기색이 있어도 개의치 않았다. 내가 군에게 "지난번 내가 맛본 것은 고기 한 점일 뿐입니다. 그것이 어찌 온 솥 안의 음식을 실컷 맛볼 수 있는 것만 하겠습니까."라고 하자, 얼마 지나지 않아 군은 자신이 저술한 10책 분량의 글을 가지고 와서 보여 주었다. 그는 문(文)에 재주가 뛰어났다. 풀무를 세우고서 기계(器械)의 굴대를 처음으로 만들어 내는 듯하였는데,[70] 자구(字

68 성도(成都) : 평안도 성천군(成川郡)의 읍인 성천(成川)을 가리킨다.

69 비류강(沸流江) : 성천군을 지나는 대동강의 지류(支流)이다. 옛 이름은 졸본천(卒本川) 혹은 유거의진(遊車衣津)이라 한다. 흘골산(紇骨山) 밑을 지날 때 산 밑에 굴 넷이 있는데, 물이 그 속을 끓어오르는 듯이 맹렬하게 뚫고 서쪽으로 흐르므로 비류강이라 불리게 되었다고 한다. 《新增東國輿地勝覽 卷54 平安道 成川都護府》

70 풀무를……듯하였는데 : 자신만의 세계를 구축하여 창의적인 구상으로 문장을 지었다는 의미이다.

句)가 간결하고 정제되어 흔적이 전혀 없었다. 이는 우리나라 문인(文人)들의 썩어 문드러진 투식에 대해 코를 막고 지나려는 의도였으니, 군은 참으로 이른바 호걸지사(豪傑之士)였던 것이다.

아아, 만약 군이 왕씨(王氏)나 사씨(謝氏)[71] 같은 가문에서 태어났더라면, 아니 그렇지는 못해도 영남(嶺南)처럼 문헌이 융성한 고장에서 태어났더라면, 당세에 글 짓는 일을 업으로 삼는 사람 중에 그 누가 옷깃을 여미고 찾아와 인사하지 않았겠는가. 서경이 비록 선현(先賢)의 고도(古都)라지만 지금의 풍속은 공거(公車)나 시속(時俗)의 글 따위를 가지고 서로 주고받는 정도일 뿐이다. 군으로 하여금 목이 삐쩍 마르고 얼굴이 누렇게 뜬 늙은이가 되도록 숲속 다람쥐와 들판 사슴들과 더불어 살게 하였으니, 군을 알아주는 사람이 없었고 군도 남이 알아주기를 바라지 않았다. 내가 가진 능력도 부족하여 군을 이끌어 줄 수 없고 군도 늙어 버려 이미 어찌할 수 없는 처지인 것이 아쉬웠다. 나는 그것을 생각할 때마다 한밤중에 탄식하며 혀를 차고는 하였다.

올해 겨울 군의 아들 아무가 초췌하게 상복을 입은 채 천 리 길을 건너 경사(京師)에 들어와서는 군이 임종 때 거듭 탄식하며 했다는 "내가 일생의 정력을 쏟고 내면에 있던 것을 쥐어짜 내어 지은 글이 누구네 집의 창과 벽을 바를지 모르겠다. 네가 만약 채번암에게 서문을 받는다면 나는 반드시 나의 불행함을 서글퍼하지 않으리라."라는 말을 울며 전하였다. 나는 듣고서 눈물을 흘렸다. 그러고는 다시 크게 탄식하며 말하기를,

"군은 곤궁한 사람이라 세상에 하소연할 곳도 없었다. 오직 믿는

71 왕씨(王氏)나 사씨(謝氏) : 육조(六朝) 시대 명문세족인 대표적인 씨족이다.

것이라고는 내가 해 주는 말이 혹시라도 군을 썩지 않게 해 줄 수 있다는 것이었다. 하지만 군을 아는 자는 나이고 군을 모르는 자는 세상 사람인 상황에서, 한 사람의 말로써 천하의 신표(信標)로 삼고자 한다면 내가 어찌 적임자이겠는가. 가만히 생각건대, 군은 군의 공업(功業)이 유구하기를 스스로 기약하였으나 세상에 태어나 80년 평생 동안 나 한 사람을 만났을 뿐이다. 이후 80년 동안 나 같은 사람이 없으리라 다시 어찌 보장하겠는가. 군의 공업이 유구하게 전해진다면 나처럼 공을 알아줄 사람이 필시 더욱 많아질 것이고, 알아주는 사람이 많아진다면 비록 썩고자 해도 썩을 수 없을 것이다."

하였다. 우선 이 말을 기록하여 증거로 삼는다.

《원행정례》[72] 서문

園幸定例序

금상(今上) 13년(1789, 정조13) 기유(己酉) 겨울 10월 기미(己未)에 현륭원(顯隆園)을 수주(水州 수원(水原))로 옮겨 봉안하였다. 하루 전날 무오(戊午)에 어가(御駕)가 길을 떠나 예(禮)가 이루어지는 것을 친림하여 보셨고, 이튿날 경신(庚申)에 수주로부터 걸어서 그다음 날 신유(辛酉)에 경사(京師)에 도착하셨다. 환궁(還宮)한 뒤에도 사모하는 마음을 가누지 못한 채 돌아다보며 슬퍼하셨는데, 거리가 멀어 전성(展省)하는 일에 혹시라도 모자람이 있을까 저어하셨다. 이에 유사(有司)를 맡은 신하에게 명하여 《원행정례(園幸定例)》를 제정할 것을 명하셨다. 위로는 공경과 대부로부터 아래로는 아전과 하례(下隷)에 이르기까지, 안으로는 시종(侍從)과 호위(護衛)로부터 밖으로는 부장(部將)과 병졸(兵卒)에 이르기까지 모두 그 숫자를 상량하여 정하였으며, 그 비용을 조절하고 헤아려 군대의 식량을 준비하고 복장(服裝)과 기물(器物)을 갖추도록 하여 짚신, 꼴, 횃불 따위까지 미쳤는데, 요약

72 원행정례(園幸定例) : 1789년 10월 정조가 지금의 서울 동대문구 전농동, 당시로는 양주(楊州) 중량포(中梁浦) 배봉(拜峯) 자락에 있던 사도세자(思悼世子)의 묘인 영우원(永祐園)을 수원(水原)의 화산(花山)으로 옮기고 현륭원(顯隆園)이라 이름을 고쳤다. 당시 현륭원에서 천장(遷葬)을 마치고 돌아온 정조가 행행할 때의 제반 사항을 규정한 정례(定例)를 모아 편찬하도록 명한 책이 《원행정례》이다. 1790년 초에 편찬이 완료된 것으로 추정된다. 분량은 필사본(筆寫本) 1책이다. 현재 서울대학교 규장각한국학연구원에 전한다.

되면서도 포괄적이고 간략하면서도 적절하지 않음이 없었다. 한번 책을 펼쳐 보면 손바닥을 가리키듯이 명료하여 의거해 시행할 만하였으니, 효심(孝心)을 미루어 펼치면서도 경비(經費)를 고려한 것이었다. 책이 이루어지자 신(臣) 제공에게 서문을 짓도록 명하셨다.

신이 삼가 생각건대 제왕은 서민과 비교하면 귀천(貴賤)이 비록 다르지만, 하늘처럼 한없이 돌보아 주시는 부모의 은혜와 서리와 이슬이 내렸을 때 섬뜩하게 두려워하며 부모를 그리는 감회[73]로 보면 어찌 차이가 있겠는가. 하지만 예제(禮制)의 번잡함과 간략함에서는 차이가 없을 수 없다. 역사책을 상고해 보면 능침(陵寢)을 전성하는 예가 소략하게 기록되어 있고 이마저도 드물게 보이는 것은, 의장(儀仗)과 호위가 많이 필요하고 물자의 공급이 번거로워 현실적으로 일일이 열거할 수 없기 때문이다. 큰 효심이 다함이 없고 밝은 지혜가 걸출한 우리 성상께서는 전성을 빠뜨리지 않으면서도 쓸데없는 비용을 다 제거할 것을 깊이 유념하여 이 책을 지어 영구한 법도로 남기셨다. 이에 정성스러운 예가 능히 다 갖추어지고 백성에 대한 넉넉한 배려가 극진하게 되었다. 연도(沿道)의 백성들로 하여금 임금의 수레와 뒤따르는 수레를 우러러 바라보고는 앞뒤로 분주히 다니며 기쁨에 춤추게 하고, 지극한 덕과 중요한 도리를 보고 감동하고 깊은 인애(仁愛)와 두터운 은택에 함빡 젖게 하여 관(官)의 요구에 응하는 일과 수고롭고 번다한 일이

73 서리와……감회 : 《예기(禮記)》 〈제의(祭義)〉에 "서리와 이슬이 내렸을 때 군자가 그것을 밟게 되면 반드시 슬픈 마음이 일어나니, 추워서 그런 것이 아니다. 봄에 우로가 내려 적셨을 때 군자가 그것을 밟게 되면 반드시 섬뜩하게 두려운 마음이 생기면서 마치 죽은 부모를 곧 만날 것 같은 생각이 들게 된다.〔霜露旣降, 君子履之, 必有悽愴之心, 非其寒之謂也. 春雨露旣濡, 君子履之, 必有怵惕之心, 如將見之.〕" 하였다.

무엇인지 다시는 모르도록 만든 것은 모두가 이 책의 효과이다. 이 책이 세상에 나오면 어찌 연도의 백성들만 도움을 입겠는가. 장차 한 나라의 온 백성들이 도움을 입을 것이다. 어찌 한 나라의 온 백성들만 도움을 입겠는가. 장차 성자신손(聖子神孫)이 계승하고 계승하여 공경히 따를 것을 생각하여 영원히 전해질 것이다. 아아, 아름답도다.

대광보국숭록대부(大匡輔國崇祿大夫) 의정부 좌의정(議政府左議政) 신 채제공이 하교를 받들어 삼가 짓는다.

《경연당집》[74] 서문

景淵堂集序

국조(國朝)의 사대부 집안들은 문학(文學)으로 서로를 평가하곤 하는데, 지봉(芝峯) 이 선생(李先生)[75]의 자식과 손자에 대해서는 한목소리로 "낳아 주신 부모를 욕되게 하지 않은 점에서 감히 대적할 사람이 없다."라고 치켜세운다. 지옹(芝翁 이수광)은 학행과 문장으로 일찍이 한 세대의 사표(師表)가 되셨고, 아들로는 분사(分沙)[76]와 동주(東州)[77] 같은 분들이 계셨으며, 손자로는 혼천(混泉)[78] 같은 분들이 계셔서 혹은 문장으로 혹은 학행으로 능히 가문을 빛내었다. 이분들을 이어서 경연당(景淵堂)이 나서서 일찌감치 명릉(明陵 숙종(肅宗))을 섬기면서 화현직(華顯職)에서 명성을 드날렸고, 게다가 호당(湖堂)에도 선발

74 경연당집(景淵堂集) : 이현조(李玄祚, 1654~1710)의 문집이다. 이현조의 증손 이반(李磐)이 1788년(정조12) 목활자로 간행하였다. 분량은 6권 3책이다. 권수(卷首)에 번암이 1784년에 쓴 서문이 실려 있다. 이현조는 본관은 전주(全州), 자는 계상(啓商), 호는 경연당(景淵堂)이다.

75 지봉(芝峯) 이 선생(李先生) : 이수광(李睟光, 1563~1628)으로, 본관은 전주, 자는 윤경(潤卿), 호는 지봉이다.

76 분사(分沙) : 이성구(李聖求, 1584~1644)로, 자는 자이(子異), 호는 분사·동사(東沙)이다. 이수광의 장남이다.

77 동주(東州) : 이민구(李敏求, 1589~1670)로, 자는 자시(子時), 호는 동주·관해(觀海)이다. 이수광의 차남이다.

78 혼천(混泉) : 이동규(李同揆, 1623~1677)로, 자는 소연(翛然), 호는 혼천이다. 이성구의 아들이다.

되어 아름다운 문장을 많이 쏟아 내었다. 당시에 공의 종부형(從父兄) 유재(游齋)[79]와 회헌(悔軒)[80]이 나란히 벼슬길에 나아가 어제(御製)를 다듬는 반열에서 혁혁하게 활약하고 있었는데, 국가를 보좌할 인재라는 칭찬에서는 공이 비록 그들을 많이 앞서지 않으려 해도 그럴 수 없는 점이 있었다.

하지만 세상의 운수가 일정치 않아 평탄한 길과 비탈길이 서로 이어지니, 공처럼 뛰어난 인재로 하여금 국가의 성대함을 구가(謳歌)하도록 하지 못하고, 작은 고을의 수령으로 분주하게 떠돌면서 음풍농월(吟風弄月)하며 강산(江山)이나 아름답게 표현하게 하고 말았을 뿐이었다. 앞 시대를 논하는 사람들은 애초부터 태평성세를 위해 누차 길게 탄식하지 않는 경우가 없었으며, 문단(文壇)에는 공의 시에 대해 "한 글자도 잘못이 없고 한 구절도 군더더기가 없어 말의 뜻이 적절하니, 절로 그 수준에 미칠 수 없다."라고 평한 말이 있었다. 이러한 사람들이 공의 시가 공을 불후(不朽)하게 할 수 있다는 사실을 모른다고 할 수는 없지만, 이 시가 공에게는 단지 여사(餘事)일 뿐이라는 사실은 사람들이 반드시 다 아는 것은 아니다.

오호라, 공이 조정에서 벼슬할 적에 세도(世道)의 우환이 극에 달하였는데, 공은 홀로 청렴한 지조를 견지하여 자신을 높이 표방하였다. 불만이 가득한 자들이 허 문정(許文正)을 복관(復官)하라는 명을 시기

79 유재(游齋) : 이현석(李玄錫, 1647~1703)으로, 자는 하서(夏瑞), 호는 유재이다. 이성구의 손자이고, 이당규(李堂揆)의 아들이다.

80 회헌(悔軒) : 이현기(李玄紀, 1647~1714)로, 자는 원방(元方), 호는 회헌이다. 이성구의 손자이고, 이동규의 아들이다.

하자, 공은 힘써 간쟁하다가 비록 견책을 받아 파직되었어도 후회하지 않았다.[81] 목숨을 걸고 자기 당(黨)만을 위하는 자들이 하늘의 주벌을 받을 만한 죄를 지어 그들을 성토하지 않을 수 없는 상황에서, 공이 그들을 탄핵하는 상소를 올렸을 때는 비록 억세도 뱉지 않았다.[82] 곤전(坤殿)이 손위(遜位)하고서 소교(素轎)가 엎어질 듯 달려 나가자, 공은 조방(朝房) 뜰에다 거적을 깔고 매우 슬피 곡하며 전송하였다.[83] 정재(定齋) 박공(朴公)이 상소를 올려 형벌을 당하자,[84] 공은 권귀(權

81 불만이……않았다 : 허 문정(許文正)은 시호가 문정(文正)인 허목(許穆, 1595~1682)을 가리킨다. 1684년(숙종10) 1월 25일 허목의 관작을 회복하라는 숙종의 명을 대간(臺諫)들이 반대하자, 그 이튿날 대교 이현조와 수찬 홍만조(洪萬朝)가 상소하여 허목을 구제하려고 하였다. 이 일로 인해 이현조와 홍만조는 엄한 견책을 받아 파직되었다. 《肅宗實錄 10年 1月 25日》

82 억세도 뱉지 않았다 : 강한 자를 두려워하지 않았다는 의미이다. 《시경》 〈대아(大雅) 증민(烝民)〉에 "세속의 말을 들어 보니, 부드러우면 씹어 삼키고, 억세면 뱉는다던데, 중산보(仲山甫)는 그렇지 않아, 부드러워도 삼키지 않으며, 억세도 뱉지 않아서, 홀아비와 과부를 업신여기지 않으며, 강포한 자도 두려워하지 않도다."라고 한 데서 온 말이다.

83 곤전(坤殿)이……전송하였다 : 1689년 5월 2일 인현왕후(仁顯王后)가 폐위되어 소교를 타고 요금문(曜金門)을 거쳐 사가(私家)로 돌아갔다. 당시 이조 좌랑으로 있던 이현조는 궁정(宮庭)에서 대신(大臣)들을 따라 정청(庭請)하다가 인현왕후가 궁을 나간다는 소식을 듣고는 이조 조방(朝房)의 뜰로 달려가서 거적을 깔고 곡을 하였다. 《拙隱遺稿 卷6 先考守江原道觀察使府君行錄年紀》 소교는 본래 상주(喪主)가 타는 흰 가마를 가리키는데, 여기서는 꾸밈이 없는 소박한 가마를 가리킨다. 조방은 입궐을 대기하는 조관(朝官)들이 임시로 사용하는 장소이다. 각 관사마다 조방을 두어 입조(入朝) 시간을 기다리거나, 재숙(齋宿), 직숙(直宿) 등의 용도로 쓰였다. 직방(直房)이라고도 한다.

84 정재(定齋)……당하자 : 정재는 박태보(朴泰輔, 1654~1689)로, 본관은 반남(潘

貴)들을 면전에서 질책하여 성심(誠心)으로 간쟁하지 않은 것을 꾸짖었다. 장만춘(張萬春)이 현인(賢人)의 자손이면서 장희재(張希載)에게 붙어 친족의 차서(次序)를 따져 친하게 지내는 것을 탄핵하자,[85] 여론이 매우 시끄러워져서 거의 화(禍)를 싣고 와서 먹이는[86] 상황이 되었으나 공은 태연히 개의치 않았다. 이와 같은 사례를 이루 다 기록할 수 없다. 만약 당시에 국정(國政)을 쥔 신하가 청론(淸論)을 두려워하여 따르고 공을 발탁하여 국론(國論)을 함께 강구했더라면 비록 곁에서 공을 노리는 자들이 일백 명이나 되었더라도 남에게 재앙 끼치기를 즐기는 마음을 도리어 부릴 수 없었을 것이다. 하지만 경수(涇水)와 위수(渭水)는 나뉘지 않을 수 없고[87] 네모난 구멍과 둥근 자루는 어긋

南), 자는 사원(士元), 호는 정재이다. 인현왕후를 폐위시킬 때, 그 부당함을 주장하는 상소를 올려 숙종의 노여움을 샀으나 끝내 굽히지 않았다. 이로 인해 심한 고문을 받고 진도(珍島)로 귀양 가던 도중 노량진(鷺梁津)에서 젊은 나이로 죽었다.

85 장만춘(張萬春)이……탄핵하자 : 장만춘은 여헌(旅軒) 장현광(張顯光)의 후손으로, 희빈(禧嬪) 장씨(張氏)의 오빠인 장희재에게 붙어 권세를 부리고 있었다. 1693년 6월 18일 대사간인 이현조가 사간원에서 훈련원 부정(訓鍊院副正) 장만춘을 사판(仕版)에서 삭거(削去)할 것을 청하는 계사를 올려 탄핵하였다.《承政院日記 肅宗 19年 6月 18日》

86 화(禍)를……먹이는 : 다른 사람에게까지 화가 미치게 되는 것을 비유한 말이다. 동한(東漢)의 하복(夏馥)이 환관들의 미움을 받아 체포령이 내리자 산속으로 숨어들어 대장간에서 일하고 있었는데, 그의 아우가 찾아와 비단을 주자 그가 말하기를 "아우는 어찌하여 화를 싣고 와서 먹이려 하는가." 하고 버리고서 떠나갔다는 고사에서 온 말이다.《資治通鑑 卷56》

87 경수(涇水)와……없고 : 경수와 위수는 중국 섬서성(陝西省)에 있는 강의 이름인데, 경수는 물이 탁하고 위수는 맑기 때문에 흔히 옳고 그름과 맑고 탁함에 대한 분별을 엄격히 하는 것을 뜻하는 말로 쓰인다.

나지 않을 수 없는 법이니,[88] 말은 비록 절실했다고는 하나 일에는 도움되지 않았다. 이것은 세상의 운수에 마치 뭔가가 몰아가서 그렇게 되는 듯한 점이 있었으니, 공이 천명에 대해 어찌할 수 있었겠는가.

공이 세상을 떠난 지 거의 80년이 흐른 지금 세도의 혼탁함이 날이 갈수록 심해지는데, 공의 고결한 풍모는 아득히 멀어져 좇아 미칠 수 없게 되었으니, 우리가 애호할 바가 유독 공이 남긴 시문에 있지 않겠는가. 책 상자에 담겨 소중히 간직되어 오던 시문이 화재를 조심하지 못하여, 지금 남은 것이라고는 언덕처럼 많았던 것 가운데 털끝 정도일 뿐이다. 비록 그렇지만 사람이 공경할 만하면 그 말씀을 존중하게 되고, 그 말씀이 많지 않으면 더욱 애지중지하게 되는 법이다. 이는 사림(士林)의 공통된 말이다. 후세에 이 문집을 읽는 사람이 혹시라도 이를 통해 공에게 시 이외에 업적이 있었다는 것을 알게 되어 단지 "공의 시가 공을 불후하게 할 수 있었다."라고만 말하지 않는다면, 공의 시를 제대로 읽은 사람이라고 말할 수 있을 것이다.

88 네모난……법이니 : 《초사(楚辭)》 〈구변(九辯)〉에 "둥근 자루에 네모난 구멍을 뚫으니, 어긋나서 들어가기 어려울 줄 나는 아노라.〔圓枘而方鑿兮, 吾固知其鉏鋙而難入.〕"라고 하였다.

《금헌실기》[89] 서문

琴軒實紀序

오호라, 이 책은 금헌(琴軒) 이공(李公)의 실기(實紀)이다. 여기에 실린 공의 글은 시(詩)가 6수에 불과하고, 문(文)이 1편뿐이니, 문헌이 증거로 삼기에 너무나 부족하다. 하지만 공은 행적이 특출하고 절개가 완전하였으며, 조정에서의 일과 행동에 우뚝 처음과 끝이 있었으니, 공이 백세토록 칭송을 받는 힘의 바탕은 의당 이 점에 있지, 저 문헌의 다소(多少)에 있지 않다. 그렇다면 시문은 있어도 되고 없어도 되는 것일 뿐이다.

공의 휘는 장곤(長坤), 자는 희강(希剛)이다. 22세에 생원시에 장원하고, 29세에 문과에 급제하여 옥서(玉署)에 뽑혀 들어갔다. 곧은 도(道)로써 섬기다 연산주(燕山主)의 뜻을 거슬러 거제(巨濟)에 유배되었다. 거제는 영남의 해도(海島)이다. 당시 연산주가 포악하였는데, 공이 문무(文武)의 재주를 지녔기에 공을 매우 의심하고 꺼렸다. 공은

89 금헌실기(琴軒實紀) : 이장곤(李長坤, 1474~1519)의 실기이다. 1784년(정조8) 경 방계 후손인 이서룡(李瑞龍)이 "금헌선생문집(琴軒先生文集)"이라는 이름으로 초간(初刊)하였다. 목판본이며, 불분권(不分卷) 1책이다. 권수(卷首)에 1784년 9월 번암이 지은 서문이 실려 있고, 권미(卷尾)에 1784년 1월 안정복(安鼎福)이 지은 발문이 실려 있다. 1934년에는 대구(大丘)에서 후손들이 '금헌선생실기(琴軒先生實紀)'라는 이름으로 중간(重刊)하였다. 석판본이며, 2책이다. 제1책은 초간본 《금헌선생문집》을 그대로 간행한 것이고, 제2책은 실록(實錄) 및 다른 문헌에서 새로 찾아낸 이장곤의 글과 관련 시문을 엮어 수록한 것이다. 제2책의 권미에는 1934년 권상익(權相翊)이 지은 발문이 수록되어 있다. 이장곤은 본관은 벽진(碧珍), 자는 희강(希剛), 호는 금헌(琴軒)이다.

끝내 죽음을 면치 못할 것을 짐작하고 바다를 건너 관북(關北) 함흥(咸興)에 이르렀다.

연산주가 나라 안에 영을 내리기를 "이장곤을 잡아 현관(縣官)에게 고하는 자가 있으면 금 1000냥과 3품의 품계를 내리겠다." 하였다. 공은 별다른 계책을 낼 수 없자 바닷가 수척(水尺)의 집에 몸을 의탁하였다. 수척은 고기잡이를 업으로 삼는 자를 부르는 호칭이다. 그 수척의 성은 양(楊)이었는데, 수척의 동생이 공의 용모를 좋게 여겨 형으로 하여금 딸을 공에게 시집보내게 하였다. 공은 천한 일에는 대부분 능숙하지 못하였으므로 주인 영감이 그를 게으른 사위라고 부르니, 같은 마을 사람들이 모두 공을 꾸짖고 비웃었다. 그 딸이 공을 위해 품 파는 일을 돕고 수고를 분담하였는데, 이로 인해 그곳에서 살아갈 수 있었다.

몇 년이 흘러, 새 주상(主上)이 즉위하여 대사면(大赦免)을 내리고 정사를 일신하여 옥문(獄門)을 열고 제역(諸役)을 폐지하니 백성의 환호성이 천지에 진동한다는 소문이 전해졌다. 공은 반신반의하고는 친한 사람 한 명에게 "자네 의관(衣冠)을 빌려줄 수 있겠나?"라고 물었다. 그 사람이 "무엇에 쓰려는가?"라고 되물으니, 공이 "내가 일이 있어 관아(官衙)에 들어가려는데, 의관을 입지 않으면 밖을 나갈 수 없네." 라고 대답하였다. 주인 영감이 듣고는 공을 꾸짖었다. 공은 그저 빌려 달라고 하고는 마침내 그 사람과 함께 함흥부(咸興府)에 들어갔다. 과연 주상이 새로 난리를 평정하였고, 연산주는 폐위되어 있었다. 이에 공이 작은 종이를 그 사람에게 주어 부탁하기를 "그대는 이 종이를 관찰영(觀察營)의 하례(下隷)에게 몰래 전하게. 그 하례는 내가 소싯적에 서로 알던 사람이네." 하였다. 잠시 뒤에 관찰영의 하례들이 사방으로 흩어져 이 교리(李校理)의 소재를 수소문하고 다녔으나 찾을 수 없었다. 온 고을이 물이 끓듯 소란하였는데, 그 사람은 겁이 나서 달아났고, 공은 갈포 옷과 낡은 갓을 걸친 채 문 귀퉁이에 걸쳐 앉아 천천히 말하기를 "이 교리가 여기 있다." 하였다. 관찰사와 여러 관인(官人)이 허둥지둥 문밖으로 나와 울면서 공을 붙잡고 각자 옷을 벗어 주었다. 이에 공이 용모를 고치고 밖으로 나와서 온 고을 사람들을 크게 놀라게 하였다. 조정에서는 공을 특별히 홍문관 교리에 제수하고 공이 머물던 고을로 하여금 호송하도록 명을 내렸다. 그 이후로 작질(爵秩)이 오르고 현직(顯職)에 등용되어 관직이 이상(貳相)에 이르렀고 대사마(大司馬)를 겸하였다. 공은 기개가 뛰어나고 성품이 개결(介潔)하여 관직에서 직책을 수행할 때면 사람들이 다 감복하였다.

중종(中宗) 기묘년(1519, 중종14) 겨울 11월 15일 저녁에 남곤(南袞)이 공에게 급히 편지를 보내 고하기를 "국가에 대사(大事)가 있으니 공이 말을 달려 오셔야겠습니다." 하였다. 공의 집이 흥인문(興仁門) 밖에 있었기 때문이다. 공은 당시 병조 판서로서 집금오(執金吾)[90]를 겸직하고 있었다. 일이 급하여 말을 빌려 타고 남곤에게 달려가 물으니, 남곤이 말하기를 "홍 상서 경주(洪尙書景舟)가 밀지(密旨)를 받들고 지금 신무문(神武門) 밖에서 기다리고 있습니다." 하였다. 이에 앞서 남곤이 홍경주로 하여금 몰래 상에게 아뢰게 하기를 "고변(告變)을 아뢰려고 하는데, 근시(近侍)가 모두 그들의 복심(腹心)이어서 일이 누설될까 두렵습니다. 밤에 신무문을 여소서." 하였다. 신무문은 바로 궁성의 북문이다. 승정원이 알지 못하게 하려는 것이었다. 공이 황급하

90 집금오(執金吾) : 본래 한(漢)나라 때 황제의 경호와 수도의 치안을 담당했던 관직이다. 조선 시대 판의금부사(判義禁府事)의 별칭으로 쓰였다.

여 다시 신무문 밖으로 가니, 거기 모인 사람은 남곤, 홍경주, 김전(金銓), 고형산(高荊山)이었다.

이윽고 문이 열리고 신하들을 불러들였다. 도총관(都摠管) 심정(沈貞)과 참지(參知) 성운(成雲)도 직소(直所)에서 왔다. 상이 나와 편전(便殿)에 납시자 홍경주가 급서(急書)를 들고 들어갔는데, 바로 조광조(趙光祖) 등을 모함하는 죄목(罪目)이었다. 그러고는 승정원과 옥서에 입직한 관원을 급히 체포할 것을 청하였다. 이에 승정원이 비로소 사태를 알게 되었다. 승지 윤자임(尹自任) 등이 합문(閤門)에 달려와서 묻기를 "재상이 승정원이 알지 못하게 하고서 어디를 통해 궐에 들어왔단 말입니까?" 하였다. 당시에 편전 앞에는 병기(兵器)가 많이 배치되어 있었다. 내시(內侍)가 성운을 불러 들어가더니 잠시 뒤에 성운이 소매에서 종이 한 장을 꺼내 공에게 주면서 말하기를 "어필(御筆)입니다. 이 사람들을 속히 하옥(下獄)하십시오." 하였다. 바로 승지 윤자임·공서린(孔瑞麟), 주서 안정(安珽), 검열 이구(李構), 응교 기준(奇遵), 수찬 심달원(沈達源)을 가리키는 것이었다.

당시 물시계가 3경(更)을 울리고 있었는데, 합문 밖에 있던 재신들이 함께 편전으로 달려 들어와 온갖 말로 상을 공갈하였다. 그러고는 상에게 선전관과 금오랑(金吾郞 의금부 도사)에게 속히 명하여 당인(黨人)들을 잡아다 궁궐로 끌고 와서 주벌(誅罰)하게 할 것을 권하였다.

공이 비로소 그날 밤에 격살(格殺)하려던 모의가 있음을 파악하고는 놀라서 나아가 아뢰기를 "임금이 어찌 도적의 일을 행할 수 있겠습니까. 그리고 이것은 나라의 대사인데 수상(首相)이 모르게 해서는 안 됩니다. 대신과 의논한 뒤에 마땅한 죄목으로 처벌해도 늦지 않을 것입니다." 하였다. 한림 채세영(蔡世英)이 극간(極諫)하였고, 공도 간언을 멈추지 않았다. 홍경주가 곁에 있었는데, 그가 간혹 일어나 움직이려는 기미가 있으면 공이 손을 저으며 말하기를 “어찌 이러십니까?” 하였고, 소매를 붙잡아 그가 자리를 떠나 간계(奸計)를 부리지 못하게 하였다. 그러는 사이에 상의 진노가 조금 누그러져 대신(大臣)을 부르라고 명하였다. 영의정 정광필(鄭光弼)이 상을 알현하고 눈물을 흘리며 간하니, 상이 갑자기 일어나 내전(內殿)으로 돌아갔다. 정광필이 상의 옷자락을 부여잡고 머리를 땅에 조아리자 사태가 조금 진정될 수 있었다. 정암(靜菴 조광조(趙光祖))과 충암(冲庵 김정(金淨)) 같은 선생들이 죽지 않고 유배될 수 있었던 것은 실로 공이 울면서 상에게 수상을 부를 것을 청했던 덕분이다.

대간(臺諫)이 공이 담당했던 추국(推鞫)이 엄하지 않아 죄인들이 서로 자(字)를 부르며 말하는 상황을 초래했다고 공을 논핵하여 파직을 청하였다. 마침내 여주(驪州) 강가로 물러나 살면서 항상 김모재(金慕齋 김안국(金安國)), 신광한(申光漢) 같은 공들과 신륵사(神勒寺)에서 술을 마시고 시를 읊으며 지냈다. 그런데 소인배가 공들이 조정을 비방한다고 다시 의심하자, 공은 영남 창녕(昌寧)의 고향으로 돌아가 유유자적한 삶을 살다가 일생을 마쳤다.

애초에 충암과 눌재(訥齋 박상(朴祥)) 두 선생이 신비(愼妃)[91]의 복위(復位)를 소청(疏請)하였다. 조정의 의론이 훈신(勳臣)들의 뜻을 받들고 일어나 두 선생을 공격하여 사죄(死罪)로 처벌하려고 하였으나,

91 신비(愼妃) : 중종의 정비(正妃)였던 단경왕후(端敬王后) 신씨(愼氏)를 가리킨다. 반정으로 중종이 왕위에 오르자 따라서 왕비에 올랐으나, 아버지 신수근(愼守勤)이 연산군의 처남인 데다 반정에 가담하지도 않아 역적으로 몰리면서 7일 만에 폐위되었다.

정암 선생이 정언(正言)의 직책에 있으면서 조정의 잘못된 의론을 배격하였다. 공이 대사헌이 되어 모재공(慕齋公)과 함께 정암을 두둔하며 반복하여 말하니, 식자들이 옳게 여겼다.

언젠가 북방에 변고가 발생했을 때 중묘(中廟 중종)께서 특별히 명하여 공을 북도 절도사(北道節度使)로 임명하셨다. 이조 판서 신상(申鏛)이 상에게 아뢰기를 "이공(貳公)[92]은 중요한 자리여서 오래 비워 두어서는 안 됩니다." 하니, 상이 "내가 중신(重臣)으로 변경을 안정시키려고 하였는데, 경의 말이 옳으니 따르지 않아서야 되겠는가." 하니, 상이 공을 의지하고 아끼는 것이 이와 같았다.

오호라, 공이 세상을 떠난 지 300년이 흐르도록 후손이 쇠미하여 고가(故家)의 훌륭한 유업(遺業)이 의탁할 곳이 없었다. 창녕의 인사들이 이미 사당을 세워 향사하였고, 공의 방계 후손 이서룡(李瑞龍)이 전하는 기록에 뒤섞여 나오는 유사(遺事)를 모아 실기(實紀)를 편찬하고서, 이에 더하여 대산(大山) 이공(李公)[93]에게 비명(碑銘)을 청하여 영원히 후세에 전하고자 하였다. 추로지향(鄒魯之鄕)에서 선현을 숭상하고 조상을 추념하는 정성이 사람들로 하여금 옷깃을 여미고 공경심을 불러일으키게 하므로 이렇게 기록하는 바이다.

92 이공(貳公) : 의정부의 좌찬성과 우찬성의 별칭이다. 이장곤이 당시 우찬성의 직책에 있었다.

93 대산(大山) 이공(李公) : 이상정(李象靖, 1711~1781)을 가리킨다. 이장곤의 묘비명과 행장을 지었다. 모두 《금헌실기》와 《대산집(大山集)》에 수록되어 있는데, 《금헌실기》에는 묘비명이 신도비명으로 되어 있다.

《조씨십충록》[94] 서문
趙氏十忠錄序

충(忠)이라는 것은 의(義)에 근본을 둔다. 의는 본성이다. 사람은 모두가 이러한 본성을 지니고 있으니, 충이 사람에게 고유한 것임이 명백하다. 요순(堯舜) 시대에 집집마다 덕행을 표창할 만하였던 것은 교화(教化)가 밖으로부터 갑자기 이르러서 그런 것이 아니라, 고유한 본성으로 인해서 그랬던 것에 불과했다. 후대로 내려와서는 그 본성을 제대로 지키는 사람이 드물었다. 군주를 섬길 때는 득실(得失)이 본성을 뒤흔들었고, 일에 임해서는 이해(利害)가 본성을 빼앗았다. 고유한 본성을 깎아 내어 해치고 얽어매어 사라지게 하는 지경에 이르지 않는 경우가 거의 드물었으니, 이러한 상황에서 충이 어디서 생겨나겠는가. 지금 한 주(州)와 한 현(縣)에서 충을 지닌 사람을 한번 찾아봐도 나는 그러

94 조씨십충록(趙氏十忠錄) : 《함안조씨십충실록(咸安趙氏十忠實錄)》이다. 세조가 왕위를 찬탈하자 절의를 지켜 은거한 조려(趙旅)를 비롯하여, 조려의 4~6세손 가운데 국난의 극복을 위해 헌신했던 인물인 조붕(趙鵬), 조방(趙垹), 조준남(趙俊男), 조신도(趙信道), 조민도(趙敏道), 조응도(趙凝道), 조익도(趙益道), 조선도(趙善道), 조계선(趙繼先)의 행적이 수록되어 있다. 조려의 후손 조희맹(趙希孟), 조양우(趙養愚) 등이 18세기 중엽에 수집 편차한 것을 조휘진(趙輝晉)이 번암의 서문을 받아 1784년(정조8)경 목판으로 간행하였다. 분량은 불분권(不分卷) 1책이고, 권수(卷首)에 1784년 번암이 지은 서문이 수록되어 있다. 현재 전하는 책의 권말(卷末)에는 홍양호(洪良浩)가 1794년에 지은 '조씨십삼충록서(趙氏十三忠錄序)'와 조수천(趙壽千), 조원(趙垣), 조형도(趙亨道) 3인의 행적이 추가로 실려 있는데, 《함안조씨십충실록》이 간행된 뒤에 3인의 행적을 보충하고 추각(追刻)하여 덧붙인 것으로 추정된다.

한 사람을 보지 못하겠다. 나아가 한 국가라는 넓은 공간에서 찾아봐도 그런 사람을 많이 보는 것은 역시 쉽지 않다. 다시 더 나아가 천하라는 광대한 공간과 역사라는 장구한 시간에서 찾아보면 비록 그런 사람이 없는 것은 아니지만 역시 손가락을 많이 꼽을 수 있는 정도는 아니다. 주, 현, 국가, 천하와 역사에서 많이 찾을 수 없는 경우인데, 한 가문의 같은 조상을 둔 사람 가운데 그런 사람이 모여 있어 그 수가 십에 이른다면, 이것이 어찌 고금에 드문 경우가 아니겠는가.

어계(漁溪) 조 선생(趙先生)은 휘가 여(旅), 자가 주옹(主翁)이다. 광묘(光廟 세조)가 선위(禪位)를 받을 때 태학생(太學生)의 신분으로 명륜당(明倫堂)에 올라 제생(諸生)에게 읍한 뒤에 고향으로 돌아와 낙동강 가 백이산(伯夷山) 아래에 은거하고서 평생토록 다시 나가지 않았다. 세상에 이른바 생육신(生六臣)이라는 분들이 있는데, 선생이 바로 그 한 분이다. 선생의 후손 중 4세(世)에서 5, 6세 사이에 선조 때 임진년(1592, 선조25)과 정유년(1597)의 국난[95]을 당해 의병을 일으켜 왜를 토벌하다가 나라를 위해 목숨을 바친 경우가 모두 일곱 분이고, 인조 갑자년(1624, 인조2)과 정묘년(1627)의 난리[96] 때 먼저 성에 올라 적을 섬멸하여 책훈(策勳)되거나 화살이 고갈되고 힘이 소진되어 전사한 경우가 모두 세 분이다.

오호라, 충이라는 것은 사람의 지극한 행동이다. 하늘이 조씨 집안

95 임진년과 정유년의 국난 : 1592년에 일어난 임진왜란과 1597년에 일어난 정유재란을 가리킨다.

96 갑자년과 정묘년의 난리 : 1624년에 일어난 이괄(李适)의 난과 1627년에 일어난 정묘호란을 가리킨다.

에 이것을 오롯이 주어 마치 그 집안의 사적인 물건으로 삼게 해 준 듯하니, 또한 무슨 까닭인가? 지금 옥을 캐는 사람이 곤륜산(崑崙山)의 광맥(鑛脈)을 찾으면 만승지국(萬乘之國)의 보물을 얻게 되고,[97] 뗏목을 타고 가는 사람이 황하(黃河)의 근원을 탐색하면 성수해(星宿海)[98]를 알게 된다. 사물이 모두 그러하니, 사람이 어찌 유독 그렇지 않겠는가. 어계 선생의 고결한 충심과 굳은 절개가 서산(西山)에서 고사리를 캐던 사람[99]과 그토록 비등하였고 보면, 그 광맥이 지극히 신령하고 그 근원이 지극히 광대한 상황에서 남은 광채의 찬란함과 흘러온 물결의 호한(浩瀚)함이 한두 번만 전해지고 말 수 있었겠는가. 열 분 충신(忠臣)의 모습은 어계로부터 전해졌고 기상(氣像)은 어계로부터 이어졌으며, 이에 더하여 받들어 부여잡고 잃지 않은 것은 마음에 고유한 본성이었으니, 할아버지로부터 손자에 전해지고 손자는 할아버지를 계승하여 한 종의 책을 찍어 내는 것처럼 하나에서 열에 이르렀다. 이것이 어찌 속일 수 없는 이치가 아니겠는가. 《시경》에 "그것을 지니고 있다. 그러므로 그것과 같도다."라고 하였으니, 아아, 성대하도다.

97 곤륜산(崑崙山)의……되고 : 곤륜산은 중국의 서역(西域)에 있는 산으로, 좋은 옥의 산지이다. 만승지국의 보물은 수레 1만 대를 갖출 수 있는 강대국에서도 보물로 여기는 진귀한 물건을 가리킨다. 조려와 같이 훌륭한 조상에서 훌륭한 자손들이 배출된 것을 비유한 말이다.

98 성수해(星宿海) : 중국 청해성(靑海省)에 있는 호수이다. 해발 4000m가 넘는 고원에 있는데, 높은 곳에서 굽어보면 성수(星宿)가 벌여 있는 것처럼 펼쳐져 있다 하여 붙인 이름이다. 옛사람들은 이곳을 황하의 발원지라고 여겼다.

99 서산(西山)에서……사람 : 주(周)나라 무왕(武王)이 은(殷)나라 주(紂)를 토벌하는 것을 간하다가 듣지 않자 수양산으로 물러나 고사리를 캐 먹다가 아사했던 백이(伯夷)와 숙제(叔齊)를 가리킨다. 서산은 수양산의 다른 이름이다.

조군 휘진(趙君輝晉)이 대소헌(大笑軒) 선생[100]의 후예로서, 여러 조상의 유적을 모아 《조씨십충록(趙氏十忠錄)》을 엮고는 나로 하여금 서문을 쓰게 하였다. 내가 재삼 옷깃을 여미고 기꺼이 서문을 쓰는 것은, 조씨 가문의 아름다운 충절이 영구히 전할 만하기 때문만이 아니라 이 기록을 보는 사람으로 하여금 감동하고 흥기하여 마음에 고유한 본성을 받들고 지키게 하고자 해서이니, 그렇다면 만에 하나라도 세상의 교화에 보탬이 될 것이다.

100 대소헌(大笑軒) 선생 : 조종도(趙宗道, 1537~1597)로, 본관은 함안(咸安), 자는 백유(伯由), 호는 대소헌이다. 어계 조려의 후손이다. 임진왜란 때 의병을 일으키고 정유재란 때 성을 지키다가 순사(殉死)하였다.

덕천으로 돌아가는 조문연 휘진 을 전송하며 지은 서문[101]
送趙文然 輝晉 歸德川序

덕천(德川)은 방장산(方丈山 지리산(智異山)) 산중에 있다. 남명(南冥) 조 선생(曺先生)이 여기서 태어나 도(道)를 강론하셨고, 여기서 세상을 떠나 묻히고 향사(享祀)를 받으시니, 세상에서 특별한 구역이다. 내가 젊은 시절에 단구(丹丘)의 관아에서 부모님을 봉양하면서[102] 한 번 방문한 적이 있었다. 골짜기 입구에는 '입덕문(入德門)' 세 글자가 새겨진 바위가 서 있었고, 계곡의 물은 두 산봉우리 사이로 날듯이 울며 흐르는데, 깊고 아득하여 근원이 어디인지 알 수 없었으니, 처음 이르렀을 때부터 이미 상쾌한 기운을 느꼈다. 석문(石門)을 지나 얼마쯤 가자 홀연 큰 들판이 널따랗게 펼쳐졌다. 바둑판처럼 평평한 그곳에는 벼, 기장, 뽕, 삼 등이 뒤덮였고, 높은 봉우리가 사방으로 에워싸 마치 부채가 펼쳐지고 휘장이 두른 듯하였다. 개천은 헤엄치는 용처럼 구불구불 흘러서 들판을 다 통과한 뒤에야 굽이쳐 석문을 빠져나갔다.

101 덕천(德川)으로……서문 : 번암이 조휘진(趙輝晉, 1729~1796)에게 1784년(정조8) 10월에 지어 준 글이다. 《조씨십충록(趙氏十忠錄)》의 서문을 부탁하러 왔다가 돌아갈 때 지어 준 것으로 추정된다. 조휘진의 문집인 《동와유집(東窩遺集)》 권2에도 수록되어 있다. 조휘진은 본관은 함안(咸安), 자는 문연(文然), 호는 동와(東窩)·선암거사(仙巖居士)이다. 대소헌(大笑軒) 조종도(趙宗道)의 후손으로, 진주(晉州)에 살았다. 선조인 조려(趙旅)의 연시(延諡)와 《대소헌집(大笑軒集)》 및 《조씨십충록》의 간행을 주관하는 등 위선(爲先) 사업에 헌신하였다.

102 내가……봉양하면서 : 1743년(영조19) 번암이 단성 현감(丹城縣監)으로 부임하는 부친 채응일(蔡膺一)을 따라갔던 것을 가리킨다. 단구는 단성의 별칭이다.

서원 건물이 들판 중간에 자리 잡고 개천을 굽어보았는데, 규모가 매우 크고 위엄이 있었다. 서원 밖에는 정자가 날개를 펼친 새처럼 솟아 있었는데 '취성정(醉醒亭)'과 '세심정(洗心亭)'이라고 하였다. 개천이 정자 아래에 이르러 푸르고 깨끗한 물이 깊고 넓게 펼쳐졌다. 노니는 물고기가 수면 위로 뛰어오르기도 하고 아래로 가라앉기도 하였는데, 난간에 기대어 서서 보면 셀 수 있을 정도였다. 나는 마음속으로 그곳을 즐기다가 시를 읊조리며 돌아왔다. 그 뒤로 40년 동안 그곳의 수석(水石)과 연하(煙霞)가 때때로 나의 꿈속에 들어오곤 하였다.

올해 겨울 진양(晉陽 진주(晉州))에 사는 조군 문연(趙君文然)이 죽주(竹州)의 분암(墳菴)[103]으로 나를 방문하였다. 내가 문연과 작별한 지 거의 10년이나 되었는데도 문연은 풍채가 더 충실해지고 모발은 더 검어진 것 같았다. 내가 농담으로,

"군은 방장산에서 나는 금광초(金光草)[104]의 싹을 먹은 것이 아니오? 어찌 이토록 늙지 않았단 말이요."

하자, 군이 웃으며,

"어찌 그렇겠습니까. 내가 몇 년 전부터 집안일을 아들에게 맡기고 입덕문 안으로 몸을 이끌고 들어가 살고 있습니다. 실제로 서원 건물의 옆이지요. 한가로운 삶에 특별한 일이 없어 날마다 지팡이 하나 짚은 채 작은아이를 이끌고 삼강 팔조(三綱八條)의 담장[105]을 따라

103 죽주(竹州)의 분암(墳菴) : 번암의 선대 분묘가 있던 죽산(竹山)의 불매헌(不寐軒)을 가리킨다. 분암은 재실(齋室)의 다른 말이다.

104 금광초(金光草) : 먹으면 장수를 누린다는 전설상의 선초(仙草)이다.

105 삼강 팔조(三綱八條)의 담장 : 삼강 팔조는 《대학장구》의 기본이 되는 삼강령(三

거닐다가 물가의 정자에서 쉽니다. 그물을 던져 물고기를 잡아 날마다 밥상에 올려 먹고 안석에 기대어 잠이 들면 백사장의 물새들이 때로 자리 가까이로 다가오곤 하지요. 회목(檜木)과 잣나무가 우뚝이 서서 엄숙하게 남명과 수우당(守愚堂)[106]의 풍모를 흠모하고, 인간 세상과 일천 겹으로 막혔으니 무릉도원을 찾는 어부의 배를 찾아볼 수 없습니다. 세상에서 말하는, 사람의 심간(心肝)을 태워 버리고 사람의 기혈(氣血)을 소진시킨다는 영욕(榮辱)과 득실(得失)이 귀에 들어올 길이 없을 뿐만 아니라 마음에서 잊은 지도 이미 오래되었습니다. 고인(古人)이 '이렇게 70년을 살다 보면, 문득 140년인 셈이 되리라.〔若活七十年 便是百四十〕'[107]라고 했으니, 이렇게 사는 사람이 어찌 몇 줄기의 금강초 싹을 먹은 사람에 미치지 못하겠습니까."
하였다.

나는 그의 말을 듣고 탄식하기를,

"나 같은 사람은 양장판(羊腸阪)을 밟고 구당협(瞿塘峽)을 건너 두려워 떨며 어디로 가는지도 모르는 처지이다.[108] 문연의 말을 듣고

綱領)과 팔조목(八條目)이다. 아마도 덕천서원(德川書院)의 담장에 삼강령과 팔조목이 쓰여 있었던 것으로 보인다.

106 수우당(守愚堂) : 최영경(崔永慶, 1529~1590)으로, 본관은 화순(和順), 자는 효원(孝元), 호는 수우당이다. 남명 조식(曺植)의 문인이다.

107 이렇게……되리라 : 소식(蘇軾)의 〈사명궁양도사식헌(司命宮楊道士息軒)〉 시에 "일없이 여기 조용히 앉았으니, 하루가 이틀 같도다. 이렇게 70년을 살다 보면, 문득 140년인 셈이 되리라.〔無事此靜坐, 一日似兩日. 若活七十年, 便是百四十.〕"라는 구절이 있다. 《蘇詩補註 卷48》

108 양장판(羊腸阪)을……처지이다 : 번암이 평탄치 않은 자신의 처지를 비유한 말이다. 양장판은 중국 산서성(山西省)에 있는 험한 비탈길의 이름이다. 구당협은 중국

문연의 지혜로움을 알고 보니, 나보다 30리의 차이가 날 뿐만이 아니로다[109]."

하였다. 그가 돌아갈 때 노래로써 작별하였으니, 노래는 다음과 같다.

덕천의 산봉우리가 우뚝하니	德川之山隱嶙兮
그대와 나누어 가질 수 있으리라	可劑而分
덕천의 농토가 일천 이랑이니	德川之稼千畝兮
그대와 나란히 밭 갈 수 있으리라	可耕而耦
나는 아득히 나는 기러기와 함께 떠나리니	吾將與冥鴻而偕逝兮
늘그막이라도 안 될 게 무에 있나	雖晩暮其何傷
그대는 백사장 갈매기에게 말 좀 전해 주소	願吾子之傳語沙鷗兮
부디 날 저버리고 높이 날지 말라고	幸勿背人而騫翔

장강(長江) 상류에 있는 협곡(峽谷)으로 험난하기로 이름 높다. 무협(巫峽), 서릉협(西陵峽)과 함께 삼협(三峽)으로 일컬어진다.

109 30리의……아니로다 : 후한(後漢) 때 한단순(邯鄲淳)이 효녀 조아(曹娥)를 위해서 지은 〈조아비(曹娥碑)〉 뒷면에 후한(後漢)의 채옹(蔡邕)이 '절묘호사(絶妙好辭)'라는 뜻으로 '황견유부외손제구(黃絹幼婦外孫齏臼)'라는 여덟 글자의 은어(隱語)를 써넣었다. 후한 말에 조조(曹操)와 양수(楊修)가 함께 길을 가다가 이 글을 보았을 때 양수는 곧바로 알아챘으나 조조는 30리를 더 가서야 그 의미를 깨닫고는 "알고 모르는 것이 30리의 차이가 난다."라고 탄식했던 고사에서 온 말이다. 참고로 황견은 오색실〔色絲〕이니 절(絶)이 되고, 유부는 소녀(小女)이니 묘(妙)가 되고, 외손은 딸의 자식〔女子〕이니 호(好)가 되고, 제는 매운〔辛〕 부추이고 구(臼)는 받는 것〔受〕이니 사(辭)의 약자가 된다. 《世說新語 捷悟》

《낙원집》[110] 서문

樂園集序

영남은 선현이 남긴 교화를 입어 선비들이 모두 질박함이 많고 꾸밈은 적다. 질박함은 실천하는 것이고, 꾸밈은 말하는 것이다. 진실로 실천한다면 비록 말하지 않더라도 괜찮다. 하지만 자공(子貢)은 "호랑이나 표범의 털 벗긴 가죽이 개나 양의 털 벗긴 가죽과 같은 것이다."라고 하였다. 군자는 본디 질박함을 우선시하지만 꾸밈도 어찌 소홀할 수 있겠는가.[111]

낙원(樂園) 안공(安公)은 한강(寒岡) 정 선생(鄭先生 정구(鄭逑))의 문인이다. 조정에 벼슬할 때 확고하게 지조를 지켜 적신(賊臣) 이이첨(李爾瞻)이 교제를 청하자 사양하고 가지 않았다. 정인홍(鄭仁弘)과

110 낙원집(樂園集) : 안숙(安璹, 1572～1624)의 문집이다. 후손 안종덕(安鍾悳), 안언순(安彦淳) 등이 《낙원유고(樂園遺稿)》에 안숙의 아들 안상한(安翔漢)의 문집인 《동만유고(東巒遺稿)》를 합하여 《낙원동만양선생합고(樂園東巒兩先生合稿)》라는 이름을 붙이고 1904년 목활자로 초간(初刊)하였다. 분량은 《낙원유고》가 2권, 《동만유고》가 2권으로 합 1책이다. 《낙원유고》의 목록 뒤에 번암이 1784년(정조8) 지은 서문이 수록되어 있다. 안숙은 본관은 광주(廣州), 자는 대이(待而), 호는 약포(藥圃)·낙원(樂園)이다. 정구(鄭逑)의 문인이다. 1609년(광해군1) 문과에 급제한 뒤에 감찰, 형조 정랑, 초계 군수(草溪郡守), 영천 군수(永川郡守) 등을 역임하였다. 밀양(密陽)에 살았다.

111 자공(子貢)은……있겠는가 : 《논어》 〈안연(顔淵)〉에 "꾸밈도 질박함과 같은 것이며, 질박함도 꾸밈과 같은 것이니, 호랑이나 표범의 털 벗긴 가죽이 개나 양의 털 벗긴 가죽과 같은 것이다."라는 자공의 말이 나온다.

박종주(朴宗胄)가 영남에서 위세를 떨쳐 그 기세가 능히 사람들의 화복(禍福)을 좌우하니, 그들을 추종하는 자들이 시장에 가는 사람처럼 많았다. 하지만 공은 자신을 더럽힐 것처럼 피하여 한 번도 그들을 찾아가지 않았다. 공은 쌓은 학식이 깊었으므로 능히 자부함도 컸으며, 자부함이 컸으므로 불의(不義)한 방법으로 나아가 벼슬 얻기를 도모하려고 하지 않았다. 벼슬길이 순탄하지 않고 불우하여 내직(內職)에서는 낭서(郎署)에서 침체되고 외직(外職)에서는 주군(州郡)에서 곤란을 겪었으니, 참으로 까닭이 있었던 것이다. 하지만 어진 사대부들은 이구동성으로 공을 인정하고 존중하였다. 백사(白沙) 이 선생(李先生 이항복(李恒福))은 "안모(安某)의 심사(心事)는 사람들이 미칠 수 없다."라고 하였고, 우복(愚伏) 정 선생(鄭先生 정경세(鄭經世))은 인조(仁祖) 1년에 공을 조정에 천거하기를 "북당(北黨)이 더럽히지 못하고 남주(南州)에서 명절(名節)을 온전히 지킨 사람은 오직 안모 한 사람뿐이다."라고 하였으니, 이분을 서 사람들과 비교해 보면 득실(得失)이 과연 어떠한가. 조정의 논의가 장차 공을 중용(重用)하려고 하였으나, 미처 실행되지 못한 채 공이 갑자기 세상을 떠나고 말았으니, 명(命)이었다.

공이 지은 각 문체의 시(詩) 약간 편이 책 상자에 보관되어 있는데, 모두 사람들이 좋아할 만한 작품이다. 애초에 공이 선조(宣祖) 정유년(1597, 선조30)의 난리를 당했을 때 도독(都督) 유정(劉綎)을 옥야촌(沃野村)으로 방문하였다. 도독이 공과 대화를 나누고는 "소년에게 온통 온화한 기운이 넘치니, 덕이 있는 선비이다."라고 하였으니, 이는 공의 자질이 남에게 칭찬을 받은 경우이다. 나중에 호남의 익산(益山)에서 명나라 장수를 만나 시로써 서로 수창(酬唱)하였는데, 명나라 장수가 기특하게 여기고는 문방구를 전별의 선물로 후하게 주었다. 이것은 공의 글이 남에게 칭찬을 받은 경우이다. 선비가 몸을 안정시켜 수행(修行)하고 고심하여 문장을 익혔으나 불행히도 시대를 만나지 못하면, 비록 백세 뒤라도 한 명의 양자운(揚子雲)을 얻게 되면 다행인 것이다.[112] 공의 경우에는 구석진 나라에서 태어나 천조(天朝)의 사람과 우연히 만나, 혹은 훌륭한 자질로 혹은 훌륭한 문장으로 존중을 받았다. 이것은 천고(千古)에 전해지기에 충분한 것이니, 어찌 인물을 품평하는 사람의 구구한 평가를 기다릴 것이 있겠는가. 다만 내가 여기서 재삼 언급하는 것은 공의 후손이 한 부탁을 저버릴 수 없기 때문이다.

112 백세……것이다 : 147쪽 주64 참조.

《성재실기》[113] 서문

省齋實紀序

천명(天命)의 성(性)은 다섯 가지이고 의(義)가 그중 하나인데, 의는 군신(君臣)의 관계보다 중한 것이 없다. 하지만 군주는 신하에 대해 작록(爵祿)을 부여하는 권한이 있고 신하는 군주에 대해 자신의 몸을 허락하는 예(禮)가 있다. 신하로서 심력을 다함이 작록을 위한 것일 뿐이라면 말할 가치도 없다. 자신의 몸을 허락하는 것은 괜찮지만, 이것도 보통 사람이 힘써 할 수 있는 것이다. 반드시 초야에 곤궁하게 살면서 작록이 자신에게 이른 적이 없고 자신의 몸을 허락한 적이 없는 사람이 종사(宗社)가 위급한 것을 차마 두고서 보지 못하고 단신(單身)으로 기우는 나라를 부지(扶持)하여 만번 죽어도 한 번 살 것을 돌아보지 않는 계책을 내고, 또 지혜와 용기가 충분히 일을 성공시키고 계책과 꾀가 충분히 공적을 이루는 정도가 되고 나서야, 이 사람을 두고 비로소 "사적인 목적이 없이 행하고[114] 하늘이 나에게 명한 것을 거의

113 성재실기(省齋實紀) : 최문병(崔文炳, 1557~1559)의 실기이다. 후손 최석우(崔錫祐), 최병효(崔柄孝) 등이 1907년경 목판(木板)으로 간행하였다. 분량은 4권 2책이다. 권수에 번암이 1784년(정조8)에 지은 서문이 수록되어 있다. 최문병은 본관은 영천(永川), 자는 일장(日章), 호는 성재(省齋)이다. 경상도 자인(慈仁) 즉 지금의 경산(慶山) 출신의 의병장이다. 임진왜란이 일어나자 두곡(杜谷), 선암(仙巖), 가지(佳旨) 등지에서 적을 무찌른 뒤에, 적의 수중에 있던 영천(永川)을 수복하는 데 큰 공을 세웠다. 그 공으로 장기 현감(長鬐縣監)에 제수되었으며, 사후에는 한성부 우윤(漢城府右尹)에 추증되었다.

114 사적인……행하고 : 《근사록(近思錄)》 권7 〈출처류(出處類) 맹자변순척지분

어기지 않았다."라고 일컬을 수 있을 것이다. 이러한 사람을 역사책에서 찾더라도 어찌 많이 찾을 수 있겠는가.

성재(省齋) 최공(崔公)은 영남의 자인(慈仁) 사람이다. 은거하여 학문에 힘쓰면서 명성과 영달을 추구하지 않았다. 선조(宣祖) 임진년(1592, 선조25) 왜구가 우리나라를 거세게 침략하자 여러 고을이 위세에 겁먹고 와해되었는데, 공이 소매를 떨치고 일어나 충의(忠義)로 향리 사람들을 격려하였다. 향리의 장사(壯士)들이 공을 의병장으로 추대하고 천장산(千丈山)에 단(壇)을 쌓으니 향응하는 사람이 수천 명이었다. 이에 요해처에 복병을 배치하였다가 기회를 엿보아 추격하여 적이 감히 현(縣)의 경계를 침범하지 못하게 하였다. 그런 뒤에 청도(淸道)의 의병장 박경전(朴慶傳)과 합심하여 두곡(杜谷)에서 적 수백 급(級)을 베었다. 그리고 선암(仙巖) 입구를 틀어막으니 물에 빠져 죽은 적이 삼대처럼 많았으며, 가지(佳旨) 고개에서 북을 울려 적의 재화(財貨)를 노획한 것이 셀 수 없을 정도였다.

당시에 적이 영천(永川)이 영남에서 다른 지방과의 거리가 균등한 곳이라고 여겨 벌 떼나 개미 떼처럼 결집하여 주둔하고 있었으므로 그 기세를 범할 수 없었다. 공이 채찍 하나로 의병장 권응수(權應銖)의 성벽을 두드려 한마디 말로써 합심(合心)하고는 마침내 군대를 연합하여 군위(軍威)와 하양(河陽)의 적을 격파하였다. 그러고는 군사를 세 부대로 나누어 영천성(永川城)으로 진군하였다. 적이 탄환을 비 오듯

〈孟子辨舜跖之分〉〉의 주(註)에 "사적인 목적이 없이 행하는 것이 의이고, 사적인 목적을 위하여 행하는 것은 이이다.〔無所爲而爲之者, 義也, 有所爲而爲之者, 利也.〕"라는 말이 나온다.

이 쏘아 아군을 맞이하자 여러 장수가 감히 전진하지 못하였다. 공이 정대임(鄭大任)과 말을 타고 성으로 뛰어올라 진입하여 성첩을 지키고 있던 적 십여 급을 곧바로 베니, 여러 장수가 비로소 용기를 북돋아 비바람처럼 돌격하였다. 적들이 여우나 쥐처럼 숨자, 이에 바람의 방향을 따라 불을 놓아 적을 남김없이 태워 죽이니, 영주(永州 영천)가 수복되었다. 그 전투에서 계책이 대부분 공에게서 나왔고 적을 참획(斬獲)한 것도 여러 군영(軍營) 중에 으뜸이었는데, 공은 사양하고 자처하지 않았다. 나중에 절도사(節度使) 박진(朴晉)이 행재소(行在所)에 급히 장계하여 장기 현감(長鬐縣監)에 제수되었으나, 공은 나아가지 않았다.

무술년(1598) 화의(和議)가 성립되자 공도 군대를 해산하였다. 이듬해 병을 얻어 세상을 떠나니, 향년 43세였다. 당시에 사녀(士女)들이 이리저리 뛰고 목 놓아 울며 모두 "장성(長城)이 무너졌다."라고 하였다. 훗날 조정에서 공의 공훈이 보상을 받지 못한 것을 알고서 한성부 우윤에 추승하여 보상하였다. 숙종 임진년(1712, 숙종38)에는 사림(士林)이 사당을 세워 향사(享祀)하였는데, 사당 이름을 충현사(忠賢祠)라고 하였다.

오호라, 공은 초야의 신하였을 뿐이다. 이름은 사판(仕版)에 오르지 않고 폐백을 임금께 바치지 않았으니, 처자식을 이끌고 적의 칼날로부터 달아났더라도 안 될 것이 있었겠는가. 하지만 충심(忠心)에 격동되어 분연히 일어나 몸을 돌아보지 않았다. 어설픈 오합지졸을 이끌고 흉포하게 돌격하는 멧돼지 같은 적을 격퇴하여 마침내 능히 영천성을 수복하여 명나라의 군대를 맞이하였으니, 그 공적이 또한 훌륭하지 아니한가.

군대가 해산하고 집으로 돌아와서는 예전처럼 삼베옷을 입고 풀을 먹으면서도 근심하지도 않고 화를 내지도 않았는데, 공이 항상 눈여겨 보았던 것은 오직 하늘이 나에게 명한 것일 뿐이었다. 공은 생전에 조정이 '최 의장(崔義將)'이라는 세 글자를 알게 하고자 하지 않았으니, 세상을 떠난 뒤 증직이니 배향(配享)이니 하는 것이 어찌 공이 바라던 것이었겠는가. 비록 그렇지만 현자(賢者)를 존숭하고 열사(烈士)를 숭상하는 것은 사람이 타고난 본성이다. 더구나 후손 된 자가 공이 원하던 바가 아니었다고 하고 마침내 천양(闡揚)하는 일을 그만둘 수 있다고 여긴다면, 불인(不仁)한 일로 귀결되지 않겠는가.

7세손 최덕찬(崔德燦)이 공의 유사(遺事)를 모아 실기(實紀) 한 권으로 엮은 뒤에 천 리를 건너 나를 방문하여 그 일에 대한 서문을 부탁하였다. 나는 진즉부터 공의 업적을 훌륭하다고 여긴 데다 다시 후손의 정성을 가상히 여겼으므로 이와 같이 서문을 써서 돌려주었다. 공의 휘는 문병(文炳)이고 자는 일장(日章)이다.

기성으로 돌아가는 김지규를 전송하며 지은 시서[115]

送金之奎還箕城詩序

내가 사람을 피해 죽주(竹州)의 불매헌(不寐軒)을 외루암(畏壘菴)으로 삼은 지 거의 반년이 되었다.[116] 김군 지규(金君之奎)가 관서(關西)에서 경사(京師)로 와서 경사에서 죽주로 왔다. 동선령(洞仙嶺)[117]을 넘고 한강(漢江)을 건너기를 마치 문지방을 밟고 오듯이 했으니, 나를 만나려는 목적이었다. 깊은 산골에서는 사람 발걸음 소리만 들어도

115 기성(箕城)으로……시서(詩序) : 1784년(정조8) 겨울 김지규(金之奎)가 죽산(竹山)에 은거하고 있던 번암을 방문하여 이틀 묵고 평양(平壤)으로 돌아갈 때, 번암이 지어 준 글이다. 김지규는 평양 대동강(大同江) 가에 거주하던 인물로, 번암이 1774년(영조50) 평안도 관찰사로 부임하였을 때 교유한 인물이었을 것으로 추정된다.

116 내가……되었다 : 번암은 정조 즉위 초기부터 서명선(徐命善), 김문순(金文淳), 이휘지(李徽之) 등 노론과 소론 인사들에 의해 영조의 임오년(1762) 의리를 뒤집으려는 세력의 원흉으로 지목되어 심한 배척을 받았다. 결국 1784년 6월부터 1786년 9월 평안 병사(平安兵使)에 제수되어 부임하기 전까지 2년여 동안 관직에서 물러나 은거하였는데, 서울 근교와 선영(先塋)이 있던 죽산을 오가며 생활하던 것으로 보인다. 불매헌은 죽산 선영에 있던 재실(齋室)이다. 외루암은 주희(朱熹)가 자신이 임시로 거처하던 집에 붙인 이름이다. 주희가 동안 주부(同安主簿)로 있다가 임기가 만료되는데도 후임자가 오지 않자, 잠시 읍민(邑民) 진량걸(陳良傑)의 집을 빌려 살았다. 읍민들이 주희가 그곳에 거처하는 것이 마치 《장자(莊子)》에 나오는 경상초(庚桑楚)가 외루(畏壘)에 살았던 고사와 비슷하다고 말하자, 주희가 그 집을 '외루암'이라고 붙이고 기문(記文)을 지었다. 《晦庵集 卷77 畏壘菴記》

117 동선령(洞仙嶺) : 황해도 봉산군에 있는 험준한 고개이다. 조선 시대에는 그곳에 동선관행성(洞仙關行城)을 설치하여 관방(關防)으로 삼았다.

반가운데,[118] 더구나 적공(翟公)의 문하를 버릴 만하다고 여기지 않는 벗이 찾아왔으니,[119] 어떠하겠는가. 함께 높은 언덕을 오르니 솔바람 소리가 쏴 일어나고, 함께 앞 제방을 걸으니 눈 속의 달이 환히 비추었다. 곤해져서 베개를 베고 누우면 군이 구주(九疇)와 정전(井田)의 유적,[120] 서경(西京 평양(平壤))의 풍속과 민요, 백성의 질고(疾苦) 등을 모조리 늘어놓으며 알려 주니, 나로 하여금 홀로 외로이 지내는 한(恨)을 잊게 해 주는 사람이 누구인가? 바로 군이 아니겠는가. 하룻밤을 지내고 다시 하룻밤을 지낸 뒤에 군이 돌아가겠다고 하였다. 내가 어찌 서호(西湖)에서 시를 읊지 말라는 경계[121] 때문에 한마디 말로써

118 깊은……반가운데 : 《장자》 〈서무귀(徐无鬼)〉에 "텅 빈 골짜기로 도망가 숨어 사는 사람은 명아주와 콩잎이 족제비의 길마저 빽빽이 막고 있는 터라, 빈 골짜기를 비틀거리며 돌아다니다 보면, 다른 사람의 발걸음 소리만 들어도 기쁜 것이다.〔逃空虛者, 藜藿柱乎鼪鼬之逕, 踉位其空, 聞人足音跫然而喜.〕"라고 하였다.

119 적공(翟公)의……찾아왔으니 : 벼슬에서 밀려나 은거하고 있는 번암을 저버리지 않고 찾아온 김지규를 비유한 말이다. 한나라 때 적공이 정위(廷尉) 벼슬을 할 때에는 찾아오는 손님들이 문전성시를 이루다가 파직을 당한 뒤에는 참새 그물을 쳐 놓을 수 있을 정도로 문 앞이 한산했다는 고사에서 온 말이다. 《史記 汲鄭列傳》

120 구주(九疇)와 정전(井田)의 유적 : 구주는 기자(箕子)의 가르침인 홍범구주(洪範九疇)를 가리킨다. 주(周)나라 무왕(武王)이 은(殷)나라를 정벌한 뒤 기자에게 이륜(彝倫)을 펴는 이치에 대해 묻자, 기자가 대답한 것이 홍범구주이다. 그 대강은 오행(五行), 오사(五事), 팔정(八政), 오기(五紀), 황극(皇極), 삼덕(三德), 계의(稽疑), 서징(庶徵), 오복 육극(五福六極)이다. 《書經 洪範》 정전은 농지를 정(井) 자로 모양으로 구획 지어 분배하는 중국 고대의 토지 제도이다. 기자가 조선(朝鮮)에 봉해진 뒤에 평양에서 시행했는데, 그 유적이 후대까지 남아 있었다는 기록이 있다.

121 서호(西湖)에서……경계 : 송(宋)나라 때의 문인 소식(蘇軾)은 평소 시사(時事)에 대한 비판과 풍자를 좋아하였다. 소식이 항주 통판(杭州通判)으로 나갈 때 그의 표형(表兄)인 문동(文同)이 전송하며 지어 준 시에 "북쪽 손님 오거든 일을 묻지 말며,

군을 전별하지 않을 수 있겠는가. 군이 돌아가 관조헌(觀潮軒)에 누워 내가 '관조헌'이라고 이름을 명명(命名)한 의미를 묵묵히 숙고해 보고, 때로는 내가 지어 준 시를 읊어 본다면 필시 군의 마음에 딱 합치되는 점이 있을 것이다. 시는 다음과 같다.

구름 끼고 눈 덮인 천 리 길을	雲雪一千里
그대는 어찌 그리 힘들게 왔나	君來何太艱
기개 높은 풍모는 관중유[122]인데	高風灌仲孺
구봉산 너머로 해는 기우네	落日九峯山
객지 잠자리엔 변변한 이불도 없고	客夜無衾宿
날 추운데 짚신 신고 돌아가겠지	寒天蹻屩還
그대 초가집이 대동강 가이니	柴門大同上
조수와 날마다 서로 사귀어 보게	潮信日相關

서호가 좋더라도 시를 읊지 말라.〔北客若來休問事, 西湖雖好莫吟詩.〕"라는 구절이 있었다. 소식이 시안(詩案)에 걸려들어 곤경에 처할까 염려하여 경계했던 것이다. 훗날 소식이 오대시안(烏臺詩案)으로 인해 황주(黃州)로 좌천되자, 사람들이 문동의 시어(詩語)를 지언(知言)이었다고 평가하였다.《說郛 卷83下》

122 관중유(灌仲孺) : 서한(西漢) 무제(武帝) 때 사람 관부(灌夫)로, 중유는 그의 자이다. 오초(吳楚)의 반란 때 부친이 전사하자 오나라 군중(軍中)에 돌진하여 수십 명을 베었던 일로 인해 명성을 얻었다. 회양 태수(淮陽太守), 태복(太僕)을 거쳐 연(燕)나라 재상에 이르렀다. 성품이 강직하고 술을 좋아하며 의협심이 강하였다. 승상(丞相)인 무안후(武安侯) 전분(田蚡)의 혼례식에서 술에 취해 전분과 귀족들을 모욕하다가 불경죄(不敬罪)로 죽음을 당했다.《太平廣記 卷124 報應》

연경에 서장관으로 가는 이공회[123]를 전송하며 지은 서문
送李公會書狀赴燕序

성상(聖上) 8년(1784, 정조8) 겨울에 이 학사 공회(李學士公會)가 소행인(小行人)[124]의 명을 받들고 청나라로 사행(使行)을 가게 되자, 200리나 떨어진 죽주(竹州 죽산(竹山))에 있던 나에게 편지를 보내 한마디 말을 해 달라고 청하였다. 비록 그가 청하지 않더라도 사행을 떠나는 공회에게 내가 한마디 말을 해 주지 않을 수 없는 처지인데, 간곡한 부탁을 저버릴 수 있으랴. 하지만 그렇다 해도, 내가 사행의 일을 가지고 사신으로서 말은 충성스럽고 믿음직하게 하며 행실은 독실하고 공손하게 하라는[125] 취지로 말해 주고자 한다면, 공회는 성인(聖人)의 가르침을 공부한 사람인지라 내가 말하지 않더라도 필시 이것을 염두에 두고 있을 것이니, 내가 어찌 췌언(贅言)할 것이 있으랴.

공회는 문장에 능하다. 언젠가 명덕산(明德山)[126] 산중으로 나를 따

123 이공회(李公會) : 이정운(李鼎運, 1743～1800)으로, 본관은 연안(延安), 자는 공회(公會), 호는 오사(五沙)이다. 번암의 문인이다. 1769년(영조45) 문과에 급제하고, 관직이 형조 판서에 이르렀다. 시호는 정민(貞敏)이다.

124 소행인(小行人) : 《주례(周禮)》에 의하면, 대행인을 보좌하여 빈객의 접대를 맡았던 관직이다. 여기서는 서장관의 별칭으로 쓰였다.

125 말은……하라는 : 공자(孔子)의 "말이 충성스럽고 믿음직하며 행실이 독실하고 공경스러우면, 오랑캐 나라에 가더라도 제대로 행세할 수 있다."라는 말을 인용하였다. 《論語 衛靈公》

126 명덕산(明德山) : 119쪽 주16 참조.

라와서는 시축(詩軸)에다 나란히 시를 남겼다. 그가 시를 지을 때면 자구(字句)를 엄선하고 연마하여 맑고 참신하게 표현하였는데, 큰 뜻을 품은 듯이 말하기를 "중화인(中華人)이여, 중화인이여."라고 하였다. 한 글자라도 우리나라의 저열한 문투(文套)를 답습할까 두려웠던 것이니, 그의 뜻과 기상이 또한 성대했던 것이다. 나는 듣건대, 군자가 사물을 관찰할 때에는 사물을 단순한 관찰의 대상으로 삼지 않고, 반드시 묵묵히 합치하고 오묘하게 이해하는 바가 있어서 그것을 취하여 자신의 쓰임으로 삼는다고 한다. 문혜군(文惠君)은 포정(庖丁)이 소를 해체하는 비결을 듣고 양생(養生)을 깨달았고[127] 장전(張顚)은 공손대랑(公孫大娘)의 검무(劍舞)를 보고 필법을 깨달았으니,[128] 그 이치에 속일 수 없는 점이 있다. 시가 비록 기예(技藝)의 한 가지이지만 어찌 부질없는 것이겠는가.

이제 공회는 옹기(甕器) 안에서 하늘을 올려다보는 좁은 시야에서

127 문혜군(文惠君)은……깨달았고 : 요리사 포정이 문혜군을 위해서 소를 해체할 때 문혜군이 그 솜씨에 감탄하며 비결을 묻자 포정이 대답하기를 "신이 좋아하는 것은 도(道)이니, 그것은 기예보다 앞서는 것입니다. 신이 처음 소를 잡을 때는 눈에 보이는 것이 다 소뿐이었는데, 3년 뒤에는 온전한 소가 보이지 않았고, 지금은 신이 영감(靈感)으로만 대할 뿐, 눈으로 보지 않습니다."라고 하였다. 《莊子 養生主》

128 장전(張顚)은……깨달았으니 : 장전은 당(唐)나라 때의 서예가인 장욱(張旭)의 별호이다. 그는 초서(草書)를 아주 잘 썼는데, 술이 한껏 취하면 머리털에다 먹을 묻혀 미친 듯이 초서를 썼으므로 사람들이 '미치광이 장욱'이라고 불렀다. 《新唐書 文藝列傳 李白》 공손대랑(公孫大娘)은 당나라 때의 저명한 무기(舞妓)로 검무에 특히 뛰어났다. 장욱이 공손대랑이 추는 혼탈무(渾脫舞)를 보고 초서의 묘(妙)를 터득했다고 한다. 두보(杜甫)가 지은 〈관공손대랑제자무검기행(觀公孫大娘弟子舞劍器行)〉은 공손대랑의 검무를 읊은 시이다.

벗어나 광대한 중국으로 나아가려고 한다. 발로 밟는 곳과 눈으로 보는 것에서 과연 능히 일마다 요체를 터득할 수 있을 것인가? 공회가 끝없이 펼쳐진 요하(遼河)의 들판을 바라보게 된다면 지난날 문장에 담았던 자신의 지혜가 협소했다는 것을 깨닫고, 가없이 일렁이는 발해(渤海)의 바다를 굽어보게 된다면 지난날 문장을 엮었던 자신의 구상이 보잘것없었다는 것을 깨닫고, 하늘을 찌르는 검(劍)처럼 우뚝한 의무려(醫巫閭)[129]를 바라보게 된다면 지난날 문장을 발휘하던 자신의 필봉(筆鋒)이 나약했음을 깨닫기 바란다. 재목(材木)이 풍성해지기를 원한다면 궁궐과 누대의 웅장함을 체험해 보면 될 것이요, 음률(音律)이 맑아지기를 원한다면 연경(燕京) 저자 거리의 비가(悲歌) 소리를 감상해 보면 될 것이다. 이러한 몇 가지에서 확연히 신묘한 깨달음을 얻어 자신의 흉금을 뒤흔들고 자신의 영역을 넓힌 뒤에 절도에 맞게 문장으로 표현한다면, 지난날 큰 뜻을 품었던 시절의 바람을 진실로 저버리지 않은 것이 되리라. 자장(子長)이 배를 타고 원수(沅水)와 상수(湘水)를 지나 우혈(禹穴)을 찾아갔던 일[130]과 비교하여 더 나을 줄 어찌 알 수 있으랴.

129 의무려(醫巫閭) : 지금의 중국 요령성(遼寧省) 금주시(錦州市)에 있는 여산(閭山)의 옛 이름이다. 수(隋)나라 이후로 중국 북방의 '오대진산(五大鎭山)'의 하나로 불렸다.

130 자장(子長)이……일 : 자장은 사마천(司馬遷)의 자(字)이다. 사마천이 20세 때에 남쪽으로 장강(長江)과 회수(淮水), 회계(會稽), 우혈, 구의(九疑), 원수와 상수를 유람하고 북쪽으로는 문수(汶水)와 사수(泗水)를 건너 제(齊)와 노(魯)의 땅에서 강학(講學)하고 양(梁)과 초(楚)를 지나 돌아왔다고 한다. 원수와 상수는 굴원(屈原)이 쫓겨나 배회하던 곳이고, 우혈은 회계산(會稽山) 부근에 있는 우(禹) 임금의 유적지이다. 《史記 太史公自序》

나도 일찍이 요하의 들판을 밟고 발해를 굽어보며 의무려를 스쳐 지날 때에는 나의 포부가 지난날과 달라진 것처럼 느꼈다. 하지만 돌아와서 시 주머니를 점검해 보니, 돌아왔을 당시의 나는 사행을 떠나기 전과 다름이 없었다. 내가 제대로 해내지 못한 일을 공회가 능히 해주기를 바라는 것은 또한 그에게 기대하는 바가 절실하기 때문이다.

《설담집》[131] 서문

雪潭集序

고인(古人)은 낮과 밤이 서로 뒤바뀌는 사이에 뜻이 없을 수 없었으므로, 힘써 말로 표현하여 불후(不朽)하게 되는 바탕으로 삼았다. 몸은 나이고, 말은 나 바깥의 것이다. 나는 썩고 마는데, 설령 나 바깥의 것이 진실로 썩지 않더라도, 나와 무슨 상관이 있겠는가. 달관(達觀)한 사람의 비웃음거리가 되지 않는 경우가 드물 것이다. 부처는 형체를 바깥의 것으로 삼고, 삶과 죽음을 동등한 것으로 여긴다. 그래서 비록 사대(四大)[132]로 이루어진 내가 살아서는 고목(枯木)처럼 되고 죽어서는 열반(涅槃)에 이르더라도 일체 허무한 것으로 치부할 뿐이니, 말이 썩고 썩지 않는 것은 오히려 따질 거리도 못 되는 것이다.

설담대사(雪潭大師)는 소요대사(逍遙大師)[133]의 5세(世) 적전(嫡傳)이다. 그가 세상을 떠나자 그의 문도(門徒)인 몽인(夢忍)이 시문(詩文) 약간 편을 간행하여 후세에 전하려고 하면서 나에게 글을 청해

131 설담집(雪潭集) : 조선 후기의 승려 자우(自優, 1709~1770)의 문집이다. 자우의 문인 몽인(夢忍) 등이 편집하여 목활자로 간행하였다. 분량은 2권 1책이다. 권수에 번암이 1784년(정조8)에 쓴 서문이 실려 있다. 자우는 법호(法號)가 설담(雪潭), 속성(俗姓)은 김해 김씨(金海金氏)이다. 담양(潭陽) 출신이다.

132 사대(四大) : 사람과 만유(萬有)를 구성하는 네 개의 요소로, 지(地), 수(水), 화(火), 풍(風)을 가리키는 불가의 용어이다. 《圓覺經》

133 소요대사(逍遙大師) : 조선 중기의 승려 태능(太能, 1562~1649)의 법호이다. 태능은 속성이 오씨(吳氏)이고, 담양 출신이다.

서문을 삼고자 하였다. 내가 이렇게 대답하였다.

"대사는 일찍이 국내의 명산(名山)을 유람하고 기문을 써서 그것을 '몽행록(夢行錄)'이라 제목을 붙였다. 대사가 꿈이 아닌 것을 가지고 꿈을 비유했으니, 이것은 사람의 삶이 단지 몽환(夢幻)의 세계일 뿐이어서 자신의 말도 꿈속의 잠꼬대에 불과하다고 여겼기 때문이 아니겠는가. 삶은 꿈이고, 죽음은 꿈에서 깨어남이다. 대사가 꿈에서 깨어난 지 벌써 얼마쯤 세월이 흘렀다. 지금 그의 문도들이 지난날의 잠꼬대를 모으는 일에 연연하여 나에게 달려와 서문을 청하는 것이, 한창 꿈을 꾸면서도 그것이 꿈인 줄 모르는 데서 말미암은 행동이 아니겠는가. 나 역시 한바탕 큰 꿈을 꾸는 사람이다. 그대가 돌아가 먼저 꿈에서 깨어난 사람에게 서문을 청한다면 반드시 대사를 더욱 귀중하게 만들 수 있을 것이다."

《이택재유고》[134] 서문

麗澤齋遺稿序

하(夏), 은(殷), 주(周) 삼대에는 공경(公卿)에서 사서(士庶)에 이르기까지 배우지 않는 사람이 없었다. 학문은 고원하고 기이한 것의 이름이 아니라 이치를 밝혀 선(善)을 행하는 것을 배우는 것에 불과하다. 선은 본래 하늘이 사람에게 명하여 사람이 자신에게 지니게 된 것이다. 배우면 사람이고, 배우지 않으면 사람이 아니다. 사람이면 사람답게 되고자 하는 점으로 볼 때 공경과 사서에 무슨 차이가 있겠는가. 후대로 내려와서는 인욕(人慾)이 횡행하고 천리(天理)가 쇠미해져서 사람들이 학문이 소중한 줄 모르게 되었으니, 학자라는 이름만 있을 뿐이요 진정한 학자를 많이 볼 수 없게 되었다. 더구나 우리나라는 제도가 편협하여 존귀한 신분과 비천한 신분이 태어나는 처음부터 나뉘고 정해진다. 만약 신분이 천하면 비록 이윤(伊尹)과 여상(呂尙)[135]의 재능

134 이택재유고(麗澤齋遺稿) : 권재운(權載運, 1701~1778)의 문집이다. 문인(門人) 권달시(權達時) 등이 편차하여 1787년(정조11)경 목판(木板)으로 간행하였다. 저자의 동생인 권계운(權啓運)의 《풍뢰헌유고(風雷軒遺稿)》가 부집(附集)되어 있다. 분량은 5권 2책이고, 권수(卷首)에 번암이 1786년에 쓴 서문이 수록되어 있다. 권재운은 본관은 안동(安東), 자는 경후(景厚), 호는 이택재(麗澤齋)이다. 대대로 안동의 아전을 역임한 집안에서 태어났으나, 학문에 뜻을 두고 고재(顧齋) 이만(李槾)에게 배워 일가를 이루었다.

135 이윤(伊尹)과 여상(呂尙) : 이윤은 은(殷)나라 탕왕(湯王)을 보필한 명재상이고, 여상은 주(周)나라 문왕(文王)을 보필한 명재상이다. 모두 초야에서 발탁되어 업적을 남겼다.

과 안자(顏子)와 증자(曾子)의 학문을 지녔더라도 야인(野人)으로 살거나 아전으로 살아갈 뿐이다. 그러므로 학문을 하여 자신을 수양함으로써 평범한 사람들과 똑같이 되지 않으려는 사람을 공경의 족속에서 찾으면 간혹 없는 것은 아니지만, 신분이 미천한 사람의 경우에는 스스로 세상에 쓰이지 못할 줄을 알아서 대부분 자포자기(自暴自棄)하는 처지를 면치 못하게 된다. 오호라, 이것이 어찌 재질이 나쁜 탓이랴. 실제로 나라의 제도가 그렇게 몰아간 것이다.

화산(花山 안동(安東))의 권 처사 재운(權處士載運) 같은 사람은 어찌 참으로 호걸지사(豪傑之士)가 아니랴. 군(君)의 집안은 대대로 아전이었다. 이러서 부조(父祖)의 직역(職役)을 세습하여 행했으나 그의 뜻을 돌아보면, 뜻이 대인(大人)의 일에 있지 않은 적이 없었다. 당시 고재(顧齋) 이만(李槾)[136] 공이 서당에 학생을 모아 가르쳤는데, 군이 개연히 책을 겨드랑이에 끼고 달려가 〈동명(東銘)〉, 〈서명(西銘)〉, 〈경재잠(敬齋箴)〉을 배웠다. 마음에 기쁘게 깨달음이 있자, 그 이후로 아전의 직역을 사양한 채 스승인 고재가 계신 곳을 오가며 질문하는 때를 제외하고 집 문을 닫고 조용히 앉아 독실하게 강학하였다. 마음을 전일하게 쏟은 책은 《논어》, 《심경(心經)》, 《근사록(近思錄)》 등을 벗어나지 않았는데, 때로 간혹 《맹자》의 "내가 바라는 것은 공자를 배우는 것이다."[137]라는 구절에 이르면 매번 소리를 높여 읽으며 손이

136 이만(李槾) : 1668~1734. 본관은 재령(載寧), 자는 군직(君直), 호는 고재(顧齋)이다. 갈암(葛庵) 이현일(李玄逸)의 조카이자 문인이다. 문집으로 《고재집(顧齋集)》이 있다.

137 내가……것이다 : 맹자가 제자인 공손추(公孫丑)와의 대화에서 백이(伯夷), 이윤(伊尹), 공자를 비교한 뒤에 한 말이다. 《孟子 公孫丑上》

춤추는 줄도 모르곤 하였다. 거상(居喪)할 때에는 예법을 다하였으며, 고재가 세상을 떠나자 심상(心喪)을 입고 삼 년을 마쳤다. 영묘(英廟)가 승하하셨을 때 군은 이미 76세였는데, 병들어 병석에 누워서도 여전히 소식(素食)을 먹으며 상기(喪期)를 지냈다. 아우 한 사람과 우애가 깊어서 같은 방에서 함께 학문을 닦으며 그 서재를 이택재(麗澤齋)라고 이름 붙였다. 집으로 찾아와 가르침을 청하는 사람이 전후로 수백 명이었다. 읍양의 예절을 가르치면서 자신의 마음에 차지 않는다고 하여 게으른 기색을 보인 적이 없었다. 군이 지식과 실천 가운데 어느 한쪽으로만 치우쳐 그만두지 않았던 것이 이와 같았다.

군이 세상을 떠난 지 9년에 권군 달시(權君達時)가 천 리를 건너 경사(京師)에 들어와서는 군이 저술한 시문(詩文) 한 책을 나에게 보이며 말하기를,

"선사(先師)께서 평소에 공력을 쏟은 것은 '시(是)' 한 글자일 뿐입니다. 옳음을 알고는 반드시 그것을 실천하였고, 옳지 않음을 알고는 반드시 그것을 버렸습니다. 이렇게 70년을 하루처럼 사셨으니, 문장가의 글솜씨를 빌릴 만합니다. 선사를 소중하게 해 줄 한마디 말씀을 얻고자 합니다."

하였다. 나는 받아서 다 읽어 보고 감탄하여 말하기를,

"공자(孔子)께서는 '노(魯)나라에 군자가 없었다면 이 사람이 어디서 이러한 일을 본받을 수 있었겠는가.'[138]라고 하셨다. 영남은 우리나라에서 이른바 추로지향(鄒魯之鄕)이고, 화산은 그중 더욱 뛰어

138 노(魯)나라에……있었겠는가 : 공자가 제자 자천(子賤)을 군자답다고 칭찬하면서 해 준 말이다. 《論語 公冶長》

난 곳이다. 군은 여기서 태어나고 여기서 성장하여 감발하고 흥기하여 능히 아전의 무리에서 스스로 떨치고 나와 의연히 경서를 연구하고 힘써 실천하는 것을 자신의 임무로 삼았다. 이것이 어찌 단지 군의 기질이 아름답고 지향이 독실하기 때문일 뿐이겠는가. 그곳의 습속(習俗)을 통해 도야(陶冶)되고 이목(耳目)을 통해 감화되어 절로 그만둘 수 없는 점이 있었던 것이다. 더구나 군의 글은 심후하고 질박하여 조탁(彫琢)을 일삼지 않았으니, 덕이 있는 사람의 말이라는 것을 알 수 있다. 이 문집이 세상에 전해지면 화산의 군자(君子)들은 사람이 선을 행하는 것을 도와준 것을 기뻐할 것이고, 소인(小人)들은 사람이 모두 요순(堯舜)처럼 될 수 있다는 것을 알게 될 것이니, 삼대의 풍속이 회복되는 것을 눈을 비비면서 기다릴 수 있을 것이다."

하고는, 서문을 써서 돌려줌으로써 군의 풍모를 들은 사람들을 면려하였다.

《김씨가장》[139] 후서

金氏家狀後敍

김 상사 오(金上舍澳)가 호남에서 경사(京師)로 들어와 한 가정에서 삼강(三綱)을 이룬 일을 나에게 들려주고는 다시 《김씨가장》 한 책을 나에게 보이며 말하였다.

"저희 집안 선조의 충(忠), 열(烈), 효(孝)가 이토록 탁월한데, 세상에 즐거이 남의 아름다움을 성취시켜 주는 사람이 없고, 자손들도 먼 지방에서 곤궁하게 사는지라 두려워 감히 임금께 아뢰지 못하여 포증(褒贈)이 누락되었습니다. 이러다가는 결국 사라져 세상에 드러나지 못할 것입니다. 공께서는 부디 한마디 말씀을 아끼지 말고 드러내 주십시오."

만력(萬曆) 임진년(1592, 선조25)에 무도한 오랑캐가 우리나라를 뱀처럼 집어삼키자, 충무공(忠武公) 이순신(李舜臣)이 삼도 도통제(三道都統制)로서 남해의 노량(露梁)에서 적을 방어하였다. 막부(幕府)였던 김공(金公)이 힘써 싸우다가 순사(殉死)하니, 부인 양씨(梁氏)가 당시 호남에 있다가 공이 순사했다는 소식을 듣고는 곡하기를

139 김씨가장(金氏家狀) : 임진왜란 때 노량(露梁)에서 순사(殉死)한 김연옥(金鍊玉, 1547~1598)과 그의 부인 남원 양씨(南原梁氏), 아들인 김명언(金命彦)의 행적을 기록한 책이다. 현재 전하지 않아 자세한 내용이나 서지(書誌)를 알 수 없다. 김연옥은 본관은 김해(金海), 자는 유정(惟精), 담양(潭陽) 출신이다. 1594년(선조27) 무과에 합격하였으나, 관직을 받지 못한 채 이순신(李舜臣)의 막료로 왜적과 싸우다 1598년 노량에서 전사하였다. 《旅菴遺稿 卷12 秋城金公行狀》

"낭군께서 세상을 떠나셨으니 내가 살아 무엇 하랴." 하고는 마침내 물에 투신하여 죽었다. 아들인 김명언(金命彦)도 모친의 뒤를 따라 같은 날 죽었다. 충무공이 멀리서 그 소식을 듣고는 탄식하기를 "삼강이 갖추어졌다." 하고는 조정에 아뢰려고 하였으나, 얼마 되지 않아 충무공이 전사하여 이루어지지 못하였다.

오호라, 사람의 지극한 행실은 충, 열, 효 세 가지에 불과할 뿐이다. 지금 김씨 집안 분들은 신하로서 충에 죽어 스스로를 왕에게 바쳤고, 처로서 열에 죽어 스스로를 남편에게 바쳤고, 자식으로서 효에 죽어 스스로를 부친에게 바쳤다. 신하에 있어서는 충이요, 처에 있어서는 열이요, 자식에 있어서는 효이니, 그 이름은 비록 다르지만 그 이치는 하나이다. 처의 벼리는 남편에게 있고 자식의 벼리는 부친에게 있는데, 남편이면서 부친인 사람이 만약 신하의 벼리는 임금에게 있어서 한 번 죽어 은혜를 갚아야 하는 줄 몰랐다면, 처가 어떻게 남편에게 교화되어 열에 죽을 수 있었겠으며, 자식이 어떻게 부친에게 교화되어 효에 죽을 수 있었겠는가. 그렇다면 그 효와 열은 모두 공의 평소 교육이 가정에서 이루어져 마침내 각자 자신의 분수를 다할 수 있게 하였던 것이다. 후세 사람이 공의 절개를 흠모할 줄만 알고 가정에서 교화가 행해진 줄 모른다면 이것은 공의 피상(皮相)만 아는 것이요, 효와 열이 존경스럽다는 것만 알고 공의 충에서 근원한 것임을 모른다면 이것은 근본을 잃은 것이니, 옳은 일이겠는가.

공의 휘는 연옥(鍊玉)으로, 담력이 있어 무과에 올라 이 충무공의 막료(幕僚)가 되었다. 상사에게 7세조이다. 내가 진즉부터 공의 사적을 듣고는 훌륭하다고 생각했는데, 다시 후손이 그분의 유적을 천양하려는 것에 감동하여 이렇게 서문을 지어 준다.

화산군 권공 응수 의 유사[140]에 대한 서문

花山君權公 應銖 遺事序

오호라, 이것은 백운재(白雲齋) 권공(權公)의 유사(遺事)이다. 공의 공훈은 이정(彝鼎)[141]에 새겨져 있고 공의 초상은 기린각(麒麟閣)에 그려져 있으며, 드러난 행적은 아녀자의 입에 회자되고 은미한 행적은 역사 기록에 담겨 있으니, 어느 것인들 공의 실기(實紀)가 아님이 없다. 그러니 어찌 다시 유사를 쓸 것이 있겠는가. 비록 그렇지만, 이것은 사림(士林)의 논의에서 나온 것으로, 그 의의를 나는 알고 있다. 사람의 마음이란 오래되면 익숙해지고 익숙해지면 나태해지고 나태해지면 잊는다. 공이 세상을 떠난 지가 이처럼 오래되고 백성들이 익숙해진 지가 이처럼 심한 현실에서, 반드시 갚아야 할 임진년(1592, 선조25)의 원수를 잊지 않은 사람이 거의 없다시피 하다. 아, 이것이 가당한 일이겠는가. 지금 사람들이 공의 서간(書簡)과 장계(狀啓)를 읽어 본다면

140 화산군(花山君) 권공(權公)의 유사(遺事) : 권응수(權應銖, 1546~1608)의 행적과 시문이 수록된 《백운재충의공실기(白雲齋忠毅公實紀)》를 가리킨다. 1786년(정조10)경에 간행된 것으로 추정된다. 4권 2책의 목판본으로, 권수에 번암이 1786년에 쓴 서문이 수록되어 있다. 권응수는 본관은 안동(安東), 자는 중평(仲平), 호는 백운재이다. 신녕(新寧) 출신이다. 1583년 무과에 급제하였다. 경상 좌수사 박홍(朴泓)의 막하에 있다가 임진왜란이 일어나자 고향에 돌아가 의병을 모집하여 왜적을 무찔렀다. 전란이 평정된 뒤에 선무 공신(宣武功臣) 2등에 책록되어 화산군에 봉해지고, 병마수군절도사, 총융사, 공조 판서 등에 제수되었으나 모두 사양하였다. 시호는 충의(忠毅)이다.

141 이정(彝鼎) : 종묘(宗廟)의 제사에서 신주(神酒)를 따라 두는 제기의 이름으로, 고대에 큰 공훈을 세운 신하의 이름을 여기에 새겨서 오래도록 전하게 하였다.

충의(忠義)의 분한 마음이 격앙되어 머리카락이 치솟고 눈이 부릅떠질 것이며, 행조(行朝)의 교지(敎旨)와 여러 묘도문자를 읽어 본다면 살아 있는 듯한 영웅의 모습에 옷깃을 여미고 경의를 표하게 될 것이다. 이와 같다면 비록 적과 싸우려는 마음을 격동시키지 아니하려고 해도 그럴 수 없는 점이 있을 것이다. 그러니 이 유사가 세교(世敎)에 보탬이 됨이 또한 크지 않겠는가.

오호라, 국조 이래 병화(兵火)의 참혹함으로는 임진년보다 심한 경우가 없었다. 오랑캐의 칼날이 졸지에 닥쳐와 대가(大駕)가 서쪽으로 몽진(蒙塵)하였을 때 공은 한미한 신분으로 의병을 앞장서 이끌었는데, 공이 눈물을 닦으며 의병의 무리에 맹세하니 의병들이 "목숨을 걸고 한번 싸우기를 원합니다."라고 하였다. 한천(漢川)에서 전투를 시작해서, 이동하여 박연(朴淵)과 소계(召溪)에서 싸우고, 다시 이동하여 계림(雞林)에서 싸우고, 다시 이동하여 안강(安康)에서 세 갈래 길의 적과 싸웠다. 다시 날성(達成)에서 적과 싸우다가 밀양(密陽)의 율림(栗林)에 이르렀고, 다시 탄연(炭淵)에서 싸우다가 달아나는 적을 추격하여 구담(九潭)에 이르렀다. 다시 가등청정(加藤淸正)을 맞이하여 힘써 싸우다가 거의 그를 사로잡을 뻔하였다. 전후로 크고 작은 전투가 도합 수십 차례였는데, 적을 참수하거나 사로잡는 것을 모두 마음먹은 대로 하니, 공의 위명(威名)이 적의 우두머리를 두렵게 하였다.

무엇보다 영천(永川) 전투에서의 공이 가장 컸다. 당시에 영천이 적에게 함락되었는데, 적이 그곳을 근거로 소굴을 삼았으므로 우리가 엿볼 수 없는 상황이었다. 공이 분연히 말하기를 "영천이 수복되지 않는다면 일이 위급해질 것이다." 하였다. 그러고는 정대임(鄭大任), 신해(申海), 홍천뢰(洪天賚), 최문병(崔文炳), 정세아(鄭世雅) 등과 같은 여러 의병장을 인솔하여 배치를 마친 뒤에 공이 몸소 선봉에 섰다. 비 오듯 쏟아지는 탄환을 무릅쓰고 공격하였는데, 한 번 화살을 쏘면 반드시 적을 둘씩 맞추었다. 싸운 지 이틀 만에 성문을 깨뜨리고 북을 울리며 들어가서는 바람을 타고 불을 놓아 적을 남김없이 태워 죽이고 달아나는 적은 칼로 베니, 적의 시체가 언덕처럼 쌓였다. 오랑캐의 배가 바다를 건너 침입한 이후로 우리 군사들이 이처럼 적을 풀처럼 베고 짐승처럼 사로잡아 혁혁한 전과(戰果)를 세운 전투는 없었다. 이로써 영천이 수복되었고, 영천이 수복되자 영남이 온전하게 되었다.

오호라, 영남은 나라의 근간이고, 영천은 영남의 요충(要衝)이다. 나라에 영남이 없었다면 나라다울 수 없었을 것이고, 영남에 영천이 없었다면 영남다울 수 없었을 것이다. 훗날 종사(宗社)를 다시 세운 공적을 두고 비록 "이 전투의 승리가 기반이 되었다."라고 하더라도 지나친 말이 아닐 것이다. 선묘(宣廟)께서 공의 공적을 가상히 여겨 이미 책훈하셨고, 다시 공을 현직에 등용하여 궁월(弓鉞)을 주고 상백(常伯)의 자리에 제수하셨다.[142] 하지만 공은 힘써 사양하고 지산(芝山) 아래에 집을 지어 '백운재'라는 편액(扁額)을 걸고, 그곳에서 생을 마쳤다. 이것이 실기의 대강이다. 내가 진즉부터 공의 충의에 탄복하였는데, 다시 후손의 정성과 사림의 뜻에 감복한 나머지 이것을 적어 백운재 유사의 서문으로 삼는다.

142 궁월(弓鉞)을……제수하셨다 : 궁월은 무장(武將)의 직책을 상징하며, 상백은 주(周)나라 때 임금의 옆에서 민사(民事)를 관리하던 대신의 관직 이름인데, 여기서는 재상의 별칭으로 쓰였다. 권응수가 절도사와 총융사 등과 같은 무장의 직임과 공조판서에 제수되었던 것을 가리킨다.

《송정집》[143] 서문

松亭集序

고인(古人)이 "삼대(三代)에는 문인(文人)이 없었다."라고 하였다. 이것은 삼대에는 교화가 행해지고 풍속이 아름다워 사람들이 스스로 몸을 신칙하고 행실을 닦아 말로 표현하는 것이 모두 문(文)이었으므로 '문인'이라는 두 글자를 가지고서 그들을 구별할 수 없었기 때문이다. 그렇지 않았다면 천(天), 지(地), 인(人)의 문이 삼대보다 성대한 적이 없었는데, 어찌 문인이 없었다고 말할 수 있겠는가.

진양(晉陽 진주(晉州))은 영남의 문명이 모인 곳이고, 하씨(河氏)는 또한 진양의 빼어난 가문이다. 문장으로 뛰어난 분도 있었고 학문으로 뛰어난 분도 있어서 고장에서 명망이 높은 지 오래이다. 각재공(覺齋公)[144] 같은 분은 남명(南冥) 조 선생(曺先生)의 문하에서 노닐며 매우 가까이서 직접 배웠으며, 또 겸재공(謙齋公)[145] 같은 분은 초야(草野)에서 도를 지키며 엄연히 미수(眉叟) 허 문정공(許文正公)의 외우(畏

143 송정집(松亭集) : 하수일(河受一, 1553~1612)의 문집이다. 후손 하정중(河正中)이 유문(遺文)을 수집하여 이광정(李光靖)의 교정과 편차를 거친 뒤, 1788년(정조 12) 번암의 서문을 받아 목판으로 초간(初刊)하였다. 분량은 6권 3책이다. 하수일은 본관은 진주, 자는 태이(太易), 호는 송정(松亭)이다.

144 각재공(覺齋公) : 하항(河沆, 1538~1590)으로, 본관은 진주, 자는 호원(浩源), 호는 각재이다.

145 겸재공(謙齋公) : 하홍도(河弘度, 1593~1666)로, 본관은 진주, 자는 중원(重遠), 호는 겸재이다.

友)가 되었는데, 각재로부터 학문의 요체를 전수받고 겸재에게 사표(師表)가 되었던 분으로 송정공(松亭公)이 있었다. 공은 일찍이 청명한 시대에 과거에 급제했으나, 얼마 되지 않아 세상이 자신을 쓰지 않으리라는 것을 알고 물러나 남명의 유향(遺香)이 서린 곳을 지키며 살았다. 읽었던 것은 성인(聖人)과 현인(賢人)의 책이었고, 일로 삼았던 것은 효제(孝悌)와 충신(忠信)을 실천하는 것이었다. 거상(居喪)을 잘하니 향리 사람들이 감동하여 기뻐하였고, 종족(宗族)을 잘 대하니 친척들이 예를 지키고 겸양하였다. 공이 어질지 않았다면 능히 그러할 수 있었겠는가.

시문은 단지 공의 내면의 정화(精華)가 밖으로 드러난 것일 뿐으로, 세속을 계도하고 몽매한 대중을 깨우치는 경우가 아니라면 한가롭게 읊지 않았으니, 어진 사람의 말이었다. 사림(士林)이 공의 시문을 보배로 여긴 것이 어찌 단지 체재(體裁)가 다 갖추어진 아름다움 때문이겠는가. 공의 5세손[146] 하정중(河正中)이 책 상자에 보관되어 있던 시문을 꺼내 간행을 도모하면서 나에게 서문을 청하였다. 내가 그것을 받아 다 읽어 본 뒤에 말하기를,

"성대하도다. 공을 문인으로 여기자니 문(文)이라는 것이 학문을 감추고 있어서 문으로 공을 표방(標榜)할 수가 없고, 공을 문인이 아니라고 여기자니 공의 문이 문명의 고장에서 출중하면서도 절도에 맞게 나라를 성대하게 하는 소리를 지녔도다. 공의 시문이 후세에 전해질 만한 점이 이러하다. 지혜로운 사람과 어진 사람이 각자 할 말이 있을 것이니,[147] 마땅히 문단(文壇)의 월조평(月朝評)을 기다려야

146 5세손 : 《송정집》 서문에는 '六世孫'으로 되어 있다.

할 것이다."

하고는 우선 서문을 지어 주었다.

147 지혜로운……것이니 : 같은 사물에 대해서도 각자의 입장에 따라 견해가 다를 것이라는 말이다. 《주역》〈계사전 상(繫辭傳上)〉에 "어진 사람이 보면 인(仁)이라고 하고, 지혜로운 사람이 보면 지(智)라고 한다."라고 하였다.

부도 월성대사의 시문고[148]에 대한 서문

浮屠月城大師詩文藁序

자집(子集)[149]이 폐단이 된 지 오래인데, 옛날에는 없던 일이다. 송(宋)나라와 명(明)나라 이래로 문식(文飾)이 날로 심해져 공경(公卿)과 대부(大夫), 사(士)로서 조금이라도 글을 지을 줄 아는 사람이라면 번번이 시집(詩集)이니 문집(文集)이니 하며 간행을 하였으니, 사후에 이름을 남기려는 것이었다. 이러한 풍조가 아래까지 퍼져 시골의 학구(學究)조차도 그러하였는데, 지금에 이르러서는 우리나라가 그 폐단을 본받은 것이 심각하다. 나무에 해를 끼치는 것[150]은 차치하고라도, 문단(文壇)의 수치가 됨이 마땅히 어떠한가. 나는 그것을 일찍부터 병통이라고 여겼다.

어느 날 호남 관음사(觀音寺)의 승려 홍준(鴻俊), 쾌경(快鏡) 등이 스승인 월성대사(月城大師)의 시문을 가지고 간행을 도모하면서 천

148 부도(浮屠)……시문고 : 월성대사 비은(費隱, 1710~1778)의 문집인 《월성집(月城集)》을 가리킨다. 제자인 홍준과 쾌경이 1798년(정조22) 옥과(玉果)의 관음사(觀音寺) 대은암(大隱菴)에서 목판으로 간행하였다. 분량은 불분권(不分卷) 1책이다. 권수에 번암이 1795년 쓴 서문이 실려 있다. 비은은 속성이 김씨(金氏)이다. 13세에 출가하였고, 16세에 삭발하였다. 서산대사(西山大師)의 제자인 중관(中觀) 해안(海眼)의 5세 제자인 태허(泰虛) 극초(極初)에게 의발(衣鉢)을 전수받았다.

149 자집(子集) : 본래 제자백가(諸子百家)의 저작인 자(子)와 시문(詩文)을 모은 집(集)을 합칭한 것인데, 여기서는 문집(文集)이라는 의미로 사용되었다.

150 나무에……것 : 서적을 간행할 때 일반적으로 목판에 새겨 찍어 내는 방법을 사용하였으므로 이렇게 표현한 것이다.

리 너머에 있는 나에게 편지를 띄워 서문 한 편을 얻고자 하였다. 내가 껄껄 웃으며 말하였다. "이것은 대사의 뜻이 아니다. 부처는 천지 만물을 다 허무하고 적멸한 것으로 치부하니, 몸도 본디 환영(幻影)일 뿐이다. 더구나 시문은 환영 중에서도 환영인 것이다. 그것이 있으면 허망하고, 그것이 없으면 진실하다. 대사가 허망한 것을 남겨 두려고 하지 않았을 것이 분명한데, 비록 나일지라도 어찌 진실한 것을 버리고 허망한 쪽으로 가겠는가." 얼마 뒤에 대사의 유고를 읽어 보았다. 율시(律詩)와 절구(絶句)가 능히 체제를 갖추었으나, 그것은 여사(餘事)일 뿐이었다. 문(文)에 드러난 것으로 말하자면 '경이직내(敬以直內)'와 '의이방외(義以方外)'[151]로써 마음을 다스리고 일에 응대하는 요체로 삼았으며, 서간(書簡)의 내용을 통해 그것을 반복하여 드러내 보였다.

유가(儒家)가 불가(佛家)를 배척하는 것은 불가가 마음으로써 마음을 관조하는 데만 공력을 기울이고, 직내(直內)와 방외(方外)가 있다는 것을 보르기 때문이다. 그런데 지금 세상에 유자(儒者)라고 칭하는 자들을 가만히 살펴보면, 그저 입과 귀로만 하는 학문[152]일 뿐이고, 직(直)과 방(方) 두 글자에 대해 참된 이치를 깨달은 경우를 들어 보지 못하였다. 지금 불자(拂子)를 세우고 공수(拱手)하여 예불(禮佛)을 올리는 자리에서 이렇게 긴요하고도 간명한 말이 나왔다. 우리 유자들도

151 경이직내(敬以直內)와 의이방외(義以方外) : 《주역》〈곤괘(坤卦) 문언(文言)〉에 "공경하는 마음을 가지고 내면을 곧게 하고, 의로운 마음을 가지고 외면을 방정하게 한다.〔敬以直內, 義以方外.〕"라는 말이 나온다.

152 입과……학문 : 귀로 듣고 입으로 말이나 하는 깊이 없는 학문을 이른다. 《순자(荀子)》〈권학(勸學)〉에 "소인이 공부하는 것을 보면, 귀로 들어왔다가 곧장 입으로 나가고 만다.〔小人之學也, 入乎耳出乎口.〕"라고 한 데서 온 말이다.

쉽게 할 수 없는 것을 불자(佛者)가 능히 하리라고 누가 생각이나 했겠는가. 대사가 이미 이것을 가지고 사람들을 면려했고 보면, 그가 스스로 면려한 바를 알 수가 있다. 그렇다면 유가와 불가의 도는 하나로 통하는 것이다. 그러니 이단(異端)이라 근심할 것이 무에 있으며, 그들의 학설이 날마다 새로워지고 달마다 성대해지는 것을 걱정할 것이 무에 있겠는가. 내가 이에 기쁜 마음으로 이것을 써서 준다.

죽산 남부동의 계헌좌목[153]에 대한 서문
竹山南部洞稧憲座目序

죽산(竹山)은 왕기(王畿)[154]에 소속된 곳으로 사대부가 거주하는 곳이다. 남부동(南部洞)에는 옛날에 계헌(稧憲)이 있어서 신분의 높고 낮음에 따라 차등 있게 대우하였고, 나이의 많고 적음에 따라 차등 있게 대우했으며, 적서(嫡庶)의 차이에 따라 차등 있게 대우하여 찬연히 선왕(先王)의 유풍(遺風)을 지니고 있었다. 하지만 그사이에 거듭 이어진 흉년으로 인해 사람들에게 일정한 뜻이 사라졌으니, 무슨 여가에 동헌(洞憲)을 실천할 수 있었겠는가. 동헌이 폐기되어 행해지지 않은 지도 수십 년이 되어서 식견이 있는 사람들이 탄식하고 안타까워하였다. 지금의 우리 성상께서 즉위하신 뒤로는 스승의 도리로써 백성을 교화하여 모두 장차 효도하고 순종하는 법도 안에 들어가게 되었다.

죽산의 이씨(李氏) 제가(諸家)는 남부동의 망족(望族)이다. 이러한 때 종족의 어른이 개연히 발기(發起)하여 부내(部內)의 아전들과 서민들에게 유시하였다. "내가 내 선조의 자손인 것처럼, 너희도 너희들 선조의 자손이 아니겠는가. 신분으로는 비록 상하의 구분이 있지만 선조를 추념하는 마음은 똑같다. 선조들이 창설하고 선조들이 힘써

153 죽산(竹山) 남부동(南部洞)의 계헌좌목(稧憲座目) : 번암이 부모의 묘소를 모신 죽산 남부동의 동계(洞契)의 계원(契員) 명단과 규정을 기록한 책자이다.

154 왕기(王畿) : 《주례(周禮)》에 의하면, 왕성(王城) 주위 천 리까지를 왕기라고 하였다. 여기서는 경기(京畿)를 가리킨다.

행하던 것을 버려두고 실천하지 않는다면, 선조들이 기꺼이 '우리에게 후손이 있다.'라고 하시겠는가." 그러자 모두 옳다고 하였다.

마침내 예전처럼 계헌을 수립하고 별도로 책자 하나를 갖추어 위에는 상계(上稧) 계원(稧員)의 성명을 기록하고 아래에는 하계(下稧) 계원의 성명을 기록하였으며, 중간에는 헌규(憲規)의 조목(條目)을 매우 자세히 기록하였다. 그 규정은 한결같이 인륜(人倫)을 중점으로 삼아 환난(患難)에 서로 구제하고 사상(死喪)에 서로 구휼(救恤)하는 내용이 모두 그 안에 들어 있었다. 매년 봄과 가을에는 다 함께 모여 신의(信義)를 밝히는데, 예법이 엄숙하고 정성이 지극하여 매우 볼만하였다. 그러고서 오래지 않아 성상께서 향약(鄕約)을 팔도에 반포하여 죽주(竹州)가 앞서 행했던 것처럼 풍속을 변화시키도록 하셨으니, 비록 문왕(文王)의 교화를 기다리지 않고 흥기했다고 일컫더라도 좋을 것이다. 사방에서 이 소문을 들은 사람들이 모두 찬탄하며 부러워하였으니, 나 같은 사람은 어떠하겠는가.

나는 양친(兩親)의 묘소를 부내의 남산촌(南山村)에다 모셨으니, 나 이후로 백대 자손에 이르도록 모두 죽주의 백성이다. 나이와 작위 때문에 외람되게도 여러 사우(士友)보다 윗자리를 차지하여 이름을 앞머리의 첫 줄에 기록하였으니, 나 자신에게도 영광이고 행운이라 하겠다. 다만 생각건대, 나처럼 불효하고 못난 사람은 벼슬에 매여 있느라 사시(四時)의 성묘조차 정성을 다하지 못하고 그저 먼동이 트도록 부모님을 그리며 잠 못 이룰 뿐이다. 하지만 나라의 은혜를 갚는 것은 신분의 차이에 달린 것이 아니다. 만약 이씨 문중의 빼어난 선비들과 함께 우리의 헌규를 실천하여 노력하기를 그치지 않는다면 마침내 집집마다 표창할 만한 경지에 능히 이르리니, 털끝만큼이나마 성상에 보답하는 일이 여기에 있지 않다고 장담할 수 없을 것이다. 나 스스로 면려한 뒤에, 다시 이씨 제가를 면려하고, 멀리 백세 자손들에게 바라는 바이다.

번암집

제34권

記기

대보단에서 배제한 일에 대한 기문

大報壇陪祭記

대보단(大報壇)은 창경궁(昌慶宮) 북쪽 담장 밖에 있다. 숙묘(肅廟)께서 갑신년(1704, 숙종30) 회갑을 맞이하셨을 때 황조(皇朝)가 이해에 망한 것을 통탄하고 제단(祭壇)을 세워 신종황제(神宗皇帝)를 제사하셨다. 그 뒤로 해마다 3월에 제사를 거행하는 것을 예식으로 정하였으니, 의기(義起)[1]이다. 금상 26년(1750, 영조26) 정사(正史)가 우리나라에 반사(頒賜)되었는데, 다음과 같은 내용이 있었다.

"숭정(崇禎) 병자년(1636, 인조14)에 황제께서 건노(建奴)가 우리를 침략하였다는 소식을 듣고 장수 원숭환(袁崇煥)에게 명하여 수군(水軍)을 거느리고 가서 구원하게 하셨다. 미처 출발하기 전에 동국(東國)이 이미 함락되었다는 소식이 전해지자 황제께서 말씀하기를 '속국(屬國)이 포위되었는데도 천자가 구원하지 못하였으니, 미약한 힘으로 어떻게 지탱할꼬.' 하셨다."

상께서 그것을 읽어 보고 크게 감탄하고는 대신(大臣)들과 육경(六卿), 삼사(三司)를 불러 하교하시기를 "경들은 정사를 보았는가? 황제의 은혜가 하늘처럼 끝이 없으니 만력(萬曆) 연간 때의 은혜[2]와 무슨

1 의기(義起) : 예문(禮文)에는 없지만 의리에 입각해서 행하는 예법을 말한다. 《예기(禮記)》 〈예운(禮運)〉에 "선왕의 예법에는 그러한 예가 없을지라도, 의리에 입각해서 적절하면 새로 일으킬 수도 있는 것이다.〔禮雖先王未之有, 可以義起也.〕"라고 하였다.

2 만력(萬曆)……은혜 : 만력은 명나라 신종의 연호로, 1573년부터 1620년까지이다. 명나라가 임진왜란 때 조선에 원군을 파견한 일을 가리킨다.

차이가 있겠는가. 나는 황단(皇壇)에다 의종황제(毅宗皇帝)를 아울러 제사하고, 더하여 위로 고황제(高皇帝)까지 제사하려는데, 경들은 각자 의견을 개진해 보지 않겠는가?" 하였다. 신하들이 머리를 조아리며 자기 자리를 벗어나 앞으로 나왔다. 옳다고 하는 신하도 있고 예법상 한계가 있다고 하는 신하도 있었는데, 좌상(左相) 조공 현명(趙公顯命)만 홀로 불가하다는 의견을 매우 강력히 견지하였다. 상이 신하들에게 합문(閤門) 밖으로 물러나 기다리라고 하였다가 밤이 되어서야 불러들였다. 그러고는 숙묘께서 세 황제의 은혜에 감명하여 지은 시를 펼쳐 보이셨다. 상께서 눈물을 흘리시니 조공이 더 이상 말하지 않았다.

마침내 제단을 증축하라 명하셨다. 3월 모갑(某甲)에 상께서 목욕재계하고 친히 제사를 지내셨다. 황색 장막이 걷히니 위차(位次)가 엄숙하였는데, 제1위는 태조 고황제(太祖高皇帝)이고 제2위는 신종 현황제(神宗顯皇帝)이고 제3위는 의종 열황제(毅宗烈皇帝)였다. 밤 4경에 상께서 면복(冕服) 차림으로 규(圭)를 잡고 종종걸음으로 들어가시니 문무백관이 모두 뜰에 있었다. 당시에 온 세상이 다 조용한 가운데 은하수가 밝게 빛나고 있었다. 새벽에 관례(祼禮)[3]를 올리며 오르내리는데 바람이 어디선가 불어와 궁정 뜰의 나무가 서로 마주치니 휘파람을 부는 듯하고 울부짖는 듯하였다. 종과 석경(石磬), 생황, 퉁소가 조화롭게 울려 퍼지니 그 소리가 처량하였다. 초헌(初獻) 때 이르러 비가 점점이 공중에서 떨어지자 용기(龍旗)가 펄럭펄럭 소리를 내고 뜰에 켜 둔 횃불이 밝아졌다 어두워졌다 하였다. 삼헌(三獻)을 마쳤을 때 바람이 그치고 비가 흩어지니 눈 깜짝할 사이에 기상이 황홀하여

3 관례(祼禮) : 울창주(鬱鬯酒)를 땅에 부어 신(神)을 강림(降臨)하게 하는 예식이다.

뜰에 있는 사람들이 숨을 죽이고 꿇어앉아 서로 돌아보며 흐느꼈다. 조 상국이 이에 말하였다. "오늘 밤의 광경을 사신(詞臣)이 기록하지 않을 수 없습니다."

오호라, 나라에 흥망이 있는 것은 밤낮이 있고 생사(生死)가 있는 것과 같은 이치이다. 명나라가 천하에 임어(臨御)한 지 200여 년이니, 망한 것이 어찌 이상하다고 하랴. 비록 그렇지만, 우리 조정이 황조를 숭모함은 효자가 부모를 흠모하는 것과 같은 것이다. 사람은 반드시 한 번 죽고 사는 일이 있다고 하여 자신의 부모가 돌아가셨는데도 두려워하고 근심하며 평생토록 길이 추모하지 않는다면 자식의 도리라고 할 수 있겠는가. 자식으로서 효(孝)에 머무르고 신하로서 경(敬)에 머무른 경우는 오직 문왕(文王)이 그러한데, 우리 상께서 그것을 본받으셨으니 하늘이 감응함이 어긋나지 않음을 볼 수 있었다.

기사년(1749) 봄 3월 모갑에 배신(陪臣) 통훈대부(通訓大夫) 행 예문관 검열(行藝文館檢閱) 채제공이 절하고 머리를 조아리며 삼가 기록하다.

약봉 풍단[4]에 대한 기문

藥峯楓壇記

숭례문(崇禮門) 밖 몇 리쯤 되는 곳에 봉우리가 솟아 있는데, 약봉(藥峯)이라 불린다. 약봉의 지맥이 구불구불 서남쪽으로 뻗어 가다가 동쪽 가까이로 뭉쳐 언덕이 되는데, 높이가 대략 네댓 길 정도이다. 남은 지맥이 이룬 산기슭이 좌우 날개처럼 펼쳐져서 그 언덕을 매우 힘차게 옹위하고 있다. 좌측 산기슭은 언덕과의 거리가 조금 멀고, 우측 산기슭은 어깨가 몸에 붙어 있는 것 같은 형세인데, 행여 미치지 못할 듯이 꽉 감싸 안다가 염초교(焰硝橋)의 물을 맞아 머리를 들고 멈춘다. 두 날개가 모두 전면(前面)을 가리지는 못하니, 마치 한 곳이 비어 있는 고리 모양이다.

그 아래 평탄하고 트인 곳에 언덕을 등지고 자리 잡은 것이 바로 허백당(虛白堂) 성현(成俔)[5]의 옛 집터이다. 한양을 처음 도읍으로 정할 적에 신승(神僧) 무학(無學)[6]이 그 터를 살펴서 성씨(成氏)에게 주

4 약봉(藥峯) 풍단(楓壇) : 약봉은 번암의 남대문 밖 서울 집 뒤에 있던 작은 봉우리로, 지금의 서울특별시 중구 중림동이다. 풍단은 약봉 아래에 쌓은 단이다. 번암은 그곳에서 문인(文人)들과 시회(詩會)를 자주 열었는데, 이것이 이른바 풍단시회(楓壇詩會)이다.

5 성현(成俔) : 1439~1504. 본관은 창녕(昌寧), 자는 경숙(磬叔), 호는 용재(慵齋)·허백당이다.

6 무학(無學) : 1327~1405. 여말 선초의 승려로, 무학은 법호(法號)이고 법명(法名)은 자초(自超)이다.

었다고 한다. 일찍이 허백당이 홀로 밤에 언덕에 올라 시를 낭랑히 읊조렸는데, 당시 밤 닭이 울려 하고 달빛은 희미한 시각이었다. 어떤 객이 찾아와 묵다가 그 소리에 놀라 잠에서 깨어 창틈을 통해 밖을 엿보고는 신선이 밤에 내려온 것으로 여겼다. 자리에서 일어나 그를 쫓아갔는데, 서로 보고는 웃음을 터뜨렸다. 사람들은 지금도 이것을 기이한 일로 전하고 있다.

성씨 집안에서 서로 전한 지 200여 년 만에 자손이 지키지 못하고, 약산(藥山) 오공(吳公)[7]의 소유가 되었다. 내가 어려서 독서하고 강학하던 곳이 실로 이곳이었다. 약옹(藥翁)이 세상을 떠난 뒤에 자식이 미약하여 지키지 못하고, 다시 나에게 넘겨주었다. 천지 만물에 일정한 주인이 없는 것이 이러하다.

언덕이 황폐해져 어느덧 무너져 내릴 지경이 되었기에 내가 대충 돌로 쌓았다. 석축(石築)이 3단이고, 그 위에 단(壇)을 만들었다. 그곳에 앉아 보면, 수령(樹齡)이 얼마나 되는지 알 수 없는 잣나무는 가지와 잎이 너르게 펼쳐져 집의 용마루를 뒤덮었고, 뿌리는 늙어 땅에 드러난 채 뻗어 나가 돌을 이고 있기도 하고 단을 뚫고 지나기도 하는데, 기이하고 웅장하여 깔고 앉을 만하다. 푸른 껍질에 붉은 비늘을 지닌 소나무는 드리운 그늘이 못에 가득하고 바람이 일지 않아도 자연히 공허한 소리를 낸다. 회나무는 아득히 하늘까지 닿아 우러러볼 수 있어도 가까이할 수는 없다. 단풍은 봄과 여름이면 그 잎이 층층이 쌓인 금화(金貨) 같고, 가을에 진홍빛 치마가 태양에 빛나면 채색 무리

7 약산(藥山) 오공(吳公) : 오광운(吳光運, 1689~1745)으로, 본관은 동복(同福), 자는 영백(永伯), 호는 약산이다.

가 멀리 창과 벽까지 비춘다. 이것이 모두 단을 에워 서서 단의 빼어난 정취를 돕는 것들이다.

단은 목멱산(木覓山)을 정면으로 마주하고 있어 푸르른 산 빛을 손으로 딸 수 있을 듯하다. 하얗게 칠한 성가퀴는 옆으로 둘러쳐 소나무 사이에서 오르내리고 꺾이며 숨었다 보였다 한다. 숭례문이 떡 하니 그 입을 벌리고 있으니, 거기로 드나드는 수많은 거마(車馬)와 사람들을 앉아서 셀 수 있다. 도봉(道峯)의 몇몇 봉우리가 동쪽 남기 속에 아득히 보이는데, 총총히 늘어선 모습이 관성자(管城子)가 껍데기를 벗고 뾰족한 끝을 드러낸 듯하다. 이것이 모두 멀리서 단을 비추어 단의 안계(眼界)를 이룬 것들이다.

매번 하늘이 조금 노을에 물들 무렵이면 도성 남쪽의 일만 가옥에는 등불이 점철되니, 별이 흩어 있고 바둑알이 펼쳐 놓인 듯하다. 이윽고 하얀 달이 찬찬히 떠오르면 잣나무며 소나무며 회나무며 단풍이 열이랑 뜰 안에 그림자를 거꾸로 드리운다. 긴 것, 짧은 것, 엉성한 것, 조밀한 것이 각각 그 형체에 따라 다른데, 서리고 웅크린 용들이 발밑에서 종으로 횡으로 살아 움직이는 듯하다. 이것이 가장 기이한 단의 경치로서, 단에서 밤을 겪어 보지 못한 사람은 알 수 없는 것이다.

나는 단을 매우 사랑한다. 때로 젊은 급문(及門) 제자 2, 3십 명으로 하여금 그 위에서 시를 읊고 부(賦)를 짓게 하여 그들의 민첩함과 수준의 고하(高下)를 시험해 보았고, 그렇지 않을 때는 매일 지팡이를 짚고 단에 올랐는데, 객도 언제나 나의 뒤를 따라 올랐다. 마침내 단에 기대어 명(命)하기를 "경사(經史)를 잘 담론하고 도의(道義)를 잘 말할 수 없다면 단에 올라서는 안 된다. 시를 잘 지을 수 없다면 단에 올라서는 안 된다. 바둑을 잘 둘 수 없고 거문고를 잘 탈 수 없다면 단에 올라서는 안 된다. 산수(山水)와 연하(煙霞)를 제대로 평론할 수 없다면 단에 올라서는 안 된다." 하였다. 명을 마치고는 써서 벽에 붙였다. 이것을 도 처사(陶處士)의 "나는 취해서 자려고 한다."라는 말[8]과 비교하면 어느 경우가 후하고 박한지 모르겠다.

8 도……말 : 도 처사는 진(晉)나라의 고사(高士) 도잠(陶潛)을 가리킨다. 그는 성품이 솔직하고 매임이 없어 벗과 함께 술을 마시다가 자신이 먼저 취하면 벗에게 "나는 취해서 자려고 하니, 그대는 돌아가게."라고 했다고 한다. 《晉書 隱逸列傳 陶潛》

보통문[9]을 중건한 일에 대한 기문

普通門重建記

서경(西京 평양(平壤))은 큰 도회지이다. 그곳에는 대동문(大同門)이라는 문과 보통문(普通門)이라는 문이 있다. 남쪽에서 오는 사람은 대동문을 거쳐 보통문을 통해 나가고, 서쪽에서 올라오는 사람은 보통문을 먼저 거친 뒤에 대동문을 지난다. 모두 성의 정문이다. 하지만 서경 사람들은 유독 보통문을 '신문(神門)'이라고 부르며 유난히 귀중하고 특별하게 여긴다.

모란봉(牧丹峯)[10]이 아스라이 고운 자태로 서경의 진산(鎭山)이 되어 오른쪽으로 펼쳐지고, 그 한 갈래가 봉긋 솟아 칠성문(七星門)[11]을 품고 난 뒤에 산비탈이 구불구불 이어져 마치 허리띠를 두른 듯하고 활시위를 당긴 듯하다. 그 갈래가 3, 4리쯤 이어지다 보통강(普通江)[12]을 만나 멈추는데, 강을 거슬러 오던 창광산(蒼光山)[13]의 지맥(地脈)이

9 보통문(普通門) : 평양 중성(中城)의 서북쪽 보통강(普通江) 가에 있는 문이다. 고구려 때 창건된 뒤로 누차 중건과 보수를 거쳤다. 1774년(영조50) 번암이 평안도 관찰사로 부임했을 당시에 매우 쇠락한 상태였으므로 1775년 3월 중순부터 중건(重建)을 시작하여 그해 5월에 완공하였다.

10 모란봉(牧丹峯) : 평양성 북쪽에 위치한 금수산(錦繡山)의 한 봉우리이다. 이곳에 북성(北城)이 축조되어 있으며 을밀대(乙密臺), 부벽루(浮碧樓)가 있다.

11 칠성문(七星門) : 평양 내성의 서북쪽에 있는 문으로, 보통문보다 북쪽에 있다.

12 보통강(普通江) : 평양강(平壤江)이라고도 부른다. 대동강의 제1지류로, 평원군(平原郡)에서 발원하여 평양성 서북쪽을 흐르다가 평양성 서남쪽에서 대동강으로 흘러든다.

그 갈래와 서로 만난다. 그 형세가 마치 사람이 머리를 꼭 맞대고 뭔가를 주고받은 뒤에 그치는 듯하니, 얼핏 보면 그것이 하나는 물길을 따라오고 다른 하나는 물길을 거슬러 온 다른 지맥이라는 사실을 알지 못한다. 보통문은 바로 그 교차점에 세워져 있다. 그 산등성이에 성을 쌓아 중성(中城)이라고 부르는데, 그 안을 넓게 구획하여 영부(營府)를 배치하고 가옥 수만 호(戶)를 거주하게 하였다.

세상 사람들은 이 문이 기자(箕子) 때에 창건되었다고 전한다. 이 말을 내가 상고할 수는 없지만, 이를 통해 서경의 오래된 유물이라는 것은 알 수 있다. 선조 임진년(1592, 선조25)에 명나라 장수가 이 문으로 들어와 왜적을 크게 무찔렀다. 당시에 화전(火箭)이 문에 고슴도치 털처럼 날아와 박혔는데도 문이 끝내 불타지 않았으므로 명나라 병사들이 신령스럽게 여겼다. 서경의 사람들이 신문이라고 부르는 것은 이 때문이다.

금상 50년(1774, 영조50)에 내가 외람되이 관서(關西)의 관찰사에 제수되어 성지(城池)의 형세를 두루 살피다가 보통문의 문루(門樓)에 올랐다. 모두 2층으로, 옛 규모가 매우 웅장하였으나 기둥은 썩어 기울어지려 하였고, 서까래는 네 모퉁이가 아래로 늘어져 산이 무너질 듯 위태로운 상황이었으며, 기와는 모두 제자리를 벗어나 흘러내려 마치 뒤따르는 것이 앞선 것의 뒤에 미쳐서 서로 함께 머물러 있지 못하고 쉼 없이 떨어지는 것 같았다. 그 아래를 지나는 사람들은 발걸음을 재촉하며 떨어지는 물건이 자신의 정수리를 칠까 항상 두려워하였다. 내가 이에 곁에 있던 사람들을 돌아보며 탄식하기를,

13 창광산(蒼光山) : 평양성 서남쪽에 위치한 산이다.

"어찌 이리도 위태롭단 말인가. 배와 수레가 지나는 요충지이고 연경(燕京)의 사신이 지나며 바라보는 곳이거늘 국가의 위엄이 손상되지 않을 수 있겠는가."

하니, 곁에 있던 사람들이,

"이것은 서경 사람들에게도 유감입니다."

하였다.

나는 이듬해 봄에 늠전(廩錢) 몇천을 덜어 낸 뒤에, 일에 능한 비장(裨將)을 발탁하여 그 일을 주관하게 하였다. 3월 중순에 착수하여 50여 일이 소요되고서야 공사가 완료되었다. 재목(材木)은 옛것을 쓴 것이 20분의 1이었고, 기와는 전체를 새로 이었으며, 단청은 전보다 조금 화려해졌다. 성문은 예전에는 나무판이었는데, 쇠로 겉을 입혔다. 일꾼은 모두 품삯을 상정(商定)해서 고용하고 한 사람의 백성도 동원하지 않았다.

완공을 고할 무렵 나는 마침 북쪽을 순시하고 돌아오던 중이었다. 버들이 그늘을 드리우고 소나무가 푸르른 사이로 꿩이 날며 춤추는 듯한 건물과 경물이 새롭게 바뀐 모습을 보고는 참으로 기뻤다. 마침내 날을 가려 낙성식(落成式)을 거행하였다. 빛나는 지붕과 화려한 기둥 아래에는 기생과 악사(樂師)가 기예를 펼치고, 성 언덕에 설치된 장막에는 장인(匠人)들이 술에 취해 춤을 추고, 사녀(士女)들이 모여들어 구경하는 곳에는 거리에 이는 먼지로 자욱하였는데, 사람들은 해가 기우는 줄도 몰랐다.

술이 거나해지자 곁에 있던 장교(將校)와 선비가 모두 앞으로 나와 말하기를,

"이 문이 수리되었어야 했는데도 수리되지 못한 채 얼마간 세월이

흘렀습니다. 하늘이 우리 공을 사랑하여 이 일을 완성하고 아름답게 하였습니다. 사물이 허물어지고 이루어지는 것에는 본래 일정한 때가 있어 그러한 것이 아니겠습니까."

하였다. 이에 내가 말하였다.

"아, 그대들은 서경에서 수리되어야 하는데도 수리되지 못한 것이 보통문뿐이라고만 알고 있는가? 내가 보기에는, 부고(府庫)의 재화(財貨)가 텅 비어 변방 요해처의 대도시가 황량하게 붕괴되려고 하니, 이것을 기둥이 썩어서 기운 것과 비교할 때 과연 어떠한가? 백성들이 가렴주구(苛斂誅求)를 견디지 못해 수습할 수 없는 우환이 조만간 이르게 될 것이니, 이것을 서까래의 네 귀퉁이가 무너져 내린 것과 비교할 때 과연 어떠한가? 훌륭한 유풍(流風)을 계승한 땅에 교화가 사라진 지 오래되었다. 풍속이 무너진 것이 마치 물이 날마다 흘러내려 만회할 수 없는 것처럼 되어 버렸으니, 이것을 기와가 날마다 땅에 떨어진 것과 비교할 때 과연 어떠한가? 내가 국가의 큰 은혜를 입고 중책(重責)에 임명되었으나, 이 세 가지에 대해 하나도 구폐(舊弊)를 개혁하여 새로운 정책을 베푼 것이 없이, 한낱 이 문을 수리하는 일에 연연했을 뿐이었다. 사물이 허물어지면 간혹 때를 기다려 보수가 이루어지기도 하지만, 민생이 허물어진 경우에는 장차 무엇을 기다려야 한단 말인가."

그러고는 읍(揖)하고 물러 나와 마침내 이 말을 기록하여 나중에 부임해 오는 사람으로 하여금 내가 근본을 버려두고 말단에 힘쓴 것이 부끄러워할 만한 일이었음을 알게 하였다.

견산루[14]에 대한 기문

見山樓記

내 친구 상서(尙書) 홍군평(洪君平)은 남산(南山) 아래에 집이 있다. 올해 봄에 남쪽 담장 밖의 땅 몇 이랑을 구획하여 평상시에 거처할 건물 몇 칸을 지으면서 그 동쪽으로 연이어 작은 누각을 만들었다. 공이 퇴근한 뒤 여가에 한가로이 평상복을 입고 조석으로 올라 경치를 조망하였는데, 소나무와 회나무며 바위와 골짜기 등 남산에 붙어 자태를 이룬 모든 것들이 다 자기 궤안(几案)의 물건이었다. 군이 흔연히 기뻐하며 도령(陶令)의 시[15]를 읊고는 누각을 '견산루(見山樓)'라 이름을 붙인 뒤에 번암자(樊巖子)에게 그 편액을 써 달라고 부탁하였다. 번암자는 웃으며 다음과 같이 말하였다.

"저 남산은 왕궁이 마주 대하는 바이고 도성 백성들이 우러러보는 바이며, 도성 인근에 살며 번화한 도성을 출입하는 사람이라면 눈을 들고 모두 보니, 어찌 군평이 보는 것만이 보는 것이 되겠는가. 더구나 군의 누각은 산기슭을 베고 누워 전면에 산을 마주하고 있으니

14 견산루(見山樓) : 홍명한(洪名漢, 1724~1774)이 남산 기슭 자신의 집에 지은 누각이다. 홍명한은 본관은 풍산(豐山), 자는 군평(君平), 호는 시림(市林)이다. 대사헌 홍경보(洪景輔)의 아들이다.

15 도령(陶令)의 시 : 도령은 진(晉)나라의 은자로서 팽택 영(彭澤令)을 지낸 도잠(陶潛)을 가리킨다. 그는 국화를 유달리 좋아하였는데, 그의 시 〈음주(飮酒)〉에 "동쪽 울타리 밑에서 국화를 따다가, 유연히 남쪽 산을 바라보네.〔採菊東籬下, 悠然見南山.〕"라는 구절이 전한다.

눈을 가리지 않는 이상, 산을 보지 않으려 해도 보지 않을 수 없는 형세이다. 지금 이름을 지어 편액을 걸고 마치 다른 사람이 보지 못하는 것을 볼 수 있는 것처럼 하니, 나는 그것이 옳은지 모르겠다.

또 맹자(孟子)의 '물을 보는 데 방법이 있다.'[16]라는 말을 생각해 보면, 산과 물은 사물 가운데 서로 짝이 되는 것이니, 산을 보는 데 유독 방법이 없다고 할 수 있겠는가. 도연명(陶淵明)이 국화를 따며 남산을 바라보았을 때 필시 무한한 정취가 일어 은연중 마음에 합치되거나 혹은 느껴 깨닫는 점이 있었을 터이지만, 고인(古人)의 시는 담백하고 미묘하여 단지 '유연(悠然)'이라는 두 글자만으로 말로 다 하지 못하는 오묘함을 다 포괄하였으니, 이는 시를 아는 사람이 아니면 이해할 수 없는 것이다.

무릇 산이라는 것은 흙이 쌓인 것이다. 처음에는 흩어져 있다가 자리를 잡아 우뚝 솟아 언덕이 된 것은 조물주가 우연히 만든 것 같지만, 천지가 개벽한 이래 이치로써 사물을 보자면, 모두가 일부러 그렇게 하지 않아도 그렇게 된 점이 있는 것이다. 오악(五嶽)[17]은 중화(中華)에 있어 각기 주재(主宰)하는 바가 있으니 일단 논하지 않겠다. 비록 우리 수도(首都)를 가지고 말하더라도, 백악산(白岳山)이 북쪽의 진산(鎭山)이 되고 목멱산(木覓山)이 남쪽의 진산이

16 물을……있다 : 《맹자》 〈진심 상(盡心上)〉에 "물을 보는 데는 방법이 있으니 반드시 그 급한 여울을 보아야 한다.〔觀水有術, 必觀其瀾.〕"라는 말이 나온다. 이에 대해 주희(朱熹)는 "흐르는 물을 보면 근원이 있음을 알 수 있다."라고 해석하였다.

17 오악(五嶽) : 중국에서 사람들이 신성시했던 다섯 개의 산을 말하는데, 동악(東嶽) 태산(泰山), 서악(西嶽) 화산(華山), 남악(南嶽) 형산(衡山), 북악(北嶽) 항산(恒山), 중악(中嶽) 숭산(嵩山)을 말한다.

되어 자리를 서로 침범하지 않으며, 형세를 서로 양보하지 않는다. 국가가 등급에 따라 망제(望祭)를 지내 존숭하는 까닭은 북쪽에서 일어나는 상서롭지 못한 기운을 북쪽을 진압하는 산이 제어할 수 있으며, 남쪽에서 일어나는 상서롭지 못한 기운을 남쪽을 진압하는 산이 억누를 수 있기 때문이 또한 아니겠는가. 만약 북에 있으면서 북쪽 진산 노릇을 제대로 하지 못하고 남쪽에 있으면서 남쪽 진산 노릇을 제대로 하지 못하여 뭇 신령(神靈)으로 하여금 흩어져 통솔됨이 없게 하고 자신의 훌륭한 것은 버려둔 채 남의 것을 부러워하게 만든다면, 이것은 진산의 수치이자, 성인인 공자(孔子)께서 '고라고 하겠는가, 고라고 하겠는가.〔觚哉觚哉〕'[18]라고 말씀한 경우와 거의 비슷하지 않겠는가. 군평이 산을 보고 마음에 터득한 것이 아마도 이 점에 있을 것이다."

그러고는 누각의 편액을 쓰고 기문을 지어 산을 보면서도 보는 방법을 모르는 사람들에게 훈계하였다.

예전에 내가 시림(市林) 홍 상서(洪尙書)를 위해 누각의 기문 한 편을 짓게 되었는데, 신중을 기하느라 미처 탈고하지 못하였다. 그러던 중에 시림이 어느덧 작고하고 말았다. 옛날 종자기(鍾子期)가 죽자 백아(伯牙)는 평생토록 다시는 거문고를 연주하지 않았다.[19]

18 고라고 하겠는가……하겠는가 : 이름과 실제가 서로 부합하지 않는 것을 비유하는 말이다. 《논어》 〈옹야(雍也)〉에 "고라는 그릇이 모나지 않으면, 고라고 하겠는가, 고라고 하겠는가.〔觚不觚, 觚哉觚哉!〕"라고 탄식한 공자의 말이 나온다. 고(觚)는 술 그릇 혹은 필묵을 담는 그릇 등 모가 있는 기명(器皿)을 말한다.

19 종자기(鍾子期)가……않았다 : 춘추 시대 거문고의 명인 백아가 높은 산을 염두에

기문이 비록 남아 있다고는 하나 내가 어떻게 차마 다시 읽겠는가. 마침내 책 상자 속에 버려둔 지 여덟 성상(星霜)이 지났다. 올해 우연히 정리되지 않은 초고(草稿) 가운데에서 이 기문을 발견하고는 눈물을 흘리며 조용히 읊조렸다. 어찌 두 공부(杜工部)가 고 촉주(高蜀州)를 그리워했던 정도일 뿐이겠는가.[20] 구천(九泉)에 전해 보여 줄 수 없기에 기록하여 후인들로 하여금 우리 두 사람이 서로 돈독하게 기약하고 면려했던 일을 알도록 하였다.

두고 연주를 하면, 친구인 종자기가 그 음악 소리를 듣고는 "멋지다, 마치 태산처럼 높기도 하구나.〔善哉! 峩峩兮若泰山.〕"라고 평하였고, 흐르는 물을 염두에 두고 연주를 하면 "멋지구나, 마치 강하처럼 넘실대는구나.〔善哉! 洋洋兮若江河.〕"라고 평하였는데, 종자기가 죽고 나서는 백아가 더 이상 세상에 지음(知音)이 없다고 탄식하며 거문고 줄을 끊어 버리고 다시 연주하지 않았다고 한다. 《列子 湯問》《呂氏春秋 本味》

20 두……뿐이겠는가 : 두 공부는 공부 원외랑(工部員外郞) 벼슬을 지낸 두보(杜甫)를, 고 촉주는 촉주 자사(蜀州刺史)를 지낸 고적(高適)을 가리킨다. 두보가 대종(代宗) 대력(大曆) 5년(770) 1월에 글을 모아 둔 상자를 정리하다가, 10여 년 전에 고적이 1월 7일 인일(人日)에 자기를 그리워하며 보냈던 시를 발견하고 눈물을 흘리며 수답하는 〈추수고고촉주인일견기(追酬故高蜀州人日見寄)〉 시를 지었다. 그 내용 중에 "오늘 아침 글 상자를 열었다 눈이 번쩍 뜨였나니, 눈물 흘리며 그윽이 읊으매 옛날의 그때가 어제만 같아라.〔今晨散帙眼忽開, 迸淚幽吟事如昨.〕"라는 구절이 있다.

매선당[21]에 대한 기문

每善堂記

매선당(每善堂)은 서울 보은동(報恩洞)[22]에 있는데, 내가 자고 거처하는 집이다. 내가 말하지 않으면 사람들이 내가 건물에 이러한 이름을 붙인 의미를 알 수 없고, 말하자니 매번 말하기에 앞서 눈물을 억눌러야 했으니, 마음만 지닌 채 이루지 못한 지 오래였다. 하지만 내가 눈물을 억눌러야 한다는 이유 때문에 끝내 선인의 뜻을 밝히지 않는다면, 이것은 나의 우매함과 완고함을 가중하는 짓이니, 내가 정말 차마 말할 수 없지만, 또 한편으로 차마 말하지 않을 수 없다.

지난날 나의 선친께서 병세가 위중해 기식(氣息)이 미약해진 가운데 세상을 떠나려 할 때 소자의 손을 잡고는 "매사에 선(善)을 다해라."라고 말씀하셨다. 오호라, 생사의 갈림길에서 부자지간에 가르침을 주고자 하는 경우가 많지만, 선친께서는 오직 선 한 글자만 말씀하고 다른 것은 언급하지 않으셨으니, 평소 몸소 실천하고 마음에 터득하신 것이 이것을 넘어서 있지 않았던 것이다. 그러므로 손을 잡고 부탁하신 말씀도 이것뿐이었다. 부자지간에 서로 깊이 알아주는 것은 고인(古人)들도 어렵게 여겼던 일이다. 더구나 어리석고 못난 소자 같은 사람이

21 매선당(每善堂) : 번암이 살던 보은동 집의 서재 이름이다. 번암이 부친 채응일(蔡膺一)의 "매사에 선을 다해라."라는 유언(遺言)을 기리며 붙인 이름이다. 《여유당전서(與猶堂全書)》 권13에 〈매선당기(每善堂記)〉가 보인다.

22 보은동(報恩洞) : 남대문 근처에 있던 광통방(廣通坊)에 속한 마을의 이름이다. 《신증동국여지승람(新增東國輿地勝覽)》에는 '보은단동(報恩緞洞)'이라고 하였다.

가정에서 선친의 가르침을 받을 때 어떻게 제대로 관찰한 바가 있었겠는가. 하지만 자식으로서 나의 부친을 46년 동안 모셨으니, 우리 부친의 말씀과 행동과 독서(讀書)와 궁리(窮理) 그리고 집에 들어와 거처하실 때의 일과 벼슬에 나아가 공무를 수행하실 때의 일 같은 것에 대해 혹여 한 가지라도 모르는 것이 없었으며, 한 가지라도 순수하게 선에서 나오지 않은 것이 없었으니 또한 소자가 어찌 마음속으로 보고 느끼는 바가 없었겠는가.

소자가 성군(聖君)을 만나 세상에 없던 은혜를 입고 안으로는 기밀(機密)을 논의하는 조정에 참여하고 밖으로는 왕명을 두루 베푸는 방백(方伯)의 자리에 오르자, 나의 부친께서는 자애로운 지극한 마음으로 깊이 기뻐하고 절절히 근심하셨다. 기뻐한 것은 가문의 명성을 계승함을 기뻐하신 것이요, 근심한 것은 나라의 은혜를 저버릴까 근심하신 것이다. 소자가 조정에 들어가 임금께 아뢰고 외직에 나가 백성을 다스릴 적에 혹시라도 임금의 덕을 바로잡고 백성의 고충을 살핀 경우가 있으면 기쁨에 잠을 이루지 못하셨고, 그렇지 못할 경우에는 근심에 또한 잠을 이루지 못하셨다. 세상의 아버지로서 자기 자식이 선하기를 바라는 것은 누구나 다 그러하다. 하지만 나의 부친께서 나 소자에게 기대하고 나 소자에게 면려하신 것은 친함으로 보자면 부자(父子)의 관계요, 엄함으로 보자면 사생(師生)의 관계이다. 그러므로 병상에서 숨을 헐떡이며 거의 일어나지도 깨어나지도 못하는 상황에서 지성(至誠)이 맺힌 나머지 요어(要語)로써 훈계하셨으니, 마치 단전(單傳)으로 은밀히 당부하는 것과 비슷한 점이 있었다. 소자는 울면서 받들고는 자나 깨나 감히 잊지 않았다.

옛날 태사공(太史公) 사마담(司馬談)이 한나라 왕실의 봉선(封禪)

의식에 참여할 수 없어 울분에 찬 나머지 죽게 되었을 때, 아들인 사마천(司馬遷)의 손을 잡고 울면서 "우리의 선조는 주나라 왕실의 태사(太史)였다. 내가 태사이면서도 평론과 기록을 못 하여 천하의 역사 문헌을 끊어지게 하였으니, 나는 매우 두렵다. 너는 이 점을 유념할지어다."라고 하였다.[23] 사마천이 마침내 석실(石室)과 금궤(金匱)에 소장되어 있던 문서를 엮어 부친이 세상을 떠날 때 했던 당부를 저버리지 않을 수 있었다. 오호라, 사마담은 울분 때문에 죽었으니 이미 명(命)을 아는 사람이 아니었고, 자신 아들에게 당부한 것도 저술하는 일에 불과했으니, 나의 부친께서 바른 운명에 숨을 거두면서 훌륭한 유언을 남기신 것에 비하면 동등한 수준으로 볼 수 없는 것이다.

하지만 나 소자가 만약 조석으로 두려워하며 선친의 유언을 제대로 가슴에 새기지 않는다면, 어진 선친께서 알 뿐만이 아니라 "나에게 내 뒤를 계승하는 군자가 있다."라고 말씀하지 않으려 하실 것이고, 또한 마땅히 나를 사마천의 입장에서 보면 죄인이라고 여기실 것이니, 두려워 않을 수 있겠으며, 힘쓰지 않을 수 있겠는가. 나의 집에 이렇게 편액을 단 것은 조석으로 이것을 돌아보며 마치 나의 선친께서 엄숙하게 자리에 계신 듯이 여기려는 것이다. 내가 이것으로써 나의 몸을 편안하게 하고 내 자손들이 이것으로써 전가(傳家)의 비결(秘決)로 삼아 대대로 실추하지 않는다면, 나의 선친께서 남겨 주신 뜻을 거의 저버리지 않게 될 것이다.

23 태사공(太史公)……하였다 : 사마담이 하간(河間) 지역인 주남(周南)에서 병이 위독해져 무제(武帝)가 태산(泰山)에 봉선하는 의식에 자신이 참가하지 못하게 되자 화가 치밀어 번민하던 끝에 결국 죽음에 이르게 되었는데, 이때 사마천에게 이 일을 언급하며 반드시 태사가 될 것을 유언으로 남겼던 일을 가리킨다. 《史記 太史公自序》

분호정[24]에 대한 기문

分湖亭記

윤이중(尹彝仲)이 벼슬을 버리고 가족을 이끌고 용진강(龍津江) 가로 물러나 은거하고는 자신의 정자를 '분호정(分湖亭)'이라 명명했다. 이에 앞서 지헌(持憲) 권숙기(權叔紀)[25]가 그곳에 터를 잡고 이중을 불러 함께하면서 강을 남북으로 나누어 거처하게 되었으므로 정자를 이 이름으로 명명했던 것이다. 언젠가 이중이 나를 방문하여 한마디 말로 기문을 써 주기를 청하니, 내가 듣고는 비웃으며 다음과 같이 말해 주었다.

"이중의 견해가 어찌 이토록 오활하단 말인가. 하늘이 한번 물을 생성한 이래로 크게는 강과 바다, 작게는 시내와 계곡을 이루어 광대하게 넘실대며 기운이 운행하여 자연히 흘러간다. 사람이 어떻게 그것을 개인의 힘으로 나눌 수 있겠으며, 강호(江湖)가 어찌 사람에게 나누어지기를 원하겠는가. 천하 사람의 눈은 같은 것이다. 이중

24 분호정(分湖亭) : 1780년(정조4) 사헌부 장령으로 있던 윤필병(尹弼秉, 1730~1810)이 서명응(徐命膺)을 탄핵하다가 권력자의 미움을 받자 사직하고 용진(龍津)에 물러나 지은 정자이다. 윤필병은 본관은 파평(坡平), 자는 이중(彝仲), 호는 무호암(無號庵)이다.《性齋集 卷28 無號庵尹公行狀》용진은 남한강과 북한강이 만나는 양수리의 옛 이름으로, 그 앞의 강을 용강(龍江) 또는 용진강(龍津江)이라고 불렀다.

25 권숙기(權叔紀) : 권이강(權以綱, 1730~?)으로, 본관은 안동(安東), 자는 숙기(叔紀)이다.《司馬榜目》윤필병과 권이강은 모두 병조 좌랑을 지낸 홍길보(洪吉輔)의 문인(門人)이자 사위로서 매우 친밀한 사이였다. 윤필병이 벼슬에서 물러나 용강에 살 때 권이강도 사헌부 지평에서 물러나 용강에 거주하고 있었다.

이 물을 보면 숙기도 그것을 보고, 숙기가 물을 보면 이중도 그것을 보니, 강호를 함께한다고 말해야 옳을 것인데, 나는 나눈다고 하는 것이 타당한지 모르겠다. 그리고 이중은 앞서의 일을 경계할 줄 모르는가? 천하의 근심은 나누는 것보다 근심스러운 일은 없으며, 천하의 곤란함은 또한 나누는 것보다 곤란한 일은 없다. 성대했던 삼대(三代)에는 위로는 조정으로부터 아래로 서민, 밖으로 사해(四海)에 이르기까지 모두가 그 마음을 함께하여 정도(正道)로 귀의하였으니, 당시에는 통일되었을 뿐이었다.

후세에는 그렇지 않았다. 다투는 것이 부귀(富貴)였으니, 인욕(人慾)에 빠져 반드시 이익을 독점하려고 하였다. 자신을 붙좇는 자가 아니라면, 비록 한 줌의 작은 이익이라도 남에게 주려고 하지 않았다. 이에 이른바 '분붕(分朋)'이라는 이름이 생겨났다. 한(漢)나라, 당(唐)나라, 송(宋)나라, 명(明)나라 이래로 그 마음에서 생겨나 그 정사(政事)에 해를 끼치는 것은 근심의 원인이 나누는 것에 있었다. 더구나 사람의 수준이 한나라, 당나라, 송나라, 명나라 때에 미치지 못하면서, 그 폐해가 이것보다 백배인 경우는 어떠하겠는가. 윗자리에 있는 사람이, 권력을 쥔 자가 이익을 독점하고 남과 공유하지 않는 것을 근심하여 혹은 그로 하여금 균등하도록 하니, 윗자리에 있는 사람을 속이고 숨기는 것에도 많은 방법이 있었다. 나누는 것이 진실로 무엇보다 근심스럽고 무엇보다 곤란한 일이거늘 다시 나누는 지경에 있게 되지 않았겠는가.

이중이 문학과 재주를 지니고도 궁중의 옥서(玉署)에서 성대히 쓰이지 못하고, 실의(失意)하여 미관말직에서 떠돌다 강호로 돌아온 것은 또한 나눔이라는 근심거리가 빌미가 되었던 것이다. 그런데 이중이 그것을 경계로 삼지 않고 도리어 자신의 정자에 이름을 붙였으니, 내가 꾸짖기에도 겨를이 없는데 어찌 다시 말을 허비하여 그것을 포장해 줄 수 있겠는가. 비록 그렇지만, 나 역시 강호를 그리워하는 사람이다. 더 늙기 전에 벼슬에서 물러나 이중, 숙기와 함께 용호(龍湖)를 세 등분으로 나누어 살고자 하는 생각을 지녔는데, 혹시라도 사람들이 나를 비웃는 것이 내가 이중을 비웃는 것보다 못하리라 장담할 수 없음이 두렵다."

우선 이렇게 기록하고서 이것으로 스스로를 비웃어 본다.

취은당[26]에 대한 기문

醉隱堂記

은(隱)이라는 것은 곤궁한 자의 일이니, 사람이 바랄 만한 일이 아니다. 그런데 고금의 홍유(鴻儒)와 석사(碩士)로서 재야(在野)에 은거한 사람들은 대체로 스스로 은이라 명명하고 마치 즐거이 하는 것처럼 하는 경우가 많다. 이것이 정말 은에 즐거운 맛이 있어서 그러한 것인가, 아니면 흉중에 끝내 불평한 점이 있어서 은을 빌려 그 불평함을 풀려는 것인가?

이형(姨兄)인 한자삼(韓子三) 보(甫)는 은거할 사람이 아닌데, 은으로 호를 지었으므로 내가 애석하게 여기는 바이다. 형은 약관 때부터 준수한 기상을 지녔으니, 사람들이 형을 보고 대할 때 본래 엉성한 기틀을 지닌 사람으로 대우하지 않았다. 게다가 과거 공부를 통해 학식을 배양하고 실력을 쌓으며 오랫동안 각고의 노력을 기울였다. 그사이 일찍이 향시(鄕試)에 누차 합격하였으나 끝내 운이 없어 한 번도 과거에 합격하지 못한 채 어느덧 5, 6십 세가 되었다. 때로 술상을 차리게 하여 흉금을 풀곤 하였는데, 술이 거나해지면 문득 탄식하기를 "명이로다. 내가 이미 밀어서 남에게 주었으니, 어찌 다시 젊은이들과 득실을 다툴 수 있겠는가." 하였다. 마침내 금강(錦江) 가에 은거하여 취은당(醉隱堂)이라고 집에 편액을 걸었다.

26 취은당(醉隱堂) : 번암의 이형인 한자삼(韓子三)이 금강 가에 지은 정자이다. 한자삼은 자(字)가 자삼(子三)인 듯하다.

생각해 보면, 나는 소년 시절부터 형을 파남(坡南)[27]의 집으로 쫓아다니며 책상을 나란히 놓고 고인(古人)의 책을 읽었다. 장성해서는 회시(會試)에 함께 응시하기도 하고 대정(大庭)에 함께 들어가기도 하였다. 내가 매번 형의 문장을 보면 넉넉하고 민첩하여 물이 용출하고 산이 솟아오른 듯하였는데, 형은 한번 급제하기를 땅 위의 지푸라기 줍듯이 여겼으니 그 지기(志氣)가 얼마나 장대하였던가. 그런데 도리어 나는 노둔한 발걸음으로 임금의 보좌하는 지위에 먼저 올라 성세(盛世)에 임금의 지우를 입고 차례차례 팔좌(八座)의 숭반(崇班)에 올랐다. 하지만 형은 예전처럼 포의(布衣)로 지내며 때로 서울에 들어와 나의 집에 묵는데, 두 눈은 이미 어두워지고 두 살쩍에는 상설(霜雪)이 내렸다. 서로 마주하여 술을 권할 때마다 언제나 하늘이 사람을 판별하는 안목이 없는 것에 유감을 품었다.

비록 그렇지만, 은거해야 하는데 은거하지 않는 것은 선비의 수치이고, 은거해서는 안 되는데 은거하는 것은 세도(世道)의 책임이다. 나와 같은 사람은 두 임금께 은혜를 입고 말년이 되도록 편안히 지내며 시를 읊조리니, 어디 가서 읊은들 사영시(思潁詩)[28]가 아니랴. 하지만 끝내 아직 건강할 때 사직을 청하여 동강(東岡)[29]에 은거할 뜻을 꾀하지 못

27 파남(坡南) : '청파(青坡)의 남쪽'이라는 뜻으로, 번암이 살던 도저동(桃渚洞) 일대를 가리킨다.

28 사영시(思潁詩) : 송(宋)나라 구양수(歐陽脩)가 영주 지사(潁州知事)로 부임하여 그곳의 순박한 백성과 자연을 좋아해서 그곳에서 여생을 마치려고 하였다. 그런데 뜻대로 되지 않았고, 그곳을 떠난 뒤에는 영주에 대한 그리움을 시로 써서 10여 편에 이르렀다고 한다. 《谷齋續筆 卷16 思潁詩》

29 동강(東岡) : 은거지를 뜻한다. 후한(後漢)의 주섭(周燮)이 벼슬길에 나아가지 않

하고 있는데, 도리어 나의 형은 뛰어난 재주와 학문을 지녔으면서도 곤궁하고 불우하게 살며 술에 취해 은거한 채 세상을 하찮게 여기고 자신의 뜻대로 살고 있다. 나는 우선 취은당에 대한 기문을 지으면서 나의 부끄러움을 기록하고, 겸하여 세도(世道)를 맡은 사람에게 알려서 조금이나마 자신의 책무를 알 수 있게 하였다.

자, 누군가 "선세(先世)로부터 훈작(勳爵)과 은총을 연달아 받았는데 그대만 어찌 유독 동쪽 산비탈〔東岡〕을 지키는가?"라고 한 데서 유래한 말이다. 《後漢書 周燮列傳》

불운정 활쏘기에 대한 기문[30]

拂雲亭射記

규장각(奎章閣) 동북쪽 작은 언덕에 대나무로 얽은 정자가 있는데, 불운정(拂雲亭)이라고 한다. 덕(德)을 관찰하기 위한 것이다.[31] 상께서 새로 즉위하고 규장각을 세우라 명하셨다. 열조(列朝)의 어제(御製)를 보관하고 천하의 기서(奇書)를 구해 채우니 찬란함이 그보다 더할 수 없었다. 하지만 문(文)은 치우쳐서는 안 되는 것이다. 이에 유사(有司)에게 명하여 법식에 따라 터를 닦고 과녁을 세우게 하셨는데, 정자는 실로 그것이 바라보이는 곳이었다.

과녁은 흰 바탕에 아홉 가지 동물을 그렸다. 곰이 그 중간에 그려져 있고, 곰의 상하와 좌우에 호랑이, 수리, 기러기, 토끼, 꿩, 사슴, 원숭이, 물고기가 각각 차례로 사리 구획되어 있다. 깃발을 잡고 과녁의 좌우에 엎드려 있는 자도 아홉이었는데, 활을 쏘는 자가 한 가지 동물을 맞히면 깃발이 북소리에 따라서 그에 해당하는 깃발을 드는 것이다.

30 불운정(拂雲亭)……기문 : 1777년(정조1) 4월 중순 정조가 불운정에 거둥하여 신하들과 활쏘기를 했던 일을 기록한 글이다. 불운정은 규장각 동북쪽 언덕에 있던 대나무로 얽은 정자로, 활쏘기를 관망하던 곳이다.

31 덕(德)을……것이다 : 활쏘기를 통해 덕을 관찰한다는 말이다. 《예기(禮記)》 〈사의(射義)〉에 "활쏘기는 진퇴(進退)와 주선(周旋)이 반드시 예(禮)에 맞아야 한다. 마음이 바르고 자세가 곧아야 활과 화살을 잡을 때 바르고 안정되고, 활과 화살을 잡을 때 바르고 안정되어야 적중을 말할 수 있다. 활쏘기를 통해 덕행을 살필 수 있다."라고 하였다.

오직 곰을 맞힐 때만은 깃발 아홉 개를 동시에 들고, 연속으로 화살 다섯 개를 맞히면 또 그와 같이 한다. 활쏘기의 제어는 한결같이 정자 아래에 세워 둔 큰 깃발 두 개의 명을 따르는데, 하나는 구후(九帿) 깃발이고 다른 하나는 대사(大射) 깃발이니, 모두 상께서 명하시는 것이다.

금상 1년(1777, 정조1) 맹하(孟夏) 중순에 상께서 인정전(仁政殿)에서 선비들을 시험하고 아침에 이 정자에 도보로 납시어 근신(近臣)에게 결습(決拾)[32]을 착용하고 앞으로 나오게 하고는 친히 활쏘기를 하셨다. 화살이 모두 7, 8십 개였는데, 연속으로 발사하여 모두 과녁을 맞히니 마치 연주(聯珠)를 꿰는 것 같아 신의 도움이 있는 것이 아닌가 생각되었다. 이것은 성인(聖人)의 여사(餘事)로서 활쏘기를 업으로 삼는 자가 미칠 수 있는 것이 아니었으니, 아름답고도 성대하였도다. 옛날 공자(孔子)가 확상(矍相)의 채마밭에서 활쏘기를 할 때 구경꾼이 많아 담을 둘러친 듯하였다.[33] 활을 잡고 화살을 쏘는 일은 사람이면 능히 할 수 있은 일이니, 어찌 유독 공자만 능했겠는가. 하지만 활쏘기가 있은 이래로 사람들이 공자와 동등할 수 없었던 것은 공자의 마음을 제대로 배우지 못하였기 때문이다.

지금 우리 성상께서 통달하시는 것은 옛 경전(經典)이요, 계책을 세우시는 것은 백성과 국가이다. 활쏘기가 비록 육예(六藝)의 한 가지

32 결습(決拾) : 활을 쏠 때 쓰는 기구이다. 결은 뼈로 만들어 시위를 당기는 오른 손가락에 끼는 것이고, 습은 가죽으로 만들어 시위가 스치는 왼팔에 착용하는 것이다.

33 공자(孔子)가……듯하였다 : 확상은 춘추 시대 노(魯)나라의 지명이다. 공자가 제자 자로(子路)와 함께 확상의 채마밭에서 향사례(鄕射禮)를 행한 바 있다. 《禮記 射義》

이지만, 어느 겨를에 이것에 마음을 쓰시겠는가. 지금 종일토록 과녁을 쏘며 화살마다 홍심(紅心)을 맞히시니, 확상에서의 활쏘기와 비교하여 손색이 있는지 모르겠다. 성상께서는 공자를 배우신 분이다. 공자를 배우는 데 도가 있으니, 그 마음을 터득하는 것일 뿐이다. 마음을 진실로 터득한다면, 어찌 활쏘기만 공자의 활쏘기와 같을 뿐이겠는가. 만나는 일마다 확장시켜 학문으로 나아가고 정사(政事)로 나아가 마음이 하고자 하는 바를 따르더라도 법도를 벗어나지 않는 경지에 이르시기를 신은 장차 손을 모으고 기다릴 것이다. 활쏘기에 배종한 신하는 대사마(大司馬) 신 채제공, 대사공(大司空) 구윤옥(具允鈺), 대장(大將) 서명선(徐命善), 대종백(大宗伯) 홍낙성(洪樂性), 좌대언(左代言) 이의익(李義翊), 우대언(右代言) 정민시(鄭民始)이다.

금상 1년 맹하에 보국숭록대부(輔國崇祿大夫) 행 지중추부사 겸 병조판서 규장각제학(行知中樞府事兼兵曹判書奎章閣提學) 신 채제공이 절하고 머리를 조아리며 하교를 받들어 기록한다.

활을 하사하신 일에 대한 기문[34]

賜弓記

활쏘기는 육예(六藝)의 한 가지이니, 어찌 하찮게 여길 수 있으랴. 나는 자라면서 활쏘기를 배우지 않았다. 배우기를 원하지 않았던 것이 아니라 그럴 여가가 없었던 것뿐이다. 정유년(1777, 정조1) 봄에 규장각(奎章閣)이 완성되었다. 상께서 불운정(拂雲亭)[35]에 나아가 근신(近臣)에게 활쏘기를 명하셨다. 신은 당시 대사마(大司馬)였는데, 신을 불러 앞으로 나오게 하고 함께 활쏘기를 하라 명하셨다. 화살이 번번이 아래로 깔리면서 과녁에 미치지 못하고 중도에 떨어졌다. 이렇게 여러 번 반복되자 상께서 조용히 물러나라 명하셨다. 이튿날 다시 근신과 무신(武臣) 가운데 활쏘기에 능하기로 이름난 자에게 활쏘기를 명하셨는데, 신은 부르지 않으셨다. 상께서는 아마도 억지로 할 수 없는 일을 강요하지 않고자 하신 듯하다. 맹자(孟子)는 "남만 못한 것을 부끄러워하지 않는다면 어떻게 남보다 나은 점이 있으랴."라고 하였다. 대사마라는 직책은 뭇 무인을 관할하는 자리이다. 상을 앞에 모실 때 반드시

34 활을……기문 : 1777년(정조1) 3월 정조가 춘당대(春塘臺)에서 신하들과 활쏘기를 벌였다. 병조 판서로서 이전에 활쏘기를 못하여 창피를 당하였던 번암은 활쏘기를 열심히 익혀 단기간에 실력이 일취월장하였고, 이 자리에서 뛰어난 활쏘기 실력을 선보였다. 정조는 번암을 크게 칭찬하고 어궁(御弓)을 하사하였다. 번암이 감격하여 이 일을 기록한 글이다.

35 불운정(拂雲亭) : 규장각 동북쪽 언덕에 있던 대나무로 얽은 정자로, 정조가 활쏘기를 관망하기 위해 세웠다.

활을 활집에 담고 화살을 전통에 꽂으니, 만약 갑자기 황급한 사태가 발생하면 그로 하여금 상을 호위할 수 있게 하려는 것이다. 신은 서생(書生)으로 비록 그러한 복장이 걸맞지 않다고 하지만, 지금 대사마이면서도 밀려나 활쏘기 반열에 참여하지 못하였으니, 마음에 유독 부끄러움이 없겠는가.

이튿날 용호영(龍虎營)에 나아가 맞힐 과녁을 설치하게 하였는데, 종일토록 하나도 맞히지 못하였다. 다시 그 이튿날 또 쏘았는데 종일토록 전날처럼 맞히지 못하였다. 다시 이튿날에 비로소 어쩌다 날아가 맞힌 것이 있었다. 이에 열흘 동안 날마다 활쏘기를 하여 하루 종일 쉬지 않았는데, 맞힌 것이 반을 차지하기도 하였다. 수십 일이 지나자 맞히는 경우가 많아지고 맞히지 못하는 경우는 적어졌다.

어느날 상께서 춘당대(春塘臺)에 나아가 다시 근신에게 활쏘기를 명하셨는데, 신도 거기에 끼었다. 당시 상께서 신이 근래 활쏘기를 익힌다는 소문을 어렴풋이 들었지만 여선히 믿지 못하고 놀려 주려 하신 것이었다. 신이 오른쪽에 활을 쥐고 왼쪽에 화살을 쥐고서 종종걸음으로 활터에 서서 한 발을 발사하였는데, 휙 날아가 명중하였다. 소리와 깃발이 찬란히 올라가고 북소리가 둥둥 울려 퍼졌다. 상께서 기이하게 여기고는 중동(重瞳)[36]을 모아 바라보셨다. 화살 다섯 개 가운데 적중한 것이 네 개였다. 근신 가운데 활쏘기를 잘한다고 자부하는 자가 상에게 아뢰기를 "아무와 승부를 겨루는 것으로 내기를 해 보겠습니다." 하니, 상께서 웃으며 허락하셨다. 마침내 짝을 지어 활을 쏘았는

36 중동(重瞳) : 눈 하나에 동자가 둘이 있는 것을 이르는데, 옛날 순(舜) 임금이 중동이었던 데서 전하여 군왕을 가리킨다.

데, 신을 능가하지 못했을 뿐만 아니라 도리어 화살 한 발을 못 미쳤다. 상께서 크게 경탄하며 "사흘 만에 만나 눈을 비비고 본다는 말이 경을 두고 한 말이구나. 연로하여 쇠약하면서도 재주가 이러하니 내가 실로 가상히 여기노라."라고 하교하고는 어궁(御弓) 하나를 들어 친히 하사하셨다. 신이 절하고 머리를 조아리고는 말씀을 받들고 종종걸음으로 나왔다. 그날 좌우에 모시는 신하들이 모두 놀라 나를 달리 보았다.

오호라, 천하의 일을 사람들은 하지 않음을 근심할 뿐이니, 한다면 어찌 이루지 못할 일이 있겠는가. 나는 자라면서 활쏘기를 할 수 없었던 처지였는데도 하루아침에 분발하여 힘을 쓴 지 겨우 순월(旬月) 만에 하우(下愚)의 수준에서 상재(上才)의 칭호를 얻었고, 상께서는 칭찬한 뒤에 진심 어린 선물을 하사하셨다. 지난날 내가 활쏘기에 능하지 못했던 것은 단지 게으름 때문이었으니, 어찌 재주의 잘못이랴. 공자(孔子)가 "인(仁)을 행하는 것은 나로 말미암는 것이지 남으로 말미암는 것이랴."[37] 하였는데, 활쏘기도 오히려 이와 같은 것이다. 군자가 인을 행할 적에 심력을 다해 추구하지 않다가 결국 남만 못한 결과로 귀착되는 것이 옳겠는가. 이것을 기록하여 세상에 자신을 해치고 자신을 버리는 자를 경계하는 바이다.

금상 1년 계춘 하순에 보국숭록대부(輔國崇祿大夫) 행 지중추부사 겸 병조판서 규장각제학(行知中樞府事兼兵曹判書奎章閣提學) 신 채제공이 절하고 공경히 기록한다.

37 인(仁)을……것이랴 : 《논어》 〈안연(顔淵)〉에 "사욕을 이기고 예로 돌아가는 것이 인이다. 하루라도 사욕을 이기고서 예로 돌아가면 천하가 그 인을 허여할 것이다. 인을 행하는 것은 나로 말미암는 것이지 남으로 말미암는 것이랴.〔克己復禮爲仁. 一日克己復禮, 天下歸仁焉. 爲仁由己, 而由人乎哉?〕"라는 공자의 말이 나온다.

소수운정[38]에 대한 기문

小水雲亭記

오경삼(吳景參)이 처자식을 이끌고 하루아침에 단양(丹陽)의 산골짜기로 들어가 수운정(水雲亭)을 중수하여 살면서 나에게 기문을 청하였다. 내가 웃으며 이렇게 응답하였다.

"천하에 한순간도 쉬거나 멈추지 않는 것으로는 물만 한 것이 없으며, 사방을 떠돌기를 좋아하는 것으로는 구름만 한 것이 없다. 군이 이 정자에 오래 머물 수 없다는 것이 거의 여기서 조짐이 보이지 않는가. 군의 뛰어난 재주와 학문으로 성군(聖君)께서 위에 계신 시절을 만났으니, 물고기와 물이 투합하고[39] 바람과 구름이 회합하는[40] 일이 요컨대 조만간 벌어질 것이다. 그리고 군이 비록 물과 구름을 실이 소유하고자 하나 물과 구름이 그것을 받아들일까? 정자에서조차 오래 머물 수 없거늘 기문을 써서 어디에 쓰겠는가."

얼마 안 있어 경삼이 괴과(魁科)에 급제하고 성상께 지우(知遇)를

38 소수운정(小水雲亭) : 오대익(吳大益, 1729~?)이 1777년(정조1) 덕천 군수(德川郡守)로 부임하여 지은 정자이다. 오대익은 본관은 동복(同福), 자는 경삼(景參)이다.

39 물고기와 물이 투합하고 : 임금과 신하가 서로 뜻이 맞음을 뜻한다. 유비(劉備)가 제갈량(諸葛亮)을 처음 만나서 곧 친밀해지자 관우(關羽)와 장비(張飛)가 불평하였다. 이에 유비가 말하기를 "내가 공명(孔明)을 얻은 것은 고기가 물을 얻은 것과 같으니, 자네들은 다시 말하지 말게."라고 한 데서 온 말이다. 《三國志 蜀書 諸葛亮傳》

40 바람과 구름이 회합하는 : 명군(明君)과 충신(忠臣)이 만남을 말한다. 《주역》〈건괘(乾卦)〉에 "구름은 용을 따르고 바람은 범을 따른다."라고 한 데서 온 말이다.

입어 대성(臺省)과 옥서(玉署)[41] 사이에서 명성을 날렸으니, 나의 말이 적중한 것이다. 가만히 생각건대, 경삼이 수운정을 잊은 것은 통발과 올가미가 쓸 곳이 없어진 것[42]과 같다.

금상 1년(1777, 정조1) 여름 경삼이 덕천(德川)의 수령이 되어 나갔다. 덕천은 관서(關西)의 산골짜기 고을이다. 그가 대령(大嶺)을 넘을 때는 별을 부여잡고 부임하였는데, 둘러싸인 협곡과 겹겹한 관문은 모두 관리가 자취를 남길 수 없는 험준한 곳이었다. 고을에 이르자 훤히 들판이 트이고 긴 강은 밝은 모래사장을 띠었고 민가는 점점이 바둑알처럼 펼쳐져 있었다. 구름과 이내가 낮에 피어오르니 관사(官舍)의 주렴과 안석 너머로 보이는 풍경은 완연히 무릉도원을 그린 병풍이었다.

이에 앞서 화재가 나서 덕천의 관아가 불타 버렸다. 경삼이 부임하여 완전히 새로 지었는데, 남은 자재로 작은 정자 한 채를 지었다. 그러고는 조석(朝夕)으로 그 안에서 거문고를 타고 시를 읊으며 '소수운정(小水雲亭)'이라고 편액을 걸었다. 이것으로 보자면 경삼은 평소의 뜻을 잊지 않았던 것이다. 비록 그렇지만, 나의 관점에서 보자면 천지 사이에 가득 찬 것은 모두 물과 구름뿐이다. 사람이 만약 사물을 잘 관찰한

41 대성(臺省)과 옥서(玉署) : 대성은 대간(臺諫)과 같은 말로, 사헌부와 사간원의 벼슬을 통틀어 이른다. 옥서는 홍문관의 별칭이다. 대성과 옥서는 모두 청요직(淸要職)이다.

42 통발과……것 : 《장자》 〈외물(外物)〉의 "통발은 고기를 잡는 것인데 고기를 잡고 나면 통발은 잊어버리고, 올가미는 토끼를 잡는 것인데 토끼를 잡고 나면 올가미는 잊어버리는 것이다."라는 구절에 나온다. 올가미나 통발은 곧 어떤 목적을 달성하기 위한 도구나 방편의 뜻으로, 목적을 달성한 다음에 버려야 할 것을 의미한다.

다면 물을 보고 자신의 지조를 깨끗이 하고 구름을 보고 다투지 않음을 배울 것이다. 저 넘실대며 성대히 흐르는 물과 가벼이 밝게 떠가는 구름은 어디서든 내가 취해 완상(玩賞)할 수 있는 사물이니, 어찌 꼭 정자에 이름을 붙인 뒤에야 비로소 가두어 소유할 수 있는 것이겠으며, 또한 어찌 꼭 단양과 덕천이 물과 구름이 귀착하는 곳이 되겠는가. 그리고 천하의 물과 구름은 하나이니, 어찌 방향과 처소(處所), 큼과 작음을 구분할 수 있겠는가. 그런데 지금 경삼은 절박하게 그 사이에 구별을 두어 비교하기를 그치지 않으니, 또한 하나의 망녕된 짓이다. 내 생각으로는 저 물과 구름이라는 것이 경삼의 견해가 편협하다고 여기지 않는다고 장담할 수 없을 듯하다. 더구나 객사(客舍)에 거처하는 관리로서 경삼은 허리에 찬 부죽(符竹)[43]조차 오래 지닐 수 없는 처지인데도 우연히 서로 만난 외물을 취해 자신의 소유로 삼았다. 그리고 정자는 반드시 이름을 붙일 가치가 충분하지도 않으며, 이름은 기문을 지어 꾸미기에도 충분하지 않다. 경삼이 본디 이토록 사리에 어둡단 말인가.

나는 늙었다. 조정의 벼슬살이에 지쳐 명덕산(明德山)[44] 산속에 작

43 부죽(符竹) : 한(漢)나라 때 한 지방을 맡아 다스리는 지방관에게 내려 주었던 부절인 죽사부(竹使符)를 가리킨다. 지방관이 부임할 때 동호부(銅虎符)와 죽사부를 둘로 나눈 다음 오른쪽은 경사(京師)에 두고 왼쪽은 지방관에게 주었는데, 군사를 출동하는 데에는 동호부를 쓰고 그 나머지 일에는 죽사부를 써서 신표(信表)로 삼았다. 《漢書 文帝紀》 여기서는 지방관의 직책을 의미한다.

44 명덕산(明德山) : 지금의 서울특별시 강북구 번동 인근에 있던 산 이름으로 추정된다. 번암이 60세 무렵부터 이 산의 계곡인 번계(樊溪) 가에 연명헌(戀明軒), 춘성당(春星堂), 적취정(積翠亭) 등의 건물을 지어 별업(別業)을 조성하고, 여기에 자주 머무르며 도성을 왕래하였다. 번암이라는 호도 이곳의 지명에서 유래한 것이다.

은 정자를 사서 흐르는 물을 악기로 삼고 흰 구름을 병풍으로 삼았으니, 비록 나를 '수운주인(水雲主人)'이라 불러도 내가 사양하지 않는 바이다. 경삼이 만약 뜻이 있다면 마땅히 화산(華山)의 반을 아끼지 않고 떼어 주어[45] 그와 함께 그곳에서 노년을 마치리라. 그런 뒤에야 비로소 참된 수운정이 될 수 있을 것이다.

45 화산(華山)의……주어 : 송(宋)나라 명신 장영(張詠)이 젊었을 때 벼슬을 단념하고 지금의 섬서(陝西) 화음시(華陰市) 남쪽 화산에 은거하던 당대의 명사 진단(陳摶)을 흠모하여 화산의 반쪽을 나누어 그와 함께 머무르기를 원했다는 데서 나온 말이다. 《澠水燕談錄 卷2 名臣》

금수정[46] 중수에 대한 기문
金水亭重修記

천지(天地)는 본래 여관이다. 사람은 여관 속에서 각자 알맞은 자리를 점유하여 자신의 소유로 삼는다. 다만 자신이 영원히 여관의 주인이 될 수 없기 때문에 자식에게 전하고 손자에게 주는 것이니, 마치 섶에서 섶으로 불이 전해지는 것과 비슷한 점이 있다. 그렇다면 비록 여관이라 하더라도 주인이 없다고 할 수 없으며, 그 주인인 자도 여관이라 해서 계승하지 않아서는 안 되는 것이 분명하다. 소 상국(蕭相國)은 전택(田宅)을 반드시 궁벽한 곳에다 마련하였다.[47] 이것은 이치에 통달한 듯하면서도 고루함에 가까운 행동이었다. 이문요(李文饒)는 자손에게 화초 한 포기 나무 한 그루도 잃지 말라고 훈계하였

46 금수정(金水亭) : 척약재(惕若齋) 김구용(金九容)의 차자(次子)인 김명리(金明理)가 영평천(永平川) 가에 세운 정자로, 본래 이름은 우두정(牛頭亭)이었다. 금수정(錦水亭)이라고도 한다. 영평 팔경(永平八景)의 하나로, 경기도 포천시 창수면 오가리에 있다. 그 주변 바위에는 금수정의 주인인 안동 김씨의 사위였던 봉래(蓬萊) 양사언(楊士彦)이 쓴 '녹기금 백아심(綠綺琴伯牙心)'으로 시작되는 〈증금옹(贈琴翁)〉 시, '취대(翠臺)' 등의 초서(草書)와 조선 중기의 명필(名筆) 석봉(石峯) 한호(韓濩)가 쓴 '동천석문(洞天石門)', '금수정' 등의 해서(楷書)가 새겨져 있다. 김명리는 본관은 안동(安東)이고 관직은 부사(府使)를 지냈다.

47 소……마련하였다 : 한(漢)나라 개국 공신으로 고조(高祖)의 승상을 지낸 소하(蕭何)는 만년에 전택을 반드시 궁벽한 곳에 마련하고 집에 담장도 치지 않으면서 말하기를 "후손이 어질면 나의 검소함을 본받을 것이고, 어질지 못하더라도 세가(勢家)들에게 빼앗기지는 않을 것이다." 하였다. 《史記 蕭相國世家》

다.[48] 이것은 사물을 지나치게 좋아했지만 이치에는 통달하지 못한 수준을 면치 못한 행동이었다. 지금 정자와 누대를 마련해 두었으면서도 고루한 지경에 이르지 않고, 또 화초와 나무 때문에 외물에 매이지 않은 경우로는 오직 동음(洞陰 포천(抱川))의 금수정(金水亭)이 있을 뿐이다.

정자가 김씨(金氏)의 소유가 된 지 수백 년이 되었다. 김씨의 분묘(墳墓)가 여기에 있고 전원(田園)이 여기에 있다. 벼슬에 나가면 조정에서 우뚝 활약하였고 벼슬에 나가지 않을 때는 구업(舊業)을 굳건히 지켰으며, 시내와 폭포를 울타리로 삼고 암벽과 봉우리를 침석(枕席)으로 삼았으니, 경성(京城) 주위 수백 리 안에서 정자로 이름을 붙인 곳 가운데 감히 이른바 금수정과 견줄 곳이 없다. 이는 하늘이 신령한 곳을 설치하여 김씨에게 베풀어 준 것이다.

내가 일찍이 도백(道伯)으로 있을 때 순시를 하다가 그곳에 들어가 정자에 올라 술잔을 들고 물을 굽어보며 앉았다. 양사언(楊士彦)과 한경홍(韓景洪 한호(韓濩))의 필적(筆蹟)을 어루만지고, 벽 사이에 쓰인 이동주(李東州)[49]의 시문과 희암(希菴) 선생[50]의 상량문(上樑文)을

48 이문요(李文饒)는……훈계하였다 : 이문요는 당 무종(唐武宗) 때 회남 절도사(淮南節度使)에서 들어와 정승이 되었던 이덕유(李德裕)로, 문요는 그의 자(字)이다. 낙양(洛陽)에서 30리 떨어진 곳에 별장인 평천장(平泉莊)을 조성하였는데, 기화요초(琪花瑤草)가 만발하고 누각들이 마치 신선이 사는 곳과 같았다. 그는 자손들에게 "평천장을 파는 사람은 내 자손이 아니요, 평천장의 나무 한 그루, 돌멩이 하나라도 남에게 주면 훌륭한 자제가 아니다."라고 하였다 한다.《古今事文類聚 前集 卷14 戒子孫鬻石》

49 이동주(李東州) : 이민구(李敏求, 1589～1670)로, 본관은 전주(全州), 자는 자시(子時), 호는 동주이다.

읽으면서 배회하고 우러러보았는데, 산의 해가 기우는 줄도 몰랐다. 다만 저 정자의 지대가 높아 사람이 조석으로 거처할 수 없었으므로, 남기와 안개에 부식되고 새들에게 쪼여 기운 곳도 있고 쓰러진 곳도 있다는 점이 아쉬웠다.

올해 봄에 김군 택인(金君宅仁)이 나에게 정자를 개수한 전말을 말한 뒤에 나에게 기문을 청하였다. 가만히 생각건대, 화(和)가 만든 활과 수(垂)가 만든 화살과 태(兌)가 만든 창이 국가와 관련하여 무슨 연관이 있기에 고명(顧命)하는 때 진열하고 사신(史臣)이 기록하기를 경건히 하였던가.[51] 이는 구물(舊物)을 보여 보존하기 위해서이니, 바로 홍업(洪業)을 보존하는 것이다. 우리 조정의 사대부가 성(姓)을 얻은 이래 그 관작을 대대로 계승하고 장토(莊土)를 구획 지어 살아 마치 땅을 나누어 봉해 준 듯하였다. 후손들이 만약 잘 계승하지 못하여 마침내 실추한다면 나라가 없어지는 것과 무슨 다름이 있겠는가. 지금 김씨는 대대로 인물이 배출되어 국가의 위난(危難)을 안정시킨 공로가 있었다. 한 구역에 우뚝 있는 사물인 정자에 이르러서도 오히려 이러한데, 더구나 정자보다 위대한 것은 어떠하겠는가. 내가 이에 한편으로는 정자가 주인을 제대로 만난 것을 경하하고 한편으로는 김씨가 조상의 유업을 제대로 계승한 것을 경하하였다. 그리고 이 정자를 능히

50 희암(希菴) 선생 : 채팽윤(蔡彭胤, 1669~1731)으로, 본관은 평강(平康), 자는 중기(仲耆), 호는 희암이다. 번암의 종조조부(從祖祖父)이다.

51 화(和)가……하였던가 : 《서경》 〈고명(顧命)〉에 "윤(胤)나라에서 만든 춤추는 옷과 대패(大貝)와 큰북은 서방(西房)에 있고, 태가 만든 창과 화가 만든 활과 수가 만든 대나무 화살은 동방(東房)에 있었다."라는 말이 나온다. 태, 화, 수는 모두 각각 창, 활, 화살을 만드는 장인의 이름이다.

허물어지지 않게 한 것으로 말하자면, 대대로 전해 온 시서(詩書)의 구업을 보존한 것이 이 정자를 성실하게 보존한 것 이상으로 훌륭한 만큼, 이 기문을 써서 주지 않을 수 없다.

구절산 모당[52]에 대한 기문
九節山茅堂記

나는 일찍이 평안도 관찰사로 부임한 적이 있다. 서경(西京)은 어진 분이 다스리던 옛 도읍이기에[53] 필시 재주를 지니고 행실을 닦았으나 먼 지방이라는 점 때문에 당세에 이름을 드러내지 못한 인물이 있을 것이라 생각하고는 몰래 초야(草野)에서 그러한 사람을 찾아보았다. 하루는 감영(監營)의 뜰에서 선비들을 시험하다가 책문(策文) 한 편을 얻었는데, 글의 이치가 볼만한 것이 시골 학구(學究)가 미칠 수 있는 수준이 아니었다. 마음속으로 기이하게 여기면서 그 말미에다 "그 글을 보고 그 사람은 보지 않을 수 있겠는가."라고 썼다. 이름을 열어 보니 글과 사람이 각각 달랐는데, 천천히 물색해 본 끝에 홍군(洪君)을 찾아냈다. 군의 이름은 추종(秋鍾)이고 자는 풍보(豐甫)였다. 그를 예(禮)로 맞이해서 지닌 바를 알아보니 문(文)은 참으로 유창하여 좋아할 만하였고, 시에 더욱 힘을 쏟아 오언(五言), 칠언(七言) 각 시체별로 모두 체재를 갖추었다. 마음이 말하고자 하는 것을 붓으로 표현하지

52 구절산(九節山) 모당(茅堂) : 평양(平壤) 출신의 문인(文人) 홍추종(洪秋鍾)이 대동강 동쪽 구절산 기슭에 지은 초당(草堂)이다. 홍추종은 번암이 1774년(영조50)부터 1775년까지 평안도 관찰사로 재직할 때 교유했던 인물이다.

53 서경(西京)은……도읍이기에 : 주(周)나라 무왕(武王)이 은(殷)나라 주왕(紂王)를 정벌한 뒤에 주왕의 숙부인 기자(箕子)를 조선(朝鮮)에 봉하였고, 기자는 지금의 평양을 도읍으로 삼아 정전제(井田制)를 시행했다는 설이 전한다. 서경은 평양의 별칭이고, 어진 분은 기자를 가리킨다.

못하는 것이 없었으며, 장편(長篇)이나 거작(巨作)도 전아(典雅)한 정취가 끝이 없었으니, 이런 인재를 당대의 사대부 학사(學士) 중에서 찾아봐도 대적할 사람이 드물었다. 이에 나는 군이 재주를 품은 채 궁곤하게 늙어 감이 애석한 일이라는 것을 알게 되었다.

군은 스스로 말하기를 기성(箕城)에 집이 있었는데, 강 동쪽의 구절산(九節山) 아래로 이주한 지 몇 년 되었다고 하였다. 내가 산에 사는 삶에 무슨 즐거움이 있는지 물었더니, 군은,

"특별한 즐거움은 없고, 조용하고 외진 것을 즐길 뿐입니다. 살고 있는 집은 띠로 이은 초가로 겨우 8, 9칸 정도이고, 집 앞뒤로는 복숭아와 자두를 심어 이제 사람 키 정도로 자랐습니다. 봄이 저물어 꽃이 필 때면 새들이 그 위에서 지저귀는데, 그 소리가 참 듣기 좋습니다. 궁벽한 시골이라 기이한 서적은 없을지라도 책상 위에는 경전(經傳) 몇 질(帙)을 흩어 두고 마음대로 집어 읽습니다. 독서가 물리면 시를 지어 큰 목소리로 읊으며 유유자적 즐깁니다. 근방의 학생들이 와서 글자를 물으면 그들의 재주에 따라 성심껏 이끌어 줍니다. 대나무 도시락에 담긴 보잘것없는 밥도 제때 먹지 못하는 것이 본래 가난한 선비의 일상이니, 어느 겨를에 마음을 그런 것에 쓰겠습니까."

하였다.

나는 그의 말을 듣고는 기뻤다. 그리고 생각건대, 서경은 음악과 여색(女色)과 물화(物貨)와 재리(財利)의 부고(府庫)로, 모든 사람이 해가 뜨면 그것들을 추구하고 해가 져도 추구하기를 그치지 않는다. 비록 선비라는 명색을 지닌 자라도 남보다 뛰어나게 지조를 지키는 경우가 아니라면 대체로 이러한 행태를 면치 못하니, 감영에 찾아와 청탁하며 이익을 얻으려 급급해하는 것을 부끄럽게 여기지 않는다.

그런데 유독 군은 남들이 좋아하는 것을 버리고 남들이 취하지 않는 것을 좋아하여 몸을 거두어 숨긴 채 시서(詩書)만을 좋아하며, 감영에서 군을 찾는 경우가 아니면 군은 감영을 찾은 적이 전혀 없었으니, 군은 남보다 훨씬 어질도다. 이에 나는 군이 행실을 닦은 선비로서, 재주를 품은 채 궁곤하게 늙어 가는 것이 애석한 일임을 더욱 알게 되었다.

오호라, 향학(鄕學)의 세 가지를 가지고 교화(敎化)하며, 인재를 빈객(賓客)으로 예우하고 천거하는 것은 삼대(三代)의 제도이다.[54] 군은 늦게 태어나 사람들에게 빈객으로 예우를 받지 못하였고, 나도 인재를 빈객으로 예우할 지위에 있지만 제도에 구애되어 또한 실천할 수가 없었다. 알면서 실천할 수 없는 것은 몰라서 실천하지 않는 것만 못한 것이니, 탄식하고 애석해한들 무슨 소용이 있겠는가.

올봄에 군이 강포(江浦)의 우사(寓舍)로 나를 방문하였는데,[55] 서로 이별한 지 이미 4, 5년이 흐른 뒤였다. 양쪽 귀밑머리는 세어 버리고 얼굴은 조금 주름져서 어느새 늙고 쇠약해진 모습이었다. 그런데 유독 괴이하게도 그가 소매에서 꺼낸 〈적우(積雨)〉 시 일백 구(句)는 필력

54 향학(鄕學)의……제도이다 : 주(周)나라 때 향대부(鄕大夫)가 향학에서 세 종류의 교법(敎法)을 가지고 백성을 교화하고, 어질고 유능한 인재에게 향음주례(鄕飮酒禮)를 베풀어 빈객으로 예우한 뒤에 국학(國學)으로 올려보낸 것을 말한다. 《周禮 地官 司徒上》

55 올봄에……방문하였는데 : 1780년(정조4) 8월 번암은 대사간 조시위(趙時偉)가 홍국영(洪國榮)과 내통한 악역(惡逆)이라고 공격하자, 벼슬에서 물러나 노량(露梁)의 삼호(三湖)에 은거하였다. 따라서 홍주송이 삼호로 번암을 방문한 때는 1781년 봄으로 추정된다.

(筆力)이 호방하여 이 사람과 함께 쇠약해지지 않았으니, 무슨 까닭인가? 반나절을 서로 대화하던 중에 그가 나에게 구절산 모당의 기문을 자못 간절히 부탁하였다. 이 기문은 오래전에 승낙한 것을 여태 실행하지 못하다가 비로소 이렇게 쓴 것이다. 내가 문장이 뛰어나기 때문이 아니요, 풍속을 살피는 사람으로 하여금 채집하도록 하고, 재주를 지니고 행실을 닦은 선비가 궁곤하게 늙어 가는 것이 애석한 일임을 알게 하려는 것이다.

연명헌[56]에 대한 기문

戀明軒記

명덕산(明德山)은 청문(靑門)[57] 밖 10리쯤 되는 곳에 있다. 바위산이 감싸고 있어 산 밖으로 지나는 사람은 골짜기 안이 실제로는 널찍해서 폭포를 품고 있다는 사실을 알지 못한다. 그 물줄기가 깊은 골짜기로부터 흘러오다가 반석(盤石)을 만나면 콸콸 흩날리며 우는데, 바위의 형세가 바뀌면 소리도 따라서 변하여 잠깐 사이에 커지기도 하고 작아지기도 한다. 사방을 에워싼 산에는 소나무와 참나무 수천 그루가 울창하고 기이한 화초가 사시사철 끊이지 않고 핀다. 누대 앞을 구획하여 연못을 만드니, 연꽃 향기가 침석(枕席)을 감싸고 물고기와 새가 자유자재로 오르내린다. 초연히 태고(太古)의 정취가 있으니, 여기가 실로 나의 별업(別業)이다.

나는 평소에 거처하는 건물의 편액을 '연명헌(戀明軒)'이라 붙였다. 당(唐)나라 시인의 "곤궁해도 영달해도 명군이 그리운지라, 밭을 갈고 누에를 침도 근교에서 하네.〔窮達戀明主 耕桑亦近郊〕"[58]라는 시구의 의

56 연명헌(戀明軒) : 번암이 60세 무렵 동대문 10리 밖 명덕산 기슭에 지은 건물로, 연명(戀明)은 명군(明君)을 그리워한다는 의미이다. 번암은 연명헌 이외에 춘성당(春星堂), 적취정(積翠亭) 등을 지어 별업(別業)을 조성하고, 여기에 자주 머무르며 도성을 왕래하였다. 지금의 서울특별시 강북구 번동 인근이다.

57 청문(靑門) : 원래 한나라 장안성(長安城)의 동남쪽 문의 이름인데, 이후에 도성의 동쪽 문을 가리키는 말로 쓰였다.

58 곤궁해도……하네 : 당나라 때의 시인 전기(錢起)가 지은 〈동고조춘기랑사교서

미를 취한 것이다. 그런데 곁에 그것을 의아하게 여긴 사람이 있어 이렇게 말하기를,

"공의 건물 이름이 이상하군요. 군신(君臣)의 의리라는 것은 하늘에서 부여받아 본성(本性)에 근거한 것입니다. 신하로서 군주를 연모하는 것은 의리상 당연한 일이니, 어찌 스스로 원해서이겠습니까. 군주가 자신의 신하를 버리고 군주 가까이로 오지 못하게 한다면, 그 신하 된 입장에서는 가슴속에서 정(情)이 발현되어 연모하게 됩니다. 그러므로 굴 삼려(屈三閭)가 원수(沅水)와 상수(湘水) 사이에서 시를 읊으면서도 임금을 연모하는 정한(情恨)을 품었고,[59] 소설당(蘇雪堂)이 강가에서 물고기 잡고 나무를 하면서도 임금에 대한 그리움을 품었던 것이지요.[60] 두 사람은 그것을 즐겼던 것이 아니라

(東皐早春寄郎四校書)〉 시에 "봉록이 적은지라 농사에 힘쓰다가, 만년에 누추한 초가로 돌아왔네. 곤궁해도 영달해도 명군이 그리운지라, 밭을 갈고 누에를 침도 근교에서 하네.〔祿微賴學稼, 歲晩歸衡茅. 窮達戀明主, 耕桑亦近郊.〕"라고 하였다. 《錢仲文集 卷6》

59 굴……품었고 : 굴 삼려는 전국 시대 초(楚)나라 회왕(懷王)의 신하였던 삼려대부(三閭大夫) 굴원(屈原)을 가리킨다. 참소를 받아 쫓겨나자 강남(江南)의 원수와 상수 일대를 방랑하면서 〈이소(離騷)〉, 〈구가(九歌)〉, 〈천문(天問)〉 등과 같은 작품을 지어 자신의 억울함과 우국충정을 표현하였다. 초나라가 망하게 되었을 때 멱라수(汨羅水)에 투신하여 자살하였다.

60 소설당(蘇雪堂)이……것이지요 : 소설당은 송(宋)나라 때의 문인 소식(蘇軾)을 가리킨다. 설당은 그의 호이다. '오대시안(烏臺詩案)'이라는 필화(筆禍)에 걸려 황주단련부사(黃州團練副使)로 좌천되자 물고기를 잡고 농사를 짓는 한가한 삶을 살면서 〈적벽부(赤壁賦)〉, 〈후적벽부(後赤壁賦)〉와 같은 작품을 남겼다. 당시에 지은 〈수조가두(水調歌頭)〉의 "내가 바람 타고 돌아가고 싶구나, 경루옥우 높은 곳이 추위를 이기지 못할까 또 걱정일세.〔我欲乘風歸去, 又恐瓊樓玉宇, 高處不勝寒.〕"라는 구절은 신종(神宗)에 대한 그리움을 표현한 것이라고 한다.

불행한 일이 그들에게 있었기 때문이었습니다.

지금 공은 그들과는 처지가 다릅니다. 선왕(先王)의 인정을 받아 상경(上卿)의 지위에 올라 시종일관 예우를 받았으니, 역사상 견줄 사람이 드뭅니다. 성상께서 왕위를 이어받아 선왕의 일을 계승하고는 공을 기둥과 초석(礎石)처럼 여기고 공을 심장과 척추처럼 의탁하십니다. 하루라도 공이 없으면 성상께서는 뭔가를 잃어버린 듯이 허전하게 생각하십니다. 매번 빈대(賓對) 때는 삼공(三公)이 건의하더라도 반드시 공에게 물어서 그 가부(可否)를 결정하게 하십니다. 또한 일찍이 공에게 하유하기를 '지금 세상에 현인(賢人)이라고는 경(卿) 한 사람만을 볼 수 있다.' 하셨으니, 군신간의 의기투합이 지극하고 예우가 극진한 것이 참으로 대단합니다. 다만 수풀에 매복했던 도적들이 궁궐에 들어간 미인(美人)을 제멋대로 투기하여 모함하고 공격하기를 못 하는 짓이 없는 상황입니다.[61] 하지만 우리 임금께서는 명군(明君)이십니다. 조요경(照妖鏡)[62]을 가지고 높이 임어하여 그들이 음흉하고 괴이한 짓을 못 하게 하시니, 공에게 무슨 해가 있겠습니까. 공의 의리는 마땅히 험한 길 가기를 평지(平地) 가듯 여기고 목숨을 바쳐서 우리의 학문에 더욱 힘을 쓰고 우리의

61 수풀에……상황입니다 : 도적은 번암을 공격하는 노론을, 미인은 정조(正祖)의 신임을 받아 소명(召命)을 받은 번암을 비유한 말이다. 《주역》 〈동인괘(同人卦) 구삼(九三)〉에 "병사를 풀 속에 숨겨 둔다.〔伏戎於莽〕"라고 한 데서 온 말로, 해를 끼치기 위해 숨어 있는 도적이나 소인(小人)을 비유한 것이다.

62 조요경(照妖鏡) : 요마(妖魔)를 환히 비추어 낸다는 거울이다. 옛날 산에 들어가는 도사(道士)는 모두 이 거울을 등 뒤에 달고 다녔는데, 그렇게 하면 모든 요마가 감히 사람에게 가까이 다가오지 못했다고 한다. 《抱朴子 登涉》

지식을 더욱 실천하여 백성은 은택을 입고 사직(社稷)은 기댈 곳이 있게 해야 할 것입니다. 그런데 지금 공은 몸을 깨끗이 하여 세상을 멀리 떠나 사슴과 짝이 되어서는 마치 세상을 다 구제하는 것이 바람직한 일임을 모른 채 한낱 혼자 몸을 수양하는 것이 즐길 만한 일이라는 듯이 행동하시니, 저는 그것이 옳은 일인지 모르겠습니다. 상께서는 지금 자리를 비워 두고 현인을 기다리십니다. 그래서 공을 간절히 부르기를 마지않으시니, 역마(驛馬)를 타고 왕명을 받들고 온 사신이 날마다 거듭 이르고 있습니다. 공께서 만약 인시(寅時)에 입궐하여 묘시(卯時)에 성상을 알현하고 조정에 서게 된다면, 어떻게 밭 갈고 누에 치며 명군을 그리워하는 삶을 살 수 있겠습니까."

하였다. 나는 근심스레 한참 앉았다가 이렇게 말하기를,

"그대가 나를 책망한 말은 옳다. 나를 밝게 깨우쳐 주었다. 하지만 상께서 나를 등용한 것은 나 일신을 영예롭게 하기 위한 것이 아니라 장차 세상을 잘 다스리는 효과를 거두려고 하신 것이다. 내가 보답하기를 도모하는 것은 임금의 은혜를 사사로이 감사하게 여겨서가 아니라 장차 세상에 곧은 도리를 실천하고자 해서이다. 상께서 세상을 잘 다스리기 위해 나를 등용하지 않는다면 이는 그저 작록(爵祿)을 주신 것일 뿐이고, 내가 곧은 도리로 충을 삼지 않는다면 이는 그저 아녀자나 내시와 같을 뿐이다. 만약 그렇다면, 비록 만종(萬鍾)이나 되는 녹봉을 받고 천승(千乘)이나 되는 수레를 매어 탄다고[63] 해도 어찌 이것을 바위산과 폭포를 즐기는 즐거움과 바꾸겠는가.

63 만종(萬鍾)이나……탄다고 : 만종은 후한 녹봉이고 천승(千乘)은 많은 수레를 가리키는 것으로, 후한 녹봉을 받는 높은 관직을 의미한다.

그대는 한번 생각해 보라. 진실로 나로 하여금 차마 바로 떠나지 못하고 비틀거리는 노구(老軀)를 끌며 조정에 나아가게 한다면, 위복(威福)[64]을 훔쳐 농간하는 자들을 내가 물리칠 수 있겠으며, 성상의 뜻을 가탁하여 속이는 자들을 내가 죽일 수 있겠으며, 매나 개처럼 물어뜯는 자들을 내가 쫓아낼 수 있겠으며, 권력에 아첨하며 붕당짓는 폐습을 내가 개혁할 수 있겠으며, 비방하고 기만하는 구설(口舌)을 내가 막을 수 있겠는가. 이 몇 가지 일은 모두 내가 제대로 할 수 없는 일이거늘, 그대가 나에게 국가의 봉록을 먹으면서 국사(國事)를 태만히 하라고 권함이 옳겠는가. 영예에 치욕이 있는 것은 추위에 더위가 있는 것과 같다. 탐욕스럽고 더럽다는 무함을 정숙자(程叔子)도 입은 적이 있었으며,[65] 간당(奸黨)이라는 지목을 사마공(司馬公)도 면치 못하였다.[66] 옛 대현(大賢)과 군자도 오히려 이러하

64 위복(威福) : 본래 형벌을 주고 복을 주는 임금의 권력을 말하였는데, 나중에는 권력자가 권력을 농간하는 의미로 쓰였다. 《서경》〈홍범(洪範)〉에 "오직 군주만이 복을 짓고 오직 군주만이 위엄을 지을 수 있다.〔惟闢作福, 惟闢作威.〕"라고 하였다.

65 탐욕스럽고……있었으며 : 정숙자는 송나라 때의 학자 정이(程頤)의 자이다. 정이가 숭정전 설서(崇政殿說書)로 있을 때 소식(蘇軾)이 우간의대부(右諫議大夫) 공문중(孔文仲)을 사주하여 정이를 탄핵하였는데, 그 내용에 "정이는 더럽고 간사하여 본디 향대부(鄕大夫)로서의 행실이 없고, 경연(經筵)에서 아뢰는 말이 모두 외람되어 분수를 모릅니다. 귀신(貴臣)을 두루 찾아보고 대간(臺諫)을 두루 방문하여 어지럽게 이간하여 은혜와 원수를 갚습니다. 그리하여 시정(市井)에서 오귀(五鬼)의 괴수(魁首)로 지목하는 지경에 이르렀으니, 전리(田里)에 추방해서 전형(典刑)을 보이소서."라는 말이 있다. 《宋史紀事本末 卷10》

66 간당(奸黨)이라는……못하였다 : 사마공은 송나라 때의 문신 사마광(司馬光)을 가리킨다. 송나라 원우(元祐) 1년(1086)에 사마광이 재상이 되어 왕안석(王安石)의 신법(新法)을 폐지하고 옛 제도를 회복하였는데, 소성(紹聖) 1년(1094)에는 장돈(章

였는데, 더구나 나 같은 자가 조정에 빌붙어 내 마음을 믿고 내 도(道)를 믿고 있었으니, 사방에서 모함이 일어나는 것도 이치상 괴이할 것이 없었다. 여기에서 가소로워할 만한 점만 보일 뿐이지, 성낼 만한 점은 보이지 않는다. 만약 내가 물러난 것을 두고 그 단서가 여기에 있다고 한다면, 또한 피상적으로 나를 아는 것이 아니겠는가.

오호라, 우리 임금께서는 천 년에 한 번도 만나기 어려운 성군(聖君)이시다. 진실로 능히 하루아침에 분발하시면 정신이 집중하는 바에 천지가 변화하리니, 어찌 환도(驩兜)를 걱정할 것이 있겠으며, 어찌 말을 교묘하게 하고 얼굴빛을 좋게 꾸미면서 크게 간악한 마음을 품은 자를 두려워할 것이 있겠는가.[67] 사랑이 깊으므로 연모의 정이 절실하며, 연모의 정이 절실하므로 처마에 게시하고, 그럼으로써 조석으로 기원하는 성심을 담았다. 후대에 나를 알아주는 자는 오히려 이 편액에서 느끼는 바가 있으리니, 그대는 많은 말을 말게나."
하였다. 마침내 이 말을 기록하여 나의 연명헌에 대한 기문으로 삼았다.

惇)이 재상이 되자 신법을 회복하고 사마광을 간당으로 지목하여 조정에서 축출하였다. 《宋史 司馬光列傳》

67 어찌 환도(驩兜)를……있겠는가 : 《서경》 〈고요모(皐陶謨)〉에 우(禹)가 말한 내용에서 온 말이다. 환도는 요순 때 흉악한 네 사람 가운데 한 명으로, 숭산(崇山)으로 추방되었다.

춘성당[68]에 대한 기문
春星堂記

연명헌(戀明軒)에서 서쪽으로 3, 4십 보쯤 되는 곳에 따로 이은 초당(草堂)이 있는데, 자태가 그윽하면서도 단정하다. '춘성당(春星堂)'이라고 내건 편액은 두 공부(杜工部)의 시어(詩語)에서 취한 것이다.[69] 당(堂)의 구조는 헌(軒)이 한 칸이고 실(室)이 두 칸인데, 실에 들어가 북쪽 문을 열면 다시 반 칸짜리 헌이다. 헌은 높은 위치에 있으므로 실을 통해 헌에 오르는 사람은 반드시 발을 들어 옮긴 뒤에야 그 위로 올라갈 수 있다. 실에서 그 높이를 재어 보면 실이 헌보다 거의 몇 자 남짓 아래이다. 헌의 삼면(三面)에는 창과 벽을 설치하지 않고 가장자리에 난간만 둘렀으니, 발을 헛디뎌 떨어지는 불상사를 막고 기대어 조망하기 편하게 하려는 것이다.

춘성당의 서쪽에는 누운 바위가 벼랑을 뒤에 인 채 널찍한데, 수십 명이 앉을 수 있을 정도이다. 동쪽에는 키 큰 소나무 7, 8그루가 의젓하게 뜰의 두둑에 줄지어 섰는데, 줄기가 모두 황적색이어서 마치 신물

68 춘성당(春星堂) : 번암의 명덕산(明德山) 별업(別業)에 있던 건물이다. 243쪽 주44 참조.

69 두……것이다 : 두 공부는 공부 원외랑(工部員外郎)의 벼슬을 지낸 두보(杜甫)를 가리킨다. 그의 〈야연좌씨장(夜宴左氏莊)〉 시에 "바람 부는 숲에는 초승달 떨어지고, 이슬에 옷 적시며 거문고 타네. 어둠 속 시냇물은 꽃길 따라 흘러가고, 봄날 별빛은 초당을 휘감누나.〔風林纖月落, 衣露淨琴張. 暗水流花徑, 春星帶草堂.〕"라고 하였다. 《杜少陵詩集 卷1》

(神物)이 높다랗게 하늘을 찌르는 듯하다. 가장 아래 가지가 때로 처마를 덮기도 하지만 또한 띠를 방해하는 정도에 이르지 않는다. 소나무 밖의 평탄한 밭 몇 이랑에는 복숭아나무가 종횡으로 뒤덮고 있어 봄이면 피어난 꽃이 사랑스럽다. 그리고 소나무 언덕은 높은 곳에 있고 복숭아나무 밭은 너르게 펼쳐져 있어 복숭아가 비록 자라도 소나무 뿌리 정도 높이에서 그치므로 연당(蓮塘)에서 광채가 찬란하게 드러나는 것을 가리지 못한다. 이것이 춘성당의 빼어난 경치이다.

하지만 내가 유달리 춘성당을 완상(玩賞)하고 사랑하는 이유는 실로 이 외의 것에 있다. 당은 동쪽을 바라보고 있는데, 동쪽의 여러 봉우리는 꽤나 멀찌감치 서 있고 그 형세 또한 그리 험준하지 않다. 매번 날씨가 맑게 개어 둥그런 달이 시나브로 떠오를 때면 솔가지 끝을 은은히 비추며 멀어지거니 가까워지거니 한다. 달이 점점 더 높이 떠올라 사방의 창과 구석진 벽까지 모두 그 광채를 흠뻑 받게 되면, 춘성당은 휘황찬란하기가 수정으로 만든 누대와 같다. 창에 기대어 바라보면, 소나무 그림자가 지면을 따라 거꾸로 쏟아지는데, 긴 것은 용이 달려가는 모양새이고 짧은 것은 이무기가 서려 있는 모양새이다. 미풍이 문득 불어와 뒤흔들면 비늘 갑옷을 두른 가지가 휘어 꺾이면서 그 그림자가 발 아래에서 살아 움직이니, 오싹 두려운 마음이 들어 감히 섣불리 그 위를 발로 밟고 설 수 없다. 멀리서는 와룡 폭포(臥龍瀑布)의 물소리가 빽빽한 수풀 너머에서 들리는데, 그 소리는 패옥(珮玉)을 차고 절도 있게 걷는 듯하며, 때로 물새가 꺽꺽 울면서 날아간다. 나는 마음속으로 이러한 정경을 즐기면서, 언제나 왕망천(王輞川)의 "밝은 달은 소나무 사이 비추고, 맑은 샘은 바위 위로 흘러내리네."라는 시구[70]를 낭송한다. 그러고는 청량한 기분에 잠 못 들고 고결하게 세상 밖을 노닐 뜻을 둔다.

이 산에 들어오는 사람은 춘성당이 승경(勝景)을 점유한 것이 대단하다고 여길 줄 안다. 하지만 달이 떠야 가장 뛰어난 경치가 된다는 것은 내가 알고 달과 소나무도 알지만 말을 할 수 없으니, 내가 이것으로 나의 헌에 대한 기문을 짓는다.

70 왕망천(王輞川)의……시구 : 왕망천은 당(唐)나라 시인 왕유(王維)를 가리킨다. 그가 망천이라는 곳에서 별업(別業)을 경영하였으므로 '왕망천'이라고 불렸다. 왕유의 〈산거추명(山居秋暝)〉 시에 "빈산에 새로이 비가 내린 뒤, 저녁 들어 날씨는 가을이어라. 밝은 달은 소나무 사이 비추고, 맑은 샘은 바위 위로 흘러내리네.〔空山新雨後, 天氣晚來秋. 明月松間照, 淸泉石上流.〕"라는 구절이 있다.

적취정[71]에 대한 기문

積翠亭記

적취정(積翠亭)과 연명헌(戀明軒)은 마주 보고 서 있다. 서로 창을 열고 바라보면 사람의 안색을 분간할 정도이니, 성인(聖人)의 문정(門庭)에서 "덕은 외롭지 않고 반드시 이웃이 있다."라는 것이다. 정자의 삼면은 모두 예쁜 봉우리인데, 그 형세가 다소곳하고 첩첩한 녹음(綠陰)이 항시 짙어서 편액을 이것으로 걸은 것이다.

그 서쪽으로 비스듬히 가면 백향루(百香樓)이다. 누대가 홀로 우뚝 솟아 높다란 버들만이 겨우 처마와 나란할 수 있을 정도이다. 앞에는 연못을 팠다. 세로는 5, 6칸 정도이고 가로도 그와 같다. 정중앙에는 돌을 쌓아 섬을 조성했다. 섬 위에는 일천 가지 소나무가 빽빽이 솟아 있다. 물이 맑고 푸르게 섬을 둘렀는데, 와룡 폭포(臥龍瀑布)에서 발원한 것이다.

폭포의 허리에서 제방을 갈라 물길을 뚫었다. 몇 이랑 수전(水田)을 지나며 물을 공급한 뒤에 연못으로 흘러든다. 물이 연못의 벽에 도달하기 직전에, 돌의 안쪽을 파내어 홈통을 만들고 물이 흘러드는 곳에 설치하여 물을 받아 낸다. 이로써 물이 흩어지거나 넘치지 않을 수 있고, 그 홈통의 주둥이를 따라 묶은 듯이 떨어지며 졸졸 소리를 낸다. 물이 연못을 채우게 되면, 다시 홈통을 비스듬히 마주하게 놓아 흐르는

71 적취정(積翠亭) : 번암이 명덕산(明德山)의 별업(別業)에 지은 정자이다. 연명헌을 마주하고 있다.

물을 배출하여 시내로 흘러들게 하는데, 이를 통해 가뭄에도 마르지 않고 장마에도 범람하지 않게 한다. 물고기 수십 마리를 길러 마음껏 유영하도록 놓아두었으며, 버드나무, 삼나무, 복숭아나무, 단풍나무가 사면의 물가에서 그림자를 드리우고, 중간에는 연을 심으니 오뉴월 사이에 연잎이 완전히 수면을 뒤덮고 연꽃이 사방에서 곧게 솟아 정자까지 향이 풍긴다. 나는 이 광경을 매우 사랑하여 연못에 '광영지(光影池)'라는 이름을 붙였다.

무더운 여름철마다 책 한 권을 손에 쥐고 누대에 기대어 앉으면, 때로 산우(山雨)가 갑자기 지나가고 활수(活水)[72]가 치달려 흘러온다. 물고기는 다투어 뛰어올라 홈통으로 솟구쳐 오르려 하는데, 옥빛 비늘이 한 자 남짓 수면 위로 솟구치다가 홈통이 미끄러워 다시 연못으로 빠지고 만다. 이것은 물고기의 본성이 새 물의 냄새만 맡아 위로 올라갈 줄은 알고 아래로 내려갈 줄은 모르기 때문이다.

내가 활짝 웃으며 사람을 돌아보고 말하였다. "기이하지 않은가. 이것은 천기(天機)가 그렇게 만드는 것이니, 스스로 뛰어오르지 않을 수 없다. 하지만 비록 물고기라도 그러한 사실을 모른다. 내가 흘러 움직이는 자연의 정취를 끌어다 이목(耳目)의 즐거움으로 삼아 마치 개인이 소유한 듯이 굴었다. 만약 물고기가 지각이 있다면 내가 사물의 즐거움을 바탕으로 자신의 즐길 거리로 삼은 것을 또한 비웃지 않겠는가." 작은 물새가 어질지 못해 물풀 사이에 그림자를 숨겼다가 마침 물고기가 나와 유영하자 아주 교묘하게 부리로 쪼아 잡아먹었다. 내가 탄식을 금하지 못하고 기록하였다.

72 활수(活水) : 근원이 있어 항시 흐르는 물이다.

와룡 폭포[73]에 대한 기문

臥龍瀑記

광영지(光影池)에서 서쪽으로 반 바탕쯤 되는 곳에, 늘어선 소나무와 어지러운 덤불을 지나면 와룡 폭포에 다다른다. 폭포 바닥은 모두 바위이다. 바위가 난가대(爛柯臺)부터 줄곧 펼쳐져서 와룡담(臥龍潭)에 이르러 멈추는데, 그 사이의 길이가 거의 백여 보쯤 된다. 빛깔은 자못 하얗고, 형체는 비록 누워 있지만 윗부분이 조금 높다가 차츰 낮아지는 것이 마치 손바닥이 옆으로 늘어져 있는 모양새다.

폭포는 명덕동(明德洞)에서 발원하는데, 한 줄기는 남쪽으로 흘러오고 다른 한 줄기는 서쪽으로 흘러와서 바위에 이르러 합류한다. 그 흐름은 대나무 화살처럼 빠르고, 지붕에 물동이를 거꾸로 엎어 놓은 듯이 세차다. 흘러가다 문지방을 가로지른 듯 물길을 막아선 누운 바위를 만나면, 아래로 떨어지며 비로소 물살이 급해진다. 그 물살을 받는 곳은 맹렬하게 두드리는 기세를 이기지 못하여 절구처럼 중간이 움푹 패었다. 옥(玉)이 튀어 흩어지고 눈〔雪〕이 뿜어 나오는 듯한데, 그 나머지 물살이 흩어져 담(潭)이 된다. 담은 일렁이는 물결이 맑고 깨끗하여 세수하거나 양치질하거나 빨래를 할 수도 있다. 물과 바위가 여기에 이르러 비로소 공효(功效)를 이룬 것이다. 매해 여름철에 비가 크게 내리면 폭포가 우레처럼 포효하니, 그 기세가 바위를 쓸어 갈 정도이

73 와룡 폭포(臥龍瀑布) : 번암의 별업(別業)이 위치한 명덕산(明德山) 계곡에 있는 폭포이다.

다. 허공을 나는 포말이 사방에서 튀고 소나무 끝에는 때때로 흰 무리가 걸리니 대단한 장관이다. 옛날에는 정자가 두 벼랑을 걸터앉아 솟아 있었고 물이 헌(軒) 아래로 흘렀는데, 미친 듯이 흘러내린 장맛비를 끝내 견디지 못하고 허물어진 지 몇 해가 되었다. 지금도 남아 있는 초석(礎石) 네댓 개가 기울거나 서 있어 옛 정자의 터라는 것을 알 수 있다.

나는 산에서 살며 특별히 하는 일이 없다. 느지막이 밥을 먹고 나면 담주(潭州)[74]의 큰 사립(簑笠)을 쓰고 새로 지은 학창의(鶴氅衣)[75]를 걸친 채 지팡이를 짚고 천천히 걷다가 담(潭) 주변의 늙은 나무 아래에 앉아 《도덕경(道德經)》 몇 장을 읽는다. 때로 팔을 베고 곤히 잠들어 산 위에 뜬 해가 옮겨 가는 줄도 모르다가 잠이 살짝 깨어 나무 사이로 비치는 하늘을 우러러보노라면, 나뭇가지 사이를 뚫고 새어 나오는 하늘빛을 분간할 듯 분간하지 못할 듯한 가운데 바람에 흔들리는 패옥 소리만 귀에 가득 들릴 뿐이다. 저녁에 돌아온 새가 나뭇가지를 에워싸고 날면서 지저귀면, 이때 나의 가슴속에는 잡념 하나도 없이 화락한 가운데 나조차 나 자신을 잊는다. 더구나 외물에 속한 담은 말할 것이 있으랴. 이 기문을 짓는 것은 나의 노닒이 하늘에서의 노닒이요, 애초부터 세속에서의 노닒이 아니었음을 보이려는 것이다.

74 담주(潭州) : 대나무 산지로 유명한 전라도 담양(潭陽)을 가리키는 것으로 보인다.

75 학창의(鶴氅衣) : 본래 학의 깃털로 만든 신선이나 도사가 입는 옷을 이른다. 여기서는 희고 소매가 넓은 도포를 가리키는 것으로 보인다.

수옥대[76]에 대한 기문

漱玉臺記

수옥대는 와룡담(臥龍潭) 아래에 있다. 벼랑을 등에 이고 선 바위가 있는데, 그 꼭대기는 흙으로 덮여 있고, 높이는 대략 서너 길 정도이며, 병풍이 펼쳐진 모양이다. 그 아래는 모두 모래이다. 폭포가 와룡담에서 흘러와 여기에 이르러 비로소 땅속으로 흘러든다. 비가 넉넉하게 내리면 비로소 물이 고여 한 굽이를 이루는데, 물빛이 맑고 물소리가 영롱하여 참 사랑스럽다. 벽면에 '수옥대' 세 글자를 새겨 주사(朱砂)로 메웠다. 이것은 옥호(玉壺) 정하언(鄭夏彦)이 쓴 글씨이다.

옛날 내가 삼척부(三陟府)에 유배되었을 때 옥호가 당시에 마침 삼척의 수령이었다.[77] 그는 품성이 고고하면서 세속에 매이지 않았는데, 권귀(權貴)에 붙는 자를 마치 똥 묻은 돼지처럼 여겼다. 글에 능하고 술을 좋아하여 술을 마시고서는 거리낌 없이 말을 내뱉었으니, 거의 세속의 사람이 아니었다. 나와 의기투합하여 정의(情誼)가 매우 두터

76 수옥대(漱玉臺) : 번암의 별업이 위치한 명덕산(明德山)에 있는 석대(石臺)이다. 본래 정하언(鄭夏彦, 1702~1769)의 소유였는데, 나중에 번암의 소유가 되었다. 정하언은 본관은 영일(迎日), 자는 미중(美仲), 호는 지당(止堂)・옥호자(玉壺子)이다. 목사 정무(鄭堥)의 아들이다. 1735년(영조11) 문과에 합격하고, 정언, 의주 부윤(義州府尹), 삼척 부사(三陟府使), 승지, 대사간 등의 관직을 역임하였다. 《承政院日記》《文科榜目》

77 내가……수령이었다 : 번암이 1751년 산송(山訟)이 빌미가 되어 삼척에 유배되었을 때 삼척 부사로 재임하고 있던 정하언과 교유하며 친분을 쌓은 일이 있다.

웠으므로, 날마다 손을 잡고 죽서루(竹西樓)와 오십천(五十川)[78] 사이를 노닐며 해악(海嶽)을 읊조리기도 하고 운월(雲月)을 노래하기도 하면서 언제나 노년이 되어서도 잊지 말자는 약속을 하였다.

나중에 옥호가 척주(陟州 삼척(三陟))를 버리고 돌아와서는 이곳의 땅을 사서 노년을 마치고자 하였다. 샘과 바위를 파고 소나무와 밤나무를 심으면서 벼슬에 대한 마음을 먹지 않고 지낸 지가 거의 십 년이었다. 나도 한두 번 방문하여 이틀 밤을 자고 돌아왔다. 그리고 얼마 되지 않아 옥호가 세상을 떠났다. 어린 자식이 가난하여 지키지 못하고 팔아 버리자 다른 사람의 소유가 되었다가, 서너 차례 주인이 바뀌더니 지금은 나의 은거지가 되었다. 사람의 일이 뒤바뀌는 것이 이러하니, 참으로 서글퍼할 만하다. 내가 가끔 수옥대 아래로 걸어가 새겨 놓은 글씨를 어루만지면 의연히 그 사람의 마음을 보는 듯한 느낌이 든다.

78 죽서루(竹西樓)와 오십천(五十川) : 모두 삼척도호부(三陟都護府)에 있는 명승지이다. 죽서루는 도호부 읍성(邑城) 내 오십천 가에 있는 누각의 이름이다. 오십천은 삼척의 죽서루 아래를 흐르는 하천이다.

명덕동[79]에 대한 기문

明德洞記

난가대(爛柯臺)를 지나 기울어진 벼랑과 옆으로 늘어선 벽을 따라 덩굴을 부여잡고 가다 보면 오래지 않아 명덕동(明德洞)에 다다른다. 골짜기가 깊어 때로 나무꾼이 이르는 경우도 있지만 드문 일이다. 높은 봉우리가 구불구불 사방을 에워싸는데, 동북쪽 모서리에 이르면 정상이 그리 높지 않아 마치 큰 고리에 조금 흠결이 있는 듯한 모양새다. 이 골짜기를 들어오는 사람은 여기를 통해 들어온다. 수락산(水落山)의 여러 봉우리가 그 흠결이 있는 곳을 통해 보면 우뚝 솟아 머리를 모으고 있는 형상인데, 구름 낀 나무와 아득한 아지랑이 사이로 손가락으로 가리켜 볼 수 있는 곳이 각심암(覺心菴)이다. 형세가 그윽하면서도 넓어 중간에 밭 몇 이랑이 있고 나머지는 모두 소나무와 삼나무가 어지러이 자라 녹음을 이루었다. 졸졸 흐르는 물은 벼랑을 따라 흘러가고 소나무 그늘이 미치지 못한 곳에는 금잔디가 땅을 따라 곱고 부드럽게 자라났으니, 앉거나 누워 쉬기에 좋다.

내가 병이 조금 낫자 지팡이를 짚고 하루에 두 번씩 방문하였어도 피곤하지 않았다. 매년 삼짇날과 중양절(重陽節)이면 바람이 잔잔하고 볕이 따스한 때를 가려 가인(家人)과 아녀자를 거느리고 쇠솥을 운반하여 벼랑 바위에 자리를 마련한다. 바위에 핀 꽃이나 섬돌에 핀 국화를 섞어 화전을 부치기도 하고 쑥국을 끓여 점심 반찬으로 삼기도 한

79 명덕동(明德洞) : 번암이 우거하던 명덕산(明德山)에 있는 골짜기의 이름이다.

다. 희희낙락하며 아침부터 저녁까지 즐겨도 즐거움이 끝이 없다. 허연(許掾)의 온 집안사람들에게 도기(道氣)가 있었던 것[80]과 방공(龐公)이 가족을 다 데리고 은둔했던 일[81]을 끌어다 이것과 비교해도 어느 경우가 나은지 알 수 없을 정도이다.

내가 소년 시절에 홍주(洪州)의 장원(莊園)에서 가절(佳節)을 만나면 부모님을 모시고 여러 자매를 이끌고 고산(孤山)의 식암(息巖) 깊은 곳에 놀러 가 지금처럼 했던 적이 무릇 몇 차례 있었다. 잠깐 사이에 어느덧 50년 세월이 흘렀고 그때의 즐거움을 다시 얻을 수 없게 되었다. 외로이 세상에 남은 사람이라고는 노쇠하여 병든 나와 늙은 누이 한 분뿐이다. 누이는 시골에 사는 데다 병상에 누워 있으므로 이 모임을 함께하지 못하니, 옛일을 추억하며 계절의 사물에 감회가 없을 수 있겠는가. 비록 그렇지만 아녀자들이 내가 이러하다는 것을 알면 흥취가 깨질 수 있으므로 마음속에 감추어 두고 말과 표정에 드러내지 않으려 한다.

80 허연(許掾)의……것 : 허연은 전설상의 신선인 허홰(許翽)를 가리킨다. 그의 조상인 허염(許琰), 허숙(許肅), 허손(許孫), 허목(許穆) 등이 선도(仙道)를 경모하였는데, 그러한 집안의 분위기가 허홰까지 미쳐 그도 신선이 되었다고 한다. 당(唐)나라 때 이상은(李商隱)의 〈정주헌종숙사인(鄭州獻從叔舍人)〉 시에 "모군은 누대에 걸쳐 귀한 신선 신분이고, 허연의 온 집안사람들은 도기가 충만했네.〔茅君奕世仙曹貴, 許掾全家道氣濃.〕"라고 하였다.

81 방공(龐公)이……일 : 방공은 후한(後漢)의 방덕공(龐德公)으로, 방거사(龐居士)라고 부르기도 한다. 원래는 남군(南郡)의 양양(襄陽)에 살았는데, 형주 자사(荊州刺史) 유표(劉表)가 초빙하자 나아가지 않고 가솔을 모두 거느리고 녹문산(鹿門山)에 들어가 다시는 세상에 나오지 않았다. 《後漢書 逸民列傳 龐公》

견일헌[82] 중수에 대한 기문

見一軒重修記

나의 할아버지 구봉공(九峯公)께서는 젊어서 명성을 떨쳐 한원(翰苑)과 대각(臺閣)에서 명망과 영예가 대단하였으니, 장차 오래지 않아 재상의 반열에 오를 듯하셨다. 숙종(肅宗) 때를 당하여 조정의 정국이 바뀌자 공은 벼슬살이하는 것을 즐겁게 여기지 않고 백조(伯祖) 오시재(五視齋) 선생[83]과 함께 손을 잡고 같이 돌아와 홍주(洪州)의 구봉산(九峯山) 아래 마을인 '어자동(漁子洞)'이라는 곳에 터를 잡으셨다. 그곳에는 이전부터 주철(鑄鐵)을 업으로 삼는 사람들 수십 호가 살고 있었다. 공은 "군자(君子)가 살게 되었으니 무슨 누추함이 있겠는가."라고 하시고는 마침내 지세(地勢)가 조금 높은 곳에 자리를 잡고 집 몇 칸을 지었다. 집은 완비되기를 추구하고 아름다움은 힘쓰지 않아 규모가 매우 소박하였다. 헌(軒) 앞에는 다듬지 않은 돌로 뜰을 쌓았고, 뜰 아래에는 서너 이랑 너비의 연못을 파고 가운데 흙과 돌을 봉긋하게 쌓으니, 마치 섬이나 모래톱 같았다. 그 꼭대기에는 단풍나무 한 그루를 키웠는데, 비나 서리가 내리면 단풍의 선홍색이 실(室)을 비추어 광채가 매우 사랑스러웠다. 연못의 제방 두둑에는 한 무더기

82 견일헌(見一軒) : 번암의 조부 채성윤(蔡成胤, 1659~1733)이 홍주(洪州)의 구봉산(九峯山) 아래에 지은 건물이다. 채성윤은 본관은 평강(平康), 자는 중미(仲美), 호는 구봉(九峯)이다.

83 오시재(五視齋) 선생 : 채명윤(蔡明胤, 1652~1720)으로, 자는 중선(仲宣), 호는 오시재이다.

대나무를 심었는데, 그 높이가 두 길 남짓이고 묶은 듯이 빽빽하여 낮은 지대에 사는 마을 사람들의 훤히 내려다보이는 고통을 덜어주었다. 구봉의 여러 골짜기에서 흘러내리는 물이 근원은 비록 크지 않지만, 제방에 구멍을 내어 연못에 물을 대고, 그 나머지는 청량하게 대나무를 감돌아 흘러 동문(洞門)을 쉬지 않고 달려간다. 늘어진 수양버들 십여 그루가 물가에 나란히 늘어서서 아스라이 은은한 자태를 풍긴다.

공은 여기서 이러한 삶을 즐거워하여 대나무 지팡이와 야복(野服) 차림으로, 밭농사를 점검하는 일이 아니면, 시내에서 낚시를 하셨다. 마침내 헌에다 '견일헌(見一軒)'이라는 편액을 다셨으니 "재야에서 어찌 한 사람이라도 볼 수 있겠는가.〔林下何曾見一人〕"[84]라는 시구를 반어적으로 사용하신 것이었다. 내가 기억건대, 8, 9세쯤 되었을 때 종남산(終南山) 교사(僑舍)에서 공을 모시고 있었다. 당시에 공은 은대(銀臺)에 봉직하며 성부(省府)를 보좌하고 계셨는데, 퇴근하여 식사할 때면 매번 오래도록 불쾌히 있다가 말씀하기를 "사람들은 벼슬살이가 좋다고 하지만, 헌 하나에 높이 누워 참된 즐거움을 누리는 것만 끝내 못하니라." 하셨다. 그런 까닭에 겨우 열흘이나 보름쯤 서울에서 머무르다 문득 고심 끝에 사직서를 올리고는 소매를 떨치고 남쪽으로 돌아와 동강(東岡)[85]을 굳게 지키셨다. 그 뒤로 어언 40년이 흘러 마침내

84 재야에서……있겠는가 : 당(唐)나라 덕종(德宗) 때의 승려 영철(靈徹)이 위주(韋舟)에게 보낸 시에 "나이 들고 한가하여 바깥일 없으니, 삼베옷에 풀 자리 앉아도 편안하구나. 만나면 다들 사직하고 떠난다 말하지만, 초야에서 그런 사람 하나라도 본 적 있었던가.〔年老心閒無外事, 麻衣草坐亦容身. 相逢盡道休官去, 林下何曾見一人.〕"라고 하였다. 《唐音 卷14 答韋舟》

85 동강(東岡) : 233쪽 주29 참조.

견일헌에서 세상을 떠나셨다. 공께서 말을 하면 행동을 돌아보고 행동을 하면 말을 돌아보셨던 것을 이를 통해서도 증험할 수 있다.

공께서 세상을 떠나신 뒤로 백부 현암공(玄巖公)[86]과 종조형(從祖兄)이 수십 년 사이에 서로 이어 세상을 떠나자 헌은 주인이 없었다. 비바람에 씻기고 흔들려서 무너지고 비가 새는 것이 날로 더 심해지니, 헌 아래를 지나던 옛 객들이 그 때문에 발걸음을 머뭇거리며 탄식하였다. 신년(辛年)에 서숙 응팔(膺八) 보(甫)가 개연히 그 일을 주관하였다. 측량하고 도모하여 기울어진 용마루를 바로잡고 허물어진 기둥을 일으켜 세웠으며, 깨진 기와를 다시 이고 구멍 난 마루를 다시 깔았다. 그리하여 한 달이 되지 않아 의연히 옛 모습을 회복하였다.

내가 듣고 탄복하였다.

"숙부가 하신 일이 훌륭하도다. 비록 그렇지만 성인(聖人)이 '긍구긍당(肯構肯堂)'을 글로 써서 가르쳐 준 것의 의미가 어찌 오로지 집만을 가리킨 것이겠는가. 사람이 자신의 부조(父祖)의 사업에 대해 공경히 돌아보며 잊지 말아야 하는 것은 그것에 위대한 점이 있고 중요한 점이 있기 때문이다. 효우(孝友)를 무너뜨려서는 안 되고, 시례(詩禮)를 훼손해서는 안 되며, 임금을 섬기면서 곧은 도(道)와 청렴한 지조로 섬겼던 일을 배우지 않아서는 안 되고, 향촌에 물러나 살 때 공경스럽고 조심했던 행실을 계승하지 않아서는 안 되는 것이다. 자신을 낳아 준 부모를 욕되게 하여 이 가운데서 한 가지라도 빠뜨린다면 긍구긍당에 대해 어떠하겠는가. 아, 나의 할아버지의

86 현암공(玄巖公) : 채응만(蔡膺萬, 1677~1746)으로, 자는 수언(綏彦), 호는 현암(玄巖)이다.

손자 중에는 내가 남아 있는데, 위에 언급한 네 가지 중에서 한 가지도 계승한 것이 없다. 말단(末端)인 건물로 말하더라도 개수(改修)한 공로는 숙부에게 있고 나에게는 없으니, 내가 어찌 부끄럽지 않을 수 있으랴. 더구나 나는 머리카락이 다 세도록 저승으로 떠나지 못한 채 질시와 투기가 사방에서 모여들어 온갖 공격이 내 한 몸에 집중되는 상황을 초래하였다. 일찌감치 내가 견일헌의 의미를 잘 계승하였다면, 비록 상을 준다 하더라도 내가 치욕스러운 짓을 하지 않았을 것이다. 훗날 각건(角巾)을 쓰고 남쪽으로 낙향한다 해도 이미 늦은 것이다. 무슨 면목으로 처마에 걸린 편액을 다시 보겠는가."

우선 이 말을 기록하여 내가 긍구긍당을 제대로 하지 못한 부끄러움을 드러낸다.

현경정[87]에 대한 기문

懸鏡亭記

금상(今上) 6년(1782, 정조6) 봄 1월에 내가 대사마(大司馬)로 있다가 군소(群小)들의 무함에 걸려 창졸간에 도성 문을 나섰는데, 갈 곳이 없었다. 마포(麻浦)의 김생(金生)이 자신이 사는 하목정(霞鶩亭)을 소제(掃除)하고서 나를 맞이하였으니, 매우 후의를 베풀어 준 것이었다. 하목정은 화령(花嶺)의 이마를 차지하고 있었는데, 화령의 형세를 헤아려 보면 정자는 5분의 4지점을 점유한 것이다. 앞면이 확 트이고 조망이 상쾌한 것으로 말하자면 마포의 수천 가호 가운데 거의 최고의 지위를 양보하지 않을 듯하다. 나는 기쁘고 마음에 흡족하여 곤경을 겪으며 사방을 떠도는 고통을 알지 못하였다. 정자의 이름은 비록 왕자안(王子安)의 글[88]에서 나왔지만, 곰곰이 생각해 보아도 의의를 찾아볼 수 없기에 나는 마침내 '현경정(懸鏡亭)'이라고 편액을 고쳤다.

어떤 사람이 이렇게 풀이하였다.

87 현경정(懸鏡亭) : 마포에 있던 정자로, 1782년 1월 역적들의 공초(供招)에서 번암의 이름이 나온 것을 빌미로 조정의 신하들이 번암을 처벌하라는 상소를 계속 올리자, 번암이 병조 판서를 사직하고 여기에서 칩거하였다. 본래 '하목정'이라 했던 것을 번암이 우거하면서 '현경정'이라고 고쳤다.

88 왕자안(王子安)의 글 : 초당(初唐) 때의 시인 왕발(王勃)이 지은 〈등왕각서(滕王閣序)〉에 "지는 노을은 짝 잃은 따오기와 나란히 날고, 가을 강물은 끝없는 하늘과 한 색이로다.〔落霞與孤鶩齊飛, 秋水共長天一色.〕"라고 한 것을 가리킨다. 왕발의 자(字)가 자안이다.

"정자의 이름이 이러한 것도 있군요. 정자의 언덕을 감싸고 흘러가는 물이 밤섬〔栗島〕을 만나면, 밤섬의 기슭이 살짝 물살을 막습니다. 물은 조금 둘러서 오른쪽으로 흐르니, 마치 싫어서 피하는 것 같지요. 얼마 흘러가지 않아 잠애(蠶崖)가 사납게 그 머리를 치켜들고는 돌연 달려들어 물살을 희롱하니, 마치 흘러가지 못하게 하려는 듯합니다. 물은 부득이 굽어 다시 왼쪽으로 흘러갑니다. 그 장애를 탈출한 뒤에 치달려 바다로 흘러가는 것이지요. 이 정자에서 아스라이 바라보이는 형세는 거의 멀리 10리까지 미칩니다. 매번 바람이 고요하고 파도가 잔잔할 때면 상선(商船)과 어선(漁船)이 종횡으로 오르내리는데, 그 그림자가 역력히 거꾸로 비치니, 마치 사물의 미추(美醜)가 거울을 마주해 달아날 수 없는 것과 같습니다. 정자의 이름은 땅에 있는 거울에서 따온 것이 아니겠습니까."

내가 말하기를,

"그대의 풀이는 정자의 경치를 말한 것에 불과합니다. 만약 그러하다면 '하목(霞鶩)'이라는 이름과 무슨 차이가 있겠습니까."

하니, 그 사람이 말하기를,

"정자 아래의 안개와 구름은 아침저녁으로 수없이 변하니, 올라가서 구경하는 즐거움이 어디인들 마땅하지 않겠습니까. 하지만 오직 둥근 달이 하늘에 뜨고 푸른 강물이 그 광채를 받아 빛나게 될 때면, 수은에 몸을 막 씻는 듯이 흰 비단을 새로 빨아 내는 듯이 창 난간과 침석(枕席) 사이에서 번뜩이며 움직이니, 정자 안에서 앉거나 누워 보는 사람은 황홀히 수정궁(水晶宮)[89] 속으로 날아오르는 것 같지요.

89 수정궁(水晶宮) : 전설상의 월궁(月宮)이다. 수정궁(水精宮)이라고도 쓴다.

정자는 달을 얻어 경치가 더욱 기이해지고, 달은 정자를 얻어 광채가 더욱 드러나는 것입니다. 정자의 이름은 하늘에 있는 거울에서 따온 것이 아니겠습니까."

하였다. 내가 말하기를,

"물에 뜬 달의 맛을 아는 사람이 대개 적습니다. 그대가 제대로 알고, 알고서 또 능히 말씀하시니, 내 마음에 기쁩니다. 하지만 내가 정자를 명명한 의미를 안다고 할 수는 없습니다."

하니, 그 사람이 말하기를,

"그대는 평소에 비록 심학(心學)으로 자처하지 않았으나, 그것에 공력(功力)을 쏟은 일이 없지 않다는 것을 압니다. 지금 창의 끝으로 쌀을 일고 칼의 끝으로 불을 때는[90] 두려운 일이 많은 상황입니다. 그런데도 그대는 느긋하고 편안하게 밥상을 대해 수저를 들고 침석에 기대어 우레같이 코를 골고 있습니다. 심학에 달통한 것이 아니라면 어떻게 그럴 수 있겠습니까. 마음을 거울에 비유한 것은 자양(紫陽)의 가르침입니다.[91] 정자의 이름은 또한 사람에게 있는 거울에서 따온 것이 아니겠습니까."

90 창의……때는 : 처한 상황이 위태로움을 비유한 말이다. 진(晉)나라 환현(桓玄), 은중감(殷仲堪), 고개지(顧愷之)가 매우 위태로운 상황을 뜻하는 말〔危語〕을 서로 농담 삼아 주고받았는데, 그중에 환현이 "창의 끝으로 쌀을 일고, 칼의 끝으로 불을 땐다.〔矛頭淅米劍頭炊〕"라고 말한 고사가 전한다. 《世說新語 排調》

91 마음을……가르침입니다 : 자양은 주희(朱熹, 1130~1200)의 별호이다. 주희의 〈송임희지(送林熙之)〉 시에 "옛 거울을 다시 밝히려면 옛 방법이 필요하니, 그렇게 하면 안광이 홀로 태양과 밝음을 다투리라.〔古鏡重磨要古方, 眼明偏與日爭光.〕"라고 하였는데, 옛 거울은 마음을, 옛 방법은 경(敬)을 비유한 말이다. 《晦庵集 卷6》

하였다. 그래서 내가 말하였다.

“천하의 이치는 천(天), 지(地), 인(人) 세 가지에서 벗어나는 것이 없는 듯합니다만, 그대의 풀이는 깊어질수록 타당성을 찾을 수 없습니다. 오호라, 남기(南箕)와 패금(貝錦)[92]은 시인(詩人)이 슬퍼하는 바입니다. 하지만 이것은 쇠한 세상의 일이니, 성군(聖君)의 시대를 비유할 수 있는 말이 아닙니다. 그런데도 순(舜)이 군주가 되어서도 오히려 참언(讒言)이 일을 해치는 것을 근심하였던 것[93]을 보면 참언이 옛날에는 없고 지금은 있던 것이 아니라는 사실이 명백합니다.

권력을 훔친 자들이 왼쪽으로는 눈짓을 하고 오른쪽으로는 협박을 하며 오직 나를 함정에 빠뜨리는 것을 급선무로 삼았습니다. 부끄러움을 모르는 자들은 이것을 기회로 출세를 꾀하여 파리나 개미처럼 붙어 따랐으니, 그 형상은 참으로 감쪽같고 그 계략은 참으로 은밀하였습니다. 정자에 도착한 날 밤에 조카 이유경(李儒慶)과 촛불 하나를 켠 채 마주 앉았는데, 당시의 심정은 이를 바가 없었습니다.

홀연 어떤 사람이 밤에 성상께서 내리신 교서를 가지고 이르렀는데, 그 내용에 ‘죄적(罪籍)은 이미 없었던 것으로 하고 탄핵하여 올

92 남기(南箕)와 패금(貝錦) : 없는 사실을 꾸며 내어 남을 모함하는 것을 비유한 말이다. 남기는 이십팔수(二十八宿)의 하나로, 키 모양이어서 붙인 이름이다. 패금은 자개 무늬의 비단이다. 《시경》 〈소아(小雅) 항백(巷伯)〉의 “얼룩덜룩 자개 무늬 비단을 짜듯, 남을 참소하는 저 사람이여 또한 너무 심하지 않나. 혓바닥 크게 벌린 남기성(南箕星)처럼, 참소하는 사람이여 누구와 주로 모의하나.〔萋兮斐兮, 成是貝錦. 彼譖人者, 亦已大甚. 哆兮侈兮, 成是南箕. 彼譖人者, 誰適與謀.〕”라는 말에서 유래한 것이다.

93 순(舜)이……것 : 《서경》 〈순전(舜典)〉에 “나는 참언이 선인(善人)의 일을 해쳐 사람들을 놀라게 하는 것을 미워한다.〔朕堲讒說殄行, 震驚朕師.〕”라는 말이 있다.

린 글도 모조리 없던 일로 하였다.'라고 하였습니다. 그 밖의 교서 내용도 간곡하여 귀신의 간담을 깨뜨리지 않는 것이 없었습니다. 내가 울며 탄복하기를 '비록 우순(虞舜)의 오명경(五明鏡)이라도 어찌 이것을 능가하겠는가.' 하였습니다. 나는 그 감격을 기록하지 않을 수 없었고, 또한 그 기쁨도 기록하지 않을 수 없었습니다. 이로 인하여 이 정자를 명명하였으니, 또한 옳지 않겠습니까. 그대의 풀이는 앞의 말을 가지고 본다면 외물이고, 뒤의 말을 가지고 본다면 참람한 것입니다. 그대는 그만두십시오."

그러고는 이 말을 기록하여 현경정의 기문으로 삼았다.

만어정[94]에 대한 기문

晩漁亭記

나의 노우(老友) 권중범(權仲範)이 하루는 종남산(終南山) 집을 떠나 처자식을 이끌고 마포(麻浦) 강가로 나가 살면서 '만어정(晩漁亭)'이라고 정자의 편액을 내걸고 그대로 자신의 호로 삼았다. 때때로 도성에 들어와 나를 방문하여 만어정의 정취를 잔뜩 설명하였는데, 꽤나 만족하는 기색이 있었다. 내가 탄식하며 말하였다.

"정자는 비록 작은 물건이나 이 또한 세도(世道)와 관계되기에 충분합니다. 군(君)의 재주와 군의 문벌이 누구보다 못하겠습니까. 과거에 급제한 나이가 비록 늦었지만 이미 태평성대에 과거에 급제했고 보면, 군이 마땅히 있어야 할 자리가 유독 옥서(玉署)와 암랑(巖廊)이 아니겠습니까. 지금 군으로 하여금 강호(江湖)에다 스스로를 풀어놓고 제멋대로 물고기 낚는 것을 일삼게 하였으니, 군이 스스로 만족함이 세도에 대해 어떠하겠습니까."

금상(今上) 6년(1782, 정조6) 봄에 내가 마포로 달아나 집을 빌려 살았는데, 이른바 만어정이라는 정자가 수십 보를 옮기면 바로 닿는 거리에 있으므로 내가 한두 번 방문한 적이 있었다. 정자의 지세(地勢)는 움푹하지 않고 볼록해서 조망하기에 적당한 위치에 있다. 앞에는 와우산(臥牛山)이 얼굴을 편 채 안쪽을 향해 있는데, 마치 완전히 정자

94 만어정(晩漁亭) : 번암의 친구인 권사언(權師彦, 1710~?)의 정자이다. 마포 강가에 있었다. 권사언은 본관은 안동(安東), 자는 중범(仲範), 호는 만어(晩漁)이다.

를 위해 감싸 안고 있는 모양새이다. 일만 채 기와집이 빽빽이 땅에 붙어서 강가에서부터 들판까지 이어져 있고, 아침 안개와 저녁 노을 속에 혹은 가까이로 혹은 멀리로 긴 강 한 줄기가 서쪽을 가로지르며, 어선과 상선은 제방의 버드나무와 물가의 여뀌 사이에서 은은한 그림자를 비치며 나아가기도 하고 물러나기도 한다. 이 정자가 빼어난 경치를 지닌 것이 본래 이미 많았다.

방향을 바꾸어 중범옹이 자고 기거하는 방에 들어가자 사방 벽은 모두 한 시대 명인(名人)의 글과 글씨였고 책상 위에는 시초(詩草) 몇 권이 있었다. 정남쪽으로는 작은 담을 둘러 기이한 꽃과 진귀한 풀과 키 작은 소나무와 괴이한 형상의 돌을 보호하게 하였다. 뜰에는 한 구역의 단(壇)을 쌓아 부드러운 잔디를 입혔고, 둘러친 담장 위아래로는 이름난 배나무 십여 그루를 심어 꽃이 핀 것이 백설(白雪) 같았다. 그때 마침 비 갠 뒤의 달이 동쪽에 떠올라 꽃향기와 달빛이 사람으로 하여금 쉴 새 없이 감상하게 하였는데, 술이 몇 순배 돌자 옹은 매우 즐거워하였고 나도 즐거웠다.

내가 옹을 돌아보며 탄식하며 말하였다.

"옹의 만어정 정취(情趣)에 이런 점이 있었군요. 천하 사물의 본성(本性)은 그 종류가 만 가지로 다릅니다. 지네가 뱀을 달게 먹고[95] 원추(鵷雛)가 썩은 쥐를 돌아보지 않는 것[96]은 일부러 기이한 짓을

95 지네가……먹고 : 《장자(莊子)》 〈제물론(齊物論)〉에 "사슴은 천을 먹고 지네는 뱀을 달게 먹는다."라는 말이 나온다.

96 원추(鵷雛)가……것 : 전국 시대 양(梁)나라의 재상 혜자(惠子)가 장자가 자기 자리를 노린다는 유언비어를 듣고는 장자를 잡으려고 하였다. 장자가 제 발로 혜자를 찾아가 "남방에 사는 원추라는 새는 남쪽 바다를 떠나 북쪽 바다로 날아가면서, 오동나

하는 것이 아니라 그 성질이 그러한 것입니다. 유독 사물만 그러하겠습니까. 두자(杜子)는 '종정과 산림의 생활이 각각 천성이 있다.〔鍾鼎山林各天性〕'라고 하였습니다.[97] 사람 중에는 진실로 산림의 즐거움을 가지고 종정과 바꾸지 않는 자가 있습니다. 저 본분(本分)을 팽개치고 권귀(權貴)를 핥으며 일시적인 이익을 노려서 달게 먹기를 뱀같이 하는 것은 옹의 관점에서 보자면 돌아보지 않는 일일 뿐만 아니라 반드시 장차 구토(嘔吐)를 하고야 말 것입니다. 사람의 삶이란 뜻에 맞는 것을 귀하게 여기니, 뜻에 맞으면 하늘도 노닐 수 있는 것입니다. 세도는 남에게 있는 것이고 나의 즐거움은 나에게 있는 것이니, 어찌 나의 즐거움을 버리고 남에게 있는 것을 구심하는 짓을 할 수 있겠습니까. 지난날 내가 세도를 가지고 말한 것은 옹의 성품에 대해 몰랐다는 사실만 잔뜩 드러낼 뿐입니다. 나는 염여퇴(灩澦堆)[98]에 출몰하는 물고기 같은 존재로 바야흐로 사람에게 잡힐까

무가 아니면 쉬지 않고 대나무 열매가 아니면 먹지 않으며, 단물이 나는 샘이 아니면 마시지 않는다네. 그런데 올빼미가 썩은 쥐를 얻어 물고서, 그 위를 날아가는 원추를 쳐다보면서 행여나 썩은 쥐를 빼앗길까 봐 '꽥' 하고 소리를 쳤다네. 이와 마찬가지로 자네도 양나라 재상 자리 때문에 나를 보고 으르대는 것이 아니겠는가."라고 하였다. 《莊子 秋水》

97 두자(杜子)는……하였습니다 : 두보(杜甫)의 〈청명(淸明)〉에 "종정과 산림의 생활이 각각 천성이 있으니, 탁주와 거친 밥 먹으며 살아도 아랑곳하지 않노라.〔鍾鼎山林各天性, 濁醪麤飯任吾年.〕"라고 한 데서 온 구절이다. 종정(鍾鼎)은 조정에 올라 부귀를 누림을 뜻한다.

98 염여퇴(灩澦堆) : 중국 양자강(揚子江) 삼협(三峽) 중의 하나로, 물살이 몹시 거센 구당협(瞿塘峽)이라는 곳이 있다. 염여퇴는 구당협의 입구에 솟아 있는 험한 바위의 이름으로, 겨울에 강물이 줄어들면 수백 자나 우뚝하게 드러나고 여름에 강물이 불으면

두려운 상황입니다. 비록 낚싯대를 손질하여 서암(西巖) 가로 옹을 따라가고 싶지만 또한 늦은 듯합니다."

우선 이 말을 기록하여 만어옹이 참으로 제자리를 얻은 것을 경하하였다.

수십 자나 물에 잠기는데, 그 모양이 마치 말과 같으며, 뱃사공들이 무서워서 감히 가까이 다가가지 못한다고 한다.

성씨 정자와 작별하며 남긴 소기
成氏亭留別小記

큰 조정은 나를 용납하지 못했지만, 이 정자는 나를 수용하여 버리지 않았다. 무릇 네 달 동안 여기에 거처했으니, 정자가 나에게 베푼 은혜가 참으로 후하다. 이 정자는 깊은 곳에 위치하여 바깥의 소음이 귀에 미치지 않으니 숨죽이고 숨어 사는 것이 나와 비슷하고, 시끄러운 것을 사양하고 고요함을 얻은 것도 나와 비슷하다. 사람과 정자가 서로 의기투합한 것인가, 아니면 서로 감응하는 점이 있어 그러한 것인가? 이제 내가 정자를 버리고 다른 곳으로 떠나기에 앞서 뽕나무 아래서 싹튼 연정(戀情)[99]이 있으니 어찌 한마디 말로써 작별하지 않을 수 있겠는가.

옛날에 땅은 간혹 사람으로 인해서 훌륭하게 되는 경우가 있었다. 여관(旅館)은 선해질 만한 것이 아닌데도 곽유도(郭有道)가 지난밤 묵게 되면 사람들이 그것을 전하였고,[100] 강촌(江村)에서 뒷짐 지고

99 뽕나무……연정(戀情) : 잠시 머물며 맺은 인연이라는 뜻이다. 《후한서(後漢書)》 〈양해열전(襄楷列傳)〉에 "불법(佛法)을 닦는 승려가 뽕나무 아래에서 사흘 밤을 계속 묵지 않는 것은, 시간이 흐름에 따라 애착이 생길까 두려워하기 때문이니, 이는 그야말로 정진(精進)의 극치라고 할 것이다.〔浮屠不三宿桑下, 不欲久生恩愛, 精之至.〕"라고 하였다.

100 곽유도(郭有道)가……전하였고 : 곽유도는 후한(後漢) 말의 학자인 곽태(郭泰)로, 유도는 당시 사람들이 '유도(有道) 선생'이라고 부른 데서 온 호이다. 곽태가 원굉(袁閎)을 방문할 때에는 수레를 멈추지도 않고 말방울 소리가 그치지도 않을 만큼 잠깐만 들렀는데, 황헌(黃憲)을 방문해서는 하루를 다 보내고 다음 날까지 머물렀다. 사람들이 그 이유를 묻자 곽태는 "황헌의 넓고 넓음은 마치 1만 이랑이나 되는 못과 같아서,

시를 읊은 것은 기이한 일이 아닌데도 소자첨(蘇子瞻 소식(蘇軾))이 그렇게 하면 지나며 그 광경을 본 사람들이 장관(壯觀)이라고 여겼다. 이것은 사람이 훌륭해서 땅이 그것에 힘입은 것이다.

돌아보면 나는 앞서의 현인(賢人)들에게 비할 바가 아닌지라 본디 정자에게 은혜를 베풀 수 없다. 하지만 정자는 명승지이므로 전해지는 것이 응당 사람을 필요로 하지 않는다. 내가 만약 정자의 훌륭함에 기대어 이름을 드러낸 결과, 후인(後人)이 손으로 가리켜 "이 정자는 채번암이 일찍이 참언(讒言)에 걸리자 소요(逍遙)하며 시를 읊던 곳이다."라고 말한다면, 정자가 시종일관 나에게 베푼 은혜가 응당 어떠하겠는가. 작별을 앞두고 글을 써서 벽에 거는 것은 내가 정자를 만난 것을 사례하고 후대에 전하려는 것이다.

이를 맑게 하려 해도 깨끗해지지 않고 흔들어도 흐려지지 않는다."라고 하였다.《世說新語 德行》

종호당[101]에 대한 기문

從好堂記

우군 광모(禹君光謨)가 경사(京師)에서 집을 빌려 살면서 여러 번 과거에 실패하더니, 평산(平山) 서해 바닷가에 집터를 마련하여 가족을 다 데리고 돌아갔다. 그리고 자신이 사는 집을 '종호당(從好堂)'이라 명명하고는 나에게 글을 청해 기문으로 삼고자 하였다. 나는 이렇게 답하였다.

"하늘이 낸 백성들에게는 욕심이 있는 법이다. 천하의 사물 중에 좋아할 만한 것으로 말하자면 비록 교력(巧曆)[102]이라도 많아서 다 셀 수 없을 것이다. 군이 스스로 좋아하는 것을 따르겠다고 말하는 것은 일시적으로 불평하여 울어서 그러한 것인가, 아니면 과연 마땅히 좋아해야 할 것을 좋아할 수 있어서 천하의 만물로도 자신이 좋아하는 것을 바꿀 수 없기에 그러한 것인가?

나는 평소 좋아하는 것이 없는 사람이다. 옛날에 범씨(范氏)의 딸이 '마음에 어찌 출입(出入)이 있겠는가. 맹자(孟子)는 마음을 몰랐다.'라고 하였다.[103] 이것은 자신의 마음이 출입한 적이 없었기 때

101 종호당(從好堂) : 우광모(禹光謨)가 여러 번 과거에 실패한 뒤에 황해도 평산의 서해 바닷가로 낙향하여 집에 내건 당호(堂號)이다. 우광모는 본관은 단양(丹陽), 자는 회지(晦之)이다. 목만중(睦萬中)의 《여와집(餘窩集)》에도 우광모에게 지어 준 같은 제목의 기문이 실려 있다.

102 교력(巧曆) : 《장자(莊子)》 〈제물론(齊物論)〉의 "역법의 계산에 뛰어나다.〔善巧曆算〕"라는 구절에서 유래한 말로, 계산에 정통한 것 또는 그러한 사람을 가리킨다.

103 범씨(范氏)의……하였다 : 범씨의 딸은 북송(北宋) 때의 학자 범조우(范祖禹)의

문에 사람의 마음에 출입이 있는 것을 몰랐던 것이다. 내가 이미 좋아하는 것이 없으니, 어떻게 군이 좋아하는 것이 있다는 것을 알겠으며, 또 군이 좋아하는 것을 옳다 그르다 논할 수 있겠는가. 대개 천하 고금에 사람들이 좋다고 여기는 것은 대체로 모두 귀, 눈, 코, 입으로부터 나온다. 하지만 나는 성품이 담백하여 좋은 음악도 귀에 기쁘지 않고 좋은 색도 눈에 기쁘지 않다. 입은 기름진 음식을 원하지 않고 코는 향기로운 냄새를 원하지 않는다. 이른바 이목(耳目)이니 비구(鼻口)니 하는 것이 이미 나의 욕구를 맞추어 나의 기호를 이루어 줄 수 없지만, 마음은 텅 비었으면서도 신령하며 알고 느끼는 물건이니 좋아하는 것이 전혀 없을 수 없다.

나는 어려서 문장을 좋아하였는데, 스스로 기약한 바가 일시적인 것이 아니었고 반드시 만세(萬世) 뒤의 평가를 기다리는 것이었다. 중년 이후로 갑자기 스스로 생각하기를 '사람이 보잘것없는 몸으로 천지 사이에 참여하여 셋을 이루었으니, 천하의 허다한 일들이 모두 내 분수 안의 일이다. 그런데 일개 기예(技藝)일 뿐인 문장을 목표로 삼다가 이 생애를 마친다면 또한 서운하지 않겠는가.' 하였다. 이에 좋아하던 문장을 버리고 미련을 두지 않았다. 그러고는 오직 몸과 마음을 바쳐 나랏일에 진력하고 곧은 도를 실천하여 성군(聖君)의

딸을 가리킨다. 딸이 《맹자》〈고자 상(告子上)〉의 "잡으면 보존되고 놓으면 잃으며, 나가고 들어옴이 정한 때가 없으며, 그 방향을 알 수 없는 것은 오직 사람의 마음을 두고 말한 것이다.〔操則存, 舍則亡, 出入無時, 莫知其鄕, 惟心之謂與.〕"라는 글을 읽고는 "맹자는 마음을 몰랐다. 마음에 어찌 출입이 있겠는가."라고 하였다. 정이(程頤)가 그 말을 듣고는 "이 아이가 맹자는 몰랐으나, 마음은 제대로 알았다."라고 하였다. 《心經附註 卷3》

은혜를 저버리지 않음으로써 입신(立身)의 계책으로 삼고자 하였다. 그런데 근래 몸과 마음을 바쳐 나랏일에 진력하는 것이 간악한 자들이 공격하는 구실이 되기에 딱 알맞다는 사실을 다시 깨닫게 되었다.

군자(君子)의 지조는 비록 처한 상황과 득실에 따라 변하지 않지만, 나는 바야흐로 세속에서 달아나 육신(肉身)을 초탈하여 멀리 노닐었던 굴자(屈子)[104]의 수레를 좇으려 한다. 몸조차 외물이니, 좋아하는 것이 무에 있겠는가. 지금 만약 좋아하는 것이 있는 군으로 하여금 좋아하는 것이 없는 나를 따르도록 한다면 불가할 것이요, 좋아하는 것이 없는 내가 좋아하는 것이 있는 그대를 칭찬한다면 실정(實情)이 아니다. 그러니 내가 무슨 말을 하겠는가. 비록 그렇지만 좋아하는 바를 따르겠다는 것은 성인의 말씀이다.[105] 성인이 좋아했던 일이 무엇인지 모르겠으나, 군은 독서하는 선비로서 아침 서녁으로 열심히 공부하여 성인이 좋아하는 바를 깊이 담구할 것이니, 스스로 마음에 터득하기를 기다렸다가 나에게 말해 준다면 내가 비록 좋아하는 것이 없을지라도 또한 어찌 그것을 따라 좋아하는 것으로 삼지 않겠는가."

우선 이 기문을 가지고 증거로 삼는다.

104 굴자(屈子) : 전국 시대 초(楚)나라 회왕(懷王)의 신하였던 삼려대부(三閭大夫) 굴원(屈原)이다. 254쪽 주59 참조.

105 좋아하는 바를……말씀이다 : 《논어》 〈술이(述而)〉에 "부가 만약 인위적으로 구할 수 있는 것이라면 말채찍을 잡는 천한 일이라도 내가 또한 하겠다마는, 만약 인위적으로 구할 수 없는 것이라면 나는 내가 좋아하는 바를 따르겠다.〔富而可求也, 雖執鞭之士, 吾亦爲之. 如不可求, 從吾所好.〕"라는 공자의 말을 가리킨다.

여재헌[106]에 대한 기문

如在軒記

송경(松京)은 풍속의 순박함이 본래 하읍(下邑)의 작은 고을에 비할 바가 아니지만, 조상을 받드는 것에는 더욱 사람을 감복시키는 점이 있다. 상사(喪事)에는 반드시 묘소를 지키고, 사초(莎草)는 반드시 손수 심고 손수 김매어 단정하고 정결하도록 힘쓰니, 멀리서 바라보면 찬란하기가 마치 비단을 깔아 놓은 듯하다. 옆으로 몇 걸음 떨어진 곳에는 반드시 모정(茅亭) 한 칸을 건립하고 제삿날에 미리 제기(祭器)를 안치하여 제수(祭需)는 햇볕에 쬐거나 바람에 날리지 않도록 한다. 제사를 올릴 때가 되면 그것을 석상(石床)에 진설한 뒤에 부녀자와 아이들을 이끌고 참배하기를 마치 산 사람을 섬기는 예(禮)와 같이 한다. 공자(孔子)는 "상사를 신중히 치르고 먼 조상을 추모하면 백성의 덕이 순후한 곳으로 돌아갈 것이다."라고 하였다.[107] 송경 백성들의 덕이 순후한 곳으로 돌아갔으니, 훌륭한 일이도다.

진군 백형(秦君百亨)은 부친이 세상을 떠나자 송경에서 20쯤 거리에 있는 풍덕(豐德)의 호현(虎峴) 서쪽 기슭에 묏자리를 잡아 장사 지냈다. 그러고는 얼마 되지 않아 성대히 빗돌을 다듬어 나에게 묘표(墓表)

106 여재헌(如在軒) : 진백형(秦百亨, 1739~?)이 개성(開城)에 있는 자신의 선산(先山)에 지은 재사(齋舍)이다. 진백형은 본관이 남원(南原)이다. 번암이 그의 부친 진중서(秦重瑞)의 묘표(墓表)를 지어 준 바 있다.

107 공자(孔子)는……하였다 : 《논어》 〈학이(學而)〉에 나오는 증자(曾子)의 말이다. 공자의 말이라고 한 것은 착오이다.

를 부탁하였다. 이윽고 다시 나에게 말하기를,

"묘에 제사를 올리면서 재사(齋舍)가 없다면 제사를 올리지 않는 것과 같습니다. 재사를 계획하고 건립하기에 노력하여 힘에 부치더라도 그치지 않았습니다. 몇 개월이 소요되어 완공을 고하니, 모두 15칸입니다. 여기서 재계(齋戒)하고 여기서 제사를 올리면서 영구히 전할 것을 도모할 수 있게 되었으니, 비록 죽더라도 더 유감이 없습니다. 처음으로 이름을 명명하여 선영(先塋)을 빛내 주시기를 바랍니다."

하였다. 내가 이에 그 헌(軒)을 '여재헌(如在軒)'이라고 명명하고 그에게 다음과 같이 고하였다.

"'계신 듯이 하였다.〔如在〕'[108]라는 말은 공자께서 조상에게 제사를 올릴 때의 정성이었다. 사람들이 공자를 앙모하여 마치 사다리로 오를 수 없는 하늘과 같은 존재로 여긴다. 하지만 공자의 도가 어찌 고원한 것이겠는가. 무릇 사람이라면 모두 자신의 조상이 있고, 자신의 조상에게 정성을 갖추지 않음이 없다. 정성스럽게 하고자 하면 정성스러워지는 것이니, 정성으로 자신의 조상에게 예를 다한다면, 그런 사람을 비록 공자의 문도(門徒)라고 칭하더라도 지나치지 않다. 주자(朱子)는 그것을 해석하기를 '정성이 있으면 신(神)이 있고, 정성이 없으면 신이 없다.'라고 하였다.[109] 그렇다면 신이 있고 없고

108 계신 듯이 하였다 : 《논어》 〈팔일(八佾)〉에 나오는 "제사를 지낼 때에는 조상이 계신 듯이 하였고, 신을 제사 지낼 때에는 신이 계신 듯이 하였다.〔祭如在, 祭神如神在.〕"라는 말을 가리킨다.

109 주자(朱子)는……하였다 : "제사를 지낼 때에는 조상이 계신 듯이 하였고, 신을 제사 지낼 때에는 신이 계신 듯이 하였다."라는 공자의 말에 대해 《논어집주》에서 주희

는 신이 스스로 하는 바가 아니라 단지 나로 말미암아 있고 나로 말미암아 없는 것일 뿐이다.

아, 사람이 조상에게 제사를 지내는 것은 한 해에 네 절기(節期)에 불과할 뿐이다. 바야흐로 제기를 세척해 두었다가 제사를 올릴 때가 되어 제물(祭物)을 갖추면 마치 장차 나의 기(氣)가 조상의 기와 어렴풋이 서로 접하는 것처럼 된다. 제물을 올리고 난 뒤에 정성이 제물에 미치지 못하여 신이 제사를 돌아보지 않게 되면, 이것은 조상신이 제사를 흠향하지 않는 것이 아니라 자손이 조상으로 하여금 흠향(歆饗)하지 못하게 하는 것이니, 두려워하지 않을 수 있겠는가. 만약 조상이 흠향하게 하고자 한다면, 이는 정성에 달려 있다. 정성이 어떠해야 하는가? 계신 듯이 여길 뿐이다. 《예기(禮記)》에 '눈에서 모습이 떠나지 않고 귀에서 소리가 끊이지 않고 마음에서 심지와 기욕이 잊히지 않는다. 애모(愛慕)함이 극에 이르면 엄연히 존재하는 듯하고, 정성스러움이 극에 이르면 눈앞에 드러나서, 드러나고 존재하는 것이 마음에 잊히지 않는 법이다.'라고 하였다. 이러한 경우에 조상이 계신 듯한 마음을 지닌 사람이 아니라면 누가 능히 깔 수 있겠는가.

오호라, 이것은 단지 조상에게 제사를 올리는 것을 가리켜 말한 것일 뿐이다. 부조(父祖)가 된 사람의 입장에서 보자면 누군들 자신

(朱熹)는 범조우(范祖禹)의 "군자(君子)가 제사할 적에 7일 동안 경계하고 3일 동안 재계하여, 반드시 제사 지내는 대상을 보게 되는 것은 정성이 지극하기 때문이다. 그러므로 교제(郊祭)를 지내면 천신(天神)이 이르고, 사당에서 제사 지내면 인귀(人鬼)가 흠향하는데, 이는 모두 자기로 말미암아 이루어지는 것이다. 정성이 있으면 신(神)이 있고, 정성이 없으면 신이 없는 것이니, 삼가지 않을 수 있겠는가."라는 말을 인용하였다.

의 자손이 선(善)에 힘쓰기를 바라지 않겠는가. 과연 자신의 자손들로 하여금 생각마다 조상이 계신 듯한 마음을 갖게 하고 일마다 조상이 계신 듯한 정성을 다하게 한다면, 그들의 선이 이루 다 쓸 수 없을 정도가 되리라는 것을 나는 안다. 군은 힘쓸지어다."

나는 말하고 제대로 실천하지 못하는 사람이다. 부모님을 경사(京師)에서 이틀 여정(旅程) 떨어진 곳에 장사 지내고, 혹은 조정의 벼슬살이에 매여 혹은 쇠하여 병치레하느라 성묘를 빠뜨린 지가 어느덧 이미 한 해를 넘겼다. 이런 나의 입장에서 군을 면려하니 이마에 땀이 흐르지 않을 수 있겠는가. 군의 헌에 대해 기문을 지어 주는 것은, 나의 부끄러움을 기록하고 내가 비록 군을 부러워하려 해도 그렇게 할 수 없는 처지를 탄식하는 것일 뿐이다.

부용재[110]에 대한 기문

芙蓉齋記

영남의 여러 노선생(老先生)은 대체로 모두 명구(名區)를 몸소 점유하였다. 살아서는 그곳에서 학문을 닦고 세상을 떠난 뒤에는 그곳에서 제향(祭享)을 받았으니, 그러한 곳이 지금도 바둑알처럼 펼쳐져 있다. 하늘이 명승지를 둔 것은 그 사람을 빛내기 위해서이고, 그 사람이 아니면 그 명승지도 스스로 드러날 수 없으니, 이것은 서로 상호 의존하는 이치이다.

창녕현(昌寧縣) 북쪽에 연화봉(蓮花峯)이라는 봉우리가 있고, 그 봉우리 아래에 이계(伊溪)라는 시내가 흐른다. 산기슭이 이계를 만나 끊기고 골짜기가 편평하고 넓어지는데, 실로 부용당(芙蓉堂) 성공(成公)이 강학하던 곳이다. 처음 한강(寒岡) 정 선생(鄭先生)이 창녕의 수령이 되어 고을의 자제들을 위해 이계 시냇가에 몇 칸의 건물을 창건하였다. 경서(經書)의 뜻을 토론하고 예의를 익히니 유학(儒學)의 교

110 부용재(芙蓉齋) : 부용당이라고도 부른다. 정구(鄭逑, 1543~1620)가 1580년(선조13) 창녕 현감(昌寧縣監)으로 부임하여 자제들을 교육할 목적으로 건립하였다. 정구가 이임하면서 문인 성안의(成安義, 1561~1629)에게 맡겨 강학을 이어 가게 하였다. 이 기문은 1725년(영조1) 홍수로 유실되었던 부용재를 1780년(정조4) 성안의의 후손들이 중건한 뒤에 번암에게 부탁하여 지은 것이다. 정구는 본관은 청주(淸州), 자는 도가(道可), 호는 한강이다. 성안의는 본관은 창녕, 자는 정보(精甫), 호는 부용당이다. 1591년(선조24) 문과에 급제하였다. 임진왜란 때 거의(擧義)하여 곽재우의 휘하에서 활약하였다. 사간원 정언, 영해 부사(寧海府使), 광주 목사(光州牧使) 등을 역임하였다. 창녕의 연암서원(燕巖書院)에 제향되었다.

화가 크게 진작되었다. 정 선생이 임기를 마치고 돌아갈 때를 앞두고 공이 문하의 고제(高弟)이면서 사는 곳도 그 마을이라는 이유로, 그대로 공에게 스승의 자리를 맡기고 아울러 '부용주인(芙蓉主人)'이라는 호를 주고서 돌아갔다. 여러 봉우리 가운데 연화봉이 있고 연못에 부용이 있는 것에서 취한 호이니, 군자가 거처한다는 의미이다.

공이 마침내 그곳에 살게 되니 글을 읽는 소리가 날마다 낭랑하게 들렸다. 원근에서 소문을 듣고 앞다투어 와서 공을 스승으로 섬겼다. 그 문도(門徒)가 50여 명이었는데, 훌륭하여 볼만하였다. 공이 세상을 떠나자 창녕 사람들이 곁에다 사당을 세우고 제향을 올렸다. 그리고 금헌(琴軒) 이상(貳相) 이장곤(李長坤)[111]이 거주하던 유지(遺址)도 멀지 않은 곳에 있었으므로 거기에 합향(合享)하였다. 영종(英宗) 을사년(1725, 영조1)에 홍수가 나서 수재(水災)를 당하니 부용당이 견디지 못하고 연못도 붕괴되었다. 깨진 기와와 남은 주춧돌이 모래자갈이나 초목 사이로 여기저기 흩어진 지 50여 년이 흘렀다. 식견 있는 사람이 그 앞을 지날 때면 손가락을 가리키며 탄식하지 않은 적이 없었다.

금상 경자년(1780, 정조4)에 공의 현손(玄孫) 성조인(成祖寅) 씨가 족인(族人)과 일을 도모하며 말하기를 "이런 지경인데도 유업(遺業)을 계승하지 않는다면 향리의 이웃들이 우리 조상께서 후손이 있다고 말할 수 있겠는가." 하였다. 그러고는 중건(重建)을 신속히 도모하여 옛터에다 옛 규모를 준용하여 감히 사치스럽게 하지 않았다. 당이 완성되자 나에게 그 일을 글로 기록해 주기를 청하였다. 내가 다음과 같이

111 이장곤(李長坤) : 1474~1519. 본관은 벽진(碧珍), 자는 희강(希剛), 호는 금헌이다.

답하였다.

"천지 사이에 형체가 있는 것치고 무(無)로 돌아가지 않는 것은 없다. 더구나 나무로 그 바탕을 얽고 흙으로 그 틈을 메워 만드는 당(堂)은 사람이 있고 난 뒤에야 그 형체를 이룰 수 있으니, 이루어졌다가 허물어지는 변화를 어떻게 피할 수 있겠는가. 하지만 이 도(道)라는 것은 천지 사이에 충만하여 그것을 써도 고갈되는 것을 볼 수가 없으며, 쓰지 않아도 없어지는 것을 볼 수 없다. 사람이 쓰고 쓰지 않는 것을 가지고 도에 흥하고 폐하는 것이 있다고 억지로 말하지만, 그 본체로 말하자면 어찌 이륜(彝倫)과 나란히 길이 보존되어 우주가 다하도록 실추됨이 없지 않겠는가. 지금 제군(諸君)들이 형체가 있어 없어지지 않을 수 없는 것[112]을 또한 능히 애써 수리하여 그것이 후대에 계승되게끔 하려 한다. 그렇다면 더구나 실추됨이 없이 보존되는 것[113]을 자손이 조상을 계승하면서 지켜서 잃지 말 것을 생각하지 않아서야 되겠는가. 부디 제군들은 이 당을 중수하는 것으로 자신들이 할 수 있는 일을 이미 끝마쳤다고 여기지 말고, 이 일을 계기로 찾아본다면 공의 도가 남아 있는 곳이 있을 것이다."

112 형체가……것 : 부용재를 가리킨다.

113 실추됨이……것 : 도를 가리킨다.

번암집

제35권

記기

무명정[1]에 대한 기문

無名亭記

나는 형적(形跡)이 조정에서 용납되지 못하자 삼포(三浦)[2]를 귀의처(歸依處)로 삼았다. 봄부터 여름에 이르는 사이에 거처를 옮긴 것이 다섯 번이다. 그러다 가장 나중에 자리를 잡아 머문 곳이 바로 고(故) 금평도위(錦平都尉)의 아들이 소유한 저택으로, 성군(成君) 훈(塤)이라는 사람에게 세를 놓은 집이었다. 사람들이 전하는 말에 따르면, 도위가 권씨(權氏)의 만어정(晩漁亭)[3]을 매입하려던 뜻을 이루지 못하자 결국 만어정 곁에 따로 저택을 지은 것이라 하는데, 실(室)이며 대청(大廳)이며 붙어 있는 회랑(回廊) 같은 것들이 만어정의 형태를 매우 흡사하게 따랐으며, 공력을 기울인 것도 정성스럽다 하겠다.

한번 정자에 올라 바라보면, 정자가 우뚝이 높은 곳에 자리 잡고 있어 포구(浦口)를 따라 즐비하게 늘어선 수천 인가(人家)가 궤안(几案) 아래에 펼쳐진다. 큰 강은 긴 물가 언덕의 버드나무에 가려 전모(全貌)를 드러내지는 못하지만 숨었다가 나타나기를 반복하는데, 매번

1 무명정(無名亭) : 효종(孝宗)의 사위인 금평위(錦平尉) 박필성(朴弼成)이 마포(麻浦) 한강 가에 지은 정자이다. 1782년(정조6) 1월 역적들의 공초(供招)에 번암의 이름이 나온 것을 빌미로 조정의 신하들이 번암을 처벌하라는 상소를 계속 올리자, 번암이 병조 판서를 사직하고 칩거하였던 곳이다. 본래 이름이 없었는데 번암이 이름을 붙이고 기문을 지었다.

2 삼포(三浦) : 마포 부근의 한강을 가리킨다. 삼호(三湖)라고도 하였다.

3 만어정(晩漁亭) : 번암의 친구 권사언(權師彦) 소유의 정자다. 마포 강가에 있었다.

석양이 비칠 때면 마치 구불구불한 백룡(白龍)이 짙은 구름 속에서 옥 비늘, 은 갑옷을 장난스레 드러내는 듯하다. 큰 범선의 돛대 끝은 버드나무 꼭대기에서 굴러가며 일정하지 않게 나타났다 사라지는데, 재빠른 것이 마치 숨바꼭질을 하는 듯하다. 강 건너 산들은 비스듬히 뻗어 가기도 하고 멈추기도 하는데, 빽빽한 남기와 짙은 녹음이 드리운 가운데 변화하는 자태가 끝이 없다. 뛰어난 경치를 가지고 이름을 붙이자면 참으로 이루 다 이름을 붙이기 어려울 정도이다. 하지만 이 정자는 전혀 이름이 없다. 처마와 벽 사이에 편액을 걸어 전하는 이름을 찾아볼 수 없는 것이다. 사람들 가운데 간혹 이것을 아쉽게 여기는 사람이 있기에 내가 웃으며 다음과 같이 말해 주었다.

"군(君)이 어찌 이름이 없는 것을 이름이 있는 것과 동등하게 논할 수 없다는 것을 알겠는가. 이 정자를 지은 사람은 아마도 이 정자에 짝할 것이 없다고 여겼으리라. 만물의 이름은 어디서 시작된 것인가, 하늘이 명명(命名)한 것인가, 아니면 또한 땅이 부여한 것인가? 음양(陰陽)의 두 기(氣)가 지극히 고요한 가운데 만물이 생겨나지 않을 수 없으니, 또한 그 형태를 갖추지 않은 것이 없다네. 날아다니는 것은 날아다닐 뿐이고, 달리는 것은 달릴 뿐이고, 움직이는 것과 뿌리를 박고 있는 것은 움직이고 뿌리를 박고 있을 뿐이네. 지금 날고 달리고 움직이고 뿌리를 박고 있는 것에다 급급하게 이름을 붙여 구분하였고, 창힐(蒼頡)은 글자를 만들어서 그 형태를 본떴다네. 배우는 자가 시(詩)를 외면서 사물의 이름을 알고자 한다면 또한 정신을 수고롭게 해야 하지 않겠는가.

저 옆으로 찢어진 눈과 둥근 머리를 지닌 인간이 천지 사이에 가득하지만, 떠나가도 떠나가는 것을 볼 수 없고 가득해도 가득한 것을 볼 수 없다네. 그 형세가 이름을 붙이지 않으면 구별할 수 없기에 이름을 명명하여 서로 부르게 하였으니, 이는 부득불 그러하였던 것이라네. 그런데 어찌하여 공(公)이니 경(卿)이니 대부(大夫)니 사(士)이니 하는 이름을 더했단 말인가. 귀천(貴賤)으로 차등을 두는 것에 비록 땅에서 하늘 끝까지 이르더라도 다함이 있음을 못 보았네. 이에 사람들은 하늘이 명명한 이치를 회복할 줄 모른 채 사람이 명명한 이름을 좇을 줄만 알았으니, 쟁탈이 어찌 생겨나지 않을 수 있겠으며, 참소와 무함이 어찌 일어나지 않을 수가 있겠으며, 군자(君子)를 어찌 밖에 두지 않을 수 있겠으며, 소인(小人)을 어찌 안에 두지 않을 수 있겠는가.[4] 지금 천하가 잘 다스려지지 못하는 것은 이름이 빌미가 된 것이니, 어찌 또한 그 근본을 생각하지 않겠는가.

없는 것은 하늘이고 있게 하는 것은 사람이니, 사람을 좇아 귀하게 만드는 것이 좋겠는가, 아니면 하늘을 좇아 귀하게 만드는 것이 좋겠는가? 불가(佛家)의 허무적멸(虛無寂滅)이나 노씨(老氏)의 청정무위(淸淨無爲)는 본래 이단(異端)에 속한 것이지만, 우리 유가(儒家)로 말하더라도 이치로 보자면 무극(無極)이면서 태극(太極)인 것이요, 성인(聖人)으로 말하자면 요순(堯舜)은 바르게 남면하였을 뿐 무위(無爲)로 백성을 교화하고[5] 공자(孔子)는 '가한 것도

4 군자(君子)를……있겠는가 : 《주역》 〈비괘(否卦) 단(彖)〉에 "소인을 안에 두고 군자를 밖에 두니, 소인의 도가 자라나고 군자의 도가 없어진다.〔內小人而外君子, 小人道長, 君子道消也.〕"라고 하였다.

5 요순(堯舜)은……교화하고 : 《논어》 〈위령공(衛靈公)〉에 "무위로 다스린 이는 순임금이실 것이다. 무엇을 하셨겠는가? 몸을 공손히 하고 바르게 남면하셨을 뿐이다.〔無爲而治者, 其舜也與! 夫何爲哉? 恭己正南面而已矣.〕"라는 공자의 말이 나온다.

없고 불가한 것도 없다.〔無可無不可〕'[6]라고 하였네. 낚시로 말하자면 태공(太公)의 바늘이 없는〔無鉤〕 낚시[7]라야 비로소 위대한 낚시가 될 수 있으며, 거문고로 말하자면 도령(陶令)의 줄 없는〔無絃〕 거문고[8]라야 비로소 훌륭한 음악이 될 수 있네. 이와 같은 부류는 도를 아는 자가 아니면 함께 논할 수 없는 것이라네. 더구나 천하의 이치로 보자면, 바야흐로 없다가도 있을 수 있고 바야흐로 있다가도 없는 것으로 돌아갈 수 있네. 내가 없다고 여기는 것이 애초에 있는 것이 아님이 없고, 세상 사람들이 스스로 있다고 여기는 것이 애초에 없는 것이 아님이 없다고 어떻게 보장할 수 있겠는가. 나는 이름에 피곤한 사람인데, 이 정자에서 마땅한 거처를 얻었다네."

그러고는 마침내 내가 거처하는 곳을 '무명정'이라고 명명하였다.

6 가한……없다 : 《논어》 〈미자(微子)〉에 나오는 공자의 말이다. 하나에 집착하는 완고한 태도를 버리고 융통 자재한 중용(中庸)의 자세를 취하는 것을 의미한다.

7 태공(太公)의……낚시 : 강태공(姜太公) 여상(呂尙)이 위수(渭水) 가에서 낚시를 할 때 곧은 바늘을 쓰고 미끼를 쓰지 않았다고 한다. 곧은 바늘은 물고기를 잡을 수 없으므로 여기서 바늘이 없었다고 표현한 것이다. 《武王伐紂平話 卷下》

8 도령(陶令)의……거문고 : 도령은 팽택 영(彭澤令)을 지냈던 도잠(陶潛)을 가리킨다. 이백(李白)의 〈증임명현령호제(贈臨洺縣令皓弟)〉 시에 "도잠이 팽택 영을 그만두고 떠나매, 아득히 태고의 마음을 지녔네. 훌륭한 음악은 절로 곡조를 이루기에, 그저 줄 없는 거문고만 탔다네.〔陶令去彭澤, 茫然太古心. 大音自成曲, 但奏無絃琴.〕"라고 하였다.

곡식을 반사해 주신 것에 대한 기문[9]

賜租記

제공이 황량한 강가에 은둔하면서 문을 걸어 닫은 채 병을 앓으므로 손님을 사절하였다. 손님도 나를 방문하려고 하지 않았는데, 나를 싫어해서 그런 것이 아니라 간사한 권력자가 은밀하게 나를 엿보며 염탐하고 있었기 때문이다.

오직 우리 성상께서 신을 감싸 주고 신을 돌보아 주심은 갈수록 극진해졌다. 8월 그믐에 상원(上苑)을 친히 살피면서 곡식 4말을 수확하여 신에게까지 반사(頒賜)해 주면서 아울러 어찰(御札) 한 통을 규장각(奎章閣) 각리(閣吏)에게 명하여 강교(江郊)의 외루암(畏壘菴)[10]에 전하게 하셨다. 어찰의 첫째 줄에는 "원임 제학(原任提學) 채 아무〔蔡不名〕"라고 쓰여 있었고, 둘째 줄에는 "상림(上林)의 곡식 4말"이라고 쓰여 있었으며, 셋째 줄에는 "왕은 다음과 같이 말한다. 경기(京畿)의

9 곡식을……기문 : 1782년(정조6) 8월 정조가 궁궐 안 적전(耤田)에서 수확한 곡식을 번암에게 하사한 일을 기록한 글이다. 번암은 그해 1월 역적들의 공초(供招)에서 자신의 이름이 나온 일로 조정의 신하들에게 공격을 받자 병조 판서를 사직하고 마포(麻浦)의 무명정(無名亭)에 칩거하고 있었다.

10 외루암(畏壘菴) : 본래 주희(朱熹)가 자신이 임시로 거처하던 집에 붙인 이름이다. 주희가 동안 주부(同安主簿)로 있다가 임기가 만료되는데도 후임자가 오지 않자, 잠시 읍민(邑民) 진량걸(陳良傑)의 집을 빌려 살았다. 읍민들이 주희가 그곳에 거처하는 것이 마치 《장자(莊子)》에 나오는 경상초(庚桑楚)가 외루(畏壘)에 살았던 고사와 비슷하다고 말하자, 주희가 그 집을 '외루암'이라고 붙이고 기문(記文)을 지었다. 《晦庵集 卷77 畏壘菴記》 여기서는 번암이 칩거하는 자신의 우사(寓舍)를 지칭한 말이다.

농사가 흉작이라 곡가(穀價)가 금처럼 비싸니, 황량한 교외에서 꾸려 가는 생계가 궁핍하리라 생각된다. 유독 여기 상원의 벼만은 잘 익었으므로 이에 몇 말을 보낸다. 약소하여 부끄럽지만 그대를 기억하는 나의 뜻을 유념하지 않을 수 있겠는가."라고 쓰여 있었다. 신이 절하고 머리를 조아리는데 뚝뚝 떨어지는 눈물을 거둘 수 없었다.

옛날 맹자(孟子)는 제(齊)나라 왕이 당(堂) 아래를 지나는 소를 차마 두고 보지 못한 일을 기회로, 그러한 마음이면 충분히 왕 노릇 할 수 있다고 왕을 반복하여 깨우쳐 주었다. 맹자가 비근한 것에서부터 심오한 경지까지 들어가며 온갖 설명을 하였으나, 그 요체는 은혜를 미루어 확장하는 것과 은혜를 미루어 확장하지 못하는 것을 가지고 왕 노릇 하는 것과 왕 노릇 하지 못하는 것의 하나의 큰 관건으로 삼았을 뿐이었다.

지금 경기 지방에 큰 흉년이 들어 비록 평소에 일정한 생업이 있는 사람조차도 항아리에 저장해 둔 곡식이 없는 지경인데, 더구나 일정한 생업이 없는 사람은 어떠하겠는가. 이러한 시기에 조(租), 용(庸), 조(調)와 같은 것을 아울러 징수하여 백성들이 빚을 내어도 그 세금을 충당할 수 없게 한다면, 그 형세가 백성들이 흩어져 사방으로 달아나지 않으면 죽어서 구렁에 시체가 굴러다니게 될 것이다. 비록 성상의 교지(教旨)로 보더라도, 흉년이 들어 곡가가 비싸진 상황을 구중궁궐 안의 눈 밝은 성상께서 모르시지 않았다. 신의 궁핍한 생계를 염려하는 것은 그 마음을 미루어 다 해진 옷과 깡마른 몰골의 백성을 유념하시는 것만 못하며, 신에게 상원의 향기로운 벼를 반사하는 것은 그 은혜를 미루어 창고를 열어 구휼하는 정사를 논의하시는 것만 못하다.

신이 비록 강호(江湖)로 물러나 엎드려 있어 조정의 정책에 참여할 수 없지만, 성상께서 만약 신을 제나라 왕의 소와 같이 여기고 그 은혜를 미루어 억조창생(億兆蒼生)에게 확대하신다면, 신이 비록 굶어 죽더라도, 이 죽음이 사는 것보다 더 나을 것이다. 전하는 말에 "덕에 보답하지 않음이 없다.〔無德不報〕"[11]라고 하였다. 만약 은덕에 감사하면서도 보답할 줄 모른다면 이것은 아녀자나 내시일 뿐이다. 이에 감히 이 설(說)을 가지고 은혜를 갚으려 하는 바이다.

성상 6년 임인년(1782, 정조6) 8월 그믐에 전임(前任) 규장각 제학신 채제공이 삼포(三浦) 무명정(無名亭) 안에서 절하고 공경히 쓰다.

11 덕에……없다 : 《시경》 〈대아(大雅) 억(抑)〉에 "말에 답하지 않음이 없으며 덕에 보답하지 않음이 없으니, 붕우와 서민 소자에게 은혜를 베풀면, 자손들이 대대로 이어나가, 만민이 받들지 않음이 없으리라.〔無言不讐, 無德不報. 惠于朋友, 庶民小子. 子孫繩繩, 萬民靡不承.〕"라고 하였다.

우화재[12]에 대한 기문

寓花齋記

사문(斯文) 유박(柳璞)은 꽃을 너무나 좋아한다. 배천(白川)의 금곡(金谷)에 집을 짓고 살며 세상의 번잡함을 떨쳐 버리고 날마다 화초를 심는 것을 생활로 삼는다. 기르지 않는 화초가 없으며, 꽃이 피지 않는 때가 없다. 다섯 이랑의 둘러친 담장 안은 향기로운 중향국(衆香國)[13]이다. 군(君)은 흔연히 스스로 자랑하며 자신의 집을 '우화재(寓花齋)'라고 명명하고는 한 시대에 시 잘 짓기로 이름난 사람들에게 자신의 일을 노래해 주기를 두루 부탁하였다. 그러고는 나에게 기문을 청하였다. 나는 듣고는 웃으며 다음과 같이 말해 주었다.

"군이 꽃을 사랑함은 참으로 사실이지만, 애당초 도(道)에 통달하지는 못한 것이다. 천하 만물에서 유(有)라는 것은 무(無)의 시작이고, 쇠(衰)라는 것은 성(盛)의 마침이니, 이것은 필연의 이치이다. 그런 까닭에 밝으면 어두워지고 어두우면 밝아지며, 추위가 극성해지면 더워지고 더위가 극성해지면 추워진다. 권위(權威)가 극성한 자에게는 화(禍)가 미치고 부귀(富貴)가 극성한 자에게는 재앙이 이른다. 사람에게 감상(鑑賞)의 대상이 되는 사물은 그 성쇠(盛衰)가

12 우화재(寓花齋) : 황해도 배천의 금곡에 위치한 유박(柳璞)의 집이다. 정원에 온갖 화초를 심어 사시사철 끊이지 않고 꽃이 피므로 이렇게 이름을 붙였다.

13 중향국(衆香國) : 본래 불교의 향적여래(香積如來)가 다스린다는 나라의 이름인데, 온갖 꽃이 만발한 곳을 지칭하기도 한다. 《維摩經》

더욱 빠르다.

꽃은 천지의 정화(精華)이다. 그 빛깔은 사람의 눈을 뒤흔들고 그 향기는 사람의 코를 찌른다. 그 존귀함은 왕(王)이라 불리기도 하고 그 바름은 군자로 여겨지기도 한다. 서리에 굴하지 않는 기상은 절개에 비유되기도 하고, 세속을 뛰어넘는 고결함은 처사(處士)에 견주어지기도 한다. 요컨대 모두 천지가 아주 아끼는 것이어서 항상 존재하지는 않게 하고자 한다. 그러므로 꽃이 피면 비바람이 그 뒤를 따르니, 이는 조물주가 그치게 할 수 있으면서도 그치지 않는 것이 아니다. 사물의 성쇠는 비록 조물주라 할지라도 힘을 쓸 수 없는 것이다.

지금 군이 꽃을 심는데, 높은 것은 높은 것대로 낮은 것은 낮은 것대로 심어 모양도 다양하고 빛깔도 다양하다. 이것이 쇠락하면 저것이 농염해지고, 저것이 지면 이것이 이어 간다. 비록 눈이 쌓이고 고드름이 길게 늘어지는 계절이라도, 군 앞에서 꽃은 그대로 변함없이 피어난다. 이러한 도를 따라 행하면 밝음과 어두움, 추위와 더위가 교대로 바뀌지 않아서 권위를 지닌 자는 영화(榮華)를 길이 누리고 부귀를 지닌 자는 일락(逸樂)을 길이 누릴 것이니, 어찌 가당한 일이겠는가.

더구나 군은 '우화'라고 이름을 지었으니, 또한 어찌 그리 편협한가. 군의 집은 온갖 꽃을 울타리로 삼았는데, 군은 또 몸소 그 집에 거처하면서 꽃에 기대어 산다고 여기니 그럴듯하다. 하지만 나무의 뿌리는 땅에 기대고 줄기는 뿌리에 기대고 가지는 줄기에 기대며, 꽃받침은 가지에 기대고 봉오리는 꽃받침에 기대고 꽃술은 봉오리에 기대고 벌과 나비는 꽃술에 기댄다. 꽃은 본디 그것들이 기대는 것도 감당할 수 없는 지경인데, 군으로 하여금 기대어 사는 군더더기가 되게 할 수 있겠는가. 군은 한번 생각해 보라. 군의 몸은 집에 기대어 살고 집은 천지에 기대어 있는데, 천지는 곧 만물의 여관이네. 군이 그것을 일컬어 '여관에 기대어 산다.'라고 한다면 괜찮지만 '꽃에 기대어 산다.'라고 말한다면 또한 사물을 두고 개인의 것으로 삼는 것이 아니겠는가.

비록 그렇지만 나는 군이 꽃을 너무도 사랑하여 사람들이 모두 그것에 감화되었다고 들었다. 군이 일 때문에 멀리 출타하여 빠른 시일 안에 돌아올 수 없을 경우에는 집안사람들이 시종일관 군이 집에 있을 때처럼 꽃을 가꾸고 물을 대어 감히 때를 놓치지 않도록 하니, 이것은 군이 꽃을 사랑함이 집안사람들을 감화시킨 것이다. 금곡을 둘러 마을을 이루고 사는 사람들은 군이 화단(花壇)을 쌓아 화초 뿌리를 심는다는 소식을 듣고는, 마치 그만둘 수 없는 자신의 일이라도 하듯이 명령하지도 않았는데 달려오고 권하지도 않았는데 일을 하니, 이것은 군이 꽃을 사랑함이 이웃을 감화시킨 것이다. 고을 사람 중에 배를 모는 것을 업으로 삼아 날마다 남쪽으로 가는 사람은 감상할 만한 기이한 품종의 화초를 발견하면 화분에 담아 배에 싣고는 기뻐서 달려와 바치기를 마치 공물(貢物)을 진상하듯이 하니, 이것은 군이 꽃을 사랑함이 뱃사람을 감화시킨 것이다.

군은 일개 포의(布衣)로서 일찍이 무슨 힘이 있기에 이런 것을 이루었는가? 자사(子思)는 '성하지 않으면 사물도 없다.〔不誠無物〕'[14]라

14 성하지……없다 : 《중용장구》 제25장에 "성은 사물의 끝이고 시초이니, 성하지 않으면 사물이 없게 된다. 그러므로 군자는 성함을 귀하게 여기는 것이다.〔誠者, 物之終始, 不誠無物, 是故君子誠之爲貴.〕"라고 하였다.

고 하였고, 증자(曾子)는 '성의 가릴 수 없음이 이와 같다.〔誠之不可揜如此〕'라고 하였다.[15] 천하의 일은 정성으로 하면 감동시키지 못할 것이 없는 법이다. 꽃에서 귀하게 여기는 것은 향기와 빛깔 때문만이 아니라 꽃으로부터 그 열매를 성취할 수 있기 때문이다. 군이 성심(誠心)으로 꽃을 구하는 성벽(性癖)으로써 천하 사물의 실제 이치에서 찾아 그것에 기댈 뿐만이 아니라 몸과 이치가 하나가 된다면, 훗날에 뿌리를 배양하여 열매를 먹게 되리니, 그 효과가 또한 무궁하지 않겠는가."

우선 이것으로 기문을 지어 면려하는 바이다.

15 증자(曾子)는……하였다 : 《중용장구》 제16장에 "은미한 것이 드러나니, 성의 가릴 수 없음이 이와 같도다.〔夫微之顯, 誠之不可揜如此夫.〕"라고 하였다. 이 말은 증자의 말이 아니라 공자(孔子)의 말이라고 되어 있다.

조원[16]에 대한 기문

曺園記

계묘년(1783, 정조7) 모춘(暮春) 10일에 여와(餘窩) 목유선(睦幼選)[17]과 필운대(弼雲臺)에서 꽃구경을 하기로 하였다. 느지막이 밥을 먹고 견여(肩輿)를 타고 가 보니 유선은 아직 도착하지 않았다. 필운대 앞 바위에 자리를 깔고 조용히 앉았더니, 조금 뒤에 유선이 이군 정운(李君鼎運),[18] 심군 규(沈君逵)[19]와 함께, 종자(從者)에게 술병을 차게 하고는 사직단(社稷壇) 뒤를 경유하여 솔 그늘을 뚫고 이르렀다. 내가 일어나 맞이하고, 서로들 보고 웃었다. 그때 태양은 중천에 걸리고 꽃향기가 향기롭게 사람에게 풍겨 오니, 풍경을 다 감상하고자 해도 거의 겨를이 없을 정도였다. 귀한 집의 노는 자제(子弟)들이 벗들을 불러 모아 줄지어 찾아와 길을 메우니 마치 번화가 같았다. 나는 조용한 데 익숙한 사람인지라 그것이 꽤나 마음에 못마땅했다.

정동(正東) 쪽을 내려다보니 몇 바탕쯤 떨어진 곳에 소나무가 뜰

16 조원(曺園) : 한양 필운대 아래에 있었던 조씨(曺氏) 집안의 정원이다.

17 목유선(睦幼選) : 목만중(睦萬中, 1727~1810)으로, 본관은 사천(泗川), 자는 유선(幼選), 호는 여와이다. 1801년(순조1) 신유사옥 때 대사간으로서 당시의 영의정 심환지(沈煥之)와 함께 남인시파(南人時派) 계열의 천주교도들에 대한 박해와 탄압을 주도하였다. 뒤에 관직이 판서에 이르렀다. 문집으로 《여와집(餘窩集)》이 있다.

18 이군 정운(李君鼎運) : 1743~1800. 본관은 연안(延安), 자는 공회(公會), 호는 오사(五沙)이다.

19 심군 규(沈君逵) : 1726~? 본관은 청송(靑松), 자는 경인(景仁)이다.

안에 나란히 섰고 꽃나무의 가지 끝이 어슴푸레 담장 밖으로 삐져나와 있었는데, 참 사랑스러웠다. 유선을 돌아보고 "필시 특별한 것이 있을 것이다. 가서 구경하지 않겠는가?"라고 하니, 모두들 좋다고 하였다. 마침내 왔던 길을 따라 작은 골목 안으로 돌아 들어가니 널판으로 된 문이 활짝 열려 있었다. 주인이 내가 꽃을 보기 위해 왔다는 것을 알고는 나를 인도하여 집 뒤의 뜰로 인도했다.

뜰은 대략 8, 9단(段)으로 돌을 쌓아 온갖 종류의 기이한 화초를 심었다. 붉은색, 보라색, 노란색의 꽃이 너무도 찬란히 다투어 피었으니, 눈이 부셔서 자세히 바라볼 수 없을 지경이었다. 두 그루 푸른 노송이 동서로 마주하고 섰는데, 서쪽 소나무는 언덕 벼랑에 뿌리를 의탁한 채 늙은 줄기가 비스듬히 옆으로 뻗어 쓰러져 넘어질 듯한 모양새였다. 사람들이 나무를 가지고 쓰러진 줄기를 받쳐 두니, 지탱이 되어 땅에 닿지 않을 수 있지만, 쓰러지는 기세를 막을 수는 없다. 북쪽에서 뻗어 나온 줄기는 마치 남쪽으로만 쏟아지는 듯하다. 남쪽으로 너덧 길쯤 뻗은 줄기는 다시 굽어 동쪽으로 뻗는데, 그늘을 빽빽하게 드리운 뒤에야 그친다. 그 아래 정원은 너비가 10이랑이다.

내가 소나무 그늘에 앉아 제군(諸君)들과 서로 즐기고 있는데, 승지 유항주(兪恒柱)[20]가 뒤이어 이르렀다. 윤 학사 상동(尹學士尙東)[21]도 마침 봄 경치를 구경하러 나왔다가 내가 조원(曺園)의 소나무 아래에 있다는 소식을 듣고 역시 뒤이어 이르렀다. 술이 몇 순배가 돌자 화품(花品)의 고하(高下)를 평하고 시문(時文)의 체재(體裁)를 논하느라

20 유항주(兪恒柱) : 1730~? 본관은 기계(杞溪), 자는 계오(季五)이다.

21 윤 학사 상동(尹學士尙東) : 1728~? 본관은 해평(海平), 자는 위로(渭老)이다.

해가 이미 떨어지고 달이 동쪽에 뜬지도 몰랐다.

주인의 성은 조씨(曺氏)이다. 한가롭게 살면서 꽃을 심는 것을 업으로 삼고 거문고 타기를 좋아한다. 세상사로 마음을 어지럽히지 않으니, 자신을 속이거나 벗을 팔아 조석(朝夕)으로 영예와 이익을 꾀하는 짓을 일신(一身)의 계책으로 삼는 지금 세상의 사대부와 비교하면 또한 어질지 아니한가. 그것에 감동하여 조원의 기문을 짓는다.

증 승지 정공의 충효 정려[22]에 대한 기문

贈承旨鄭公忠孝閭記

하늘의 도(道)는 음(陰)과 양(陽)뿐이고, 땅의 도는 강(剛)과 유(柔)뿐이다. 사람은 천지의 정기를 받아 태어나니 사람이 되는 까닭도 오직 충(忠)과 효(孝)뿐이라고 하겠다. 하지만 음과 양, 강과 유는 그 이치가 비록 하나일지라도 그 작용은 상황에 따라 달리 드러나 합하여 하나일 수가 없다. 비록 충과 효라도 어찌 그러하지 않을 수 있겠는가. 더구나 사람은 한 번 죽을 뿐이어서 죽음을 두 번 겪을 수 없으니, 효를 위해 죽는 사람은 효를 위해 죽을 뿐이고 충을 위해 죽는 사람은 충을 위해 죽을 뿐이다. 사람이 충이나 효를 위해 죽는 것을 하나라도 해낸다면 진실로 탁월한 일이라 할 수 있는데, 한 사람의 몸으로 한 번 죽음을 결행하여 충과 효 두 가지를 겸하여 이룬 사람이 여기 있다고 한다면 비록 천고(千古)에 드문 행위라고 일컬어도 지나친 말이 아니다.

백암(柏巖) 정공(鄭公) 휘(諱) 의번(宜藩)은 자가 위보(衛甫)이고,

22 증(贈)……정려 : 정공(鄭公)은 조선 중기의 의병 정의번(鄭宜藩, 1560~1592)으로, 본관은 영일(迎日), 자는 위보(衛甫), 호는 백암(柏巖)이다. 아버지는 의병장 정세아(鄭世雅)이다. 1585년(선조18) 생원시에 합격하였다. 1592년 임진왜란이 일어나자 아버지와 함께 의병을 일으켜 영천(永川)에서 승리하고 이어 경주(慶州)에 진격하여 싸우다가 박진(朴晉)의 패전으로 적에게 포위되어 위기에 빠진 아버지를 구출하기 위하여 혈전을 벌이다가 적에게 사로잡혔으나, 끝내 굴복하지 않고 죽음을 당하였다. 김성일(金誠一)의 장계로 호조 정랑에 추증되고, 1732년(영조8) 좌승지로 가증(加贈)되었다. 1784년(정조8) 정려가 내려졌으며, 영천 환고사(環皐祠)에 제향되었다.

증(贈) 판서(判書) 호수공(湖叟公)의 아들이다. 선조(宣祖) 임진년(1592, 선조25)을 당하여 부모를 모시고 병란을 피해 산중에 피난해서는 쌀을 짊어지고 운반하여 부모를 공양하였다. 얼마 뒤에 종묘와 사직이 파천(播遷)했다는 소식이 들리자 호수공이 눈물을 흘리며 의병을 일으켰는데, 공은 힘을 다해 계책을 도우며 몸이 군중(軍中)을 떠난 적이 없었다. 당시 나이가 33세였다.

박연(朴淵) 가에서 적을 맞닥뜨렸을 때 죽이고 사로잡은 적이 매우 많았다. 얼마 뒤에는 또 바람을 따라 불을 놓아 영천(永川)의 왜적을 남김없이 죽여 영천이 마침내 수복되었다. 이윽고 다시 경상좌도 병마절도사(慶尙左道兵馬節度使) 박진(朴晉)의 병력과 합세하여 경주(慶州)의 왜적을 공격하였다. 호수공이 몸소 나가 선봉에 서자 휘하의 병사들이 목숨을 걸고 싸웠는데, 죽은 적이 반을 넘었다. 얼마 뒤에 적이 기병(奇兵)을 보내 박진의 군사를 습격하자, 박진의 군사가 크게 궤멸되고 여러 의사(義士)도 힘껏 싸우다 많이 전사하였다. 왜적이 호수공을 포위하여 위급해지자 공이 부친이 위급한 것을 보고는 말을 달려 포위에 돌격하였다. 적에게 활을 쏘면 반드시 가슴을 꿰뚫었으니, 적이 크게 혼란에 빠지고 부친이 이로 인해 탈출할 수 있었다. 공은 졸지에 황급하여 부친이 이미 포위를 탈출한지도 모른 채 과감히 돌진하여 두루 찾아다녔는데, 포위에 들어갔다 나온 것이 세 차례나 되었다. 몸에는 수십 군데의 창상(創傷)을 입고, 탔던 말도 탄환에 맞아 마침내 적에게 사로잡혔다. 적이 칼로 협박하였으나 끝내 분개하여 꾸짖으며 굴복하지 않다가 죽었다. 이때가 8월 21일이었다.

경상우도 순찰사(慶尙右道巡察使) 김공 성일(金公誠一)이 조정에 한 번 아뢰자 상께서 여러 번 가상히 여겨 감탄하고 탁지 원외랑(度支

員外郎)에 증직(贈職)하였다. 적이 물러간 뒤에 호수공이 만사(輓詞)를 청하여 관(棺)의 빈 곳을 채워 선영(先塋) 곁에 묻었다. 세상에서 이를 '시총(詩塚)'이라 부른다고 한다. 영종(英宗) 임자년(1732, 영조8)에 좌승지에 추가로 증직되었고, 금상(今上) 갑진년(1784, 정조8)에 종6세손 상사생(上舍生) 정하준(鄭夏濬)이 다시 공의 일을 상언(上言)하여 아뢰니 상이 특별히 정려를 명하셨다. 이에 예부(禮部)에서 복계(覆啓)하여 "충신 효자 정 아무의 정려〔忠臣孝子鄭某之閭〕"라고 새길 것을 청하자 상께서 윤허하셨다.

오호라, 공의 죽음은 애당초 나라를 위해서였지만 효에 죽은 것이 아니었다고 말한다면 불가할 것이요, 애당초 아버지를 위해서였지만 충에 죽은 것이 아니라고 말한다면 또한 불가할 것이다. 충인 것을 충이라 하고 효인 것을 효라고 하는데, 예부에서 반드시 충과 효를 아울러 쓰고자 하였으니, 공이 한 번 죽음을 결행함으로써 두 가지를 겸하여 얻었기 때문이 아니겠는가. 충과 효는 본래 다른 두 가지가 아니다. 공의 경우에는 강학(講學)을 통해 이치를 밝혀 처지에 따라서 자신의 본분을 다할 수 있던 것이고, 어떠한 의도가 있어서 했던 일이 아니었으니, 후세에 명성과 영광이 사라지거나 사라지지 않는 것이 공과 무슨 관계가 있겠는가. 비록 그렇지만 상께서 수백 년이 흐른 뒤에 충을 표장(表章)하고 효를 장려하여 정려를 내리신 것은, 이 정려를 지나는 사람들로 하여금 감동하고 분발하여 흥기하고 각자 자신 본성의 당연한 이치를 따르게 함으로써 충효의 범도 안에 한 세상 사람들을 들어가게 하고자 해서이다. 사람이 만약 그 정려에 예(禮)를 표할 줄만 알고 어진 분을 보고 자신도 그와 같이 되려는 뜻을 알지 못한다면, 충에서 구차할 것이요 효에서도 소홀한 것일 뿐이다. 이것이 어찌 성상께서 좋은 기풍(氣風)을 수립하여 세교(世敎)를 면려하시는 취지이겠는가.

나는 여기에서 또한 감개하여 유감으로 여기는 점이 있다. 공이 세 번 적의 포위를 돌진할 때 자신의 노복(奴僕)인 억수(億壽)를 돌아보며 "아버지께서 적에게 돌아가신다면 내가 마땅히 죽을 것이다. 너는 떠나는 것이 마땅하다."라고 하자, 노복이 "주인께서 죽음을 결심하셨는데, 노복이 어디로 가겠습니까." 하고는 마침내 말을 몰고 달려들어 동시에 죽었다. 참으로 기특한 일이었다. 공의 정려가 이미 환하게 세워졌으니, 충성스러운 노복의 정려를 그 곁에 세우지 않는다면 옳겠는가. 우선 이것을 기록하여 후세를 기다린다.

공회정[23]에 대한 기문
公會亭記

공회(公會)는 이 학사 정운(李學士鼎運)의 자이다. 공회는 가난하여 돈이 없으므로 몇 이랑의 택지(宅地)도 마련하지 못하였는데, 무슨 여유가 있어 정자를 소유할 수 있겠는가. 번계(樊溪)는 나의 별업(別業)이다. 정자와 누대와 물과 바위가 그윽하고 기이하여 공회가 자기 것인 양 아낀다. 때로 내가 와룡 폭포(臥龍瀑布) 아래서 머무를 때면 제집 오듯이 달려와 반드시 십여 일이나 머물다가 돌아가는데, 그러면서도 슬퍼하며 돌아보곤 하였다.

폭포에서 동쪽으로 수백 보쯤 되는 곳에 작은 언덕이 가로질러 있다. 나는 때로 공회와 함께 그 꼭대기에 올라 경치를 굽어보았다. 언덕을 뒤로하고 집을 짓고 사는 백성이 있는데, 집이 대략 10여 칸쯤이고 위치가 꽤나 청정하였다. 노송(老松)이 섬돌과 뜰에 서려 있어 푸르름을 손으로 딸 수 있을 정도이고, 밤나무 몇 그루가 뜰 안에 벌여 서서 무성하게 뒤덮고 있다.

공회는 매번 손가락으로 가리키며 "어떻게 이곳을 나의 소유로 삼아 어르신을 모시며 백 년을 길이 즐길 수 있을까요?"라고 하였다. 나는 "고인들은 '마음의 정자〔意亭〕'라는 것이 있었네. 이것에 유독 이름을

23 공회정(公會亭) : 번암이 자신의 문인 이정운(李鼎運, 1743~1800)의 자를 따서 이름을 붙인 가상(假想)의 정자이다. 이정운은 본관은 연안(延安), 자는 공회, 호는 오사(五沙)이다.

붙일 수 없겠는가."라고 대답하고는 마침내 '공회정(公會亭)'이라 명명하였다. 그러자 친구 중에 이 일을 아는 사람들은 '공회정'이라 부르며 농담에 호응했고, 이 일을 모르고 단지 그 이름만 들은 사람들은 모두 공회정이 실제로 있는 정자인 줄 알았다. 공회조차도 처음에는 누군가 물으면 웃으며 대답하지 않다가, 나중에 오래되어 그 질문이 귀에 인이 박일 정도가 되자 말과 표정이 태연하게 대답하였다. 나는 공회에게 이렇게 말해 주었다.

"공회의 일이 이와 같음은 괴이하게 여길 것이 없다. 실질은 주인이 되고 이름은 손님이 되는 것이 옛 도(道)이다. 후세에는 그렇지 않아서 훔치는 것이 이름이니, 그것이 실제인지 반드시 살피는 것은 아니다. 배움이 없으면서 배웠다고 자부하는 사람이 있다면 배웠다는 명호(名號)가 그에게 돌아간다. 문장이 없으면서 문장으로 자부하면 문장이라는 직분(職分)이 그에게 돌아간다. 공적(功績)이 없으면서 공적이 있다고 자부하면 공적의 이로움이 그에게 돌아간다. 재주가 없으면서 재주가 있다고 자부하면 재주 있는 이의 임무가 그에게 돌아간다. 이와 같은 부류가 이루 다 셀 수 없을 정도로 많다. 앞에서 말한 몇 가지 사례는 사람의 일에 그것보다 큰일이 없는데도 오히려 그 이름을 빌리고는 돌려주지 않을 수 있다. 더구나 자그마한 건물 한 채이겠는가.

그리고 천지 만물은 주인이 없던 적이 없으면서 또한 주인이 있던 적이 없었다. 주인이 없던 적이 없었다는 것으로 말하자면 터럭 하나도 취해서는 안 되고, 주인이 있던 적이 없었던 것으로 말하자면 온 천하 모두 환영(幻影)과 같은 것이다. 내가 이 정자를 가지고 공회가 주인이라고 일컫는다면 공회는 실제로 소유한 적이 없었고,

정자를 가지고 공회의 소유가 아니라고 한다면 환영과 같은 물건이 누가 주인이고 누가 주인이 아님을 또한 누가 알겠는가. 우선 공회를 정자가 있고 정자가 없는 사이에 처하게 하는 것이 옳을 것이다."

이 말에 공회는 크게 웃었고, 나도 크게 웃고서 기록하였다.

계서 초당[24]에 대한 기문

溪西草堂記

지난날 내가 영천(榮川)의 경계를 지나면서 말을 세우고 감탄하기를 “산천이 밝고 수려하기가 이와 같은 곳이 있구나. 영천은 일개 작은 고을이다. 어진 인재가 배출되는 기북(冀北)[25]이라고 성대히 이름난 것은 땅이 신령하기 때문일 것이다.” 하였다. 그 뒤로 30여 년 동안 마음에 간직하고 잊지 못하는 점이 있었다.

금상 8년(1784, 정조8) 봄에 성 상사 언근(成上舍彦根) 씨가 명덕산(明德山) 산장(山莊)으로 나를 방문하였다. 그 용모가 얌전하고 예의가 공손한 것을 통해 명조(名祖)의 자손이라는 것을 알 수 있었다. 언젠가 나에게 계서 초당(溪西草堂)의 일을 매우 자세히 말해 준 적이 있었는데, 그의 말은 이렇다.

“초당은 저의 선조 응교공(應教公)께서 지으신 것입니다. 그 땅은 영천군의 치소(治所)에서 동쪽으로 대략 10리쯤에 있습니다. 야트막한 산기슭이 에워싸고 작은 시내가 맑게 흐르며, 큰 벌판을 내려다보고 긴 강을 굽어보니, 참으로 현자(賢者)가 은거하는 곳입니다. 그 규모로 말하자면, 집은 당(堂)이 한 칸이고 재(齋)가 한 칸입니

24 계서 초당(溪西草堂) : 성이성(成以性, 1595~1664)이 영천에 지은 초당이다. 성이성은 본관은 창녕(昌寧), 자는 여습(汝習), 호는 계서(溪西)이다. 강복성(康復誠)의 문인이다. 1627년(인조5) 문과에 급제하였다. 수찬, 호남 암행 어사, 진주 목사(晉州牧使), 응교(應教) 등을 역임하였다. 문집으로 《계서일고(溪西逸稿)》가 있다.

25 기북(冀北) : 기주(冀州)의 북쪽으로, 좋은 말의 산지이다.

다. 띠로 지붕을 이었으니 검소함을 밝힌 것이고, 돌로 벽을 쌓았으니 질박함을 숭상한 것입니다. 뜰과 섬돌이 고요한 가운데 숲 나무가 어슴푸레 줄지어 섰으니, 참으로 위(衛)나라 공자(公子)가 집을 제대로 갖추었던 의미[26]를 지니고 있습니다. 집을 짓게 된 사유로 말하자면, 저의 선조께서는 젊은 나이로 명성을 날려 금문(金門)[27]에 오르고 옥당(玉堂)에 올라 위로 임금의 잘못을 바로잡고 아래로 권귀(權貴)의 비위를 거슬렀습니다. 벼슬에 나아가는 것은 어렵게 여기고 물러나는 것은 쉽게 여겼으므로 마침내 여기에다 터를 잡고 초당을 지으셨던 것입니다. 짧은 서까래와 엉성한 처마는 비바람을 가릴 수 없었지만, 서궤(書几)에서 조용히 학문에 힘써 추연히 자득한 바가 있으셨습니다. 당세 사람들이 추중하여 명류(名流)라 하고 조정에서는 청백리(淸白吏)에 선발하였으니, 어찌 믿을 만하지 않겠습니까. 흥폐(興廢)를 가지고 말한다면, 당은 세월이 이미 오래되어 비바람에 피해를 입어 주춧돌과 섬돌이 허물어졌습니다. 향리 사람들이 손가락으로 가리키며 '여기가 성 학사(成學士) 초려(草廬)의 유허(遺墟)이다.'라고 하면서 배회하며 떠나지 못하는 사람도 있습니다. 후손의 추모하는 마음이 그치지 않아 근래 비로소 옛터에 의거하여 고쳐 세웠는데, 단칸이 쉽게 쓰러지는 것을 염려하여 재 한

26 위(衛)나라……의미 : 공자(孔子)가 위나라 공자 형(荊)을 평가하기를 "그는 집안 살림을 아주 잘하는 사람이다. 처음 살림을 나서 재물을 소유하게 되자, '이만하면 모여졌다.' 하였고, 조금 더 장만하게 되자 '이만하면 제대로 갖추었다.' 하였고, 부유하게 되자 '이만하면 충분히 훌륭하다.' 하였다."라고 한 구절에서 나온 말이다. 《論語 子路》

27 금문(金門) : 한(漢)나라의 궁문(宮門)인 금마문(金馬門)으로, 본디 학사(學士)들이 대조(待詔)하던 곳이었는데, 전하여 조정을 가리킨다.

칸을 증축하여 기둥 네 개를 붙였고, 띠가 오래 가기 어려운 것을 염려하여 구운 기와로 대체하였습니다. 이것이 이 초당의 시말(始末)의 대개입니다. 아, 재를 증축한 것과 기와로 대체한 것은 비록 부득이한 상황 때문이었지만, 저의 선조께서 검소함을 밝히고 실질을 숭상하셨던 제도로 보자면 긍구긍당(肯構肯堂)의 취지에 부끄러운 점이 없을 수 있겠습니까. 부디 공께서 한 말씀을 해서 두려운 마음을 풀어 주시기 바랍니다."

내가 글을 지어 이렇게 답하였다.

"이와 같은 일에 대해 나는 부끄러워할 만한 점은 볼 수 없고, 다만 기록할 만한 점이 많은 것은 볼 수 있습니다. 응교공은 청직(淸職)을 두루 역임하고 여러 차례 비옥한 고을의 수령이 되었으면서도 몸을 청고(淸苦)하게 검속하였으며, 초가 몇 칸의 누추함을 사람들은 견디지 못하는데 공은 능히 지조를 고치치 않았으니, 기록할 만한 일입니다. 당의 이루어짐과 허물어짐이 서로 이어지는 것은 자연의 이치입니다. 공의 자손이 능히 여기에서 공을 추모하니, 당이 아름다워서가 아니라 선조를 사모하기 때문입니다. 무성한 잡초에 묻혀 있던 유허를 중수(重修)하고야 말았으니, 기록할 만한 일입니다. 당의 제도에 조금 증수(增修)한 것이 있으나 사치스러운 일을 도모한 것이 아니라, 실로 오래 전하기를 도모한 것이었습니다. 그런데도 오히려 긍구긍당의 뜻을 돌이켜 보아 두려워하며 스스로 편치 못한 점이 있었으니, 이 마음을 미루어 나간다면 낳아 주신 부모님을 욕되게 하지 않는 데 무슨 어려움이 있겠습니까. 기록할 만한 일이며, 또한 면려할 만한 일입니다. 마침내 이것을 기록하여 돌려주니 면려하시기 바랍니다."

거듭 조원[28]을 유람한 일에 대한 기문

重遊曺園記

갑진년(1784, 정조8) 윤3월 13일에 꽃놀이가 한창이라는 소식을 듣고 나는 견여(肩輿)를 타고 육각봉(六角峯) 아래 조가원(曺家園)으로 달려갔다. 시랑 오대익(吳大益),[29] 조카 이유경(李儒慶)과 가아(家兒)들이 따라왔다. 주인이 맞아 절하며 기뻐 웃었는데, 내가 작년에 놀러 왔던 일을 기억한 것이다.[30] 잠시 석은당(石隱堂)에 앉았다. 거문고가 벽에 기대 세워져 있기에 내가 무릎 위에 두고 뜯거나 퉁기면서 서너 줄을 희롱하였는데, 비록 악곡(樂曲)을 이루지는 못하였으나, 그 소리는 그윽하여 또한 사악하고 더러운 것을 씻어 버릴 만하였다. 얼마 뒤에 연천 현감(漣川縣監) 이혁주(李赫冑),[31] 목여와 만중(睦餘窩萬中),[32] 족질(族姪) 홍리(弘履)[33]가 사직단(社稷壇) 뒷길을 경유하여 필

28 조원(曺園) : 한양 필운대(弼雲臺) 아래에 있었던 조씨(曺氏) 집안의 정원이다.

29 오대익(吳大益) : 1729～? 본관은 동복(同福), 자는 경삼(景參)이다. 시랑은 참판의 별칭이다.

30 내가……것이다 : 번암이 1783년 3월 10일 조원(曺園)을 방문하고 기문을 지었다.

31 이혁주(李赫冑) : 1717～? 본관은 전주(全州), 자는 여화(汝華)이다. 이수광(李睟光)의 후손이다.

32 목여와 만중(睦餘窩萬中) : 1727～1810. 본관은 사천(泗川), 자는 유선(幼選), 호는 여와이다.

33 홍리(弘履) : 번암의 종질(從姪) 채홍리(蔡弘履, 1737～1806)로, 본관은 평강(平康), 자는 사술(士述), 호는 기천(岐川)이다. 대제학 채유후(蔡裕後)의 5대손이고, 채의공(蔡義恭)의 아들이다.

운대(弼雲臺)를 따라 이르렀다. 약속한 대로 온 것이었다. 집의 후원(後園)에 함께 들어가서는 높은 곳에 오르기도 하고 땅에 앉기도 하였다. 온갖 꽃들이 미소를 지으며 자태를 뽐내는 것이 마치 사람에게 아양을 떠는 듯하였다. 유독 노송(老松)만은 우뚝 특별한 지조로 지난날의 모습을 변치 않으니, 공경할 만하고 함부로 대할 수 없었다. 홍리가 퉁소를 부는 나그네를 이끌고 왔는데, 술이 거나해지자 문득 한 곡 두 곡 연주를 권하였다. 나는 소나무에 기대앉아 화답하여 노래하기를 "아양 떠는 자는 사랑하고, 정직한 자는 미워하도다. 수레와 말을 달리니, 꽃 때문에 온 것이로다. 소나무여 소나무여, 그 누가 너를 돌아보랴.〔媚悅者愛 正直者惡 車馳馬奔 以花之故 松哉松哉 人孰汝顧〕" 하였다. 그러고는 서로 즐거움을 다한 뒤에 돌아왔다.

오원[34]을 유람한 일에 대한 기문

遊吳園記

조원(曺園)을 유람하고 며칠 뒤에 오경삼(吳景參)[35]이 나에게 말하였다. "제 조카 오수옥(吳壽玉)이 백문(白門)[36] 안에 새로 집을 장만했는데, 집의 정원이 꽤나 경치가 뛰어나 꽃구경도 좋고 달구경도 좋으며 조망하기도 좋고 질탕 즐기기도 좋습니다. 만약 봄놀이를 한다면 여기 말고는 반드시 조원일 것이나, 멀리 있는 백거이(白居易)를 취한다는 혐의[37]가 있을까 두려우니, 한번 가 보지 않으시겠습니까." 이에 경삼으로 하여금 먼저 가서 자리를 준비하여 기다리게 하고, 유선(幼選),[38] 사술(士述)[39]과 함께 뒤이어 갔다. 경삼과 수옥이 정원 안에서 이미

34 오원(吳園) : 오대익(吳大益)의 조카 오수옥(吳壽玉)의 집 정원이다.

35 오경삼(吳景參) : 오대익(1729~?)으로, 본관은 동복(同福), 자는 경삼이다.

36 백문(白門) : 고대에 팔방(八方)을 팔문(八門)으로 나누었는데, 서남방을 백문이라 하였다. 여기서는 남대문을 가리킨다.

37 멀리……혐의 : 당나라 때 문신인 배도(裴度)가 복선사(福先寺)를 중수(重修)할 때 비문(碑文)을 백거이에게 부탁하려고 하자 황보식(皇甫湜)이 듣고는 크게 노하여 "가까이 있는 황보식을 놓아두고 멀리 있는 백거이를 취한단 말이오. 이후로는 부탁을 사양하겠소."라고 하자, 배도가 사과하고 비문을 청했다고 한다. 《文獻通考 卷233》 여기서는 가까이 있는 오원을 놓아두고 멀리 있는 조원을 유람하는 것을 비유한 말이다.

38 유선(幼選) : 목만중(睦萬中, 1727~1810)으로, 본관은 사천(泗川), 자는 유선, 호는 여와(餘窩)이다.

39 사술(士述) : 번암의 종질(從姪) 채홍리(蔡弘履, 1737~1806)로, 자는 사술, 호는 기천(岐川)이다.

나를 기다리고 있었다.

정원은 북동쪽에서 비스듬히 굽이쳐 남쪽으로 뻗었는데, 가로로 대략 백 보(步)쯤 되고 세로로는 그것의 반이었다. 동쪽으로는 대릉방(大陵坊)을 굽어보니 일만 기와집을 셀 수 있을 듯하였고, 서쪽으로는 백문을 마주하니 흰 칠을 한 성가퀴는 하얀 비단이 앞에 펼쳐진 것 같았다. 그 밖으로는 관악산(冠岳山)의 푸른 남기가 가까운 듯 먼 듯 아른거렸고, 숲속 연못의 한 무리 소나무가 성가퀴 위로 드러나니 친밀한 모습이 마치 책상을 마주 대한 듯하였다. 화초와 수목이 정원 전체를 뒤덮어 드문드문하기도 하고 빽빽하기도 하며 가지런하기도 하고 비스듬하기도 하였는데, 무성하고 찬란하여 한낮의 햇볕이 내리쬐자 거의 똑바로 바라볼 수 없을 정도였다. 사당 뒤에는 기이한 소나무가 있었다. 그 줄기는 희고, 비늘은 작고 많으면서도 푸르렀는데, 꿈틀거리는 모양이 허공을 유영하는 용 같았다. 줄기의 삼분의 이에는 가지와 잎이 붙어 있지 않았고, 위로 삼분의 일에 이르러서야 잎이 비로소 펼쳐졌다. 높고 낮음도 없고 얇고 두터움도 없어 멀리서 바라보면 전정(剪定) 가위로 정성껏 가지치기한 것처럼 보였다. 이에 지난날 조원을 유람한 것은 애초에 가까운 것을 소홀히 여기고 먼 것을 귀하게 여긴 것이었으며, 이 정원이 비로소 나의 소유가 되었음을 알게 되었다.

술이 몇 순배 돌고, 소나무 아래를 거닐었다. 이어 약산공(藥山公)[40]의 사판(祠版)을 배알하며 지난날을 회상하니 마음이 슬퍼졌다. 공께서 일찍이 나를 미욱하다고 여기지 않고 나에 대한 기대를 말씀할 때면

40 약산공(藥山公) : 오광운(吳光運, 1689~1745)으로, 본관은 동복(同福), 자는 영백(永伯), 호는 약산(藥山), 시호는 충장(忠章)이다.

매번 '국기(國器)'라고 칭찬하셨고, 내가 지은 글에 대해 말씀할 때면 항상 '문장(文章)'이라고 칭찬하셨다. 당시에 나는 18, 9세였는데, 어른이 그렇게 말씀한 것을 내가 능해서라고 여기지 않고 단지 그것으로 나를 책려하여 능한 데로 나아가게 하시려는 것이라 생각했다.

공께서 세상을 떠나신 지 12년이 되었을 때 내가 은대(銀臺)에서 이천(伊川)의 수령이 되어 나갔다. 두루 인사를 다니다 상국(相國) 이종성(李宗城)[41]을 뵈었는데, 초면(初面)이었다. 상국이 기쁘게 맞이하고는 약산을 자(字)로 부르면서 "아무가 예전에 나에게 '나의 문하에 채 아무라는 사람이 있는데 나이가 어리지만 훗날 재상(宰相)이 될 그릇은 반드시 이 사람일 것이네.'라고 하였네. 내가 일부러 마음에 새겨 두고 지금껏 잊지 않았네. 그대의 얼굴은 비록 생소하지만 마음으로 안 것은 이미 몇 년이라네."라고 하였다. 오호라, 공이 이런 말씀을 이 상국에게 하고는 나에게는 이 상국과 이러한 대화를 하였다는 것을 말씀하신 적이 없었다. 그러므로 나는 실제로 알지 못했으니, 이것이 고인(古人)의 도(道)였던 것이다. 선배들이 후진(後進)을 추천하고 장려하는 것이 이러하였으나, 나를 돌아보면 지금 늙어 흰머리가 되었다. 지위로 보자면 공의 말씀이 증명되지 않았다고 할 수 없으나, 업적으로 보자면 하찮아 말할 것이 없어 초목(草木)과 함께 썩어 없어지지 않을 것이 드물다. 공이 나에게 기대하셨던 것이 어찌 하찮은 것이었으랴. 나는 이에 나를 알아주셨다는 감격을 이기지 못하고 모자라나마 이렇게 기록하는 바이다.

41 이종성(李宗城) : 1692~1759. 본관은 경주(慶州), 자는 자고(子固), 호는 오천(梧川), 시호는 문충(文忠)이다.

이원[42]을 유람한 일에 대한 기문

遊李園記

지난해 내가 삼포(三浦)[43]에 우거(寓居)하고 있을 적에 용산 이씨(龍山李氏)의 정원이 꽃으로 유명하다는 소문을 들었다. 나는 문을 걸어 닫고 사람을 두려워하는 처지인지라 한 번도 구경하지 못하였지만, 마음속에는 이원이 항상 아른거렸다.

올해 봄에 유선(幼選),[44] 경삼(景參),[45] 사술(士述)[46]과 날을 잡아 유람하기로 약속하였다. 만옹(晩翁) 권중범(權仲範)[47]이 그 소식을 듣고는 편지를 보내와 함께 갈 것을 청하였다. 이에 세 사람을 따라 먼저 만어정(晩漁亭)[48]으로 달려갔다. 정자 앞에는 배꽃이 한창 피었고, 중범은 우리를 맞아 웃음을 지었다. 꽃 아래에서 술을 마시며 즐기다가 해가 정오를 지나자 나란히 말을 타고 이씨 정원을 방문하였다.

42 이원(李園) : 용산(龍山) 마포 강변에 있던 이씨(李氏)의 정원이다. 번암이 유람한 것은 1784년(정조8) 봄이다.

43 삼포(三浦) : 마포 부근의 한강을 가리킨다. 삼호(三湖)라고도 하였다.

44 유선(幼選) : 목만중(睦萬中, 1727~1810)으로, 본관은 사천(泗川), 자는 유선, 호는 여와(餘窩)이다.

45 경삼(景參) : 오대익(吳大益, 1729~?)으로, 본관은 동복(同福), 자는 경삼이다.

46 사술(士述) : 번암의 종질(從姪) 채홍리(蔡弘履, 1737~1806)로, 본관은 평강(平康), 자는 사술, 호는 기천(岐川)이다.

47 만옹(晩翁) 권중범(權仲範) : 권사언(權師彥, 1710~?)으로, 본관은 안동(安東), 자는 중범(仲範), 호는 만옹이다.

48 만어정(晩漁亭) : 권사언의 정자로, 마포 강가에 있었다.

정원은 호당(湖堂)의 옛터이다. 호당이 두모포(豆毛浦)로 옮긴 뒤로 그 터의 주인이 여러 번 바뀌었다가 지금은 이씨의 소유가 되었다고 한다. 정원에는 온갖 꽃이 피었는데, 복숭아꽃이 가장 무성하였다. 붉은색도 있고 푸른색도 있고 분홍색도 있었으며, 비스듬히 좌우로 벌어져 있는 것도 있고 가지런히 사람의 얼굴을 마주한 것도 있었다. 아름다움을 서로 다투면서 곱디고운 꽃들이 무성히 피어 몇 그루인지 알 수 없을 정도였다. 큰 강이 꽃들 틈으로 때로 번뜩이며 일렁이는데, 그 빛깔은 순전한 푸른색이었으니, 은은한 것이 마치 붉은 비단옷을 입은 사람이 푸른 깁과 청흑색 비단으로 지은 홑옷을 걸친 듯하였다. 나도 몰래 흐뭇하게 미소를 띠었다. 다만 지세(地勢)가 협소하여 너른 맛이 부족한 것이 아쉬웠다. 사물이 완전하게 아름다울 수 없는 것은 하늘의 이치이다.

곁에 있던 사람이 말하기를 "이전에는 복숭아나무가 빽빽하여 묶어 놓은 듯이 많아서 오늘의 경치 정도일 뿐만이 아니었는데, 근자에 권력자가 새로 정자를 지으면서 배 한 척 전체에다 싣고 가서는 문수(汶水)가의 대나무를 계구(薊丘)에다 옮겨 심은 꼴[49]을 만들었습니다. 지금의 정원은 이전의 정원과 풍경이 다릅니다." 하였다. 나는 듣고 웃으며 말하기를,

"천지(天地)의 도(道)는 변하고 바뀌는 것일 뿐이다. 더구나 일정한

49 문수(汶水)……꼴 : 《사기(史記)》 〈악의열전(樂毅列傳)〉에 악의(樂毅)가 연(燕)나라 혜왕(惠王)에게 올린 편지 가운데 연나라가 제(齊)나라를 정벌한 상황을 묘사하여 "계구에 심은 나무는 문수 가의 대나무를 옮겨 심은 것이다.〔薊丘之植, 植於汶篁.〕"라고 하였다. 계구는 연나라의 수도였던 지금의 북경 근처의 지명이고, 문수는 제나라 경내를 흐르던 하천이다.

주인이 없는 사물이라는 것은 저기서는 성했다가 여기서는 쇠하고, 동쪽에서는 남았다가 서쪽에서는 모자라기도 하는 법이니, 비록 종정(鍾鼎)이나 옥백(玉帛)과 같은 보물일지라도 본래는 손에 쥐고 놀 거리도 못 되는 것이다. 그런데 어리석은 자가 부귀(富貴)와 일락(逸樂)에 휘둘려 희희낙락하며 자신의 정자가 본디 있었던 것처럼 여기고는 이어서 복숭아나무를 옮겨 심었다. 사물을 굳게 붙들어 두어 장차 영구히 영위할 수 있을 것처럼 하였으나, 얼마나 되어 다시 누군가의 수중에 들어갈지 알 수 없는 일이다. 사람의 삶이 어찌 이토록 사리에 어둡단 말인가."

하였다. 느낀 바가 있어 기록하니, 오원(吳園)을 유람한 뒤로 나흘째 되는 날이다.

북저동[50]을 유람한 일에 대한 기문

遊北渚洞記

이씨(李氏)의 정원을 유람한 지 며칠 되지 않았을 때 여와(餘窩) 목유선(睦幼選)[51]이 북저동(北渚洞)에서 꽃구경을 하고 돌아오면서 바로 나에게 들러서는 북저동의 빼어난 경치를 침이 마르도록 칭찬하느라 입을 다물지 않았다. 그리고 말하기를 "내일이 지나면 꽃이 질 것입니다. 공께서는 혹시 생각이 있으신지요? 비록 날마다 가시더라도 따라가고 싶습니다. 사람들이 혹여 미쳤다고 하더라도 개의치 않을 것입니다." 하였다. 나는 그를 만류해 재웠다가 새벽에 나란히 말을 타고 길을 나섰다. 학사(學士) 이공회(李公會)[52]·이계수(李季受)[53] 형제와 서공(敍恭),[54] 홍선(弘選),[55] 홍원(弘遠)[56] 등이 따라왔다. 혜화문(惠化門)

50 북저동(北渚洞) : 지금의 서울특별시 성북구 성북로 일대이다.

51 목유선(睦幼選) : 목만중(睦萬中, 1727~1810)으로, 본관은 사천(泗川), 자는 유선, 호는 여와이다.

52 이공회(李公會) : 이정운(李鼎運, 1743~1800)으로, 본관은 연안(延安), 자는 공회, 호는 오사(五沙)이다.

53 이계수(李季受) : 이익운(李益運, 1748~1817)으로, 본관은 연안, 자는 계수, 호는 학록(鶴鹿)이다. 이정운의 동생이고, 번암의 문인이다. 시호는 정숙(靖肅)이다.

54 서공(敍恭) : 채서공(蔡敍恭, 1758~?)은 번암의 족제(族弟)로, 자는 서구(序九)이다.

55 홍선(弘選) : 채홍선(蔡弘選, 1758~?)은 번암의 족질(族姪)로, 자는 계중(季中)이다.

56 홍원(弘遠) : 채홍원(蔡弘遠, 1762~?)은 번암의 계자(繼子)이다.

을 나가 북성(北城)을 따라가다 꺾어 들어 몇 리 안 되는 곳에 골짜기가 널찍하니 자리 잡고 있었다. 바로 이른바 북저라는 곳이었다.

북저동을 막 들어가자 남쪽을 바라보고 사방에 섬돌이 놓인 단(壇)이 있었다.[57] 짧은 담이 둘러쳐 있고, 사방으로 붉은 문이 나 있었다. 매해 봄 3월이면 선잠(先蠶)에 제사를 올리는 곳이라고 한다. 대략 100보쯤 가니 주민들이 하천에 다리를 놓았는데, 다리 아래는 여러 물줄기가 모이는 곳이어서 물이 세차게 흐르며 소리를 냈다. 다리 남쪽에는 깊이를 알 수 없는 계곡이 있었다. 복숭아꽃이 둘러쳐 비단 병풍 같고 양쪽 언덕은 온통 붉은색이었다. 마음속으로 필시 뭔가 기이한 것이 있으리라 생각했다. 하지만 일단은 놓아두고 곧장 난 길을 취해 나아갔다. 얼마 되지 않아 다시 다리를 건너 어영(御營)의 주둔지에 당도했더니 정원이 꽤 널찍했다. 주둔지 밖에는 작은 연못을 돌로 쌓았는데, 규모는 간단하지만 무성하게 핀 꽃이 수면에 거꾸로 비쳤고 그 그림자가 일정하지 않았다. 조금 비스듬히 가면 병풍 같기도 하고 장막 같기도 한 암벽이 우뚝 솟았는데, 암벽의 아래에는 잔디와 모래가 반반이었다. 마음대로 걷기도 하고 앉기도 하면서 아래를 굽어보니, 촌가(村家)가 점점이 산기슭에 흩어져 있었다. 대체로 복숭아꽃을 울타리로 삼았으니, 그 사이로 어슴푸레 드러나는 것은 창문 반쪽이나 처마 모서리 정도였다.

도성(都城)의 인사(人士) 중에 높은 관료로부터 여항(閭巷)의 백성

57 북저동을……있었다 : 선잠단(先蠶壇)을 가리킨다. 중국 고대 황제(黃帝)의 비(妃)인 서릉씨(西陵氏)를 잠신(蠶神)으로 삼아 누에 농사의 풍년을 빌던 곳이다. 현재 서울성북초등학교 옆에 터가 남아 있다.

까지 뒤질세라 유람하러 오니, 말과 수레 소리가 진동하고 노랫소리가 번갈아 일어나 퉁소와 생황 소리와 뒤섞였다. 백 년 동안 태평한 국가의 모습이 모두 여기에 모여 있었다. 하지만 나는 조용한 성격이라 왁자지껄한 것을 견디지 못하고 제군(諸君)들과 왔던 길을 취해 돌아와 앞서 말했던 다리 남쪽의 계곡을 찾아갔다. 계곡은 깊고 널찍하며 물이 더욱 맑고 꽃이 더욱 무성하였는데, 사뿐사뿐 두 발을 가볍게 내디디니 노쇠하고 병든 신세라는 것도 모를 지경이었다. 여러 번 시내를 위태롭게 건너 성(城) 밑에 이르러 멈추니, 초가집 너덧 칸이 있었는데 맑고 깨끗한 분위기가 참 사랑스러웠다. 주인이 마침 술을 빚고 있었으므로 향기가 밖에까지 풍겼다. 공회가 몇 잔을 사서 마시더니 맛있다고 누차 칭찬하였다. 이윽고 떡과 밥이 성안에서 이르렀다. 산기슭 소나무 아래 자리를 깔고 줄지어 앉아 먹었다. 밥을 다 먹고 나니 날이 벌써 저물녘이었다.

아이들을 놀려보내고 나와 세 사람이 각자 시를 한 편씩 지었다. 산 기운이 황혼으로 물들기를 기다렸다가 다시 어영의 주둔지로 돌아오니, 유람객들은 돌아가고 흰 달만이 창공에 떠 있었다. 연못가에 앉아 희희낙락거리며 잠자는 것도 잊었다. 달은 달빛으로 꽃은 꽃향기로 눈에 깃들고 코를 찔러 대니, 어느 것이 많고 어느 것이 적은지 알 수 없었다. 공회는 흥에 겨워 도포를 전당 잡히고 술을 사서 마셨다. 다시 각자 시 한 편을 짓고 나니 시간이 밤 3, 4경(更)쯤 되었다. 서로 함께 창사(倉舍)로 돌아와 묵었는데, 잠자리가 마치 중향국(衆香國)[58]

58 중향국(衆香國) : 본래 불교의 향적여래(香積如來)가 다스린다는 나라의 이름인데, 온갖 꽃이 만발한 곳을 지칭하기도 한다. 《維摩經》

에 있는 듯하였다.

나는 누워서 생각해 보았다. 이 북저동이 지금 생겨난 것이 아니요, 나의 흥취도 옛날에 없었던 바가 아니다. 내가 이곳을 찾아올 때 걷거나 수레를 타고 반나절의 수고만 들였을 뿐인데, 이전에 한 번도 찾아오지 못했던 것은 이 북저동에 반목(蟠木)을 꾸며 주는 역할을 하는 것이 없기 때문이다.[59] 내가 지금에야 비로소 여기를 찾아와 배회하고 탄상하며 마치 볼 수 없는 것을 보게 된 듯이 행동하였으니, 어찌 그리도 늦었단 말인가. 깊숙한 곳 그윽한 골짜기가 기이한 경치를 품어 여기보다 열 배나 백 배 아름다운 경우를 어찌 이루 다 말할 수 있겠는가. 하지만 사람에게 알려지지 않는다면, 거친 세상에서 예나 지금이나 매몰된 채 끝날 뿐이다. 오호라, 이것을 미루어 돌이켜 보면 어찌 산과 물만이 그러하겠는가. 이것을 여와에게 말해 준 뒤에 아침에 일어나 감개한 마음으로 기록하였다.

59 반목(蟠木)을……때문이다 : 북저동이 세상에 드러날 수 있도록 도와주는 사람이나 사물이 없었다는 말이다. 반목은 구불구불하여 재목으로 쓰기 어려운 나무이다. 전한(前漢) 때 추양(鄒陽)이 옥중(獄中)에서 올린 상서(上書)에 "반목의 뿌리가 구불구불 못생겼으면서도 천자의 도구가 될 수 있었던 것은 무엇 때문입니까? 좌우에 있는 사람들이 앞장서 그것을 꾸며 주었기 때문입니다."라고 하였다. 《史記 鄒陽列傳》

관가대[60]에 대한 기문

觀稼臺記

금상 정사년(1797, 정조21)에 단(壇)을 쌓아 표지하고 '성경대(省耕臺)'라 명명하였는데, 천신(賤臣)에게 써서 돌에 새기도록 명하셨다.

숭례문(崇禮門)을 나가 남쪽으로 4, 5리쯤 가서 주교천(舟橋川)을 건너 서쪽으로 가는 듯하다가 머리를 돌려 다시 남쪽으로 1리쯤 곧바로 가면, 마을이 끝나고 평평한 들판이 나오는데, 길 우측 밭두둑 사이에 소제(掃除)한 마당 같으면서 약간 볼록한 빈터가 있다. 여기가 바로 영종대왕(英宗大王)께서 행행하여 농사를 살피시던 장소이다.

우리 영묘(英廟)께서는 재위 50여 년 동안 오직 백성을 사랑하셨다. 백성들이 먹고사는 일을 더욱 중요하게 여겨 전후로 몸소 쟁기를 잡고 적전(耤田)을 경작하여 팔도에 모범을 보이셨다. 매년 첫 달에 윤음을 내려 360개 고을 수령으로 하여금 직접 권농관(勸農官)이 되게 하셨고, 4, 5월 사이에 가뭄이 들면 종묘(宗廟), 사직(社稷), 산천(山川)에 빌었는데, 반드시 몸소 거행하셨다. 비를 얻게 되면 호위군(護衛軍)과 수종관(隨從官)을 간소히 갖추어 남쪽으로 교외(郊外)에 나가 여기에다 장막을 설치하셨다. 곡식의 싹이 우쩍 돋아나 있으면 기쁨이 표정에 드러났고, 그렇지 못하면 잘못이 자신에게 있는 것처럼 상심하셨다. 호미를 맨 농부들을 앞으로 가까이 나오라고 명하여 권면하고 신칙하

60 관가대(觀稼臺) : 숭례문(崇禮門) 밖 청파(靑坡) 남쪽의 들판에 있던 대(臺)인데, 영조가 매년 거둥하여 농사를 살피던 장소이다. 《新增東國輿地勝覽 卷3 備考篇》

기를 집안사람에게 하듯 하셨다. 가을에 곡식이 여물면 다시 임어하여 보셨다. 매년 이렇게 하는 것을 법도로 삼았고, 사람들은 이곳을 '관가대(觀稼臺)'라고 불렀다고 한다.

오호라, 영묘께서 신하들을 버리고 승하하신 지 10년이 되어 간다. 성군(聖君)을 잊지 못하는 그리움이 있는 사람은 푸른 오동을 보면 슬프고[61] 흰 구름을 바라보면 슬픈 법인데,[62] 더구나 이 대(臺)를 지나며 선왕(先王)의 지극한 인(仁)을 생각하고 선왕의 유적을 어루만지거나 농사꾼들과 지난 옛일을 말하면 목이 메어 눈물을 흘리지 않을 사람이 있겠는가. 《시경》에 "무성한 감당나무를 자르지도 말고 휘지도 말라. 소백께서 쉬어 가신 곳이니라.〔蔽芾甘棠 勿翦勿拜 召伯所憩〕"[63]라고 하였다. 소백(召伯)은 순시(巡視)의 책임을 맡아 문왕(文王)의 교화를 펼칠 뿐이었는데도, 백성들이 그를 사랑함이 지극하여 그가 지나쳤던 길가의 나무에까지 그 사랑이 미쳤다. 만약 문왕이 친히 감당나무 아래에서 쉬었더라면 백성들이 사랑하고 보호하여 노래하기를 게을리 하지 않는 것이 더욱이 어떠했겠는가.

61 푸른……슬프고 : 순(舜) 임금이 남방에 순행을 갔다가 창오(蒼梧)의 들에서 죽어 구의산(九疑山)에 장사 지냈다고 한다. 푸른 오동을 보면 세상을 떠난 순 임금을 그리워한다는 말이다.

62 흰……법인데 : 《사기》〈오제본기(五帝本紀)〉에 "제요란 분은 이름이 방훈이니, 그 인덕(仁德)은 하늘과 같았고, 그 지혜는 신과 같았으며, 가까이 나아가 보면 따스한 햇볕과 같았고, 멀리서 바라보면 비를 내려 주는 구름 같았다.〔帝堯者放勳, 其仁如天, 其知如神, 就之如日, 望之如雲.〕"라는 말이 나온다. 흰 구름을 보면 요(堯) 임금을 그리워한다는 말이다.

63 무성한……곳이니라 : 주(周)나라 문왕의 아들로서 남국(南國)을 잘 다스린 소백의 선정(善政)에 백성들이 감사하여 불렀던 노래이다. 《詩經 召南 甘棠》

오호라, 지극히 인하고 지극히 성스러운 영묘께서는 실로 동방의 문왕이셨다. 후대의 군자(君子)와 소인(小人)들이 선왕이 친한 이를 친히 여기고 선왕의 어짊을 어질게 여기며, 선왕이 즐겁게 해 주심을 즐거워하고 선왕이 이롭게 해 주심을 이롭게 여겨 그분이 세상에 계시지 않아도 그리워함에 다함이 없는 것이다.[64] 더구나 이 대는 선왕께서 친히 방문하시어 누차 끊이지 않고 광영(光榮)을 입었던 곳이다. 남국(南國)의 감당나무는 잠시 소백이 쉬어 가는 곳이었을 뿐이다. 지금의 시인(詩人)이 과연 능히 국풍(國風)의 시처럼 노래하고 찬탄하여 후대의 수많은 후손들에게 전하여 보일 수 있을지 모르겠다. 나는 이에 눈물을 흘리며 기록하여 후대에 이곳을 지나는 사람들로 하여금 표정을 바꾸며 마치 영묘를 다시 뵌 듯이 하게 하고자 한다.

갑진년(1784) 천중절(天中節)에 구신(舊臣) 채제공이 절하고 머리를 조아리며 삼가 기록한다.

64 후대의……것이다 : 《대학장구》 전 3장에 "후세의 왕들은 선왕의 어짊을 어질게 여기고 선왕이 친한 이를 친히 여기며, 후세의 백성들은 선왕이 즐겁게 해 주심을 즐거워하고 선왕이 이롭게 해 주심을 이롭게 여기니, 이 때문에 세상에 계시지 않아도 잊지 못한다.〔君子賢其賢而親其親, 小人樂其樂而利其利, 此以沒世不忘也.〕"라는 말이 나온다.

삼종헌[65]에 대한 기문
三種軒記

금상(今上) 8년 갑진년(1784, 정조8) 여름 나의 자취가 조정에 편히 있을 수 없었으므로 물러나 도성 문을 빠져나왔다.[66] 머물 곳을 미처 정하지 못하고 있을 때 강군 덕유(康君德裕)가 자신의 아들인 전(前) 찰방(察訪) 강요신(康堯愼)을 보내와 매우 성심껏 나를 초치하였다. 나는 그 의리에 감동하여 내 집처럼 달려갔다. 그곳은 도성에서 정서(正西)로 20리 거리에 있는 물우치(勿憂峙)라는 지명을 가진 곳이었다. 몇 리를 못 가서 나무가 줄지어 있는 것이 바라보였는데, 바람에 뒤집히는 것은 마치 깃발이 펄럭이는 것 같고 그늘을 펼쳐 놓은 것은 장막이 펼쳐진 것 같았다. 가옥 수십 채가 그 안에 자리하고 있어 보였다 안 보였다 하였다. 나무들 바깥으로는 큰 들이 있었고, 맑은 물이 사방을 적시며 흐르고 있었다. 모는 한창 자라고, 백로(白鷺)는 몸을 숨겼다. 나는 말 위에서 혼자 이렇게 말하였다. "부지런히 노력하여

65 삼종헌(三種軒) : 정조 연간의 무인(武人) 강덕유(康德裕)의 집에 있던 건물이다. 기문에서 서대문 밖 20리에 있다고 한 것으로 보아 지금의 고양시 초입에 위치했던 것으로 추정된다.

66 나의……빠져나왔다 : 1784년 6월 정언(正言) 윤득부(尹得孚)가 상소를 올려 판부사(判府事) 서명선(徐命善)을 비난하자 조정에서는 번암이 시킨 일이라며 번암을 맹렬히 성토하였다. 조정에 머물 수 없었던 번암은 사직하고 물러나 칩거하였다. 다시 관직에 나온 것은 1786년에 특명(特命)으로 평안 병사(平安兵使)에 제수되어 부임할 때였다. 《正祖實錄 8年 6月 5日》

강군이 가업(家業)을 이루었구나."

군이 길가에서 두 손을 마주 잡고 서서 웃으며 나를 맞이하여 자신의 집으로 안내하였다. 나는 새로 성시(城市)를 나온 처지인지라, 나무 그늘에 앉으면 뜨거운 것을 잡았던 손을 찬물에 씻은 듯 시원하였고, 밭이랑을 바라보면 먹지 않아도 배가 부른 듯하였다. 흐뭇해하며 뒷짐을 지고 배회하다가 헌(軒)의 처마에 '삼종헌(三種軒)'이라 제(題)한 것을 보았다. 내가 한참 그 이름을 낮게 읊조리다 강군에게 묻기를,

"그 의미가 무엇인가?"

하니, 군이 답하기를,

"나무를 심는 것도 나이고 벼를 심는 것도 나이니, 나의 헌(軒)에 이름 붙이면서 '종(種)' 자를 버리고 무엇으로 붙이겠습니까."

하였다. 내가 말하기를,

"그렇다면 '이종(二種)'이라고 하면 되지, '삼종(三種)'은 내가 그 의미를 모르겠다."

하니, 군이 한참 동안 대답하지 않다가 이윽고 말하기를,

"나머지 한 가지는 덕을 심는 것을 일컫습니다. 감히 자처하는 것이 아니라, 그것을 힘쓰고자 할 뿐입니다."

하였다. 그래서 나는 이렇게 말하였다.

"나무를 심은 것은 내가 본 것이고, 벼를 심은 것도 내가 본 것이네. 덕의 경우에는 내면(內面)에 있는 것이니, 비록 심었다고 해도 누가 보고 누가 알 것인가. 하지만 밖으로 드러나는 것은 안에서 쌓였기 때문이네. 그 내면을 보고자 한다면 반드시 밖에서 그것을 징험해야 하는 법이지. 군은 아들 셋을 두었는데, 모두 씩씩하고 재주가 있어 마치 지푸라기를 줍듯이 서로 이어서 무과(武科)에 합격하였네. 손

자는 청수(淸秀)하고 잘생긴 용모에다 날마다 군의 곁에서 독서를 하네. 군은 늙어 백수(白首)가 되도록 지팡이를 짚은 채 한가로이 별다른 일이 없어 나무뿌리에 기대어 하루를 마치기도 하고 논이랑을 바라보며 김매는 것을 감독하기도 하네. 권력자가 초청하면 병을 핑계로 사양하고 흡족히 스스로 만족하는 뜻을 지니고 사니, 하늘이 군에게 복(福)을 내려 준 것이 후하지 않다고 말할 수 없네. 저 하늘이 사람에게 가벼이 주지 않는 것으로는 복만 한 것이 없어서, 덕이 있으면 복을 받고 덕이 없으면 복을 받지 못하는 법이지. 그렇다면 군이 심은 덕은 쉽게 볼 수 있으니, 반드시 나무와 벼를 심은 것만 못하다고는 할 수 없네. 비록 그렇지만 나무를 심는 것과 벼를 심는 것은 수족(手足)이 고달프고 호미질과 괭이질을 하는 수고로움이 있어야 하며, 게다가 생육하고 잘 기르는 데에 반드시 비와 이슬의 혜택을 기다려야 하니, 이는 외면(外面)의 것에 도움을 받는 것이 많다네. 덕의 경우에는 태어남과 함께 생겨나 진실로 나의 소유가 되는 것이니, 그것을 심는 것이 나에게 달린 것이지 밖에서 말미암는 것이겠는가. 더구나 덕을 심는 것은 나에게 해를 끼치는 수고로움과 고달픔이 없고, 그 얕고 깊음과 후하고 박함이 오직 나의 뜻에 따르고 나를 어김이 없네. 바라건대 군은 시종일관 게으름 없이 헌의 의미를 저버리지 말며, 하늘이 복을 내려 준 의미를 저버리지 말게나."

꿈에 대한 기문
夢記

갑진년(1784, 정조8) 8월 11일 나는 죽주(竹州)의 불매헌(不寐軒)[67]에 있었다. 밤에 꿈을 꾸었는데, 선고(先考)께서 관복(冠服) 차림으로 앉아 계셨다. 옷은 비단으로 만든 것이었다. 선비(先妣)께서도 자리에 계셨다. 나는 선비께서 손질하시던 견사(繭絲)를 장난삼아 가져다 대나무 낚싯대에다 억지로 매었다. 선비께서 웃으셨고 나도 기뻐하며 웃었다. 이윽고 잠에서 깨었는데, 밤 닭이 아직 울기 전이었다. 오호라, 소자(小子)의 죄가 하늘에까지 사무쳐 선비를 잃은 지 23년이 되었고, 이어서 선고를 잃은 지도 어느덧 20년이 흘렀다. 천지(天地)가 가없어 두 분의 음성과 모습을 접할 수 없고, 때로 뵐 수 있는 것은 꿈을 통해서일 뿐이다. 그런데 부친은 뵙고 모친은 뵙지 못하는 경우도 있었고, 모친은 뵙는데 부친을 못 뵙는 경우도 있었다. 두 분이 나란히 앉아 기뻐하며 웃고 말씀하시는 것이 예전과 조금도 다름이 없는 경우는 오늘 밤 꿈처럼 생생한 적이 없었다.

오호라, 부모가 자식에 대해서와 자식이 부모에 대하여 지극한 정(情)은 똑같다. 어떻게 어느 것이 더하고 어느 것이 못하다고 비교해서 말할 수 있겠는가. 비록 그렇지만 가만히 스스로 생각해 보면, 가령 나의 부모께서 생존해 계시면서 불행히 나를 잃고 200리 멀리 떨어진

67 죽주(竹州)의 불매헌(不寐軒) : 죽주는 죽산(竹山)의 별칭이고, 불매헌은 죽산의 선영(先塋)에 있던 재실(齋室)이다.

곳에 나를 장사 지냈다고 한다면, 그 애통하고 절박한 심정은 허다한 세월이 흘러도 어찌 혹 하루라도 조금이나마 느슨해질 수 있겠는가. 또한 그로 인해 당신의 생명을 해치는 지경까지 어찌 이르지 않겠는가.

불효하고 못난 나를 돌이켜 보면, 부모님의 상례를 치르던 처음에 바로 죽지 못한 채 참고서 궁벽한 시골의 빈 골짜기 안에 부모님을 장사 지냈는데, 부모님을 애도하는 슬픔은 세월이 갈수록 줄어들고 명절의 성묘조차도 빠뜨리는 경우가 많았다. 그러면서도 처자식을 대하면 희희낙락거리며 웃고 좋은 관작을 받게 되면 의기양양하여 달려갔다. 홀연히 부모님을 잊은 듯이 지내는 시간을 시절(時節)의 경물(景物)을 접해 부모님을 그리워하는 시간과 비교해 보면, 전자가 더 많은 시간을 차지할 뿐만이 아니다. 소자가 부모님의 마음을 가지고 나의 마음으로 삼지 못한 것이 심하도다.

오늘날 내가 뭇 소인(小人)에게 노여움을 사서 곤궁한 사람이 돌아갈 곳 없는 것 같은 처지가 되자, 비로소 엉금엉금 기어 와서 선영(先塋)의 나무 옆에 의탁하니, 구레나룻과 머리카락이 이미 하얗게 세어 버린 뒤였다. 나의 부모님께서는 소자를 허물하지 않고 밤에 잠든 시간에 찾아와서 자리를 주어 앉게 하여 가상히 여기고 기쁘게 여기는 듯이 대하셨다. 오늘 밤 꿈이 이러하였으니, 지난날 소자를 절절히 그리워하고 수고로이 기다리셨다는 것을 짐작할 수 있다. 오호라, 지난날은 어쩔 수 없고 앞날은 그래도 추스를 수 있다. 내가 어떻게 해야 하늘에까지 사무친 죄를 속죄할 수 있을까?

《예기(禮記)》에 "뜻하던 바를 생각하라.〔思其志意〕"라고 하였다.[68]

68 예기(禮記)에……하였다 : 《예기》 〈제의(祭義)〉에 "그분이 거처하던 모습을 생각

가만히 생각건대, 나의 부모님께서는 아마도 소자가 독서하고 몸을 닦아 자식으로서 효를 다하고 신하로서 충을 다하여 영원토록 이름을 날리는 것을 당신들께서 뜻하던 바로 여기지 않으셨을 것이다. 그렇다면 소자가 비록 불평한 무리의 시기를 당해 곤경을 겪고 사방을 떠돌며 온갖 모욕을 받는 상황일지라도, 명예와 절개를 더욱 가다듬어 조금도 꺾임 없이 행동하여 후대에 앞 시대를 논하는 자들로 하여금 곧은 도(道)를 지닌 사람이 세상에 용납되지 못했던 것에 대해 탄식하고 통한하게 만든 뒤에야 거의 내 마음에 부끄럽지 않고 나의 부모님의 뜻에도 부응할 수 있을 것이다. 이에 일어나 초를 가져와 밝히게 하고 눈물을 닦으며 기록하였다. 창밖 일만 그루 소나무에서 솨 하고 나는 가을 소리가 나의 슬픈 탄식과 뒤섞였다.

하고, 그분이 담소하던 모습을 생각하고, 그분이 뜻하던 바를 생각하고, 그분이 좋아하던 바를 생각하고, 그분이 즐기던 바를 생각한다.〔思其居處, 思其笑語, 思其志意, 思其所樂, 思其所耆.〕"라고 하였는데, 제사를 지내기에 앞서 재계(齋戒)할 때의 마음가짐을 말한 것이다.

연적봉[69]을 오른 일에 대한 기문

登硯滴峯記

불매헌(不寐軒)에서 정남향에 봉우리가 있다. 위는 뾰족하고 아래는 평퍼짐하며, 단정하고 빼어나다. 그 위치는 실제로 선묘(先墓)의 병방(丙方)이다. 나는 이 봉우리를 매우 사랑한다. 모양이 비슷한 점을 취해 '연적봉(硯滴峯)'이라 명명했다고 한다. 올가을 나는 불매헌에 머물렀다. 어느 한가한 날에 몇 사람을 따라 묘소 왼편을 따라 무성한 소나무와 깊은 숲을 뚫고 두세 차례 쉬면서 비로소 그 정상에 올라앉아 볼 수 있는 기회를 얻었는데, 골짜기의 형세가 손바닥 위를 가리키는 것처럼 명료하게 한눈에 들어왔다.

죽산부(竹山府)의 남산(南山)이 웅장하게 주름진 골짜기를 이루며 우뚝 솟아 남쪽에서 동쪽으로 마치 치달리는 듯하다가 여기에 이르러 점점이 예쁜 상투 같은 형태를 띠는데, 연적봉을 이루고서 산의 형세가 비로소 끝을 맺는다. 연적봉의 어깨에서부터 조금 오른쪽으로 비스듬히 한 줄기 지맥(地脈)이 떨어져 나와 북쪽으로 뻗어 가다 한바탕 아래로 내려와서 갑자기 움푹 꺼졌다가 다시 솟아올라 머리를 이룬다. 그 머리가 다시 변해 서쪽으로 대략 10보(步)쯤 뻗어 간 곳에 겸혈(鉗穴)[70]

69 연적봉(硯滴峯) : 죽산(竹山)에 위치한 번암 부모님 묘소에서 정남향에 있는 봉우리이다. 번암이 지은 이름이다.

70 겸혈(鉗穴) : 작은 봉우리에서 두 갈래로 나뉜 지맥이 좌우로 에워싼 형태의 혈(穴)을 가리키는 풍수(風水) 용어이다.

이 갑방(甲方)을 향해 앉았는데, 바로 나의 선고(先考)와 선비(先妣)를 모신 묘소이다. 네모난 머리가 처음으로 맺히고 남은 지맥(支脈)이 오른쪽으로 펼쳐지는데, 그다지 높지는 않지만 간간이 사(砂)[71]가 안쪽으로 향하고 있어 사람이 다리를 편 모습과 5, 6할 정도 닮았을 뿐만이 아니다. 거기서 1리쯤 뻗어 가다 큰 시내를 만나 멈춘다. 묘소 뜰에서 내려다보면 구불구불한 지맥이 허리띠처럼 앞을 가로질러 있다. 앞에서 말한 것의 '오른쪽 다리'와는 거리가 비록 조금 멀지만 형세는 마치 나란히 걸어가는 것 같은데, 이것 역시 물을 만나 멈춘다. 그리고 그 안쪽은 골짜기를 이루니, 술가(術家)에서 '옥대사(玉帶砂)'라는 것이다. 옥대사 밖에는 큰 들이 있다. 들 밖에는 여러 산이 둘러서고, 산이 조금 낮은 곳에 별도의 봉우리가 몸을 숨긴 채 얼굴만 드러내고 있어 어슴푸레한 모습이 부채를 펼친 듯하다. 그 봉우리 이름은 '보산(寶山)'이니, 실로 선묘의 안산(案山)이다. 하지만 옥대사가 앞을 가려서 들이 형체를 드러내지 않고 산도 뿌리를 드러내지 않는다. 죽주(竹州)의 읍치(邑治) 수백 호(戶)만이 정북향 비봉산(飛鳳山) 기슭을 점유하고 있는데, 나뭇잎이 무성하면 숨어서 보이지 않고 나뭇잎이 떨어지면 구별할 수 있다. 여기까지가 나의 선묘 위치의 대략이다.

지난 임오년(1762, 영조38) 봉축(封築)할 때를 돌이켜 보면, 사방의 산이 모두 벌거숭이여서 한 그루 나무의 싹조차 볼 수 없었다. 내가 마치 목마른 사람이 물을 찾듯이 사방에서 솔방울을 모아, 잔디 뿌리를 헤치고 손수 파종하고 흙을 덮어 주기를 해마다 그치지 않았다. 처음 자라날 때는 바늘 같기도 하고 모 같기도 하였는데, 내가 매우 아끼며

71 사(砂) : 혈 둘레의 형세(形勢)를 가리키는 풍수 용어이다.

웃음 짓고 어루만지기를 마치 어린아이를 보호하듯이 하였다. 이제 20년이 되어 키는 구름에 닿을 정도이고 크기는 서까래보다 크며, 푸른 줄기와 파란 잎이 너무도 울창하여 엄연히 벌써 노숙(老熟)한 모습을 지니고 있다. 모두 나의 손때가 묻어 이루어진 것이다.

오호라, 천하의 일은 실천하지 않는 것이 근심일 뿐이지, 일단 실천한다면 뜻을 따르지 못할 리가 있겠는가. 다만 염려컨대, 사물에는 이루어짐과 허물어짐이 있으니 아침 뒤에는 낮이 오는 것과 같다는 점이다. 이 소나무를 가지고 말하더라도, 송충이가 해를 끼치기도 하고 썩어서 넘어지기도 하고 벌목꾼에게 절취되기도 하여 몇 세대 뒤에 성하고 쇠하는 일이 서로 이어지지 않을지 어찌 보장하겠는가. 그렇다면 이것은 후손이 정성스러운지 정성스럽지 않은지에 달린 것이다. 소나무를 파종하고 또 파종하며 심고 또 심어서 능히 나의 마음을 마음으로 삼는다면, 땔나무로 불씨를 계속 이어 가서 불이 꺼지는 일이 없을 것처럼 될 것이다.

지금 항간(巷間)의 속담에 한집안의 못난 후손을 가리켜 '송충이'라고 부른다. 이는 선영(先塋)의 나무를 베어다 팔아먹는 것을 일컬으니, 소나무를 해치는 것이 송충이와 비슷한 점이 있기 때문이다. 자손으로서 입신양명하여 조상을 영원토록 드러나게 하지 못하더라도, 사람이면서 벌레 같은 수준으로 함께 돌아가서야 되겠는가. 《시경》에 "부모님께서 심은 뽕나무와 가래나무도 반드시 공경한다."라고 하였다. 나는 백세 후손들을 위해 이 구절을 외어 본다. 소나무도 오히려 이러한데, 더구나 선조께 올리는 제사에 필요한 묘전(墓田)과 선묘의 수호에 필요한 묘지기는 귀중하게 여기고 잘 보전해야 하는 점에 있어 소나무에 비해 더욱 어떠하겠는가. 《시경》에 "자자손손이 중단하지 않고 길이 이어 가리로다."라고 하였다. 나는 백세 후손을 위해 다시 이 구절을 외어 본다.

갑진년(1784, 정조8) 추석 뒤 사흘째 되는 날에 번암(樊巖) 노부(老夫)가 불매헌 안에서 쓰다. 나를 따라 유람한 몇 사람은 동지중추부사 양국창(梁國昌), 동지중추부사 김명호(金命皞), 서자(庶子) 홍근(弘謹), 겸인(傔人) 김상겸(金相謙)이다.

칠장사[72]를 유람한 일에 대한 기문

遊七長寺記

왕기(王畿)에 사찰(寺刹)이 없는 것은 아니지만, 죽산(竹山)의 칠장사(七長寺)가 명찰(名刹)로서 특히 알려졌다. 산으로 둘러싸인 형세와 건물의 장엄함은 부근의 여러 도량(道場)이 견줄 수 있는 바가 아니다. 갑진년(1784, 정조8) 가을 나는 나를 노리고 덤불에 숨어 있던 자에게 해를 입는 바람에[73] 남산촌(南山村)의 분암(墳菴)에 물러나 거처하고 있었다. 분암은 칠장사와 한나절 거리에 있었다.

어느 날 방외(方外)의 벗인 칠장사의 스님이 찾아와 산의 나뭇잎이 새로 내린 서리를 맞아 곱게 물들어 사랑스럽다고 하였다. 나는 흥미가 발동하여 다음 날 가기로 약속하였다. 이튿날 느지막이 밥을 먹고서 마을의 소를 빌려 탔다. 홍근(弘謹)도 소를 타고 따라왔다. 산에서 몇 리(里) 못 미친 곳에서 스님이 작은 가마를 준비하여 나를 기다리고 있었다. 편한 것을 좋아하고 힘든 것을 싫어하는 마음을 고려한 것이었다. 내가 그러하면 남도 그러한 법이다. 내 사대육신(四大六身)이 편하

72 칠장사(七長寺) : 경기도 안성시 죽산면에 있는 절로, 용주사(龍珠寺)의 말사(末寺)이다. 636년(선덕여왕5) 자장 율사(慈藏律師)가 창건하였다. 1014년(현종5) 혜소 국사(慧炤國師)가 왕명으로 중창하였고, 칠장사란 이름은 혜소 국사가 이곳에 머물면서 악인(惡人) 7명을 교화하여 현인(賢人)으로 만들었다는 설화에서 유래하였다.

73 나를……바람에 : 《주역》 〈동인괘(同人卦) 구삼(九三)〉에 "군사를 덤불 속에 숨겨 두고 높은 구릉에 올라가서 3년이 되어도 일어나지 못한다.〔伏戎于莽, 升其高陵, 三歲不興.〕"라는 말이 나온다.

자고 남의 힘을 고갈시키는 짓이 어찌 옳겠는가. 마침내 소를 채찍질하여 나아갔다. 승반현(繩盤峴)을 통해 가는 길을 버리고 서쪽을 통해 골짜기로 들어갔다. 길이 깎여 나가 소를 탈 수 없는 상황이 되어서야 비로소 소를 버리고 가마를 탔다. 하지만 가마를 탄 사람은 적고 걷는 사람은 많았다. 고개 정상에 도착하여 앉아 쉬면서 보니, 산 하나의 형세가 마침내 남김없이 한눈에 들어왔다.

관해봉(觀海峯)이 천만 길 높이 우뚝 솟았고, 그 나머지 지맥(支脈)과 산기슭이 멀어질까 두려운 듯 돌면서 감싸 안으니, 활시위를 한창 당기고 부채를 완전히 펼친 모습으로 외물로 하여금 엿보지 못하도록 하는 듯하였다. 느닷없이 동쪽 한 귀퉁이가 입을 벌리고 있는데, 그곳으로 온 골짜기의 물을 토해 낸다. 그 안쪽은 널찍하여 골짜기를 이루는데, 칠장사가 실로 거기에 자리하고 있다. 작은 암자들이 가까이 붙어 지어져, 낮은 것은 분별할 수 있기도 하고 높은 것은 나뭇잎에 가리기도 하였다. 스님이 손가락으로 가리켰지만, 희미하여 제대로 살필 수 없었다. 계절이 일러 서리가 조금밖에 내리지 않았으므로 수많은 나무가 다 붉게 물들지는 않았지만, 석양이 몸을 돌이켜 비추니 담담한 붉은빛으로 미색(美色)을 드러내며 아름다움을 다투었다. 푸른 소나무와 잣나무가 간간이 끼어 있어 찬란히 오색 병풍을 이루니, 비록 도성(都城)을 떠나온 감회를 지닌 나로서도 부지불식간에 기뻐서 웃음을 지었다.

마침내 봉우리 정상의 길을 통해 가서 저물녘 상운암(上雲庵)에 투숙했다. 암자는 높은 곳에 위치하여 앉아 창문을 열면 들판은 백 리까지 바라보이고 산은 수많은 골짜기를 굽어보았다. 암자 옆에는 칠성단(七星壇)이 있어 재앙을 제거하고 복(福)을 구하려는 사람들이 여기서 북두성(北斗星)에 제사를 지낸다고 한다. 위종(緯宗)이라는 스님과 함께 대화를 나누었는데, 현묘한 이치를 꽤나 알고 있었다. 밤이 되자 위종과 그의 문도(門徒) 너덧 사람이 가사(袈裟)를 갖추어 입고 불상 앞에 촛불을 밝힌 다음, 향 몇 가닥을 사르고 향연(香煙) 아래에서 정례(頂禮)를 올렸는데, 그 공경스러움은 사람을 위한 공경이 아니라, 마음속의 정성이 외면으로 표출된 것이었다. 예불을 마치자 각자 면벽(面壁)을 하고 머리를 숙였는데, 잠을 자는 것 같기도 하고 잠을 자지 않는 것 같기도 하였다. 닭이 한 번 울자 처음처럼 예불을 올리고는 앉은 채 새벽까지 흐트러진 기색을 보이지 않았다. 그들의 수행은 참으로 수고로웠다.

지금 유자(儒者)라는 명색을 지닌 자들은 승려를 노예 보듯이 한다. 그들이 선성(先聖)을 생각하는 것이 승려들이 석가여래(釋迦如來)를 대하는 것만 하겠는가. 그들이 조용히 앉아 각고(刻苦)하는 것이 승려들이 면벽하여 수행하는 것만 하겠는가. 그들이 우러러 생각하며 앉아 아침을 기다리는 것이 승려가 새벽까지 피곤한 기색이 없는 것만 하겠는가. 나는 모르겠다. 그들의 명분(名分)을 물어보면 옳지만 그들의 행위를 살펴보면 옳지 않으니, 나는 '유자가 승려에게 부끄럽고 승려는 유자에게 부끄럽지 않다.'라고 생각한다.

이튿날 지팡이를 짚고 암자 뒤의 산 정상에 올랐다. 서쪽으로는 바다에서 올라오는 구름 기운이 있었고, 북쪽으로는 한양의 삼각산(三角山)이 구름 낀 광활한 하늘 밖에 아스라했지만, 그래도 그 면모를 손으로 가리키며 알아볼 수 있었다. 굴자(屈子)가 "홀연히 저 옛 고향을 굽어보노라.〔忽臨睨夫舊鄉〕"라고 한 것[74]이, 흡사 이러한 참 풍경이었

74 굴자(屈子)가……것 : 굴자는 전국 시대 초(楚)나라 회왕(懷王)의 신하였던 삼려대부(三閭大夫) 굴원(屈原)을 가리킨다. 굴원은 〈이소(離騷)〉 말미에서 "하늘 위 눈부

을 터인데, 그리워하며 잊지 못하는 뜻이 지금의 나와 옛날의 굴자 중에 누가 더하고 누가 못한가.

바람이 심하여 오래 머물 수 없었기에 상운암으로 돌아와 잠시 쉬다가 바로 극락암(極樂菴)으로 내려갔다. 겨우 문을 나서자 벼랑길이 곧바로 매달려 있었으므로 두 다리를 잠시 멈추려 해도 추격자가 뒤를 쫓는 것 같은 상황이 되어 어쩔 수 없이 나는 듯이 내려오는데, 보이는 것이라고는 앞에서 이끄는 사람의 상투뿐이었다.

얼마 뒤에 미타전(彌陀殿)에 이르렀다. 정원에는 오래된 석비(石碑)가 있었는데, 동명(東溟) 정두경(鄭斗卿)이 지은 부도비(浮屠碑)였다. 그 옆에 새로 새겨 세운 비석은 해월대사(海月大師)의 비이니, 노부(老夫)가 짓고 아울러 쓴 것이다.[75] 대사는 꽤 재물이 많아 입적(入寂)할 때 일만 전(錢)의 돈을 승려들에게 맡기며 타이르기를 "내가 죽으면 비문(碑文)은 채 상서(蔡尙書)에게 부탁하라." 하였다. 승려들이 나중에 비록 그 말대로 하긴 했지만, 그 돈을 절취하여 착복하고는 싸게 빗돌을 구입하였다. 빗돌이 작아 동명이 지은 비와 비교해 보면 겨우 반만 하다. 새긴 것도 법식대로 새기지 않아 자체(字體)가 잘못된 것이 많기 때문에, 나로 하여금 보게 해도 그것이 나의 글씨인지 알아보기 어려울 정도이다.

시게 빛나는 세계에 올라와서, 홀연히 저 옛 고향을 굽어보노라니, 마부도 슬퍼하고 내 말도 생각에 잠겨, 머뭇머뭇 뒤돌아보며 앞으로 나아가지 않네.〔陟升皇之赫戲兮, 忽臨睨夫舊鄕. 僕夫悲余馬懷兮, 蜷局顧而不行.〕"라고 하여 고국인 초나라를 그리워하는 심정을 표현하였다.

75 해월대사(海月大師)의……것이다 : 《번암집》 권57에 수록되어 있는 〈해월대사 부도 비명(海月大師浮屠碑銘)〉을 가리킨다.

밤에 극락암에서 자고 일찌감치 일어나 작은 언덕을 넘어가 칠장사를 두루 구경하였다. 절이 비록 웅장하긴 해도 주방(廚房)은 이끼로 지저분하고 장실(丈室)[76]은 먼지로 더러워 유람 거리로는 부족하다. 다만 불전(佛殿)에 감실(龕室)이 있는데, 그곳에 인목(仁穆) 김 대비(金大妃) 전하께서 친히 쓰신 불경(佛經) 약간 권을 봉안하였다. 스님에게 받들고 나오게 한 뒤에, 손을 씻고 경건히 열람하였다. 모두 금니(金泥)로 쓴 해서(楷書)였고, 권말(卷末)마다 모두 축원(祝願)을 기록하기를 "영창대군(永昌大君) 아무와 후생(後生)에 모자(母子) 인연을 다시 맺으리라." 하였다. 그 말이 너무도 슬프니, 받들어 완상(玩賞)하는 사람이라면 누군들 감읍(感泣)하지 않겠는가. 방향을 돌려 비전(碑殿)으로 가서 이른바 '신라국사비(新羅國師碑)'[77]라는 것을 구경하였다. 비는 서린 용이 거북이 등에 업혀 있고 높이는 몇 길이었는데, 중간이 꺾여 두 동강이 난 채로 정원의 섬돌 사이에 거꾸러져 있었다. 그러나 자획(自劃)이 뚜렷한 것이 마치 새로 새긴 듯하니, 천여 년이 흐른 뒤에도 은빛 갈고리[78]가 빽빽이 벌어져 있는 것이 세상에 드문 기이한 보물임을 알 수 있다. 세상 사람들은 항상 말하기를 "신라(新

76 장실(丈室) : 장실은 사방 한 길 크기의 방이라는 뜻으로, 사찰의 방을 뜻한다.

77 신라국사비(新羅國師碑) : 혜소국사비(慧炤國師碑)를 가리키는 것으로 보인다. 1060년(문종14)에 건립되었다. 상서좌복야(尙書左僕射) 김현(金顯)이 짓고, 글씨는 전중승(殿中丞) 민상제(閔賞濟)가 구양순체(歐陽詢體)로 썼다. 보물 제488호로 지정되었다.

78 은빛 갈고리 : 아름다운 필체의 글씨를 뜻하는 말이다. 진(晉)나라 색정(索靖)이 서법(書法)을 논하면서 "멋지게 휘돈 것이 흡사 은빛 갈고리와 같다.〔婉若銀鉤〕"라고 하였다. 《晉書 索靖列傳》

羅)와 고려(高麗)의 풍기(風氣)가 미개하여 문장과 글씨가 모두 너무 질박할 뿐이었는데, 국조(國朝)에 이르러 미개했던 것이 비로소 타파되었다." 하였다. 근세에 서법(書法)을 배워 스스로 도취된 자들은 이것을 구실로 삼아 "김생(金生)[79]은 나만 못하다. 한호(韓濩)[80]는 글을 쓸 줄 모른다."라고 감히 말한다. 내가 보기에는 그들이 쓰는 측(側), 늑(勒), 노(努), 적(趯)의 필법[81]은 풀처럼 연약하고 잎처럼 무르며, 그 무게는 종이를 누르지도 못할 정도인데, 더구나 돌에는 어떠하겠는가. 이것으로 돌에 새겨 백 년을 가는 것을 보지 못하였는데, 더구나 천년의 장구한 시간을 함께 논할 수 있겠는가. 옛사람과 지금 사람의

79 김생(金生) : 711~791. 신라의 명필이다. 해동(海東)의 서성(書聖)이라 불렸고, 송나라에서도 왕희지(王羲之)에 버금가는 명필로 이름났다.

80 한호(韓濩) : 1543~1605. 조선 중기의 명필로 본관은 삼화(三和), 자는 경홍(景洪), 호는 석봉(石峯)·청사(淸沙)이다. 사자관(寫字官)을 오래동안 지냈다. 해서, 행서, 초서 등 각 서체에 뛰어났으며, 그의 영향으로 사자관체(寫字官體)가 만들어지기도 하였다.

81 측(側)……필법 : 서법(書法)의 여덟 가지 운필법(運筆法) 가운데 네 가지를 든 것이다. 여덟 가지 운필법은 측, 늑, 노, 적, 책(策), 약(掠), 탁(啄), 책(磔) 등이며, 영(永) 자가 이것을 모두 구비했다 하여 '영자팔법(永字八法)'이라고도 하는데, 영 자를 가지고 설명하면 다음과 같다. 측은 첫 번째 획으로, 새가 비스듬히 하강하듯이 맨 위에 찍는 점이다. 늑은 측의 아래의 두 번째 획으로, 말에 고삐를 채우듯 좌에서 우로 가로 긋는 것이다. 노는 세 번째 획으로 힘을 써서 늑의 오른쪽 끝에서 아래로 내리긋는 것이다. 적은 네 번째 획으로, 노의 끝에서 갈고리 모양으로 뛰듯이 올리는 것이다. 책은 다섯 번째 획으로, 글자의 좌방에서 좌에서 우로 채찍을 휘두르는 듯이 긋는 것이다. 약은 여섯 번째 획으로, 글자의 좌방에서 머리카락을 빗듯이 좌측 아래로 삐치는 것이다. 탁은 일곱 번째 획으로, 새가 쪼듯이 글자의 오른쪽 위에서 좌측 아래로 비스듬히 삐치는 것이다. 책은 글자의 몸통에서 눌러 가르듯이 좌측 위에서 우측 아래로 긋는 것이다.

차이가 여기에서 판가름이 난다.

해 질 무렵 가마를 타고 승반현을 넘으니 종이 벌써 소를 끌고 고개 아래에서 기다리고 있었다. 머뭇거리며 누차 돌아보고 마음속으로 혼자 탄식하기를 "이 산은 신선이 도를 닦는 동천(洞天)도 아니고, 이 절은 세상을 피해 사는 무릉도원도 아니다. 하지만 물병 하나와 바리때 하나로 사는 산승(山僧)에게 비방과 칭찬이 미치지 않고 영예와 치욕이 간여하지 않는다. 옛날 백부(白傅)와 소선(蘇仙)[82] 같은 사람들이 여시아문(如是我聞)에 흥미를 가졌던 것은 또한 느낀 바가 있어서 그러했던 것인가." 하였다. 불매헌으로 돌아와 누워 감탄하며 기록한다.

나를 따라 유람했던 사람은 10살인 서자(庶子) 홍근(弘謹), 동지중추부사 김명호(金命皥), 동지중추부사 양국창(梁國昌), 겸인(傔人) 김상겸(金相謙)이고, 때는 9월 초였다.

82 백부(白傅)와 소선(蘇仙) : 백부는 태자소부(太子小傅)에 임명되었던 당나라 시인 백거이(白居易)를 가리킨다. 소선은 송나라 문인 소식(蘇軾)을 가리키는데, 인간 세계에 귀양 온 사람이란 뜻으로 문재(文才)가 세상에 뛰어난 사람을 적선(謫仙)이라 칭한 데서 온 말이다.

회룡사[83]에서 폭포를 구경한 일에 대한 기문

回龍寺觀瀑記

을사년(1785, 정조9) 여름 나는 양주(楊州)에 있는 홍씨(洪氏)의 장원(莊園)을 빌려 우거하였다. 장원은 도봉(道峯) 아래에 있었다. 어느 날 시우(時雨)가 크게 내려 밤새도록 그치지 않더니만, 이튿날 느지막이 개는 기색이 있었다. 나는 회룡사(回龍寺) 앞의 폭포의 물줄기가 매우 장관이라는 말을 듣고는 어렵사리 가마를 준비하여 시내를 건너 덩굴을 헤치고 갔다. 비말(飛沫)이 쏘아 대는 기세 때문에 가까이 갈 수 없었으므로, 폭포 좌측으로 난 길을 통해 곁눈질로 멀리 바라보며 마치 버리고 가는 듯 훌쩍 올라갔다. 원류(源流)를 만났는데, 그리 거세게 흐르지 않기에 비로소 옷을 걷어붙이고 건넜다. 언덕을 따라 내려가 오른쪽으로 폭포를 낀 채 암석 위에 앉아 아래를 굽어보았다. 물이 도봉에서 발원(發源)하여 대략 10리쯤 흐르다가 여기에 이르러 갑자기 바위를 맞닥뜨린다. 우뚝 솟은 바위는 높이가 거의 5, 6길 정도인데, 물이 어쩔 수 없이 문을 빠져나가려고 다투며 몸을 조인 채 떨어지니, 솟구쳐 흩어지는 것도 있고 서서 뛰어오르는 것도 있고 거꾸러져 옆으로 떨어지는 것도 있고 재빨리 곧바로 쏟아지는 것도 있었다. 어떤 것은 소용돌이치며 끓어오르기도 하고 어떤 것은 부딪히며 부서지기도

83 회룡사(回龍寺) : 도봉산 아래에 있는 절로, 봉선사(奉先寺)의 말사(末寺)이다. 681년(신문왕1) 의상(義湘)이 창건하여 법성사(法性寺)라 하였다가 1384년(우왕10)에 무학(無學)이 중창한 뒤 회룡사로 개칭하였다. 현재는 경기도 의정부시에 속한다.

하는데, 많기로는 천 석(石)의 구슬과 같고 시끄럽기로는 만 개의 우레와 같았다. 나를 따라 유람하는 사람들 모두 탄성을 질렀고, 나도 마음과 눈으로 꽤나 놀랐다.

한참 뒤에 비로소 가만히 생각해 보았다. 하늘이 물을 생성하면서 어찌 그렇게 하였겠는가. 물의 성질은 아래로 흐를 뿐이다. 허(虛)하면서도 실(實)하고 유(柔)하면서도 강(剛)하며, 자연의 이치에 따라 흐르게 함이 없어도 흐르는 것이 바로 물의 일정한 법칙이다. 지금은 바위에 의해 잘못되어 그 형세는 크게 치달리며 다투고 그 형상은 날뛰며 미친 듯하다. 그것을 본 사람들은 물이 본성을 잃은 것이 탄식할 만한 일임을 모른 채 도리어 박수를 치며 탄성을 지르니, 어찌 그리도 미혹한가. 나는 오늘날 사람이 하늘이 부여한 본성을 보존하지 못하는 경우가 많은 것을 본다. 폭포여 폭포여, 내가 너에게 무엇을 허물하랴. 마침내 감개하여 기록하였다.

나를 따라 유람한 사람은 아들 홍원(弘遠), 서자(庶子) 홍근(弘謹), 생질(甥姪) 이유상(李儒尙), 문인(門人) 권필전(權弼銓), 겸인(傔人) 김상겸(金相謙), 승려 경총(敬聰)이다.

쌀을 하사해 주신 일에 대한 기문[84]

賜米記

내가 소인배에게 노여움을 사는 바람에 정해진 거처도 없이 옮겨 다닌 지 지금 몇 년째이다. 상께서는 신(臣)을 돌보아 주며 물품을 하사해 주셨다. 새해가 되면 반드시 음식을 하사해 주셨고, 여름이 되면 반드시 물고기를 하사해 주신 것이 한두 번이 아니었으며, 장마철과 혹한기에는 반드시 땔나무를 하사해 주셨으니, 참으로 남다른 은혜였다.

을사년(1785, 정조9) 가을 나는 번계(樊溪)의 연명헌(戀明軒)[85]에 있었는데, 병이 깊어 일어날 기색이 없는 지가 거의 5, 6십 일이나 되었다. 상께서 궁중 주방(廚房)의 게장을 하사하여 신의 식욕을 돕게 하셨다. 그리고 얼마 되지 않아 상림(上林)의 수전(水田)에서 수확을 감독하고 얻은 곡식을 하사해 주셨는데, 벼로 준 것이 아니라 도정(搗精)한 쌀을 자루에 담아 200홉(合)을 하사해 주셨다. 다른 사람의 부축을 받아 앉아 절하고 머리를 조아리니 감격의 눈물이 자연스레 자리를 적셨다.

신이 삼가 전적(典籍)을 상고하건대, 오랜 역사상 태평성대의 백성

84 쌀을……기문 : 1785년 가을 번암이 번계의 연명헌(戀明軒)에서 병을 앓고 있을 때 정조로부터 쌀을 하사받은 일을 기록한 글이다.

85 번계(樊溪)의 연명헌(戀明軒) : 번계는 동대문 10리 밖 명덕산(明德山)에 있던 계곡이다. 번암이 60세 무렵 여기에 은거하여 연명헌, 춘성당(春星堂), 적취정(積翠亭) 등을 지어 별업(別業)을 조성하였다. '연명(戀明)'은 명군(明君)을 그리워한다는 의미이다. 지금의 강북구 번동 인근이다.

중에 강구(康衢)의 노인[86]을 능가하는 사람은 없었다. 하지만 저들이 방훈(放勳)[87]을 임금으로 삼은 상황이었는데도 오히려 널리 베풀어 대중을 구제하는 정사에는 모자람이 있었다. 그러므로 반드시 스스로 우물을 파고 스스로 밭을 간 뒤에야 비로소 함포고복(含哺鼓腹)하는 즐거움이 있었으니, 또한 수고롭지 않았겠는가. 신의 경우는 공적으로는 녹(祿)을 먹을 만한 공(功)이 없고 사적으로는 사지(四肢)를 놀리는 수고가 없으면서 요(堯) 임금 시대 같은 태평성대에 편히 쉬며 하는 일 없이 임금의 은혜를 누리고 있다. 만난 시대를 강구의 노인의 시대와 비교하면 또한 과분하다 할 수 있다. 신은 늦게 태어나 강구의 택지(宅地)를 빌려 살지 못한 것을 한으로 여기지 아니하고, 나 자신이 우리 성상(聖上)의 백성이 된 것을 삼가 스스로 경하하였다. 이에 마침내 베개에 기대어 노래하니, 노래는 다음과 같다.

노쇠하면 병이 드나니 衰至則病

86 강구(康衢)의 노인 : 강구는 사통팔달의 큰길을 말한다. 요(堯) 임금이 50년 동안 정치를 펴면서, 천하가 잘 다스려졌는지 백성들이 임금을 떠받드는지 알 수 없었다. 이에 평범한 복장을 입고 강구에 나가 보니 어떤 90세의 노인이 격양가(擊壤歌)를 부르기를 "해가 뜨면 나가서 일하고 해가 지면 들어와 쉰다. 우물을 파서 물을 마시고 밭을 갈아 곡식을 먹으니 제왕의 힘이 나에게 무슨 상관 있겠는가."라고 하였다. 이에 요 임금이 기뻐하였다고 한다. 《列子 仲尼》

87 방훈(放勳) : 공(功)이 크다는 뜻으로, 요 임금을 예찬한 말인데 요 임금의 별칭으로 쓰이기도 한다. 《서경》 〈요전(堯典)〉에 "요 임금을 상고하건대, 바로 방훈이니, 공경하고 밝고 문채가 빛나고 생각이 깊고 자연스러우며, 진실로 공손하고 능히 겸양하여 광채가 사표에 입혀지고 상하에 이르렀다.〔曰若稽古帝堯, 曰放勳, 欽明文思安安, 允恭克讓, 光被四表, 格于上下.〕"라고 한 데서 온 말이다.

나의 침석이 편하다네	安我枕席
부축받아 일어나 보니	扶起以視
음식이며 죽이며	或餐或粥
성상의 은택이로다	惟聖上惠澤

불쇠헌[88]에 대한 기문
不衰軒記

금상(今上) 8년(1784, 정조8) 가을 순암(順菴) 안공(安公)이 동궁(東宮) 계방(桂坊 세자익위사)의 관원이 되었다. 숙배한 뒤에 상께서 특별히 사대(賜對)하고는 기뻐하며 "그대는 쇠하지 않았구려."라고 말씀하셨다. 공은 당시 73세였다. 처음 상께서 동궁에 계실 적에 공이 계방의 관원으로 여러 번 서연(書筵)에 입시하여 경서(經書)의 뜻을 해설하니, 상께서 공의 학술이 정밀하고 순정하다는 것을 알고 대우가 남다르셨다. 즉위하고 6년에 원자(元子)를 낳고 3년이 지나 다시 춘궁(春宮)의 계방을 설치하셨다. 상께서 또렷이 공과의 옛일을 생각하고는 특별히 이 직책을 제수하도록 명하셨다. 그러고는 10년 사이에 용모와 말투가 옛날에 비해 손색없는 것을 기뻐하셨다. 공이 물러나 자신의 헌(軒)을 '불쇠헌(不衰軒)'이라고 명명하였으니 성상의 말씀에 감격하였던 것이다.

88 불쇠헌(不衰軒) : 광주(廣州) 덕곡(德谷)에 있던 안정복(安鼎福, 1712~1791)의 서재이다. 1772년(영조48) 익위사 익찬(翊衛司翊贊)에 제수되어 세손(世孫)이던 정조(正祖)를 가르친 적이 있었던 안정복이 1784년 다시 익위사 익찬에 제수되어 세자(世子)를 가르치게 되었다. 10여 년 만에 다시 만난 정조는 안정복이 그사이에 쇠하지 않았다고 감탄하며 기뻐하였다. 안정복은 정조의 그 말로 인해 자신의 서재를 '불쇠헌'이라고 명명하였다. 안정복은 본관은 광주, 자는 백순(百順), 호는 순암·상헌(橡軒)이다. 성호(星湖) 이익(李瀷)의 문인이다. 목천 현감(木川縣監), 익위사 익찬 등의 관직을 역임하였다. 시호는 문숙(文肅)이다. 문집으로 《순암집(順菴集)》이 있다. 《順菴集 順菴先生行狀》

나는 그 소식을 듣고서 마음속으로 다음과 같이 생각했다.

'공이 문을 걸어 닫고 경서를 연구하여 사물의 이치를 거의 다 궁리했다고 여겼는데, 지금 헌을 명명한 것으로 보면 사람들의 의혹을 자아내지 않겠는가. 성하고 쇠하는 것은 이치의 일정한 법칙이어서 천지(天地)가 면할 수 없고 성인(聖人)도 면할 수 없는 것이다. 하지만 천지와 성인은 그 기(氣)는 때에 따라 쇠하는 경우는 있어도, 그 이(理)는 때에 따라 쇠하는 경우가 없으니 비록 쇠하지 않는다고 단정해도 괜찮다. 사람이 성인에 미칠 수 없는 것은 하늘을 사다리로 오를 수 없는 것과 같은 것이다. 예부터 지금까지 천지 사이에 가득했던 사람과 사물 중에 일찍이 쇠하지 않던 것이 있었던가. 상께서 공에게 하신 말씀은 단지 오관(五官)의 정기를 가리킨 것일 뿐이고, 반드시 그 안의 이를 아울러 논한 것은 아니었는데, 공은 마침내 과감하게 두 글자로 스스로 인정하였다. 이를 통해 스스로 경계한 것이라 여긴다면 괜찮지만, 자처한다고 여긴다면 나는 그것이 옳은 일인지 모르겠다.'

얼마 뒤에 듣자니 공이 연소배의 구설(口舌)에 곤란을 겪었는데, 그들이 떠들썩하게 공이 노망(老妄)난 것으로 치부했다고 한다. 서국(西國)의 이마두(利瑪竇 마테오 리치(Matteo Ricci)) 무리가 지은 책 중에 근자에 처음 동국(東國)으로 흘러든 책[89]이 있었는데, 학문에 뜻을 둔 연소배가 옛 학문을 싫어하고 새롭고 신기한 것을 기뻐하여 휩쓸리듯 자신의 학문을 버리고 새롭고 신기한 것을 따랐다. 심지어 그들은 "부

89 동국(東國)으로 흘러든 책 : 이마두가 지은 책 중 《천주실의(天主實義)》와 《변학유독(辨學遺牘)》 등 천주교 관련 서적을 가리킨다.

모는 천주(天主)에 비하면 오히려 바깥이다."라거나 "인주(人主)는 권속(眷屬)이 없고서야 설 수가 있다."라거나 "이기(二氣)는 만물을 생성할 수 없다."라거나 "천당과 지옥은 분명히 진짜 있는 것이다."라거나 "〈태극도(太極圖)〉는 상대(相對)를 지어 말한 것에 불과하다."라거나 "천주는 정말 내려와서 야소(耶蘇)가 되었다."라고 말한다. 그 학설은 끝없이 기괴하고 천 가지 백 가지로 다양한데, 한 가지도 정주(程朱)의 학설과 어긋나지 않는 것이 없다. 그것이 석씨(釋氏)를 비방하고 배척하는 것은 단지 도적(盜賊)이 주인(主人)을 미워하는 것일 뿐이다. 옛 성인이 양주(楊朱)와 묵적(墨翟)을 근심으로 여겨서 심지어 홍수(洪水)와 맹수(猛獸)에 비견하였는데, 이것은 그들의 폐단이 아버지와 군주가 없는 데로 들어가는 폐단을 극언하였던 것일 뿐이었다. 양주와 묵적을 배웠던 자들이 어찌 스스로 이마두의 학설처럼 아버지와 군주를 도외시할 수 있다고 여긴 적이 있겠는가.

공은 궁벽한 산골에서 긴 밤을 깊은 근심 속에 길게 탄식하며, 외로이 홀로 일어나 한창 일어나는 기세에 대적하여 지엄한 말로 꾸짖기도 하고 온화한 말로 깨우쳐 주기도 하였다. 우리 유가(儒家)의 도(道)를 보위(保衛)할 수 있다면 조롱도 아랑곳하지 않았고, 부정(不正)한 학설을 물리칠 수 있다면 손해도 돌아보지 않았다. 지주(砥柱)[90]가 없다면 광란(狂亂)의 물결을 어떻게 막을 수 있겠으며, 한 줄기 촛불이 없다면 어두운 방을 어떻게 밝힐 수 있겠는가. 공의 인(仁)과 용기는

90 지주(砥柱) : 중국 하남성(河南省) 삼문협(三門峽)에 있는 작은 바위섬인데, 황하(黃河) 강줄기 안에 서 있다. 황하의 세찬 물결에도 굽히지 않고 버티고 서 있는 그 형상으로 인해 세상 풍파를 견디며 굳센 지조를 지키는 사람을 비유할 때에 쓴다.

참으로 대단한 것이었다. 이에 사람들이 모두 하늘이 공으로 하여금 쇠하지 않게 하는 것은 공을 쇠하지 않게 하는 것이 아니라 우리 유가의 도가 쇠하지 않게 하려는 것임을 알게 되었다. 그리고 공이 두 글자로 자처한 것을 통해 공이 스스로 믿는 것이 독실함을 알게 되었고, 상께서 이것을 공에게 말씀한 것을 통해 또한 상께서 신하를 알아보시는 밝은 안목을 징험할 수 있었다. 나처럼 나약한 사람이 공의 풍모를 듣고 뜻을 세우고는, 마침내 붓을 잡고 불쇠헌의 기문을 짓는다.

생선을 하사해 주신 일에 대한 기문

賜魚記

성상(聖上) 9년(1785, 정조9) 을사년 겨울 12월 초길(初吉)에 동궁 저하께서 생대구 한 마리를 하사하셨다. 저하께서는 보령(寶齡)이 겨우 4세이신데, 어떻게 천신(賤臣)이 있고 없는 것을 알고 이러한 드문 조처를 하셨을까? 명을 받든 자가 신에게 지수 단자(祗受單子)를 지어 달라고 재촉하였다. 신이 당시에 명덕산(明德山) 속에서 병든 몸을 부지한 채 절하며 머리를 조아리니 감격의 눈물이 절로 흘렀다.

을미년(1775, 영조51) 겨울을 상기해 보니, 신이 내의원 제조로서 어약(御藥)을 받들어 집경당(集慶堂)[91]에서 모셨는데, 선대왕(先大王)께서 신에게 하교하기를 "내가 만약 세손(世孫)이 아들을 낳았다는 소식을 듣게 된다면 편히 눈을 감고 저승으로 돌아가리라." 하셨다. 세손은 바로 금상 전하이시다. 당시에 선대왕의 연세가 82세로 옥후(玉候)가 많이 편찮으셨는데, 종사(宗社)를 위해서나 생민(生民)을 위해서나 애를 태우며 마음을 놓지 못하는 일은 오직 이 일뿐이었으니, 대성인(大聖人)께서 근심함이 깊고 염려함이 먼 것이 참으로 성대하셨다.

이듬해 봄에 선대왕께서 승하하시고, 금상께서 왕위를 이은 지 7년이 지난 임인년(1782)에 동궁을 낳으셨다. 신이 다행히 죽지 않고서 종국(宗國)이 억만년 동안 이어 가게 된 경사를 보게 되었으나, 운향

91 집경당(集慶堂) : 경희궁(慶熙宮) 안에 있던 침전(寢殿)으로, 영조(英祖)가 말년에 주로 머물던 곳이다.

(雲鄕)[92]이 아득하여 선대왕의 천안(天顔)에 기쁨이 깃드셨는지 알 수 없었으니, 천신이 마땅히 어떤 생각이 들겠는가. 곤경을 겪으며 사방을 떠돌다 시골집에 은거하는 처지인지라 저하의 영특하신 모습을 한번 우러러뵙지 못할까 두려워 마침내 일생의 한이 되었다. 지금 남다른 은혜가 어떤 생김새인지도 모르는 신에게까지 미쳤으니, 훗날 신이 선대왕을 지하에서 뵈었을 때 이것을 가지고 아뢴다면 족할 것이다. 다시 무슨 여한이 있겠는가. 이 사실을 기록하여 감축(感祝)하고 소중히 받드는 천신의 정성을 담았다. 노신(老臣) 채제공이 절하고 삼가 쓴다.

92 운향(雲鄕) : 신선이 사는 곳인 백운향(白雲鄕)으로, 저세상을 의미한다.

낙일와에 대한 기문

樂一窩記

족제(族弟)인 전(前) 진사(進士) 우공(友恭)[93]은 호서(湖西) 해미(海美)에 산다. 자신이 사는 오두막에다 '낙일와(樂一窩)'라고 편액을 걸고는 나를 찾아와 "한마디 말씀을 해 주셨으면 합니다."라고 하였다. 내가 "성인(聖人)이 즐거워하는 것은 세 가지인데,[94] 군은 그 둘을 버리고 하나를 차지했다. 내가 비록 말을 해 주려고 해도 군이 즐거워하는 바를 모르니 어떻게 말해 주겠나."라고 하니, 군이 말하기를,

"저의 부모님은 모두 연세가 칠순에 가까운데도 기운이 강건(康健)하십니다. 형제 여섯은 부모님 앞에서 기쁘게 모시다가 물러나서는 오두막에 거처하며 책상을 나란히 한 채 독서를 하는데, 그 소리는 악기의 아름다운 소리보다 꼭 못하다 할 것도 없습니다. 부모님께서는 그 소리를 듣고는 항상 빙그레 웃으며 기뻐하십니다. 저의 즐거움 중에 무엇이 이보다 즐겁겠습니까. 그 아래 두 가지 즐거움은 후생(後生) 말학(末學)인 제가 자처할 것이 아니니, 이러한 이름으로

93 우공(友恭) : 채우공(蔡友恭, 1749～?)은 자는 백우(伯于)로, 1774년(영조50) 진사시에 합격하였다.

94 성인(聖人)이……가지인데 : 맹자(孟子)가 "군자에게 세 가지 즐거움이 있으니, 천하에 왕 노릇을 하는 것은 여기에 끼지 않는다. 부모가 다 생존하고 형제가 무고한 것이 첫 번째 즐거움이요, 위로는 하늘에 부끄럽지 않고 아래로는 사람에게 부끄럽지 않은 것이 두 번째 즐거움이요, 천하의 영재를 얻어서 교육하는 것이 세 번째 즐거움이다."라고 하였다. 《孟子 盡心上》

오두막을 명명하는 것이 또한 마땅하지 않겠습니까."

하였다. 그래서 나는 이렇게 말해 주었다.

"그러하다. 성인이 말씀한 세 가지 즐거움은 비록 똑같이 즐거움이 된다지만, 그 즐거움에 하늘과 사람, 어려움과 쉬움의 차이가 있다. 부모가 다 생존해 있는 경사(慶事)와 형제가 다 무고한 복록(福祿)은 하늘에 달린 것이고 인력(人力)이 기약할 수 있는 것이 아니다. 그 아래에 있는 위로는 하늘에 부끄럽지 않고 아래로는 사람에게 부끄럽지 않은 것은 나에게 달린 것일 뿐이니, 하늘로부터 말미암는 것인가, 사람으로부터 말미암는 것인가? 더 아래에 있는 것은 내가 지닌 위로는 하늘에 부끄럽지 않고 아래로는 사람에게 부끄럽지 않은 것의 실제에 불과할 뿐이니, 천하의 영재(英才)가 자연히 같은 소리로 호응하여 찾지 않을 수 없는 것이다. 이것은 배우고 수시로 익히는 것의 효과로서, 벗이 멀리에서 나를 찾아오게 하는 까닭이다. 즐거움의 항목은 비록 달라도, 그 일은 애초에 둘이면서 하나 아님이 없는 것이다.

지금 군은 이미 인력이 기약할 수 없는 일에 대해 하늘의 은총을 입어 큰 복이 끊임없이 이르렀으니, 어려운 것을 먼저 해냈다고 말할 만하다. 그런데 유독 자신에게 달린 일에서는 그것이 어렵지 않다는 것을 모르고 물러나 감히 자처하지 않으려 하니, 무엇 때문인가? 더구나 자식이 부모에게 순종하는 것은 부모를 기쁘게 해 드리려는 것이고, 부모가 자식에게 바라는 것은 그들이 선해지도록 하려는 것이다. 군은 능히 마음을 다스리고 행실을 절제하며 전전긍긍 매사에 신중히 하니, 부끄러워할 만한 일임을 알았다면 반드시 과감히 반성하여 힘써 제거하고, 부끄러운 일이 아님을 알았다면 반드시 실천하여 힘써 행하라. 하늘과 사람 사이에서 나의 마음에 조금도 부족함이 없게 하여 이미 나를 성취시킨 뒤에 다시 나로부터 남에게까지 미친다면, 나의 즐거움을 즐길 뿐만 아니라, 장차 나의 즐거움을 가지고 위로는 부모님의 마음을 기쁘게 할 수 있는 것이다. 이와 같이 한 뒤에는 그 즐거움이 세 가지에서 그칠 뿐이 아니니, 더구나 한 가지 즐거움에 있어서랴. 군은 돌아가 면려할지어다."

용연사[95]에 대한 기문

容燕舍記

천지 만물에는 큼이 있고 작음이 있다. 큼과 작음은 사물의 형태이다. 형태가 처음 생겨나면 그 종류가 이미 구별되니, 누가 바꿀 수 있겠는가. 하지만 작으면서도 크고 크면서도 작은 이치가 또한 없지 아니하다. 무엇보다 작은 것이 대나무 도시락의 밥과 한 그릇의 국인데, 그것에서 표정이 드러나는 사람이 있으니,[96] 이는 사물은 작은데 사람이 그것을 보고 크게 여기는 것이다. 무엇보다 큰 것이 진(晉)나라와 초(楚)나라의 부유함인데, 성인(聖人)은 "내가 무슨 부족할 것이 있겠는가."라고 하였으니,[97] 이것은 사물은 큰데 사람이 그것을 보고 작게

95 용연사(容燕舍) : 우경모(禹景謨, 1744~1793)가 약봉(藥峯) 아래에 있던 자신의 집에 붙인 이름이다. 약봉은 지금의 서울특별시 중구 중림동에 있던 작은 언덕으로, 번암의 집도 그 아래에 있었다. 우경모는 본관은 단양(丹陽), 자는 사앙(士仰)이다. 1777년(정조1) 진사시에 합격하였다.

96 대나무……있으니 : 《맹자》 〈진심 하(盡心下)〉에 "명예를 좋아하는 사람은 천승의 나라를 양보할 수 있거니와, 정말로 그러할 만한 사람이 못 되면 대나무 도시락의 밥과 한 그릇의 국에서 얼굴빛에 드러난다.〔好名之人, 能讓千乘之國, 苟非其人, 簞食豆羹, 見於色.〕"라고 하였다.

97 진(晉)나라와……하였으니 : 《맹자》 〈공손추 하(公孫丑下)〉에 증자(曾子)가 "진나라와 초나라의 부유함은 미칠 수 없으나 저들이 부유함으로써 하면 나는 나의 인으로써 하고 저들이 작위로써 하면 나는 나의 의로써 한다. 내가 무슨 부족할 것이 있겠는가.〔晉楚之富不可及也, 彼以其富, 我以吾仁, 彼以其爵, 我以吾義, 吾何慊乎哉?〕"라고 하였다.

여기는 것이다. 그렇다면 사물에는 큼과 작음이 일찍이 없었던 것이고, 사람의 마음이 그것을 대처함이 어떠한지에 달린 것일 뿐이다.

우 상사 사앙(禹上舍士仰)은 약봉(藥峯)의 아래에 자리를 잡고 산다. 집터가 몇 이랑도 되지 않고 띠로 지붕을 이었으니, 집 가운데서도 지극히 작은 경우이다. 그래도 사앙은 그 집을 편히 여기며 자고 거처하는 집을 '용연사(容燕舍)'라고 명명하였다. 그 집이 제비 둥지를 겨우 수용할 수 있는 정도라는 의미이다. 사앙이 언젠가 나에게 집의 규모를 말한 적이 있었는데, 표정에 스스로 작다고 여기는 듯한 기색이 있었다. 그래서 나는 웃으며 말해 주었다.

"군(君)의 집은 정말 작네. 하지만 작다고 여기면 작은 것이고 크다고 여기면 큰 것이니, 군이 어떻게 여기느냐에 달렸을 뿐일세. 저 집이 이미 군을 수용하고, 그 남은 공간에 다시 군의 처와 자식을 수용하며, 뜰에는 국화를 많이 심어 매년 가을이면 향기와 빛깔이 서로 한데 모이고, 처마 밖에는 종남산(終南山) 일대가 아침저녁으로 푸르른 산빛을 보내오네. 집이 이 모든 것을 사양하지 않고 다 수용하니, 군의 집은 수용하는 것이 많네. 하지만 이것은 모두 외면의 것이지 내면이 아니라네. 군은 독서하는 사람이니 가까운 내면의 것을 시험 삼아 생각해 보게. 군에 있어서 몸을 주재(主宰)하는 것은 마음이 아닌가. 마음의 자리는 사방 한 치일 뿐이니, 비록 지극히 작은 사물이라고 말해도 될 것이네. 하지만 한량이 없고 방향이 없는 마음[98]으로서 의(義)로운 행동을 쌓아 생기는 것을 병졸(兵卒)로 삼

98 한량이……마음 : 《맹자》 〈고자 상(告子上)〉에 "마음이라는 것은 잡아 두면 있고 놓아 버리면 없어지는 것으로서, 나가고 들어오는 것이 일정한 때가 없으며, 어디로

아 제대로 기르면 천지(天地) 사이에 가득하게 된다네.[99] 그래서 소자(邵子)는 '베 이불로 몸을 따뜻하게 하고 명아주 국으로 배를 불리고 나서 흉중의 기를 토해 내니 우주에 가득하도다.〔布被暖餘 藜羹飽後 氣吐胸中 充塞宇宙〕'라고 하였지.[100] 안락한 오두막 하나가 천지 사이의 커다란 구역이 된다는 것을 누가 알겠는가. 지금 군은 집으로 군의 몸을 수용하고, 몸으로 군의 마음을 수용하고, 마음으로 과연 능히 천지 사이에 가득한 것을 수용하였으니, 수용한 것의 근본을 미루어 나간다면 집이 그것을 주인으로 삼지 않음이 없을 것이네. 지난날 이른바 '제비를 수용했다.'라는 것이 또한 태산(泰山)이 작은 터럭 하나 지닌 것이 되지 않겠는가."

마침내 이것을 적어 사앙을 면려하였다.

향할지 종잡을 수가 없는 것이다.〔操則存, 舍則亡, 出入無時, 莫知其鄉, 惟心之謂與.〕"라는 말이 나온다.

99 의(義)로운……된다네 : 《맹자》 〈공손추 상(公孫丑上)〉에 맹자가 마음과 기(氣)의 관계를 설명하는 대목에 "마음은 기를 거느리는 장수(將帥)이고 기는 몸에 가득 차 있는 것이다.〔夫志, 氣之帥也, 氣, 體之充也.〕"라는 말이 있고, 호연지기(浩然之氣)를 설명하는 대목에 "호연지기라는 것은 지극히 크고 강하니, 정직함으로써 잘 기르고 해치지 않으면 천지 사이에 꽉 차게 된다. 호연지기라는 것은 도의(道義)와 짝하니, 이것이 없으면 몸이 움츠러들게 된다. 호연지기는 의로운 행동을 쌓아 생겨나는 것이지 의로운 행동을 했다고 갑자기 얻어질 수 있는 것이 아니니, 행동에 흡족하지 못한 점이 있으면 몸이 움츠러들게 된다.〔其爲氣也, 至大至剛, 以直養而無害, 則塞于天地之間. 其爲氣也, 配義與道, 無是, 餒也. 是集義所生者, 非義襲而取之也, 行有不慊於心, 則餒矣.〕"라는 말이 나온다.

100 소자(邵子)는……하였지 : 소옹(邵雍, 1011~1077)의 〈옹유음(甕牖吟)〉에 나오는 구절이다. 《擊壤集 卷14》 소옹은 송(宋)나라 때 경학가로, 자는 요부(堯夫), 호는 안락와(安樂窩)·백원(百源)이고, 범양(范陽) 사람이다.

관악산을 유람한 일에 대한 기문

遊冠岳山記

나는 일찍이 미수(眉叟) 허 선생(許先生)이 83세에 관악산(冠岳山) 연주대(戀主臺)에 올랐는데 걸음걸이가 나는 듯하여 사람들이 신선처럼 우러렀다는 말을 들었다.[101] 관악산은 왕기(王畿)의 영산(靈山)이고 선현들이 일찍이 노닐던 곳이다. 한번 그 정상에 올라 마음과 눈을 호방하게 하고 선현에 대한 존모를 담아 보려는 오랜 계획을 애틋하게 품고 있었으나, 혼탁한 삶에 매여 실천하지 못하고 있었다.

병오년(1786, 정조10) 봄 노량(鷺梁) 강가에 우거할 때 관악산의 푸르른 산빛이 몇 번이나 시야에 들어오려 하자, 마음이 흔들려 막을 수 없었다. 4월 13일에 남쪽에 사는 이웃 이광국(李廣國) 숙현(叔賢)과 약속하고서 말을 타고 나섰다. 아이들과 종자(從者)도 4, 5인이었다. 10리쯤 가서 자하동(紫霞洞)으로 들어가 한 칸짜리 정자 위에서 쉬었는데, 정자는 신씨(申氏)의 장원(莊園)이었다. 계곡물이 산골짜기에서 흘러오는데 숲이 뒤덮고 있어 아득히 근원을 알 수 없었다. 물이 정자 아래에 이르러 바위를 만나 튀어 오르는 것은 포말(泡沫)을 일으키고, 모이는 것은 녹음(綠陰)을 이루었다가 결국은 다시 일렁이다 빠져나가 동문(洞門)을 감돌아 멀리 흘러가니 마치 흰 비단을 펼쳐

101 미수(眉叟)……들었다 : 미수 허 선생은 허목(許穆)이다. 허목은 84세 때인 1678년(숙종4) 4월 17일에 관악산을 유람하였다. 83세라고 한 것은 착오로 보인다. 《記言別集 卷15 戊午記行》

놓은 듯하였다. 언덕 위에는 철쭉이 한창 피어 있어 바람이 불면 그윽한 꽃향기가 수시로 물을 건너 풍겨 왔다. 산에 들어가기도 전에 이미 청량하여 고원한 정취가 있었다.

정자를 경유하여 다시 10리쯤 가니 길이 험준하여 말을 탈 수 없었다. 거기서부터는 탔던 말과 마부들을 모두 집으로 돌려보냈다. 지팡이를 짚고 천천히 가며 칡넝쿨을 뚫고 도랑을 건넜다. 앞에서 이끄는 자가 절이 있는 곳으로 가는 길을 잃고서 동서(東西)를 분간하지 못하였다. 당시에 해가 지평선과 얼마 떨어져 있지 않고 길에는 길을 물을 만한 나무꾼도 없었다. 종자들이 안절부절 어쩔 줄 몰라 했다. 갑자기 이숙현이 날랜 걸음으로 높은 봉우리에 올라 좌우를 둘러보는 것을 보았는데, 눈 깜짝할 사이에 간 곳을 알 수 없었다. 그가 돌아오자 질책하고 꾸짖었다. 얼마 되지 않아 흰 승복(僧服)을 입은 네댓 사람이 어느 곳에선가 쏜살같이 산을 내려오는 것을 보았다. 종자들이 모두 승려들이 왔다고 환호성을 질렀다. 이숙현이 절의 위치를 멀리서 파악하고는 먼저 몸소 절에 들어가 승려들에게 우리 일행들이 거기 있다고 알려 주었던 것이다. 이에 승려를 앞세우고 대략 4, 5리를 가서 절에 당도하였다. 절의 이름은 불성사(佛性寺)였다. 절은 삼면(三面)이 봉우리로 둘려 있고 앞 한 면만 높고 널찍하니 막힘이 없었다. 문을 열고 앉거나 누우니 또한 천 리 밖까지 바라볼 수 있었다.

이튿날 아침 해가 뜨기 전에 밥을 서둘러 먹고 이른바 '연주대'라는 곳을 방문했다. 건장한 승려 몇 명을 선발하여 좌우에서 호위하게 하였다. 승려가 이르기를 "연주대는 여기서 10리 남짓합니다. 길이 매우 험하여 비록 나무꾼이나 승려도 쉽게 오를 수 없습니다. 기력에 모자람이 있을까 두렵습니다." 하니, 내가 말하기를 "천하만사가 마음일 뿐이다. 마음은 장수(將帥)이고 기(氣)는 병졸(兵卒)이다. 장수가 가는데 병졸이 가지 않을 수 있겠는가." 하였다. 마침내 절 뒤로 넘어가 산마루로 갔다. 길이 깎아지른 벼랑을 만나기도 하였는데, 그 아래는 천 길 낭떠러지였다. 몸을 돌려 벽에 바짝 붙인 채 늙은 나무 덤불의 뿌리를 손으로 번갈아 잡으며 조금씩 발걸음을 옮겼다. 두려움과 현기증이 일어나 감히 옆을 볼 수 없었다. 거대한 바위가 길 등성이를 온통 차지하기도 하여 앞으로 나아갈 수 없었는데, 험준한 곳 가운데 심하게 깎아지르지 않은 곳을 골라 엉덩이를 붙인 채 두 손으로 옆을 지탱하며 건넜다. 몸을 질질 끌며 흘러내려 오다 아랫도리가 걸려 찢어져도 신경 쓸 겨를이 없었다. 이러기를 몇 차례 한 뒤에야 비로소 연주대 아래에 당도하였다.

해가 이미 중천에 떴다. 우리보다 먼저 대에 올라 노니는 사람들을 올려다보니, 만 길 높은 곳에 서서 몸을 기울여 아래를 굽어보는 모습이 흔들흔들하여 마치 떨어질 듯하였다. 그 광경을 바라보매 모골이 다 송연하여 시선을 안정시킬 수 없었다. 종자로 하여금 크게 "그만두시오, 그만두시오."라고 소리치게 하였다. 나도 심력을 다해 기어가기도 하고 몸을 굽히기도 하여 마침내 정상에 올랐다. 정상에는 바위가 펼쳐 있어 수십 명이 앉을 정도였는데, '차일암(遮日巖)'이라고 불렀다. 옛날에 양녕대군(讓寧大君)이 왕위(王位)를 피해 관악산에 와서 머무르며 때때로 이곳에 올라 궁궐을 바라보았다. 이글거리는 햇살이 따가워 오래 머무를 수 없을 때면 작은 장막을 펼치고 앉았다. 바위 귀퉁이에 꽤나 오목하게 파인 구멍이 네 개 있는데, 장막의 기둥을 설치했던 곳이다. 구멍이 지금도 완연하다. 대를 '연주대'라고 하고 바위를 '차일암'이라고 부르는 것은 이 때문이다.

연주대가 구름 낀 하늘 사이에 우뚝하니, 나의 몸을 스스로 돌아보매 천하의 만물 중에 감히 나와 견줄 것이 없었다. 사방의 뭇 봉우리는 변변찮아 견줄 것도 없었으나, 서쪽에는 쌓인 기운이 아득히 펼쳐져 마치 하늘과 바다가 서로 연이어진 듯하였다. 하지만 하늘에서 보자면 바다요 바다에서 보자면 하늘이니, 하늘과 바다를 다시 누가 능히 변별할 수 있겠는가. 한양의 성곽과 궁궐이 마치 밥상을 대한 듯하였다. 한 무리 소나무가 둘러쳐 빽빽이 늘어선 곳이 옛 경복궁(景福宮)이라는 것을 알 수 있었다. 양녕대군이 배회하며 돌아보았으니, 비록 백대(百代)가 흐른 뒤에도 그 마음을 상상해 볼 수 있다.

나는 바위에 기대어 낭랑히 읊조리기를,

"산에는 개암나무, 진펄에는 감초로다. 누구를 그리 생각하시는가, 서방의 미인이로다. 저 미인이여, 서방의 사람이시로다.〔山有榛 隰有苓 云誰之思 西方美人 彼美人兮 西方之人〕"[102]

하니, 이숙현이 말하기를,

"그 소리에도 임금을 그리워하는 뜻이 있으니, 고금(古今)의 사람에 어찌 차이가 있겠습니까."

하였다. 내가 말하기를,

"임금을 그리워하는 것은 사람이 지닌 본성이니, 참으로 고금의 차이가 없다. 하지만 생각건대 나는 67세일 뿐이다. 미옹(眉翁) 당시의 연세와 비교하면 16살이나 적다. 그런데 미옹은 발걸음이 나는 듯하였고, 나는 기력이 고갈되고 숨을 헐떡이며 온갖 고생을 하였다. 도학(道學)과 문장에서 옛날 사람과 지금 사람이 서로 다르다는 점

102 산에는……사람이시로다 : 《시경》〈패풍(邶風) 간혜(簡兮)〉 시이다.

은 본디 괴이할 것 없으나, 근력(筋力)이 옛날 사람만 못한 것이 어찌 이리도 현격하단 말인가. 천지신명의 도움을 받아 내가 만약 83세에 이른다면 비록 실려서 오더라도 반드시 다시 이 대에 올라 고인의 자취를 계승할 것이니, 그대는 부디 기록해 두게나."

하니, 이숙현이 말하기를,

"그때 저도 마땅히 따라오겠습니다."

하였다. 이숙현은 나이가 지금 65세이다. 서로 크게 웃고는 파하였다.

이날 불성사의 암자로 돌아와 묵고는 이튿날 노량의 우사(寓舍)로 돌아왔다. 종유한 사람은 이숙현과 생질자(甥姪子) 이유상(李儒尙), 족제(族弟) 서공(敍恭), 아들 홍원(弘遠), 종질자(從姪子) 홍진(弘進), 척손(戚孫) 이관기(李寬基), 겸인(傔人) 김상겸(金相謙)이다.

정치와[103]에 대한 기문

靜治窩記

금상 10년(1786, 정조10) 여름 나는 노량(鷺梁)으로 옮겨 머물렀다. 강 언덕의 집 한 채를 빌려 살았는데, 방이 너무도 낮고 좁아서 일어서면 서까래가 거의 상투를 칠 정도였으며, 앉으면 이웃집 담장이 뜰에 높다랗게 침범하여 굽어져 앞을 가로막으니, 가까운 산의 한 모서리만이 비스듬히 나뭇잎 사이로 드러나 마치 얼굴이 옆면만 보이고 마는 모양새였다. 강은 비록 가까워도 붙어 있는 문에 가려져 보이지 않았다.

당시에 삼복더위가 찌는 듯하여 사람들이 모두 숨을 헐떡이며 고통을 호소하고 있었다. 나는 방에 누워서 그곳에서 긴 하루를 무구포(無口匏)[104]처럼 묵묵히, 면벽승(面壁僧)처럼 가만히 지냈는데, 옷과 버선을 벗은 적이 없고 몸과 피부에는 땀을 흘린 적이 없어서 염관(炎官)[105]이 계절을 시행하는지도 모르는 듯하였다. 그것을 기이하게 생각한 사람이 묻기를,

"천하 만물은 일정한 방법으로 다스릴 수 없는 것이 없습니다. 질병은 우리가 약석(藥石)으로 다스릴 줄 알고, 기아는 우리가 음식으로

103 정치와(靜治窩) : 벼슬에서 물러나 있던 번암이 1786년 노량에 칩거할 때 살던 집이다.

104 무구포(無口匏) : 아가리가 없는 조롱박이라는 뜻이다. 송(宋)나라의 현상(賢相) 이항(李沆)이 매우 과묵했는데, 당시 사람들이 그를 '무구포'라고 불렀다.

105 염관(炎官) : 전설에 나오는 불의 신이다.

다스릴 줄 알며, 추위는 우리가 여우 갖옷과 짐승 모양의 숯으로 다스릴 줄 압니다. 오직 열기(熱氣)만은 천지가 함께 불타는 것이고 만물이 함께 녹아내리는 것이니, 너른 집으로도 피할 수 없으며 얼음장 같은 대자리로도 피할 수 없습니다. 그런데 지금 그대가 사는 집은 닭의 둥지와도 같습니다. 그대는 무슨 방법으로 태양의 위세를 누르고 즐겁게 평상시의 행동을 바꾸지 않고 살 수 있습니까?"

하였다. 나는 웃으며 이렇게 말하였다.

"별다른 방법이 없습니다. 정(靜)으로 하는 것에 불과할 뿐입니다. 지금 그대가 본 것은 내가 작은 열기를 다스린 것을 본 것일 뿐입니다. 비록 이보다 열 배 백 배 더한 열기일지라도 나는 또한 일찍이 다스리는 일정한 방법이 있었습니다. 열기라는 것이 비록 크고 작은 차이가 없지 않지만 정을 증상에 대처법으로 삼는 것은 마찬가지입니다. 저 권간(權奸)들이 정인(正人)을 해칠 때에 그 관위(官位)의 열기는 들판을 태우는 것으로 비유해도 충분치 않습니다. 기염(氣焰)의 치열함은 하늘도 불태울 수 있으니, 그것에 닿은 자는 문드러지고 타서 없어지지 않는 경우가 없습니다.

여기에 어떤 사람이 있다고 합시다. 회록(回祿)[106]이 노려보는 가운데 우뚝이 서서 세도(世道)를 근심하니 들판을 태우는 불길을 박멸(撲滅)하려 하고, 열혈(熱血)을 품으니 빙산(氷山)을 녹이려고 합니다. 부정한 것을 바로잡는 일에 먼저 종사하여 입술이 타고 입이 마르는 가운데 한 국자의 물을 가지고 한 수레 땔나무에 붙은 불을 끌 것을 생각합니다. 그의 도(道)가 비록 올곧고 그의 마음이 비록

106 회록(回祿) : 전설에 나오는 불의 신이다.

절박하더라도 온갖 질시(嫉視)가 집중된다면, 기러기의 깃털이 화로(火爐)의 숯불에 타 버리는 것처럼 되지 않는 경우가 거의 드물 것입니다. 이러한 상황에서 권간의 무리는 뱀처럼 똬리를 틀고 지렁이처럼 뒤엉켜 있다가 화색(火色)을 싣고서 곤강(崑岡)을 불태우는 화염(火焰)을 쏟아붓는데, 미옥(美玉)인지 따지지도 않으니,[107] 그 열기가 과연 어떠하겠습니까. 우리가 의지하는 상제(上帝)의 지극한 인(仁)은 살리는 것을 덕(德)으로 삼아 업풍(業風)[108]을 그에게 불어넣고 사회(死灰)[109]에서 그를 끄집어내어 사대육신(四大六身)을 보전할 수 있게 해 줍니다. 하지만 액운과 곤고함이 서로 이어지는 상황은 거의 견딜 수 없는 지경일 것입니다.

지난날 내가 당했던 일이 불행히도 이와 비슷하였습니다. 그때 믿는 것이라고는 스스로 돌이켜 보아 올곧다는 것이었고, 듣는 것이라고는 위에 계신 하늘이었습니다. 귀가 있어도 들을 수 없는 것처럼 하고 눈이 있어도 볼 수 없는 것처럼 하여 산귀(山鬼)의 수단(手段)이 비록 천백 가지로 변화한다 해도 나는 단지 정(靜)이라는 한 글자로써 대처하였으니, 사나운 불길이 나를 어찌할 수 있었겠습니까.

107 화색(火色)을……않으니 : 권간들이 국정(國政)을 농간하며 사람을 해치는 것을 비유한 말이다. 화색은 본래 상황을 가리키는 말이나, 여기서는 재앙의 기색(氣色)을 의미하는 듯하다. 곤강은 곤륜산(崑崙山)으로, 미옥이 많이 난다는 산이다. 《서경》 〈윤정(胤征)〉에 "곤강에 불이 나면 옥과 돌이 다 타 버린다.〔火炎崑岡, 玉石俱焚.〕"라는 구절이 있다.

108 업풍(業風) : 선악(善惡)의 업(業)이 마치 바람처럼 사람으로 하여금 삼생(三生)을 떠돌면서 윤회하게 한다는 뜻의 불교 용어이다.

109 사회(死灰) : 식어 버린 재라는 의미로, 죽거나 실패한 사람을 비유하는 말이다.

나는 열기를 다스리는 데 익숙한 사람입니다. 큰 것에 능하면서 어찌 작은 것에 능하지 않을 수 있겠습니까. 고인(古人)이 말하기를 '정으로써 열기를 다스린다.' 하였으니, 진실한 말입니다. 비록 그렇지만 나의 정은 정하다가 동(動)하고 동하다가 정하여 한 번 정했다가 한 번 동하니, 쓰임이 있는 데로 돌아가기를 힘쓰는 것입니다. 이것은 석씨(釋氏)의 게송(偈頌)에서 한결같이 한 덩이의 죽은 물건이 될 뿐인 것과는 다릅니다. 정자(程子)는 학생을 가르칠 적에 정좌(靜坐)하라고 반드시 말하였습니다. 진실로 정에서 터득함이 있다면 그 공효(功效)가 어찌 다만 열기를 다스리는 데 그치겠습니까."

마침내 '정치와(靜治窩)'라고 내 오두막을 명명하고, 그 말을 기록하여 기문으로 삼았다.

말을 하사해 주신 일에 대한 기문
賜馬記

금상 10년(1786, 정조10) 병오년 윤7월에 상께서 천신(賤臣)에게 탐라(耽羅)의 공마(貢馬) 한 필을 하사하셨다. 나는 초야(草野)에 몸을 맡긴 채 사슴, 돼지와 더불어 살고 물고기와 새와 함께 이웃하며 사는 처지인지라 궁궐의 사마(駟馬)[110]에게는 걸맞지 않은 곳이었다. 놀랍고도 황공하여 어찌할 바를 몰랐다. 예법은 군주가 말을 하사하면 타고 가서 사례(謝禮)해야 하는 것이다. 신은 폐인(廢人)이 된 처지로, 궁궐 문에 나아가 머리를 조아릴 수 없으므로 감격하여 눈물을 흘릴 뿐이었다.

가만히 생각건대, 사람과 사물의 본성(本性)은 하늘에서 함께 얻어서 사물은 막히고 사람은 통하니, 이것이 사람이 만물의 영장(靈長)이 되는 까닭이다. 비록 그렇지만 사람은 물욕이 서로 가려서 통했다고는 하나 도리어 막히는 경우가 많다. 사물은 득실과 화복(禍福)의 기추(機樞)가 본성을 밖에서 유혹하여 안에서 매몰시키는 경우가 없다. 그러므로 막힌 가운데서도 간혹 통하는 것이 있게 되면 전일(專一)하여 변동하는 일이 전혀 없다. 말을 가지고 말하더라도 본성이 통한 것은 자신의 주인을 알 뿐이다. 그런 까닭에 주인이 그리우면 울부짖고 주인을 위할 일이 있으면 죽는다. 이와 같은 사례가 전해 오는 기록에 보이는 것이 이루 다 셀 수 없을 정도로 많다. 이것은 주인에게 총애를 바라서

110 사마(駟馬) : 본래 수레 한 채를 끄는 네 마리의 말을 가리키는데, 여기서는 임금이 하사한 귀한 말을 가리킨다.

그런 것이 아니며, 음성과 웃음을 꾸며서 나온 행동이 아니며, 비난을 싫어해서 그런 것이 아니다. 맹자(孟子)가 "사람이 금수(禽獸)와 다른 점이 매우 적으니, 군자는 그것을 보존하고 서민(庶民)들은 그것을 버린다."라고 하였으니, 군자는 과연 능히 그것을 보존할 수 있는 것이며, 주인을 사랑하는 말, 부모에게 효도하는 까마귀, 분별이 있는 물수리,[111] 차서(次序)가 있는 기러기, 신의(信義)가 있는 새벽닭이 모두 그러한 사물이다. 오호라, 사람이면서 사물만 못해서야 되겠는가.

이에 채찍을 잡고서 이렇게 묻는다.

"《주역》에 '물은 습한 곳으로 흐르고, 불은 건조한 곳으로 나아간다.〔水流濕 火就燥〕'[112]라고 하였는데, 이것은 물리(物理)의 감응(感應)을 말한다. 지금 내가 말을 얻은 것과 말이 나에게 오게 된 것도 서로 감응한 바가 있어 자연히 그렇게 되지 않을 수 없는 점이 있기에 그러한 것인가? 말이여, 말이여."

보국숭록대부(輔國崇祿大夫) 행 지중추부사 원임 규장각 제학(行知中樞府事原任奎章閣提學) 신(臣) 채제공이 백번 절하고 기록하다.

111 분별이 있는 물수리 : 《시경》 〈주남(周南) 관저(關雎)〉에 "꾸룩꾸룩 우는 물수리는, 하수의 모래섬에 있도다.〔關關雎鳩, 在河之洲.〕"라고 하였는데, 《모전(毛傳)》에서 물수리〔雎鳩〕를 설명하며 "정(情)이 두터우면서도 분별이 있다.〔摯而有別〕"라고 하였다.

112 물은……나아간다 : 《주역》 〈건괘(乾卦) 문언(文言)〉에 "같은 소리끼리 서로 감응하고, 같은 기운끼리 서로 구한다. 그래서 물은 습한 곳으로 흐르고, 불은 건조한 곳으로 나아가며, 구름은 용을 따르고, 바람은 범을 따르는 것이다.〔同聲相應, 同氣相求. 水流濕, 火就燥, 雲從龍, 風從虎.〕"라는 말이 나온다.

번암집

제36권

書서

공경히 어찰을 받들고 어명을 받아 답장을 올림
敬奉御札承命上復書

옛날에 기성(箕聖)이 오복(五福)을 서술할 때 덕을 네 번째에 두고[1] 추성(鄒聖)이 삼달존을 논할 때 덕을 세 번째에 두었는데,[2] 성인의 뜻은 덕이 수(壽), 부(富), 강녕이나 관작과 나이보다 뒤떨어진다고 여겨서 그렇게 한 것이 아닙니다. 대개 사람이 사람됨은 오직 덕 때문입니다. 덕이 아니면 앞에서 이른 것들을 유지할 수 없으므로 마침내 총괄하여 결론지은 것이니, 사람에게 보이고자 한 뜻이 깊습니다.

생각건대, 신은 단지 일개 무지하고 어리석어 기록할 만한 장점이 한 치도 없는 자일뿐인데 단지 살아서 성명(聖明)한 군주를 만난 덕분에, 군주께서 그 고립되어 벗이 없는 것을 불쌍히 여기고 그 죄 아닌 죄로 그물과 덫에 걸린 것을 동정하여 관용을 베풀고 이끌어 수시어, 막힘없이 태사(台司)[3]에 오르는 데에 이르렀습니다.

1 기성(箕聖)이……두고 : 기성은 기자(箕子)를 성인으로 높여 부른 말이고, 오복은 기자의 《홍범구주(洪範九疇)》에 나오는 것으로, 곧 수, 부, 강녕, 유호덕(攸好德), 고종명(考終命)을 이르는데, 유호덕이 곧 덕이다. 《書經 洪範》

2 추성(鄒聖)이……두었는데 : 추성은 추(鄒) 땅의 성인이라는 뜻으로 맹자(孟子)를 가리킨다. 삼달존은 세 가지 달존(達尊)이라는 뜻으로, 맹자가 제(齊)나라 왕을 만나지 않는 것에 대해 경자(景子)가 따지자 맹자가 답한 내용에 "천하에 달존이 세 가지인데, 작(爵)과 치(齒)와 덕(德)이다. 조정에서는 작만 한 것이 없고, 고을에서는 치만 한 것이 없고, 세상을 보도(輔導)하고 백성을 기르는 데는 덕만 한 것이 없다."라고 한 데 보인다. 《孟子 公孫丑下》

3 태사(台司) : 삼공(三公) 또는 삼공이 소속된 의정부를 가리킨다.

가령 미천한 저의 나이가 어느덧 고래희(古來稀)의 숫자[4]에 10살을 더할 수 있었던 것은 신이 스스로 이룰 수 있었던 것이 아닙니다. 성인이 위에 계시면서 여러 백성에게 복을 펴서 주시니, 신이 비록 형편없는 사람이지만 또한 백성의 한 사람으로서, 펴서 주는 복을 공경히 받아서 이에 이른 것입니다. 신의 관작과 나이는 무엇인들 성상이 주신 것이 아니겠습니까마는 덕의 경우는 아버지도 자식에게 줄 수 없는 것으로서, 비록 성은이 신에게 치우쳐 내리더라도 신으로 하여금 덕이 없는 것을 덕이 있게 할 수 없습니다. 그렇다면 공상(公相)의 지위와 많은 나이는 도리어 토목 공사의 갑자[5]와 무엇이 다르겠습니까.

성상께서 신의 관작 때문에 신을 공경하고 신의 나이 때문에 신을 예우하시니, 신은 기성과 추성의 본의에 어긋남이 있음을 늘 두려워합니다. 대저 어찌하여 오늘 신을 총애하고 대우하는 것이 더욱 신으로 하여금 마음은 놀라고 몸에서는 땀을 흘리며 벌벌 떨면서 감당하지 못하게 하는 것이 이와 같이 심합니까.

상자에 간직했던 것을 특별히 반사한 것[6]과 입맛에 맞는 것으로 잘

4 고래희(古來稀)의 숫자 : 나이 70세를 이른 말이다. 《杜少陵詩集 卷6》

5 토목 공사의 갑자 : 평생 불우하게 산 것을 말한다. 춘추 시대 진(晉)나라의 축성 공사에 동원된 노인이 나이를 알지 못한 채 생일인 1월 갑자날 초하루에서 445번째의 갑자날이 지나갔다고 하자, 사광(師曠)이 73세가 되었다고 하였는데, 이에 조맹(趙孟)이 그 노인을 불러다 사과하기를 "당신을 발탁해서 제대로 쓰지 못하고 오래도록 토목 공사의 인부로 있게 하였으니 이것은 나의 죄이다.〔不能由吾子, 使吾子辱在泥塗久矣, 武之罪也.〕"라고 한 고사를 인용한 것이다. 《春秋左氏傳 襄公20年》 여기서는 번암이 높은 관작을 얻고 80세까지 장수했지만 덕을 갖추지 못한 것은 평생 불우하게 산 것과 다름없다는 뜻으로 말하였다.

6 상자에……것 : 《서경》 〈열명 중(說命中)〉에 "의상을 상자에 잘 보존하라.〔惟衣裳

길러 준 것은 이미 다시없는 남다른 은총이고, 어찰의 지면(紙面)에 이르러서는 아랫사람들이 서로 부르는 호칭을 겉봉에 쓰셨는데, 군신의 사이에 이런 경우가 옛날에 있었는지 모르겠습니다.

가령 십항(十行)의 글[7] 가운데 환히 빛나고 맴도는 것은 노둔하고 어리석으며 미천한 신을 칭찬하는 것이 아님이 없고, 송(宋)나라 여러 현상(賢相) 중 장수를 누리고 덕망이 드러난 자들과 동등하게 비기는 데에 이르렀습니다. 신의 나이와 관작이 그들과 비슷한 것은 혹 그럴 수도 있지만, 그 본말(本末)과 장단(長短)이 옛날 사람에게 일꾼이 될 수도 없다는 것은 온 세상이 다 압니다. 해와 달처럼 밝은 성상께서 어찌 통촉하지 못할 리가 있겠습니까마는, 오히려 이와 같이 한 것은 "해학을 잘하나 지나침이 되지는 않네.〔善戲謔兮 不爲虐兮〕"[8]라는 뜻이 아니겠습니까.

무공(武公)[9]도 역시 성인인데 시인이 노래를 읊어서 그를 찬미하면서 "해학을 잘한다."라는 말로 그 언행을 묘사했습니다. 성상이 그것을

在笥〕"라고 하였다. 이는 곧 의상은 덕 있는 신하에게 내리는 것이므로 함부로 아무에게나 주는 일이 없도록 경계한 것인데, 여기서는 임금이 번암에게 의상을 하사하여 특별한 은총을 내렸다는 뜻으로 쓰였다.

7 십항(十行)의 글 : 임금의 조서(詔書)나 친필 서한(書翰)을 말한다. 일찰십항(一札十行)이라고도 하는데, 한나라 광무제(光武帝)가 번국(藩國)에 조서를 내릴 때에 사방 1자 되는 종이에 10줄의 글을 쓴 데서 유래한 것이라 한다.

8 해학을……않네 : 《시경》 〈위풍(衛風) 기욱(淇奧)〉에서 위 무공(衛武公)의 덕을 기린 구절이다.

9 무공(武公) : 춘추 시대 위 무공으로, 95세의 나이에도 불구하고 사람들에게 자신을 일깨울 만한 좋은 말을 해 달라고 당부할 정도로 훌륭한 덕을 지녔기에, 사람들이 그를 칭송했다고 전한다.

본받아 똑같이 한 것을 어찌 감히 "성인이 혹 한 번 실수한 것이다."라고 말하겠습니까마는 미천한 신의 견해로 말하자면, 무공을 배우는 것은 끝내 기성과 추성이 참되고 바른 제일의(第一義)[10]를 위했던 것을 배우는 것만 못합니다. 이어서 이제부터는 해학에 가까운 말씀은 신하에게 보이지 마십시오. 이것이 신의 구구한 바람입니다.

그러나 신이 입은 은총과 영광은 신의 뼈가 부서지더라도 다 갚을 수 없으나, 훗날 임금을 위하여 결초보은하기를 위과(魏顆)에게 한 것처럼 하는 자가 있다면 신의 넋임을 묻지 않아도 알 수 있고, 나라를 위하여 전투에서 돌아서지 않기를 오기(吳起)의 병졸처럼 하는 자[11]가 있다면 신의 자손임을 묻지 않아도 알 수 있을 것입니다. 신이 우리 임금께 보답하는 것은 이것을 기약하는 것뿐입니다.

22년 무오년(1798, 정조22) 가평절(嘉平節)에 대광보국숭록대부(大匡輔國崇祿大夫) 행 판중추부사 원임 규장각 제학(行判中樞府事原任奎章閣提學) 신 채제공이 삼가 백번 절하고 만천명월어좌(萬川明月御座)[12] 앞에 답장을 올립니다.-어찰은 권수(卷首) 아래 43판을 보라.-

10 제일의(第一義) : 가장 중요한 일이나 급선무로 해야 할 것을 말하는 것으로, 여기서는 덕을 가리킨다.

11 전투에서……자 : 오기는 전국 시대 위(衛)나라 사람으로 위(魏)나라에서 벼슬하였다. 그가 장군이 되어서 가장 낮은 사졸들과 의식(衣食)을 같이하면서 부상당한 사졸의 고름을 빨아 주는 등 동고동락하였으므로, 군사들이 싸움에 임하여서는 죽음을 무릅쓰고 진격하였다.《史記 吳起列傳》

12 만천명월어좌(萬川明月御座) : 정조의 자호(自號)가 만천명월주인옹(萬川明月主人翁)이므로 이렇게 말한 것이다.

정해좌[13] 범조 에게 답하는 글
答丁海左 範祖 書

강호에 숨어 살고부터는, 친지 중에 원근에서 수령을 맡고 있는 자들에게서 죽었는지 살았는지 안부를 묻는 편지 한 통 받아 보지 못했습니다. 세상의 사귀는 정은 적공(翟公)이 이미 먼저 깨달았으니,[14] 늘 미소를 지을 뿐입니다. 그런데 좌하가 멀리서 수고로이 장문의 편지로 나의 기거를 묻고 겸하여 얼마간의 찬물(饌物)로 썰렁한 주방을 호사스럽게 해 주시니, 이것은 옛날의 도의(道義)입니다. 좌하가 아니면 누가 옛 도를 행하겠습니까. 비록 제가 진실로 이것을 좌하에게는 바라지만 감히 다른 사람에게는 바라지 못합니다.

다만 번계(樊溪)와 삼포(三浦 마포(麻浦))의 우열에 대한 변론[15]은

13 정해좌(丁海左) : 정범조(丁範祖, 1723~1801)로, 본관은 나주(羅州), 자는 법세(法世)·법정(法正), 호는 해좌, 시호는 문헌(文憲)이다.

14 세상의……깨달았으니 : 한나라 적공이 정위(廷尉)로 있을 때에는 빈객이 서로 다투어 찾아오는 바람에 문전성시를 이루었다가, 파직된 뒤에는 한 사람도 찾아오지 않아 문 앞에 참새 잡는 그물을 칠 정도였다. 다시 복관(復官)되자 빈객들이 찾아오기 시작하였는데, 적공이 문에다 큰 글씨로 써서 내걸기를 "한번 죽고 한번 살매 우정을 알 수 있고, 한번 가난하고 한번 부유하매 친구의 태도를 알 수 있으며, 한번 귀하고 한번 천해지매 속마음이 다 보이도다.〔一死一生, 乃知交情, 一貧一富, 乃知交態, 一貴一賤, 交情乃見.〕"라고 했다는 고사가 있다. 《史記 汲鄭列傳》

15 번계(樊溪)와……변론 : 《해좌집(海左集)》 권9 〈이공회를 데리고 구월산에 올라 번암과 삼호의 우열을 논하고……〔携李公會登九月山論樊巖三湖優劣……〕〉와 권18 〈번암 대감에게 부치는 글〔奉寄樊台書〕〉의 내용을 말한다.

감히 명을 받들지 못하겠습니다. 감히 명을 받들지 못할 뿐만 아니라, 저는 마음에 의아스러운 점이 있습니다. 대저 번계는 고요하나 삼포는 시끄럽고, 번계는 청량하나 삼포는 더우며, 번계는 넓게 열렸으나 삼포는 낮고 습합니다. 번계는 비유하자면 시집 안 간 곧은 여자가 아홉 겹 비단 병풍에 몸을 감추고 남쪽 밭에서 뽕을 따는 일이나 서쪽 호수에서 연밥을 따는 일[16]일지라도 남 보기 부끄러워서 하지 않는 것과 같습니다. 삼포는 비유하자면 시장에 의지하여 웃음을 파는 늙은 기생이 어지러이 분을 바르고 눈짓으로 유혹하며 돈 많은 지아비를 그리워하나 탕자(蕩子)만이 찾아오는 것과 같아서, 혹 그녀를 화려하다고 말할지라도 단아한 사람과 바른 선비가 어찌 눈을 돌려 보겠습니까.

공자께서 말씀하기를 "지혜로운 자는 물을 좋아하고 어진 자는 산을 좋아한다." 하였습니다. 어진 자와 지혜로운 자는 산과 물로 보면, 그 기상이 혹은 움직이고 혹은 고요한 것이 자기와 같은 점이 있기 때문입니다. 그러므로 정신이 융화되고 마음에 꼭 들어맞아서 절로 좋아하는 것이 있으나 좋아하는 것이 다른 것은 그 같은 점 때문입니다.

좌하의 평소 마음가짐과 일 처리가 고요함을 좋아하고 시끄러움을 싫어하며 담박함을 기뻐하고 번화함을 싫어하는 것은 저처럼 스스로 지기(知己)라고 생각하는 자만이 아는 것이 아니라, 대저 모든 사람이 압니다. 만약 같은 점으로 말하자면, 그 정신이 융화하고 마음에 꼭 들어맞는 것은 반드시 번계에 있지 삼포에 있지 않을 것이 분명한데, 지금 마음에서 발하여 말에 나타난 것이 모두 이와 반대인 것은 어째서

16 남쪽……일 : 여성들이 집 밖에서 하는 일이다.

입니까?

반복하여 생각하다가 오랜 뒤에야 그 까닭을 알았습니다. 대저 천하 사람은 모두 선입견이 주가 되는 것을 면치 못하여 익숙한 곳을 잊지 못합니다. 오(吳)에서 태어난 자는 천하의 승경 중에 오보다 나은 곳은 없다고 여기고, 월(越)에서 태어난 자는 천하의 승경 중에 월보다 나은 곳은 없다고 여기니, 어찌 참으로 오월의 바깥 천하에 승경이 없어서 그런 것이겠습니까. 산수에 대한 품평은 다만 작고 잗다란 것일 뿐이지만, 그것을 만사에 미루어 보면 그렇지 않은 것이 없습니다.

제가 우리 조정을 보건대, 붕당이 나누어진 이래로 갑(甲)에게서 태어난 자는 보고 듣는 것이 갑이고 젖어 물드는 것이 갑이어서, 갑의 사람이 비록 도올(檮杌)[17]일지라도 '원개(元凱)'[18]라고 칭송하고, 갑의 일은 비록 교척(蹻蹠)[19]의 일일지라도 '백이(伯夷)와 숙제(叔齊)'라고 자랑하며, 을(乙)의 일이 아무리 백이와 숙제의 일일지라도 '교척'이라고 날조합니다. 이런 식으로 아버지가 자식을 가르치고 형이 아우를 깨우쳐 주니, 대개 이런 죄를 끊지 못합니다. 을도 병(丙)도 마찬가지이니, 아마도 수백 년이 지나도 뉘우칠 줄 모를 것입니다.

17 도올(檮杌) : 요(堯) 임금 당시 사흉(四凶)의 하나로, 극악무도한 흉적의 별칭으로 쓰이는 말이다.

18 원개(元凱) : 요 임금 때 고양씨(高陽氏)의 아들 여덟이 다 어질고 재능이 있어 백성들이 그들을 일러 팔개(八凱)라고 하고, 고신씨(高辛氏)에게도 그러한 아들 여덟이 있었는데 그들은 팔원(八元)이라 했다는 데서 온 말로, 어질고 유능한 사람을 가리킨다.《春秋左氏傳 文公18年》

19 교척(蹻蹠) : 초(楚)나라 장교(莊蹻)와 노(魯)나라 도척(盜蹠)을 말하는데, 모두 옛날의 유명한 도둑들로 온갖 만행을 저지르고도 장수를 누린 것으로 전해진다.

아, 사람은 오성(五性)[20]을 갖추지 않은 이가 없고, 지혜는 오성의 하나입니다. 그 지혜를 가지고 있으나 시비가 이와 같이 어긋난 것이 어찌 이치이겠습니까. 이것은 다름 아니라 선입견과 익숙한 것이 그것을 해쳐서입니다. 제가 생각건대, 좌하는 법천(法川)[21] 사람이고, 법천은 강을 굽어보는 데 한결같이 좌하 앞에 모이니,[22] 태어나서 본 것이 강이고 성장하고 노쇠하면서 본 것도 강입니다. 만약 갑자기 번계의 동부(洞府)[23]가 고즈넉하고 천석(川石)이 휘감아 도는 것을 마주하면 마음과 눈에 서로 맞지 않을 것입니다. 삼포 가에 와서 저를 볼 때는 앞은 강물을 굽어보고 멀리는 물가의 모래를 내려 보는 것이 완연히 법천을 닮았으니, 마음에 흔연히 꼭 들어맞는 것이 있었을 것입니다.

"번계가 이만은 못하리라."라고 말하는 데 이르러서는 말로는 부족하여 여러 차례 글로 드러내고 글도 부족하여 긴 구절의 시에 올렸는데, 마치 전국 시대의 강대한 제후들이 눈을 부릅뜨고 자신이 옳다고 여기는 것을 옳다고 하면서 서로 물러나지 않는 것과 같은 점이 있었습니다. 아, 세상 사람들이 진실로 혈기로 남을 이기고자 하는 것은 괴이하게 여길 것이 없으나, 좌하의 화락하고 조용하며 겸손하여 남을 이기

20 오성(五性) : 인(仁), 의(義), 예(禮), 지(智), 신(信)의 다섯 가지 성(性)을 말한다. 오덕(五德)이라고도 한다.

21 법천(法川) : 강원도 원주시 부론면 법천리(法泉里)를 말한다. 정범조의 선조인 정시한(丁時翰)이 법천으로 낙향한 뒤부터 대대로 그곳에 살았다.

22 법천은……모이니 : 남한강과 섬강이 법천리 앞에서 합쳐 흐르는 것을 말한다.

23 동부(洞府) : 도교(道教)에서 신선들이 사는 지역을 일컫는 말인데, 전하여 아름다운 골짜기나 마을을 이른다.

려 하지 않는 성품으로도 이것을 면치 못할 줄 생각했겠습니까.

스스로 생각하건대 비루한 사람도 비록 스스로 기약한 한 가지 장점이 없을지라도 선입견과 익숙한 것에 엄습을 받고자 하지 않습니다. 그러므로 갑과 을의 집 마당에서 옳음이 갑에 있으면 갑을 옳게 여기고 옳음이 을에 있으면 을을 옳게 여기는데, 그 그릇된 점에서도 그렇습니다. 이 세상을 둘러보건대 이러한 마음이 없어진 지 오래되어서, 마음속으로 '훗날 나와 함께 돌아갈 지는 좌하뿐이다.'라고 생각했습니다. 이번에 번계와 삼포의 월조(月朝)[24]로 보건대 좌하의 일단의 사적인 생각은 마음에 근본을 두지 않았다고 말할 수 없으나 일은 아무리 작아도 그것을 미루어 넓히면 커집니다. 이에 자세히 적는 것을 꺼리지 않고 정성을 다 기울였으나 좌하가 어떻게 생각하실지 모르겠습니다.

이공회(李公會)는 본래 학적(學籍)이 맑은 자가 아니니,[25] 보내 주신 편지에서 비록 그를 끌어다가 증거로 삼으려 하였으나 저는 믿지 않습니다. 장구(長句)[26]는 이치가 비록 그렇지는 않지만 내용이 실로 조화롭고 풍부하며 호탕하고 거리낌 없어 누차 읽어도 싫증이 나지 않습니

24 월조(月朝) : 월조평(月朝評)이다. 인물을 품평하는 것을 말하는데, 월단평(月旦評)이라고도 한다. 여기서 월조와 월단은 월초(月初)를 의미한다. 한(漢)나라 때 허소(許劭)가 향당의 인물을 논평하기를 좋아해서 매월 초하루가 되면 인물을 거듭 품평하였으므로 여남(汝南) 사람들이 이를 '월단평'이라고 하였다. 《後漢書 許劭列傳》

25 이공회(李公會)는……아니니 : 이공회는 이정운(李鼎運, 1743~1800)으로, 본관은 연안(延安), 자는 공회, 호는 오사(五沙), 시호는 정민(貞敏)이다. 이정운이 번암의 문하생이기 때문에 번암이 그의 학적이 맑지 않다고 겸손하게 말한 것이다.

26 장구(長句) : 《해좌집》 권9 〈이공회를 데리고 구월산에 올라 번암과 삼호의 우열을 논하고……〉를 말한다.

다. 목염군(睦髥君)에게는 끝내 비밀로 하여 보여 주지 않을 수 없으니,[27] 어떤 말로 좌하를 얼마나 곤란하게 할지 모르겠습니다. 우습습니다. 이만 줄입니다.

27 목염군(睦髥君)에게는……없으니 : 정범조가 번암에게 보낸 편지 〈번암 대감에게 부치는 글〉에서, 시비를 따지기 좋아하는 목염군에게 편지를 보여 주지 말아 달라고 부탁했기 때문에 이렇게 말한 것이다. 목염군은 《해좌집》 권6 〈회동의 작은 모임에서 술에 취하여 돌아가서 유선에게 부침〔會洞小集醉歸寄幼選〕〉에서 "성 남쪽 술자리에 두 눈이 빛나니, 바람에 흩날리는 긴 수염이 목생이네.〔城南酒席眼雙明, 飄灑脩髥是睦生.〕"라고 한 것으로 보아 자가 유선인 목만중(睦萬中)으로 보인다.

정 사문[28] 충필 에게 답하는 글
答鄭斯文 忠弼 書

지난날 박암(璞巖) 이 종형(李從兄)[29]이 저에게 말하기를 "영천(永川)과 경주(慶州)에는 문행(文行)의 선비가 많다."라고 하면서 좌하의 형제[30]에 대해서는 더욱 끊임없이 칭찬하기를 마지않았습니다. 박암은 구차하게 남을 칭송하는 자가 아니니, 이에 좌하가 박암에게 존중받은 것을 알았고 또한 이미 박암에게 존중받았다면 좌하가 사림의 희망이 리는 것에 의심할 여지가 없음을 알았습니다. 한번 서론(緖論)을 받들고 싶었으나 산천이 아득하여 한스럽게도 만날 수 없었습니다.

박암이 사망한 뒤에는 좌하 형제의 동정과 안부도 아울러 받들어 들을 길이 없었으니, 또한 사적으로 마음속으로 개탄하지 않을 수 없었습니다. 금년 가을에 계씨(季氏) 상사(上舍)[31]가 좌하의 편지를 받들고

28 정 사문(鄭斯文) : 정충필(鄭忠弼, 1725~1789)로, 본관은 연일(延日), 다른 이름은 정흥필(鄭興弼), 자는 창백(昌伯)·백경(伯敬), 호는 노우(魯宇)이다. 번암의 이 편지에 대한 정충필의 편지는 《노우집(魯宇集)》 권3 〈번암 채 상공에게 주는 글〔與樊巖蔡相公〕〉이다.

29 박암(璞巖) 이 종형(李從兄) : 이만송(李晩松)으로, 본관은 전주, 호는 박암, 거주지는 영천이었다.

30 좌하의 형제 : 정충필에게는 친동생 정방필(鄭邦弼)과 이복동생 정동필(鄭東弼)이 있다.

31 계씨(季氏) 상사(上舍) : 정동필(1740~1820)로, 본관은 연일, 자는 계상(季祥), 호는 남와(南窩)이다. 출신지는 경주 하곡(霞谷)으로 현 안강읍(安康邑)이다. 정충필의 막냇동생이다.

천 리 길을 걸어 저를 방문했는데, 그 문장이 전아하고 순조롭고 필법이 웅건하고 치밀하여 동년배들이 미칠 수 있는 것이 전혀 아니었습니다. 이에 박암이 함부로 사람을 허여하지 않았음을 더욱 믿게 되었으나 박암을 그리워해도 볼 수 없고 보면, 오히려 박암이 일찍이 마음을 허여한 사람을 만날 수 있는 것으로 평소의 바람을 풀 수 있겠다고 여겼습니다.

다만 편지 가운데에서 도에 지나치게 저를 칭찬하셔서, 미옹(眉翁 미수(眉叟) 허목(許穆))의 도(道)와 문(文)을 인용하여 비유하는 데 이르렀으니, 이것은 좌하가 실언함을 면치 못한 것입니다. 대저 미옹의 도는 옛사람의 도이고, 미옹의 문은 옛사람의 문입니다. 그 도의 조예가 지극한 곳은 후생 말학이 의론하여 도달할 수 있는 것이 아니고, 그 구묘문(邱墓文)[32]이 한 세상에 밝게 펴져 천지에 길이 흘러 전하는 것으로 말하자면 그 무게는 은(殷)나라의 이(彝)와 주(周)나라의 정(鼎)[33]과 같고, 그 광채는 빛나는 태양이나 깨끗한 옥과 같습니다.

미옹이, 사실에 의거하여 정직하게 쓰고 까다로운 구절 하나나 어려운 글자 하나라도 억지로 이전 사람의 구두(句讀)를 본받는 것을 용납하지 않으면서 찬란하게 자연스레 문장을 이룬 것은, 실로 문장가의 영원한 삼매(三昧)이니, 한 문공(韓文公 한유(韓愈))과 비교하면 혹 버금이 되겠지만 구양공(歐陽公 구양수(歐陽脩))과 같은 경우는 결코 그가 자리를 독차지하지 못할 줄로 압니다.

32 구묘문(邱墓文) : 묘지명, 묘갈명, 신도비명 등 묘문(墓文)을 말한다.

33 은(殷)나라의……정(鼎) : 이와 정은 종묘(宗廟)에 쓰는 술 그릇과 솥으로, 큰 공이 있으면 이것들에 그 사실을 새겨 두었다.

제공이 함부로 생각하기를 '동국의 문장은 모두 사람의 뜻에 차지 못한다.' 하였습니다. 비록 명가(名家)의 유집(遺集)일지라도 때로 혹 펼쳐 보면 반 권도 안 되어 정신이 나른하고 뜻이 게을러져 던져 버린 적이 여러 번입니다. 유독 미옹의 문집은 책상 위에 높이 모시고 느린 가락에 맞춰 소리 내어 읽으면 사람으로 하여금 멍하니 짐짓 천하가 싫어져 잊고 싶은 마음을 갖게 합니다. 제공이 비록 형편없는 사람이지만 어찌 미옹의 도를 우리가 좋아하는 것이라고 하여 일부러 미옹을 위해 아첨을 하겠습니까.

아, 그 사람을 스승으로 삼는 것은 그의 문을 스승으로 삼는 데에 있고, 그의 문을 스승으로 삼는 것은 그의 도를 스승으로 삼는 데에 있습니다. 제공이 처음부터 미옹의 도를 기뻐하지 않은 것이 아니나, 평소의 품행이 미옹의 일꾼이 될 수 없는 것을 이미 스스로 알고 있습니다. 그렇다면 더구나 그의 문이 그의 도를 따라 높아지고 낮아지는 것을 오히려 어찌 헤아려 의논하기를 바라겠습니까. 이제 좌하는 조금도 어려워하거나 조심하지 않고, 동일하게 볼 수 없는 분과 억지로 동일하게 보려 하니, 제 얼굴이 빨개질 뿐만 아니라 박암이 알게 한다면 과연 좌하를 말을 잘 안다고 하겠습니까.

쌍봉(雙峯) 선생의 묘갈문[34]은 정중한 부탁을 감히 어기지 못하여 무지함을 무릅쓰고 졸렬한 글을 엮어 계씨(季氏)를 통해 드리고 선택을 기다렸는데, 오늘 계씨의 편지를 받고 보니, 제 글을 버리지 않았을

34 쌍봉(雙峯) 선생의 묘갈문 : 쌍봉은 정극후(鄭克後, 1577~1658)로, 본관은 영일(迎日), 자는 효익(孝翼), 호는 쌍봉이며 경주 출신이다. 번암이 지은 정극후의 묘갈명은 《쌍봉집(雙峯集)》 권5에 보인다.

뿐만 아니라 도리어 사례하는 말씀이 있었습니다. 더욱 황송하고 부끄럽습니다.

제공은 함부로 스스로를 헤아리지 못하고 혼자 험한 길을 가다가 독 있는 물여우에게 쏘여서 거의 몸이 부서지게 되었는데, 다행히 성명(聖明)이 위에 계신 덕분에 구차하게 먹고 마시는 것을 보전하여, 문을 닫아걸고 그림자를 숨기며 제 글을 정리하는 것을 제일 중요한 일로 삼고 있을 뿐입니다. 이만 줄입니다.

이 함창[35] 헌락 에게 답하는 글
答李咸昌 憲洛 書

제공이 아룁니다. 우리는 나이로 보면 저무는 해와 같고, 사는 곳으로 보면 삼상(參商)과 같습니다. 정을 전하고 흉금을 터서 무리를 떠나 혼자 사는 한스러움을 푸는 방법은 오직 편지에 의지할 뿐입니다. 그러나 저는 많은 병으로 건강하지 못하여 떨쳐 일어나지 못하고 괴롭게도 먼저 편지를 보내지 못했으니, 인사(人事)를 버리고 끊은 것이 어찌 이에 이르렀단 말입니까.

지난달에 영윤(令胤)이 존형의 은혜로운 서찰을 받들고 천 리 길을 와서 저를 방문했습니다. 이것은 제가 할 수 없는 일인데 존형이 능히 하였으니, 저를 독실히 아끼고 생각해 줌을 알 수 있습니다. 더구나 정과 정성이 성대하고 문장과 이치가 모두 지극하여 펼쳐 읽고 나서는 감탄이 달을 넘겨도 그치지 않습니다.

찰방공(察訪公)[36]의 효우(孝友)와 지극한 품행은 수백 년 뒤에 더욱

35 이 함창(李咸昌) : 이헌락(李憲洛, 1718～?)으로, 본관은 여주(驪州), 자는 경순(景淳), 호는 약남(藥南)이다. 학행으로 천거되어 강릉 참봉(康陵參奉)에 제수되었다. 1776년(영조52) 익위사 익위(翊衛司翊衛)를 거쳐 상의원 주부(尙衣院主簿), 함창 현감(咸昌縣監) 등을 역임하였다.

36 찰방공(察訪公) : 이언괄(李彦适, 1494～1553)로, 본관은 여주, 자는 자용(子容), 호는 농재(聾齋)이다. 1545년(인종1) 학행으로 추천되어 경기전 참봉(慶基殿參奉), 송라도 찰방(松羅道察訪) 등을 지낸 뒤 관직에서 물러나 보진 봉양에 선념하였다. 이언괄의 묘갈명이 《번암집》 권50 〈찰방 이공 묘갈명(察訪李公墓碣銘)〉에 실려 있다.

드러나 성상이 찬탄해 마지않고 포증(褒贈)[37]이 찬란하였습니다. 이것은 찰방공에게는 비록 더할 필요가 없으나 덕문(德門)의 영애와 사림의 영광은 이에서 지극해졌습니다. 그러나 만약 이렇게 된 것을 살펴보면 모두 후손의 정성과 효성이 자연스레 상에게 믿음을 받고 통하여 그런 것이니, 어찌 부러워 감탄하지 않겠습니까.

묘문(墓文)은, 청대(淸臺) 권공(權公)이 이미 지은 갈명(碣銘)[38]이 있으므로, 거듭하여 겹치게 하고 싶지 않아 지문(誌文)을 졸렬한 문장으로 엮어서 드렸는데, 다만 정중한 부탁을 어길 수 없었을 뿐이니, 어찌 쓸 만하리라고 보장하겠습니까. 쓸 만하지 못함을 알았다면 다시 입언(立言)하는 군자를 구해도 조금도 방해될 것이 없으니, 모름지기 헤아려서 선택하십시오.

제 아들의 과거(科擧) 일은, 급제하는 것은 요행이고 급제하지 못하는 것은 일상입니다. 존형이 도리어 일상을 본래 그러한 것으로 여기지 않고, 그가 요행을 얻지 못한 것에 대해 절절히 한탄하니, 어찌 존형이 이치에 달통하지 못해서 그런 것이겠습니까. 다만 아끼는 마음이 깊으므로 절로 이렇게 할 수밖에 없었던 것입니다. 더구나 그에게 독서를 권면하는 것에서는 장자(長者)가 덕으로써 사람을 사랑하는 의리[39]를

37 포증(褒贈) : 나라에서 포창하여 관직을 추증하는 것이다. 이언괄은 1784년(정조8) 2월 28일에 증직되었다.

38 청대(淸臺)……갈명(碣銘) : 권상일(權相一)이 지은 이언괄의 묘갈명은 《청대집(淸臺集)》 권12 〈찰방이공묘갈명(察訪李公墓碣銘)〉에 실려 있다.

39 덕으로써……의리 : 증자(曾子)가 이르기를 "군자는 사람을 사랑하는 데에 덕으로써 하고, 소인은 사람을 사랑하는 데에 구차히 편안함만 취하는 것으로써 한다.〔君子之愛人也以德, 細人之愛人也以姑息.〕"라고 한 데서 온 말이다. 《禮記 檀弓上》

볼 수 있으니, 그가 만약 이로 인하여 자신을 더욱 독촉하고 면려한다면 존형의 은혜가 큰 것입니다.

김파남(金巴南)[40]이 2년 동안 남쪽을 유람하고 흥이 다하여 돌아와서 근래 한두 번 저를 찾아온 적이 있는데, 선장(仙莊)[41]을 언급하지 않은 적이 없습니다. 백용(伯容)[42] 대감이, 생각건대 이미 돌아가서 저를 위하여 그리워하는 마음을 전했을 줄로 압니다. 날씨가 더워지고 있으니, 더욱 몸을 아끼시기를 바랍니다. 이만 줄입니다.

40 김파남(金巴南) : 김제윤(金濟胤)으로, 자는 사즙(士楫), 호는 파남이다. 《太乙菴集 卷1 次巴南金丈士楫韻奉別》

41 선장(仙莊) : 상대방의 집을 높여 부른 것이다.

42 백용(伯容) : 이헌묵(李憲默, 1714~1788)으로, 본관은 여수(驪州), 자는 백용이다.

참봉 김점에게 답하는 글
答金參奉漸書

윤군(胤君)이 한 장의 편지를 바치려고 천 리 길을 발이 부르트도록 걸어서 한양 성의 먼지 속으로 찾아왔으니, 이러한 마음은 천금(千金)처럼 소중합니다. 더구나 편지 내용은 간략하고 깊고 고학(枯涸)의 뜻[43]이 보이지 않으며, 자획은 웅건하고 매끄러워 의연히 점칠(點漆)[44]의 빛을 띠었으니, 누가 84세 노인의 심력과 정신이 이처럼 건강하고 왕성하리라 생각하겠습니까. 두 번 세 번 펼쳐 읽으며 여러 차례 신기하다고 칭송하였습니다.

저는 몇 해 전에 관서(關西)에 한 번 갔다가 공업(功業)을 세운 것 없이 공밥만 먹다가 돌아왔을 뿐입니다.[45] 유독 두 눈을 크게 뜨고 산림에 덮인 가운데서 얼굴이 누렇고 살이 삐쩍 마른 족하를 얻어서 찬란하게 관서 40주(州)의 본보기가 되는 원로로 만들었는데, 이 한 가지 일은 참으로 후세에 없어지지 않기에 충분합니다. 그렇지만 이미 알았

43 고학(枯涸)의 뜻 : 곤경에 처해 원조를 급히 청하는 뜻이다. 수레바퀴에 고인 물속〔涸轍〕에서 다 죽어 가는 물고기가 약간의 물만 주면 살겠다고 애원을 하면서, 만약 시기를 놓치면 건어물 상회에서나 자기를 찾게 될 것이라고 탄식한 이야기가 있다. 《莊子 外物》

44 점칠(點漆) : 고대 먹이 없던 시절에 대꼬챙이에 옻칠의 액을 찍어 쓰던 것에서 유래하여 먹의 대명사처럼 쓰이는 말인데, 여기서는 글씨체가 고풍스럽다는 뜻이다.

45 저는……뿐입니다 : 번암이 1774년(영조50) 평안도 관찰사에 임명되어 다음 해 5월에 사직한 것을 말한다.

으면서도 상께 천거하지 못했으니, 알지 못한 것과 무엇이 다르겠습니까. 이것은 재상의 수치입니다. 이 의리는 제가 모르는 것이 아니고 생각하지 못한 것도 아니나, 잡고 있는 두레박줄이 짧아서 물을 긷지 못한 것이니,[46] 어찌하겠습니까.

지금 족하는 도리어 원고(轅固)[47]와 신공(申公)[48]에게 자신을 비기며 이러니저러니 말하였는데, 저 두 사람은 과연 어떤 사람입니까? 원고는 공손홍(公孫弘)[49]을 곡학(曲學)이라고 배척한 데 지나지 않았고, 신공은 힘써 행하라고 말했을 뿐입니다. 지금 그들을 보건대, 그들의 말이야 비록 초초하여 신기한 것이 없다고 말하더라도 안 될 것이 없으나 오히려 청사(靑史)에 이름이 실려서 족하와 같은 이로 하여금 수천 년 뒤에 스스로를 비기게 하였으니 성대하지 않습니까.

가만히 생각건대, 족하는 80년 동안 산림에서 독서하여 저술한 것이

46 잡고……것이니 : 재능이나 식견이 부족해서 일을 감당할 능력이 없는 것을 말한다. 《장자(莊子)》 〈지락(至樂)〉의 "주머니가 작으면 큰 물건을 담을 수 없고, 두레박줄이 짧으면 깊은 우물의 물을 길을 수 없다.〔褚小者不可以懷大, 綆短者不可以汲深.〕"라는 말을 인용하였다.

47 원고(轅固) : 한 무제(漢武帝) 당시 강직하기로 이름난 학자로, 공손홍(公孫弘)에게 "바른 학문으로 말을 하기를 힘쓰고, 배운 것을 굽혀 세상에 아부하는 일이 없도록 하게.〔務正學以言, 無曲學以阿世.〕"라고 충고하였다. 《史記 儒林列傳》

48 신공(申公) : 한 무제 때 신공은 80이 넘은 나이였는데, 무제가 치란(治亂)의 일을 묻자 대답하기를 "다스리는 것은 많은 말을 하는 데 있지 않고 무엇을 힘써 행하냐에 있을 뿐입니다.〔爲治者不在多言, 顧力行何如耳.〕"라고 하였다. 《史記 儒林列傳》

49 공손홍(公孫弘) : 한 무제 때 사람으로, 《춘추(春秋)》 등 경전에 밝아 박사(博士)를 지냈으며, 나중에 어사대부(御史大夫)와 승상(丞相)을 역임했는데, 겉으로는 관대한 체했으나 남을 시기하고 의심하기를 잘했으며, 자신과 틈이 있는 자들과 사이가 좋은 것처럼 꾸며 댔지만 남몰래 보복을 가했다. 《史記 平津侯主父列傳》

상자에 차고 넘쳐 엄연히 일가의 말을 이룬 데다 동시대에 기이한 구경거리로 여기며 놓지 못하는 저와 같은 자를 만났으니, 천백 년 뒤에 저와 같은 자가 또한 몇 사람이나 될지 모릅니다. 그렇다면 하늘이 족하에게 원고와 신생보다 더 많은 것을 부여한 것이 아니겠습니까. 족하는 오히려 원고와 신공의 예를 원용하려고 하나 때를 기다리는 뜻을 가리지 못하였으니, 《역》에서 "너의 신령스러운 거북을 버리고 나를 보고서 턱을 늘어뜨린다."[50]라고 한 것에 혹 가깝지 않습니까. 그렇지만 저는 마땅히 제가 해야 할 일을 할 뿐이니, 만약 기회가 있다면 감히 관심을 가지지 않겠습니까.

저는 요동과 연경 만 리 여정을 하늘의 영험함 덕분에 안전하게 마쳤습니다. 소소한 질병을 앓는 사정은 도리어 번거롭게 해 드리기에 부족합니다. 이만 줄입니다.

50 너의……늘어뜨린다 : 《주역》 〈이괘(頤卦) 초구(初九)〉에 "너의 신령스러운 거북을 버리고 나를 보고서 턱을 늘어뜨리니, 흉하다.〔舍爾靈龜, 觀我, 朶頤, 凶.〕"라고 하였는데, 그 주에 "이(頤)는 물건을 씹는 턱을 이르는데, 사람이 제가 갖고 있는 좋은 것을 버리고 물건을 씹어 먹는 남의 턱만 쳐다보며 부러워하는 격이어서 흉하다."라고 하였다.

성 사군 대중[51]에게 답하는 글

答成使君大中書

제공이 사집(士執) 족하에게 아룁니다. 사집은 요즘 사람이 아닙니까? 저를 아는 사람은 저를 방문하고 싶어도 옆에서 엿보는 자들이 빽빽함을 두려워하고, 저에게 안부 편지를 하고 싶어도 수사(收司)의 엄함을 두려워합니다. "나는 강한 사람을 보지 못하였다."[52]라고 한 것은 부자(夫子)가 일찍이 개탄한 것이니, 지금 세상에 난초와 혜초가 변하여 쑥덤불이 된 것을 괴이하게 여긴 것이 없는데 사집은 대령(大嶺) 밖에서 공무를 보던 중에 홀로 생각이 양기(兩棄)의 군평(君平)[53]에게 미칠 수 있어서, 이미 서신으로 안부를 묻고 겸하여 여러 가지 음식을 보내주었습니다. 저는 사집과 교유한 지가 여러 해 되었으나 사집이 시를 잘 짓는 것만 알고, 한 덩어리 큰 담력이 가슴속에 편안히 정돈되어 있는 것은 몰랐습니다. "사람을 아는 것이 쉽지 않다.〔知人未易〕"라고

51 성 사군 대중(成使君大中) : 성대중(1732~1809)으로, 본관은 창녕(昌寧), 자는 사집, 호는 청성(靑城)이다.

52 나는……못하였다 : 공자가 이르기를 "나는 강한 사람을 보지 못하였다."라고 하자, 혹자가 대답하기를 "신장(申棖)입니다."라고 하므로, 공자가 이르기를 "신장은 욕심으로 하는 것이니, 어찌 강함이 될 수 있겠는가."라고 하였다. 《論語 公冶長》

53 양기(兩棄)의 군평(君平) : 군평은 한(漢)나라 엄준(嚴遵)의 자로, 성도(成都)의 시장에서 점을 치던 사람이다. 매일 점을 쳐서 하루 먹을 만큼만 벌면 즉시 문을 닫고 들어앉아서 《노자(老子)》를 읽거나 저술하였으며, 관원들과는 교제하지 않고 종신토록 벼슬길에 나아가지 않았다. 양기는 이백(李白)의 〈고풍(古風)〉 시에 "군평이 세상을 버리자, 세상도 군평을 버렸다네.〔君平旣棄世, 世亦棄君平.〕"라고 한 데서 온 말이다.

한 말은 옛사람이 참으로 저를 속이지 않은 것입니다.

도리상 인편을 찾아 인사를 닦을 겨를도 없어야 하나 스스로 생각하기를 '한 번 편지가 가고 한 번 답장을 하여 남의 귀를 번거롭게 하며 이로 인하여 사집이 사람들에게 미움을 받게 된다면, 이는 스스로에게 누를 끼치는 것도 부족하여 남에게까지 미치게 하는 것이니, 되겠는가.' 하였습니다. 이 때문에 붓을 적셨다가 문득 그치고, 마치 예에 답례를 한다는 것을 알지 못하는 것같이 지내며 거의 반년을 보냈습니다.

근래에 당종(堂從)인 청하(淸河) 수령[54]이 공무 때문에 북쪽으로 올라와서, 사집이 나의 답장을 자못 진지하게 기다린다고 말했습니다. 사집은 요즘 사람이 아닙니까? 사집은 요즘 사람으로 자처하지 않겠지만, 저는 도리어 사집이 저를 대우하는 것으로 사집을 대우하지 않았으니, 이에서 저는 참으로 사집에게 부끄러움을 느낍니다. 당종이 또한 사집의 말을 전하기를 "다시는 문장을 짓지 말기를 바랍니다."라고 하였습니다. 아, 사집이 나를 아끼는 것이 깊고, 나를 염려하는 것이 주밀합니다. 제가 비록 고루하나, 어찌 예로부터 언어와 문장이 화환(禍患)의 빌미가 된 경우가 많았음을 모르겠습니까마는, 다만 천하의 이치는 한 가지 기준으로 말할 수 없습니다. 이런 까닭에 자막(子莫)의 집중(執中)은 추성(鄒聖)에게 기롱을 당하였고,[55] 교주고슬(膠柱鼓瑟)은

54 당종(堂從)인 청하(淸河) 수령 : 《번암집》 권16 〈당제 민공을 청하 수령으로 보내며〔送堂弟敏恭宰淸河〕〉로 보아 채민공(蔡敏恭)임을 알 수 있다. 당종은 6촌 또는 4촌 이내의 가까운 친척을 말한다.

55 자막(子莫)의……당하였고 : 자막의 집중은 융통성이 없어서 이름만 중도(中道)일 뿐 실제는 중도가 아닌 사이비 중도를 말한다. 자막은 노(魯)나라의 현자(賢者)이

방책(方冊)에 경계가 드리워져 있습니다. 군자가 액궁에 처한 때에, 문장을 짓기에 마땅하지 않은데 문장을 짓는다면 이것은 말을 함부로 내놓는 잘못이고, 문장을 짓기에 마땅한데 문장을 짓지 않는다면 이것은 세상을 과감히 잊는 잘못이니, 요컨대 모두 중이 있는 곳이 아닙니다.

문왕(文王)과 공자(孔子)의 《역(易)》은 모두 우환 속에서 나온 것으로,[56] 이것은 대성인(大聖人)의 일이니, 진실로 원용하여 비유할 수 없습니다. 굴원(屈原)은 강담(江潭)으로 내쫓기자 〈이소(離騷)〉라는 작품을 지었고,[57] 이천(伊川)이 용문(龍門)으로 거처를 옮겼을 때는 《역전(易傳)》의 저술을 중지하지 않았습니다.[58] 이것이 어찌 그만둘 수 있는데 그만두지 않은 것이겠습니까. 대개 군자가 현달하면 천하가

고, 추성은 추(鄒) 땅의 성인이라는 뜻으로 맹자(孟子)를 가리킨다. 《맹자》〈진심 상(盡心上)〉에, 양주(楊朱)와 묵적(墨翟)의 폐단을 논한 뒤 "자막이 그 중간을 잡았으니 중간을 잡은 그것이 도에 가까운 것처럼 보이지만, 중간을 잡았을 뿐 균형을 취한 것은 없으니 이 역시 한쪽만을 고집한 것과 같다. 한쪽만 고집하는 것을 미워하는 까닭은 그것이 중도를 해치기 때문이다.〔子莫執中, 執中爲近之, 執中無權, 猶執一也. 所惡執一者, 爲其賊道也.〕"라고 비판한 맹자의 말이 나온다.

56 문왕(文王)과……것으로 : 신농(神農)과 황제(黃帝)가 역효(易爻)와 괘상(卦象)을 만든 뒤에 문왕이 《주역》을 또 만든 것은 문왕이 상주(商紂)에 의해 유리(羑里) 감옥에서 옥살이를 하던 중 후세에 법을 남겨 근심 걱정을 예방하기 위한 일환이었다 한다. 또한 공자가 십익(十翼)을 저술했다고 전한다.

57 굴원(屈原)은……지었고 : 초(楚)나라의 굴원이 회왕(懷王)의 좌도(左徒)를 맡아 활약하였으나 정적(政敵)들의 중상모략을 받아 조정에서 쫓겨나고 강남으로 추방되었다. 초나라가 풍전등화의 위기에 처하자 비분을 금하지 못하고 멱라수(汨羅水)에 투신하였는데, 〈이소〉 등 주옥같은 작품을 남겨 초사(楚辭)의 원조가 되었다.

58 이천(伊川)이……않았습니다 : 정이(程頤)가 만년에 삭적(削籍)되어 낙양(洛陽) 용문산 남쪽에 살면서 《역전》을 계속 저술하였다.

혜택을 받게 하고 궁하면 책을 저술하는데, 저술은 바라는 것이 아닙니다. 그러나 이것이 아니면 그 마음을 밝힐 수 없고 그 도를 전할 수 없습니다. 이에 어쩔 수 없이 문장을 빌리는 것이고, 당세의 사람들에게는 말해 줄 수 없기 때문에 저서를 남겨 후인을 기다리며 혹 아침저녁 사이에 만나기[59]를 바라는 것이니, 그 마음이 진실로 또한 괴롭습니다.

저는 어릴 적에 스스로를 헤아리지 못하고, 불후의 문장에 뜻을 두고 엉성하게 짓지 않을 것을 망녕되이 맹세한 적이 있는데, 나이가 30세를 넘자 갑자기 그만두게 되었습니다. 아침부터 저녁까지 공직에 있으면서 허다한 좋은 시간을 다 종루(鐘漏)[60]에 빼앗기고 어느덧 머리 허연 노인이 되었습니다. 다만 천박하고 협소하게 세속의 일을 처리하는 문장으로 한때의 명예를 훔쳐 관각(館閣)에 오르는 데에 이르렀으니, 가끔 스스로를 비웃으며 말하기를 "네가 기약한 것이 이와 같이 하고 그치는 것이었냐. 네가 지은 글 중에 초목과 함께 썩지 않을 것이 드무니, 명이로구나."라고 하였습니다. 근래에는 세상에 핍박을 당하여 쫓겨나 쓰러져서 수풀 속이나 강호에서 사슴 떼와 벗하지 않으면 물고기나 새와 짝할 뿐이니, 보통의 인정으로는 불행하다고 여기지 않을 것이 드무나 도리어 스스로 다행이라고 여기고 말하기를 "사람이 바라는 것은 하늘이 반드시 따라 주니, 하늘의 뜻은 그 몸을 괴롭게 하여 그

59 아침저녁 사이에 만나기 : 시간을 초월하여 지기(知己)를 만나는 기쁨을 비유하는 말이다. 《장자(莊子)》 〈제물론(齊物論)〉의 "만세의 뒤에라도 이 해답을 아는 대성인을 만나게 된다면, 이것도 아침저녁 사이에 만나는 것이라고 할 것이다.〔萬世之後, 而一遇大聖人知其解者, 是朝暮遇之也.〕"라는 말에서 나왔다.

60 종루(鐘漏) : 벼슬살이를 말한다. 종루는 종과 물시계를 말하는데 조정의 관료들의 출근과 숙직 등의 시간을 알려 주었기 때문에 이렇게 표현한 것이다.

문장을 창성하게 하려는 것이 아니겠는가. 내가 공경히 받들지 않으면 이것은 하늘을 알지 못하는 것이다."라고 하고, 이른 아침부터 밤까지 경전(經傳)과 자사(子史)를 부지런히 익혀서 손에 있지 않거나 마음에서 체득하지 못한 것이 없습니다.

자기에게 쌓여 있는 것을 어떻게 남에게 베풀지 않을 수 있으며, 마음속에 답답한 것을 어떻게 밖으로 드러내지 않을 수 있겠습니까. 이에 그윽한 행적에 대해 명문(銘文)을 부탁하는 자가 있으면 명문을 짓고, 효열(孝烈)이 우뚝한 자가 있으면 그 전(傳)을 짓고, 스스로 말하고 싶은 것이 있으면 글로 썼습니다. 숨어 지낸 서너 해 동안 상자에 모은 것을 이전 30년 동안 지은 것에 비교하면 거의 갑절이 될 듯합니다.

바야흐로 마음에서 운용하고 손으로 응할 때는 도도하여 마치 그치는 곳이 없는 것 같았으나 그쳐야 할 곳에서는 그쳤고 보면, 추환(芻豢)이 그 맛을 바꾸지 못하고 사죽(絲竹)이 그 즐거움을 빼앗지 못했으며, 환난을 당해도 근심할 줄 모르고 굶주림 속에서도 괴로운 줄 몰랐습니다. 이와 같은 것은 감히 그 도를 전할 만하다고 말할 수 없으나 이로 인하여 그 마음을 밝힐 수 있었으니, 또한 심히 괴이하지 않습니다. 하늘의 뜻이 어쩌면 과연 이에 있었을 것입니다.

이제 사집이 저로 하여금 종이를 찢고 붓을 태우며 목구멍을 막고 창자를 봉함하여 우두커니 하나의 혼돈(混沌)[61]이 되게 하려 하는데,

61 혼돈(混沌) : 일체 구별이 없는 상태인데, 여기서는 아무것도 하지 않는 상태를 말한다. 《장자》 〈응제왕(應帝王)〉에 혼돈에게 인간처럼 일곱 구멍을 갖게 해 주려고 하루에 한 구멍씩 뚫어 주었는데 7일 만에 그만 혼돈이 죽고 말았다는 이야기가 실려 있다.

생각건대 저를 깊이 아끼기 때문에 명철보신(明哲保身)으로 권면하고, 저를 주밀하게 염려하기 때문에 광채를 숨기기를 바란 것이었습니다. 감사한 마음 많이 간직하고 있으나 만약에 그 즐겁게 해 주심을 즐거워하는[62] 저를 알았다고 말한다면 아닐 따름입니다. 그렇지만 사집의 경계는 저의 마음을 움직이게 하는 것이 있었습니다. 바라건대, 사집은 한갓 저를 경계할 뿐만 아니라 이것을 계기로 스스로를 경계하십시오.

날씨가 차고 한 해가 저무는데 만날 기약이 없으니, 편지를 쓰면서 슬픈 심정을 견디지 못합니다. 오직 바라건대, 더욱 정중함을 더하여 멀리서 그리워하는 저의 마음을 위로해 주십시오. 이만 줄입니다.

62 즐겁게……즐거워하는 : 임금의 은혜를 잊지 못한다는 말이다. 《대학장구》 전(傳) 3장에 "《시경》에 '아, 전왕을 잊지 못한다.' 하였으니, 군자는 전왕의 어짊을 어질게 여기고 친하게 해 주심을 친하게 여기며, 소인은 즐겁게 해 주심을 즐거워하고 이롭게 해 주심을 이롭게 여기니, 이 때문에 돌아가서 세상에 없는데도 잊지 못하는 것이다.〔詩云: "於戲! 前王不忘." 君子賢其賢而親其親, 小人樂其樂而利其利, 此以沒世不忘也.〕"라고 하였다.

최 익찬[63] 흥원 에게 답하는 글
答崔翊贊 興遠 書

제공이 머리를 조아리고 아룁니다. 사우(士友)들의 여론에 의지하여 추로(鄒魯) 한 지방[64]에서 집사의 영광(靈光)이 홀로 우뚝함을 알았습니다. 덕의(德義)를 그리워하고 우러르는 것이 어찌 감히 남에게 뒤지겠습니까마는 사는 곳이 천 리나 떨어져 멀고 몸은 또한 종루의 사이에서 더럽혀져 괴롭게도 얼굴을 한번 뵐 수 없었으며, 종신토록 책심(責沈)의 부끄러움[65]을 안고 끝날까 두려웠습니다.

다행히 집사께 멀리하지 않고 돌봐 주는 은혜를 입어 지난달에 송추(松楸) 적막한 고을에 영함(令咸)[66]을 보내어 멀리 편지를 전하였습니

63 최 익찬(崔翊贊) : 최흥원(崔興遠, 1705~1786)으로, 본관은 경주(慶州), 자는 여호(汝浩)·태초(太初), 호는 백불암(百弗菴)·칠계(漆溪)·수구당(數咎堂)이다. 학행으로 천거되어 세자익위사 좌익찬을 지냈고 승지에 추증되었다.

64 추로(鄒魯) 한 지방 : 유학을 숭상하는 지방을 말한다. 추(鄒)나라는 맹자(孟子)의 출생지이고, 노(魯)나라는 공자(孔子)의 출생지이기 때문에 나온 말이다. 여기서는 영남을 가리킨다.

65 책심(責沈)의 부끄러움 : 현자(賢者)를 알지 못하는 것을 부끄러워하는 것을 뜻한다. 《서언고사(書言故事)》에 "진영중(陳瑩中)이 원풍(元豐) 연간에 예부 점검관(禮部點檢官)이 되어 범순부(范醇夫)와 더불어 같은 집에 있었는데, 범순부가 '안자(顔子)처럼 불천불이(不遷不貳)한 사람으로는 백순(伯淳)이 있다.'라고 하니, 진영중이 백순이 누구냐고 물었다. 이에 순부가 '백순이 누구인지 정말 모르는가?' 하고 묻자, 진영중이 사실 알지 못한다고 사과하였다. 그 뒤로부터 진영중은 항상 이것을 스스로 부끄럽게 여겨 책심문(責沈文)을 지었다." 하였다.

66 영함(令咸) : 상대방의 조카를 말한다.

다. 그러나 그림자를 숨기고 사람을 두려워하는 이러한 자가 어떻게 이런 대우를 받는단 말입니까. 놀라고 감격한 나머지에 봉투를 열고 공경히 펼쳐 보니, 문장이 전아하고 뜻이 곧고 정성스러워서, 대군자(大君子)가 예법(禮法)의 마당에서 움직이면 영화(英華)가 밖으로 드러나는 것이 절로 이와 같지 않을 수 없음을 볼 수 있었으니, 저의 비루하고 인색함이 사라진 것이 어찌 황 단명(黃端明)에게 직접 납배(納拜)하는 것[67]만 못하겠습니까.

다만 말씀 사이에 저를 인정함이 사실과 어긋났는데, 한마디를 천하가 중시하고 한 글자를 백세토록 믿는다고 한 것에 이르러서는 너무 가볍게 칭찬을 하였습니다. 아, 이것은 어떠한 말이고 어떠한 사람에게 해야 합니까? 제공은 곧 허랑방탕하고 지리멸렬하여 5, 6십에도 세상에 알려진 것이 없는 자일 뿐입니다. 지금 집사가 비록 칭찬을 가탁하여 저로 하여금 장래에 더 힘써야 할 부분을 알게 하려 하나 부끄러움이 제공의 얼굴에 붉게 드러나는 것은 우선 말할 것도 없고 현자(賢者)가 한 터럭의 허위도 용납하지 않는 의리에서는 그것이 과연 되겠습니까.

대암(臺巖) 선생[68]의 유적(遺蹟)은 삼가 보내 주신 편지를 보고 사적을 기록한 뜻을 궁구하였고, 또한 대산(大山) 이공(李公)이 지은 글[69]을 열람하고 그 평생을 다 알았으니, 흠모하는 정성은 다함이 없습

67 황……것 : 주희(朱熹)가 단명전 학사(端明殿學士) 황중(黃中)을 존경하여 그에게 보낸 편지에서 납배의 예(禮)를 올리겠다고 청한 데서 온 말로, 예를 갖추어 스승으로 모시고 싶다는 뜻이다.

68 대암(臺巖) 선생 : 최동집(崔東集, 1586~1661)으로, 본관은 경주(慶州), 자는 진중(鎭仲), 호는 대암이다. 정구(鄭逑)의 문인이다. 《번암집》 권57에 〈대암 최공 유허비명(臺巖崔公遺墟碑銘)〉이 있다.

니다. 참으로 은둔했던 옛터에 비석을 세워 지나가는 사람들로 하여금 반드시 경의를 표하게 할 수 있다면 이것은 사림의 다행이니, 어찌 그저 선조를 추념하는 효손의 다함없는 그리움을 위로할 뿐이겠습니까. 다만 비석을 귀하게 여기는 것은 그것이 썩지 않기 때문입니다. 오직 썩지 않는 문장만이 그 사람을 썩지 않게 할 수 있습니다. 지금 도리어 이것을 제공에게 부탁한다면 이것은 사람들이 제공으로 집사를 속인 것이니, 어찌 감히 제가 맡을 것이 아닌데 맡겠습니까. 다만 장자(長者)께서 먼저는 자질(子姪)을 보내더니, 지금은 첩첩의 관문과 쌓인 눈 가운데에 심부름꾼을 수고롭게 보내기를 마치 청한 것을 허락받지 못하면 멈출 수 없는 것같이 하였습니다. 이에 이르러 다만 자신의 졸렬함을 감출 줄만 알고 존명(尊命)을 어김이 공손하지 못한 것으로 귀결됨을 알지 못한다면 또한 감히 스스로 편안하지 못할 것입니다. 이에 외람됨을 잊고서 삼가 지어서 진퇴의 명을 청하는 것은 그 또한 스스로를 헤아리지 못해서일 뿐입니다.

제공은 적은 재주로 올라감에 어두운 데다가[70] 지나친 복으로 재앙을 초래했으나 성명(聖明)이 위에 계시고 천지신명이 옆에 벌려 있어 가루가 됨을 면하고 돌아와 무덤 앞 백양나무를 부여잡으니,[71] 여기에서 늙고 여기에 장사 지내면 족합니다.

69 대산(大山)……글 : 이상정(李象靖)의 《대산집(大山集)》 권48 〈대군사부 대암 최공 묘갈명(大君師傅臺巖崔公墓碣銘)〉을 말한다.

70 올라감에 어두운 데다가 : 능력과 덕이 없는 사람이 높은 지위에 오른다는 뜻으로, 여기에서는 겸사로 쓰였다. 《주역》 〈승괘(升卦)〉에 "상육은 올라감에 어두우니, 쉬지 않는 곧음이 이롭다.〔上六, 冥升, 利于不息之貞.〕"라고 하였다.

71 무덤……부여잡으니 : 고향에서 지내는 것을 말한다.

오직 바라건대, 향촌에서 덕을 기르며 평소대로 곧고 길하게 지내면서 우러러 사모하는 저의 정성에 부응해 주십시오. 이만 줄입니다.

이 교리[72] 현정 에게 답하는 글

答李校理 顯靖 書

궁벽한 산속 초라한 집은 고귀한 손님이 오실 만한 곳이 아닌데, 더구나 빛나는 고삐를 잡고 들러 주어 저를 멀리 버리지 않으셨으니, 집사의 뜻은 참으로 진지합니다. 비록 제가 이러한 대우를 집사에게 받지 못하더라도 다시 누구에게 그것을 바라겠습니까. 다만 겨울 해가 몹시 짧아 총총히 헤어진 것이 한스러울 뿐입니다. 슬프고 답답한 심정은 한 달이 지나도 오히려 스스로 그치지 못하였습니다. 장문의 편지가 갑자기 온 뒤에야, 숲속 별장으로 돌아가서 편히 휴식하며 고요하게 글을 마주하여 즐거워서 늙음을 잊는 뜻이 있음을 알았으니, 옛사람이 말한 좋은 소식 중 무엇이 이보다 낫겠습니까.

근래 영남의 운세가 불행하여 선배들이 차례대로 세상을 떠나서 후학이 본받을 분이 없으니, 집사와 같은 분이 은퇴하려고 마음을 먹는 것은 마땅하지 않습니다. 더욱 면려하여 후생과 젊은이 들로 하여금 보고 느끼는 것이 있게 한다면 이것은 우리 당의 다행이니, 어찌 영남 사람에게만 추중과 존경을 받겠습니까. 출사와 은퇴에 대해 물으신 것에 이르러서 저는 패군의 장수인데 어찌 감히 용맹에 대해 말하겠습니까. 다만 생각건대, 우리의 처신은 오직 머리를 숙이고 한 걸음을 물러설 뿐입니다.

72 이 교리(李校理) : 이현정(李顯靖, 1721~1789)으로, 본관은 한산(韓山), 사는 맹휴(孟休), 호는 약와(約窩)이다.

춘명문(春明門)[73] 좌우에 함정이 곳곳에 빽빽하게 벌여 있는데, 만약 언덕 위에 있는 사람으로 하여금 그 죄 없는 자가 땅을 기어 성문으로 들어가는 것을 보게 한다면 어찌 소름 끼치게 섬뜩해하지 않겠습니까. 진실로 나라에 경하할 일이 있어서 오로지 자기에게만 특별한 칙교(飭敎)를 준 경우가 아니라면 황공한 신하의 분수로서 냉큼 영남으로 내려가는 것은 마땅하지 않습니다. 삼사(三司)가 아닌 여러 관청의 한직(閑職)으로 부름을 받은 경우는 대략 신하의 분수를 닦지 않아서는 안 됩니다. 집사의 고견은 어떠하실지 모르겠습니다.

저는 고향의 황량한 산에서 이렇게 세밑을 만났는데, 부모를 여읜 쓸쓸한 외로움과 대궐을 향한 그리움으로 실로 마음을 진정할 수 없으니, 어찌하겠습니까. 대산공(大山公)의 덕을 형용하는 글[74]은, 노쇠하고 병들어 아무런 생각 없이 미루고 지체하다가 이에 이르렀으니, 민첩하지 못함이 깊이 부끄럽습니다. 오직 바라건대, 새해에도 잘 지내서 멀리서 그리워하는 저를 위로해 주십시오. 이만 줄입니다.

73 춘명문(春明門) : 옛날 당나라 장안성(長安城) 동쪽의 세 문 가운데 중문(中門)의 이름으로, 여기서는 한양의 동대문을 가리킨다.

74 대산공(大山公)의……글 : 《번암집》 권51 〈통정대부 예조 참의 대산 이공 묘갈명(通政大夫禮曹參議大山李公墓碣銘)〉이다.

이 참판[75] 헌경 에게 답하는 글

答李參判 獻慶 書

제공이 아룁니다. 비록 병들어 누워 있는 중이나 성안에서 사람이 올 때마다 대감의 안부를 묻는데, 안부를 자세히 알면 배부른 것처럼 만족하고 자세히 알지 못하면 굶주린 것처럼 허전하니, 저의 마음으로 대감의 마음을 헤아릴 수 있습니다. 지금 정중한 서찰 한 통으로 저의 생사를 물으셨는데, 내용이 간절하고 정이 넘칩니다. 이것은 대감과 저에게는 본래 일상적인 것입니다만, 오늘날의 풍속으로 말하자면 기이하고도 드문 일이 아니라고 말할 수 없습니다. 다만 이사를 하여 분주하신 줄 알았으니, 염려하는 저의 마음에 어찌 끝이 있겠습니까.

저는 한번 병에 걸린 뒤에 수십 일을 앓고 있는데, 의원이 재주를 발휘하지 못하고 시간만 맞춰서 왔다 갔다 하니, 저의 영대(靈臺)를 흔들기에는 부족합니다. 저 천명을 즐긴 것이 하필 도 팽택(陶彭澤) 한 사람에 그치겠습니까.[76] 적어 보여 준 약방(藥方)에서 저를 사랑하여 살리고자 하는 대감의 뜻을 볼 수 있으니, 대감이 아니면 제가 어디에서 이런 대우를 받겠습니까. 그렇지만 저는 이에 대하여 마음에 걱정이 없지 않습니다. 사는 것을 좋아하고 죽는 것을 싫어하는 것은 지령

75 이 참판(李參判) : 이헌경(李獻慶, 1719~1791)으로, 본관은 전주(全州), 초명은 성경(星慶), 자는 몽서(夢瑞), 호는 간옹(艮翁)이다.

76 저……그치겠습니까 : 도잠(陶潛)이 팽택 영(彭澤令)을 그만두고 돌아가던 무렵에 지은 〈귀거래사(歸去來辭)〉의 맨 끝에 "자연의 변화를 따라 죽음으로 돌아가거니, 천명을 즐길 뿐 다시 무얼 의심하리오.〔聊乘化以歸盡, 樂夫天命復奚疑.〕"라고 하였다.

이와 제가 같습니다. 대저 지렁이는 위로 마른 흙을 먹고 아래로 땅속 샘물을 마시니 저와 다툰 적이 없으며, 뱀이나 살무사의 송곳니도 없고 파리나 모기의 주둥이도 없으니 저에게 해독을 끼친 적이 없습니다. 이제 도리어 저의 우연한 빌미로 인하여 저들의 허다한 목숨을 죽여 불로 굽고 끓여서 액(液)으로 만들어 과연 한번 복용하여 즉시 효과를 볼 수 있다면 효과를 본 것은 비록 다행이겠지만 효과를 보게 한 지렁이들은 또한 심한 불행을 당한 것이 아니겠습니까.

저는 늘, 석씨(釋氏)가 평생 채식하며 차마 하나의 살아 있는 동물도 해치지 못한 것은 비록 우리 성인의 대중지정(大中至正)[77]한 법은 아니지만 하늘이 덮어 주고 땅이 실어 주는 만물이 화육(化育)을 같이 입었고 보면 석씨의 자비(慈悲)에 대한 논설은 또한 중생으로 하여금 은덕에 감사해하기에 충분한 것 같다고 생각했습니다.

세월을 겪은 이래로 제가 요즘 사람을 보건대, 만약 자기의 진취에 터럭만큼이라도 이로움이 있으면 무고한 사람의 생명을 해치더라도 조금도 어려워하는 낯빛이 없고 도리어 계획대로 되었다고 여기는데 세상에 그득한 자들이 모두 이러합니다. 그러나 이러한 무리는 이익은 알고 의리는 알지 못하는 자들입니다. 그들이 오늘날 하는 것처럼 훗날 지력(智力)이 그들보다 뛰어난 자들이 도리어 그들을 죽여서 진취를 사는 일이 없을 줄 어찌 알겠습니까. 그렇다면 너에게서 나온 것이 너에게로 돌아가서 그 화(禍)가 다함이 없을 것이니, 또한 슬프지 않겠습니까.

77 대중지정(大中至正) : 과불급(過不及)이 없이 지극히 중정하면서도 더할 나위 없이 매우 바른 도리를 가리킨다. 《朱子語類 卷83》

지금 지렁이를 굽는 법은 비록 대소(大小)가 같지 않다고 말하더라도 생물을 죽여 나를 이롭게 하는 것은 그 마음이 같습니다. 제가 차마 이것을 하지 못하는 것은 착한 것입니다. 두 공부(杜工部)의 시에 "집안에서는 닭이 벌레 잡아먹는 것만 싫어하고, 닭도 팔리면 다시 삶아질 줄 알지 못하누나.〔家中厭鷄食蟲蟻 不知鷄賣還遭烹〕"라고 했는데, 이것은 인인 군자(仁人君子)의 말입니다. 두 공부가 아니면 제가 누구와 돌아가겠습니까. 정신이 혼미하여 간신히 썼습니다. 이만 줄입니다.

이생 한주, 한기에게 답하는 글

答李生漢舟漢紀書

만나면 헤어지는 것은 이치이고, 산천이 가로막고 있습니다. 두 젊은이가 나란히 걸어서 삼포(三浦)를 방문했던 일을 생각할 적마다 마치 눈앞에 있는 듯 생생하나 해가 네 번이나 바뀌었으니, 세월이 이렇게 쉽게 흘렀습니다. 사람이 그사이에 쇠하고 또 병들지 않을 수 없으니, 떨어져 있는 날은 많으나 만날 날은 적은 것이 더욱 어찌 덧없는 세상의 한스러움이 아니겠습니까.

형제가 함께 보낸 편지가 눈 쌓인 대령(大嶺)을 넘어 멀리 산속 집 적막한 물가에 이르렀으니, 쑥과 명아주에 길이 막힌 골짜기에서 발자국 소리만 들어도 기쁘다고 한 말[78]은 옛사람이 나를 속이지 않은 것입니다. 하물며 부모님을 모셔 다복하고 학업을 닦으며 더욱 건강한 경우이겠습니까.

글공부를 익히는 데 퇴보할 뿐 진전은 없다는 말은 생각건대, 겸양에서 한 말씀일 것입니다. 현자에게 어찌 이러한 일이 있겠습니까. 그렇지만 천하의 일은 나아가지 않으면 물러섬이 있을 뿐입니다. 이것은 예로부터 뜻을 지닌 선비가 함께 경계하고 성찰한 것입니다. 바라건대,

78 쑥과……말 : 《장자(莊子)》 〈서무귀(徐无鬼)〉에 "텅 빈 골짜기에 숨어 사는 사람은 명아주와 콩잎이 족제비가 다니는 좁은 길마저 막고 있는 터라, 빈 골짜기에서 홀로 걷다가 쉬다가 하노라면, 다른 사람의 발자국 소리만 들어도 화들짝 기뻐하는 것이다. 〔逃空虛者, 藜藋柱乎鼪鼬之逕, 踉位其空, 聞人足音, 跫然而喜.〕"라고 한 것을 말한다.

족하께서는 겸양에서 한 말을 가지고 참으로 아침저녁으로 자신을 성찰하는 자료로 삼는다면 훗날 나아가고 나아가는 공부가 어찌 이에서 힘을 얻지 않을 줄 알겠습니까.

제가 생각건대, 족하는 부모님이 생존해 계시어 입신양명이 긴급하고, 더구나 국가의 제도는 과거 급제를 통하여 벼슬에 진출하는 것이 아니면 아무리 어려서부터 학문을 배웠더라도 장성하여 배운 것을 행할 기회가 없습니다. 공거(公車)[79]의 공부에 전념하는 것은 옛사람이 다시 일어나도 반드시 해야 할 일이 아니라고 여기지 못할 것입니다.

그러나 본말과 경중에는 절로 그 순서가 있으니 속일 수 없습니다. 과거 급제를 얻지 못할 때는 이것 밖에도 할 일이 있을 줄 알지 못하다가 얻은 뒤에는 큰일을 이미 마쳤다고 여긴다면 대인(大人)의 일을 함께 논할 수 없는 자입니다. 족하는 추로(鄒魯)의 지방에서 태어나서 이름난 조부의 업을 계승하였으니, 이러한 사리에 대하여 "혹 이해가 부족하다."라는 말이 아니라, 다만 기대하고 바라는 것이 간절하기 때문에 이러니저러니 말한 것이니, 양해하기 바랍니다.

저는 한번 병에 걸린 뒤로 4달 동안 앓고 있어 의당 죽어야 하나 죽지 않고 있으니 또한 하나의 괴이한 일입니다. 지금 도리어 한 줄기 양기가 조금 회복된 것을 우리 당의 복에 비유하였습니다. 그러나 이 자그마한 몸뚱이가 태어나고 죽는 것은 곧 유유하게 오고 가는 것일 뿐이니, 우리 당에 무슨 관계가 있겠습니까. 또한 저는 세월을 겪어

79 공거(公車) : 중앙에서 치르는 과거 시험에 응시하는 것을 뜻하는 말로, 한(漢)나라 때 지방 선비들이 과거 시험에 응시할 적에 공가(公家), 즉 국가의 수레에나 그들을 태워서 서울로 보냈으므로 이렇게 이른다.

오면서 참으로 사는 것은 싫어할 만하고 죽는 것은 즐거워할 만하다는 것을 깨달았으니, 부절이 도착하면 즉시 가는 것[80]이 어찌 내가 살 곳을 얻는 것[81]이 아니겠습니까. 공자가 말씀하기를 "미워할 때는 죽기를 바라고 사랑할 때는 살기를 바라니, 이미 죽기를 바라고 또한 살기를 바라는 것이 이것이 미혹이다."[82]라고 하였습니다. 요즘 사람들이 미워하여 죽기를 바라는 것은 본래 미혹이나, 족하의 미혹은 도리어 사랑하여 살기를 바라는 데에 있지 않습니까. 사랑과 미움은 비록 다르지만 미혹인 것은 같습니다. 한번 생각해 보십시오. 오직 더욱더 면려하여 저의 바람에 부응해 주시기를 바랍니다. 이만 줄입니다.

80 부절이……것 : 염라대왕이 보낸 저승사자가 부절을 가지고 와서 나를 부르면 즉시 저승으로 간다는 말이다. 《동파전집(東坡全集)》 권81 〈답왕정국(答王定國)〉 중 제2수에 "생로병사를 겪다가 부절이 도착하면 갑니다.〔生老病死, 符到奉行.〕" 한 데서 온 말이다.

81 내가……것 : 죽어서 저승에 가서 사는 것을 말한다. 《시경》 〈위풍(魏風) 석서(碩鼠)〉에서 포학한 위정자를 떠나 다른 나라로 가서 살고 싶은 심정을 노래했는데 "장차 떠나 너를 버리고, 저기 낙토로 향해 가리라. 아 저 낙토에 가면, 내가 살 곳이 있으리로다.〔逝將去汝, 適彼樂土. 樂土樂土, 爰得我所.〕" 하였다.

82 미워할……미혹이다 : 《논어》 〈안연(顏淵)〉의 구절을 인용했으나 순서를 바꾸었다. 《논어》에는 "사랑할 때에는 살기를 바라고, 미워할 때에는 죽기를 바라니, 이미 살기를 바라고 또 죽기를 바라는 것이 이것이 미혹이다.〔愛之欲其生, 惡之欲其死, 旣欲其生, 又欲其死, 是惑也.〕"라고 하였다.

김 진사[83] 종덕, 좌랑[84] 종발, 진사[85] 종섭 에게 주는 글
與金進士 宗德 佐郎 宗發 進士 宗燮 書

제공이 상사(上舍) 형제께 아룁니다. 어진 사람은 복이 없습니다. 영제(令弟) 지헌군(持憲君)[86]이 갑자기 세상을 떠났는데, 90세 어머니를 어떻게 위로해 드리고, 함께 걱정하던 형제의 슬픔은 어떻게 스스로 억누르십니까? 한결같은 슬픔을 스스로 그치지 못합니다. 그러나 이것은 오히려 덕문(德門)의 사적인 것에 속할 따름입니다.

우러러 생각건대, 지헌군은 학업을 몸으로 닦고 집에서 품행을 독실하게 하여 사우들의 마음이 쏠리고 화려한 명성이 날로 드러나 성주(聖主)가 발탁하여 시종신의 반열에 놓으니 식견이 있는 자들이 서로 돌아보며 기뻐하는 낯빛을 띠었습니다. 제공과 같은 자는 사는 곳이 멀리 떨어져서 비록 평소 책심(責沈)의 부끄러움[87]을 지는 것을 면치 못하였으나 흠모의 독실함과 기대의 성대함은 감히 산천 때문에 가로막히지

83 김 진사(金進士) : 김종덕(金宗德, 1724~1797)으로, 본관은 안동(安東), 자는 도언(道彦), 호는 천사(川沙)이다.

84 좌랑(佐郎) : 김종발(金宗發, 1740~1812)로, 본관은 안동, 자는 경온(景蘊), 호는 용연(容淵)이다.

85 진사(進士) : 김종섭(金宗燮, 1743~1791)으로, 본관은 안동, 자는 홍보(弘輔), 호는 제암(濟庵)이다.

86 지헌군(持憲君) : 사헌부 지평을 지낸 김종경(金宗敬, 1732~1785)으로, 본관은 안동, 자는 직보(直甫), 호는 구재(苟齋)이다.

87 책심(責沈)의 부끄러움 : 409쪽 주65 참조.

않았습니다. 어찌하여 복(福)이 눈꼬리에도 차지 못하고 화(禍)가 세상에 넘쳐 이 사람이 이에 이르렀습니까. 이것은 하늘이 우리의 도를 돕지 않은 것입니다. 거듭 흐느끼고 길이 탄식하는 것이 어찌 다만 한 가문의 슬픔을 위해서일 뿐이겠습니까.

봄에 보내신 편지에는, 때마침 바쁜 일이 있어서 답장을 쓸 수 없었고, 곧이어 노쇠와 병이 깊어진 이유로 가쁜 숨 몰아쉬느라 산 사람의 모양이 없어졌으며, 겨울에 들어선 이래로 조금 덜한 듯하나 여전히 침상 위 이불 속 물건일 뿐입니다. 만약 집사가 저의 상태를 안다면, 생각건대 답장을 쓰라고 제게 요구할 겨를도 없이 보통 사람의 예를 차릴 겨를이 없는 저를 불쌍하게 여길 것입니다.

만취(晩翠) 선생[88]의 묘도문(墓道文)을 부탁하셨는데, 대산공(大山公)이 만취 선생의 덕을 형용한 글[89]은 절로 영원히 전해지기에 충분하고, 용와공(慵窩公)의 꾸밈없는 글[90]이 또한 이미 저보다 앞서 이루어졌습니다. 그런데 못나고 용렬한 제가 어찌 감히 다시 추가할 수 있겠습니까. 그러나 여러 군자가 힘써 유문(遺聞)을 찾아 정성스럽고 간절하게 선조를 드러내니, 그 효성이 사람을 감동시키기에 충분합니다. 또한 상사(上舍)인 영계씨(令季氏)[91]가 천 리 길을 걸어 고개를 넘고

88 만취(晩翠) 선생 : 김사원(金士元, 1539~1602)으로, 본관은 안동, 자는 경인(景仁), 호는 만취, 초자(初字)는 경방(景龐)이다.

89 대산공(大山公)이……글 : 이상정(李象靖)의 《대산집(大山集)》 권49 〈만취당김공행장(晩翠堂金公行狀)〉을 말한다.

90 용와공(慵窩公)의 꾸밈없는 글 : 유승현(柳升鉉, 1680~1746)의 《용와집(慵窩集)》 권3 〈만취당김공묘갈명(晩翠堂金公墓碣銘)〉이다.

91 영계씨(令季氏) : 상대방의 동생을 높여 부르는 말이다.

죽주(竹州)의 초라한 집을 방문했는데, 마침 저의 사정이 변하는 때를 만나 헛되이 왔다가 헛되이 돌아갔습니다. 지금 그것을 생각하면 실로 움츠러들어 스스로 편치 못한 점이 있습니다. 이에 감히 참망(僭妄)함을 헤아리지 않고 남의 글을 모방하여 상자에 간직했다가 이제야 올려 보내니, 저의 불민한 죄를 용서하고 취사선택하시기를 바랍니다.

근래 영남의 운수가 불행하여 장석(丈席)들이 차례로 세상을 떠나셨으니, 사림의 근심이 참으로 큽니다. 집사와 같은 분은 학문에 연원이 있고 시서(詩書)의 학업에 전념하였으니, 바라건대, 상사를 당하여 어려운 상황이라고 해서 지경(持敬)[92]의 공부를 조금이라도 느슨하게 하지 말아서 한 지방의 사람으로 하여금 본받을 곳이 있게 하십시오. 그렇게 되면 제공이 비록 노년에 시골로 물러나더라도 마땅히 "사방 이웃들 모두 쟁기와 보습 메고 나가니, 어찌 굳이 우리 집까지 잡을 것 있겠나.〔四隣耒耜出 何必吾家操〕"[93]라는 구절을 외우며 종신토록 유감이 없을 것입니다. 어떠합니까? 이만 줄입니다.

92 지경(持敬) : 거경(居敬) 또는 주경(主敬)이라고도 한다. 경(敬)이란 원래 하늘, 신, 임금, 부모 등에 대한 경건하고 공손한 마음과 태도를 말하는데, 주희(朱熹)는 이것을 자신에 대한 마음가짐으로 전화(轉化)하여 자기 변혁의 수양법으로 확립하였다.

93 사방……있겠나 : 두보(杜甫)의 시 〈대우(大雨)〉에 나온다. 두보 자신은 가난하여 비록 갈 논밭조차 없지만, 그래도 사방의 이웃들이 비 온 뒤에 다투어 쟁기를 가지고 논밭 갈러 나가는 것을 보니 자기도 기쁘다는 뜻이다. 이 구절을 주희가 《회암집(晦庵集)》 권36 〈답진동보서(答陳同父書)〉에서, 때를 만나지 못하였을 때에는 몸을 선하게 유지하며 대의를 밝히는 것이 나라의 은혜에 보답하는 것이니 반드시 벼슬에 나아가야 하는 것만은 아니라고 하며 인용하기도 하였다.

임천 군수 윤지범[94]에게 답하는 글

答林川使君尹持範書

편지가 와서, 태부인(太夫人)이 70세의 나이에 침상에 계시던 끝에 부축받고 가마에 들어가 기나긴 길을 평온하게 건너 수령의 임소에 도착하였다는 것을 공경히 살펴 알았습니다. 이것은 그대의 정성과 효성이 신명을 우러러 감동시킨 것이니, 부러워하며 축하하는 마음 그지없습니다. 더구나 그대가 안으로는 어머니를 봉양하고 밖으로는 고을을 다스리며 부임한 초기에 제절(諸節)이 모두 평안하시다니, 매우 위로되고 기쁩니다.

대저 선비가 밝은 시대를 만나 과거 시험에 급제하여 벼슬길에 오른 것이 어찌 국가의 은혜가 미친 바가 아니겠습니까마는, 그대 가문을 당인(黨人)들이 눈을 부릅뜨고 지켜보는 가운데 발탁하여 청운으로 올라가는 형통하고 탄탄한 길에 올려놓은 것과 같은 경우는 없습니다. 이 남다른 은혜가 지극히 넓고 두터워 보통보다 훨씬 뛰어난 것은 제가 다시 언설(言說)을 소비하지 않더라도 그대가 어찌 마음에 새기지 않겠습니까.

며칠 전 경연에 올랐을 때, 성상께서 분부하시기를,

94 윤지범(尹持範) : 윤규범(尹奎範, 1752~1821)으로, 본관은 해남(海南), 자는 이서(彝敍), 호는 남고(南皐), 초명은 지범이다. 1777년(정조1) 증광 문과에 병과로 급제하였으나 윤선도(尹善道)의 후손이라는 이유로 벼슬에 오르지 못하다가 왕의 특명으로 서용되어 성균관 전적, 병조 좌랑, 지평 등을 지냈다. 1797년 임천 군수(林川郡守)가 되었다.

"임천 군수가 관아에 부임한 뒤에 성이 윤씨(尹氏)인 사람으로서 화성(華城)에 머물러 있는 자가 있는가?"

하여, 제가 답하기를,

"몇 집이 있다고 합니다."

하였습니다. 그리고 성상께서 분부하시기를,

"내가 성이 윤씨인 자들을 어찌 혹시라도 잊겠는가마는 과거에 급제한 한두 사람은 모두 낭패하여 떨치지 못하였고, 윤지범만은 깨끗하고 빼어난 기운이 있는 듯하여 수령의 임무를 준 것이니, 만약 잘 다스린다면 어찌 다행이 아니겠는가."

하여, 제가 답하기를,

"신은, 근래 윤씨 집안의 일이 만약 강엄(江淹)[95] 이전에 있었다면 반드시 〈한부(恨賦)〉 안에 수록되었을 것이라고 늘 생각했습니다. 성상께서 은혜를 베풀고 보호하며 아껴 주시는 것이 거의 속담에서 '불면 날아갈까 두려워하고 쥐면 꺼질까 두려워한다.' 한 것과 같으나, 그들이 보답을 잘하지 못하고 스스로 어려운 상황을 초래하였습니다. 만약 한스러운 것을 논하자면 무엇이 이보다 더하겠습니까. 지범의 경우는 성상의 은혜를 저버리는 데에 이르지 않을 듯합니다."

하였습니다. 그리고 분부하시기를,

"내가 윤씨 가문에 대하여 어찌 이렇게 하고 그칠 수 있겠느냐. 반드시 날짜로 따지면 부족해도 달로 따지면 남음이 있는 일이 있을 것이다."

95 강엄(江淹) : 444~505. 자는 문통(文通)이다. 남조의 문인으로 송(宋), 남제(南齊), 양(梁)의 세 왕조를 섬기는 동안 양에서는 금자광록대부(金紫光祿大夫)가 되어 예릉후(醴陵侯)에 책봉되었다.

하였습니다. 끊임없이 이어진 성상의 분부는 편지 안에 다 쓸 수 없으나 대략 이와 같으니, 그대가 이에 대하여 더욱 어찌 감격하여 눈물 흘리며 조금이라도 보답할 방도를 생각하지 않겠습니까.

그 보답하는 방도는 특별하고 신기한 도리가 필요치 않습니다. 공자는 대성인인데도 오히려 말하기를 "회계는 마땅하게 할 뿐이다. 소와 양은 잘 키울 뿐이다." 하셨습니다. 만나는 바에 따라서 나에게 있는 직분을 다하는 것이 곧 성인의 도입니다. 비록 얕은 재주와 천박한 학식을 가진 저로서 말하더라도, 만약 이것을 마음으로 삼는다면 실로 고원하여 행하기 어려운 염려가 없고 임금의 은혜에 보답하는 것이 애당초 절로 그 사이에 있지 않음이 없습니다.

그대가 고을을 다스리는 것은 그 책임이 단지 백성으로 하여금 안정된 생활을 누리고 생업을 즐기게 하는 것일 뿐입니다. 관아의 하인들을 엄히 단속하여 마을로 자주 나가지 않게 하고, 백성의 호소를 부지런히 접하여 백성이 읍점(邑店)에 오래 머물게 하지 말며, 환곡을 꾸어 줄 때는 몽글고 옹골찬 낟알을 내주는 데 힘쓰고 환곡을 거두어들일 때는 지나치게 많이 거두어들이는 폐단을 제거하며, 큰 질병이 아니면 반드시 직접 굽어살펴서 향원(鄕員)의 손에 맡기지 마십시오. 재물과 이끗을 만나면 지고(脂膏)[96]가 사람을 더럽히는 것을 생각하고, 쟁송(爭訟)을 판결할 때는 관절(關節)이 귀에 들어오는 것을 두려워해야 합니다. 이와 같은 일들은 낱낱이 들어 말할 수 없으나 큰 요체는 밝게 깨어 있는 주인옹(主人翁)[97]이 주인이 되어 가는 곳마다 모두 이해하여 사물

96 지고(脂膏) : 기름진 것이라는 의미로, 농부들이 피땀 흘려 이룬 재물을 가리킨다.

97 주인옹(主人翁) : 마음을 비유한 말이다. 《심경부주(心經附註)》 권1 역곤지육이

을 합당하게 하는 것에 지나지 않을 뿐입니다.

'지고' 두 글자와 같은 것은 마땅히 취해야 할 것이 아닌데 취하는 것을 가리킵니다. 또한 혹 핑계 대어 말하기를 "백성에게서 나온 것을 취해야 한다. 차마 하지 못하는 바가 있으나 나는 다른 것을 생각할 겨를이 없다." 하는데, 곧 귀탁(歸槖)을 무겁게 하려는 것을 말합니다.

만약 조세를 바르게 거두어서 날마다 쓰고도 남아돈다면 그대는 집에 그저 네 벽만 서 있는 자일 뿐, 위로 어머니를 봉양하며 임기를 마치고 돌아오는 날에 저녁 밥상이 나올 곳이 없다면 또한 어찌 효자의 지극히 절실한 심정에 서운함이 없겠습니까. 그러나 제가 듣건대, 그대는 씀씀이를 아낄 줄 모르고 관이에 도착하는 처음에 여기저기 써 버려서 이미 수습하지 못할 염려가 있다고 합니다. 이것은 비록 자기를 살찌게 하는 것과는 차이가 있으나 위에서 "회계를 마땅하게 한다." 한 것은 이와 같지 않은 듯합니다. 일과 상황에 따라 조금도 그대로 지나치지 않아서, 성상께서 돌아보고 기대하시는 뜻에 우러러 부응한다면 나에게도 다행일 뿐만 아니라 어찌 그대의 가문에 영광이 있지 않겠습니까.

아끼는 마음이 지극하여 세세함이 이에 이르렀으니, 노망든 사람의 말로 여기지 않는다면 심히 다행이겠습니다. 저는 노쇠와 병이 날로 깊어져 여전히 공무를 보지 못하는 것은 말할 것도 없습니다. 보내

조(易坤之六二條) 주(注)에 "송(宋)나라의 사양좌(謝良佐)가 '경은 항상 성성하게 하는 법이다.〔敬是常惺惺法〕'라고 하였고, 서암(瑞巖)이란 승려가 매일같이 자신에게 '주인옹은 깨어 있는가?〔主人翁惺惺否?〕'라고 묻고서, 자신이 '깨어 있노라.〔惺惺〕'라고 답하면서 마음을 다스렸다."라고 하였다.

주신 여러 가지 물품은 후한 정에 많이 감사드립니다. 이만 줄입니다. 살펴 주시기를 바랍니다.

안변 부사 유범휴[98]에게 답하는 글

答安邊府使柳範休書

제공이 아룁니다. 달포 전 병으로 누워 있을 때 보았는데 작별의 말을 길게 하지 못하여 그리운 마음이 지금까지 슬프고 침울합니다. 노인은 마음이 약하니 어찌 이렇지 않을 수 있겠습니까. 갑자기 손수 쓴 편지를 받고서 관아에 돌아간 뒤에 제절(諸節)이 편안하고 행복함을 갖추어 알았으니, 위로되고 기쁜 마음을 어찌 형언할 수 있겠습니까. 그러나 이 늙은 물건은 살아서는 세교(世敎)를 돕지 못하고 죽어서는 초목과 같이 썩어 올 때 왔다가 갈 때 가는 데 지나지 않으니 무슨 관계가 있겠습니까마는, 도리어 좌하는 저를 아끼는 마음이 깊어서 직접 와서 보고 서로 작별할 때 병상을 떠나지 못하고 걱정을 많이 하였습니다.

보내 주신 편지가 이르렀는데, 편지에서 "동쪽으로 흥인문(興仁門) 밖을 나가 멀리 철령(鐵嶺) 북쪽을 향했으나 말 위에서 저도 모르게 머리를 자꾸 돌렸다." 하였습니다. 사랑할 때에는 살기를 바라니,[99] 비록 진실한 마음에서 한 말이라 해도 제가 볼 때는 오히려 베풀 필요 없는 곳에 베푼 말입니다. 재삼 받들어 읽고는 부끄러워 땀이 흐르는 것을 견디지 못할 뿐입니다.

98 유범휴(柳範休) : 1744~1823. 본관은 전주(全州), 자는 천서(天瑞), 호는 호곡(壺谷)이다. 천거로 벼슬길에 나아가 사도시 첨정, 고성 군수, 안변 부사 등의 벼슬을 지냈다.

99 사랑할……바라니 : 420쪽 주82 참조.

고개 밖에서 명성과 행적이 있는 인재를 널리 선발한 것은 전에 없던 성상의 은혜로운 분부 때문입니다. 석보(碩輔)[100]와 명유(名儒)로서 그중에 실린 자라면 누군들 영광이 무덤까지 미치지 않겠습니까마는 좌하의 조부는 형과 동생이, 부친도 형과 동생이 서로 이어서 모두 기록되어 마치 한 가문의 보첩(譜牒)과 같으니, 실로 명문 세가(名門世家)에도 드문 것입니다. 사우들의 부러움과 탄식이 지극한데, 더구나 좌하의 영예롭고 감격스러운 마음은 어떠하겠습니까.

그리고 선현(先賢)의 후손 중에 산과 들에서 광채를 감추고 사는 이들에게 관직에 제수하는 종이가 넘실넘실 이르는 것은 특별히 우리 성상이 반드시 들에 버려진 현자가 없게 하려는 뜻입니다. 제공과 같은 자는 임금을 섬기는 지위에 있으면서도 일찍이 한마디 말도 끼어들지 못한 자인데, 이때 군자가 소찬한다는 기롱을 더욱 면치 못합니다.

보내 주신 편지에서 "영남은 다시는 옛날의 영남이 아닌데, 누가 능히 인도하고 가르쳐 길러 성상께 보답하겠는가. 애석하도다, 옛날 인물을 데려와 오늘의 일을 감당하게 할 수 없다."라고 한 것은 참으로 군자가 스스로를 반성하고 스스로를 성찰하는 말입니다. 이 마음을 이끌어서 여러 가지 일에 베푼다면 성인을 본받기를 바라고 현인을 본받기를 바라는 것을 어찌 이것 밖에서 구할 수 있겠습니까. 다만 생각건대 인(仁)을 하는 것은 자기에게 달려 있는 것이니, 남에게 달려 있는 것이겠습니까.

이제 좌하가 다스리는 곳에는 백성이 있고 사직이 있습니다. 학문이 넉넉하여 벼슬을 하는데, 어찌 그것을 적게 여기겠습니까. 다만 제공이

100 석보(碩輔) : 임금을 보좌하는 현량(賢良)한 신하이다.

평소 좌하에게 기대한 것은 이와 같이 하고 그치기를 바라지 않았습니다. 성인이 말하기를 "인을 행해야 할 때에는 스승에게도 양보하지 않는 법이다."라고 하였습니다. 좌하가 영남에서 지낼 때, 좌하의 선대의 명성과 행적이 널리 선발된 자들 중에서 찬란하게 빛났으니, 만약 인도하여 가르치고 기르는 책임을 몸소 맡는다면 사림의 희망이 반드시 장차 어느새 귀속되는 곳이 있을 것이며, 오늘의 영남이 어찌 갑자기 변하여 옛날의 영남이 되지 못하겠습니까. 저는 옛사람이 말을 해 주었던 의리[101]에 부쳐서 이와 같이 권면하였으니, 우리의 도를 맡김이 이에 있는 것입니다. 몇 해 전 동읍(東邑)의 일 때문에 일찍이 역임한 여러 수령을 잡아다 문초하는 가운데 섞여 들어갔다고 하던데, 일이 비록 황송하게 되었더라도 내면을 살펴서 허물이 없다면 또한 무슨 탄식할 것이 있겠습니까.

관아의 심부름꾼이 스스로 새벽에 출발한다고 말하기에, 촛불이 침침한 가운데 간신히 입으로 읊어 받아쓰게 하였습니다. 이만 줄입니다.

101 옛사람이……의리 : 사람을 전송할 때 좋은 말을 해 주는 의리이다. 《사기》〈공자세가(孔子世家)〉에 "노자가 전송하면서 '나는 들으니 부귀한 사람은 사람을 보낼 때 재물을 주고, 어진 사람은 사람을 보낼 때 말을 준다.'라고 했다.〔老子送之曰: "吾聞富貴者送人以財, 仁人者送人以言."〕" 하였다.

참봉 이진호[102]에게 답하는 글

答李參奉鎭祜書

서로 작별한 지 이미 3년이 되었습니다. 가끔 올라오는 영남의 사우들을 통해서 그대의 안부를 몇 차례 들었습니다. 다만 병석에 누워서 시간만 보내고 있는 터라 안부 편지를 보내지 못한 것이 한스러울 뿐입니다. 그대의 편지가 갑자기 와서 손에 들어오니, 그리운 마음에 어찌 끝이 있겠습니까. 더구나 건강하게 지내심을 살펴 알았으니, 매우 위로됨을 더욱 견디지 못합니다.

제공은 나이가 들수록 병도 더욱 깊어지는데 이것은 당연한 이치이니 본래 한스러워할 것도 못 됩니다. 무거운 짐이 몸에 있어서 풀려나기를 기다리나 안 되고 반식(伴食)의 기롱과 헐후(歇後)의 꾸짖음[103]이 날로 몸에 쌓이니, 이것이 두려울 뿐입니다.

편지에서 말씀하신, 한로(寒老 한강(寒岡) 정구(鄭逑))의 원우(院宇)

102 이진호(李鎭祜) : 1738~1802. 본관은 진성(眞城), 자는 치수(穉受), 자호(自號)는 수운자(水雲子)이다. 과거 시험을 보지 않고 독서하며 지내다가 1792년(정조16) 음직으로 후릉 참봉(厚陵參奉)에 제수되었다.

103 헐후(歇後)의 꾸짖음 : 자격이 없는 자신이 정승이 된 것을 자책한다는 말이다. 헐후란 뒤의 말을 생략하여서 전체의 뜻을 암시하는 일종의 은어이다. 당나라 소종(昭宗) 때 문신인 정경(鄭綮)은 헐후시(歇後詩)로 종종 세상을 풍자하곤 하였는데, 황제가 그의 작품을 보고 그가 이런 작품을 쓰는 것은 가슴속의 뜻을 다 발휘하지 못해서일 것이라며, 예부 시랑(禮部侍郞) 동중서문하평장사(同中書門下平章事)로 등용하였다. 이튿날 정경의 친척들이 와서 이를 축하하자, 정경은 "헐후시를 쓴 내가 재상이 되다니, 세상일을 알 만하다.〔歇後鄭五作宰相, 時事可知矣.〕"라고 하였다. 《新唐書 鄭綮列傳》

에 미옹(眉翁 미수(眉叟) 허목(許穆))을 배향하는 것에 대해 사림의 논의가 어찌 이리도 더딥니까. 덕을 높이고 도를 즐기는 우리 성상의 뜻은 미옹에 대한 광감(曠感)[104]이 얕지 않아 영정을 찾아 들이게 하여 감탄하며 감상한 끝에 화공(畫工)에게 모사할 것을 명하여 내각(內閣)에 안치하고 부본을 돌려보냈으니, 이것은 실로 성세에 드문 일입니다.

제공이 그때 사림과 의논하여 다행히 백운서원(白雲書院)[105]에 부본을 옮겨 봉안하였습니다. 백운서원과 도연서원(道淵書院)은 똑같이 대령(大嶺)의 남쪽에 있으니 두 선생이 서로 의지하며 기뻐하고 흐뭇해함이 유명(幽明) 간에 어찌 차이가 있겠습니까. 이것으로 미루어 보면, 도연서원에 미옹을 추가하여 배향하는 것은 인정과 예를 살펴보건대 식견을 지닌 자라면 누군들 당연하다고 말하지 않겠으며 우리의 도 역시 더욱 중해질 것이니 축하드리는 마음을 그칠 수 없습니다.

다만 고유문과 축문을 적당하지 않은 사람인 저에게 부탁한 것은 집사를 위하여 마음에 걸리지 않을 수 없습니다. 그러나 심부름하는 사람이 천 리 길을 일부러 찾아왔으니, 지극한 뜻을 저버릴 수 없고, 또한 도연서원 안의 성대한 일에 힘쓸 수 있는 것을 행운으로 여기므로 삼가 모양을 그럴듯하게 본떠서 지어 올립니다. 그러나 만약 용도에 맞지 않는다면 영남의 숙유(宿儒) 중에 문장으로 명성이 있는 분에게 다시 구하여도 안 될 것이 없을 것입니다.

이것을 계기로 추로(鄒魯)의 많은 선비를 위하여 제가 구구하게 권

104 광감(曠感) : 광세지감(曠世之感)의 준말로, 동시대에 태어나지 못해 서로 만나지 못한 것을 아쉬워하는 감회이다.

105 백운서원(白雲書院) : 소수서원(紹修書院)의 옛 이름이다.

면하는 것이 있습니다. 두 선생을 높이 받드는 것은 외면에 있는 예이고 두 선생을 스승으로 모시는 것은 내면에 있는 마음입니다. 만약 두 선생의 도(道)가 찬연히 다시 세상에 밝혀지기를 바란다면 먼저 내외와 경중의 구별을 밝히고 독서하고 궁리하여 외물을 사모함이 없어야 하며, 반드시 마음속 허명(虛明)한 가운데에서 얻음이 있어야 곧 진정한 높이 받듦이 될 수 있습니다. 만약 여기에서 떨쳐 일어나고 여기에서 감동하고 분발하여 70주(州)의 훌륭한 선비들이 찬란하게 모습이 달라지는 효과를 낼 수 있다면 오늘 추가하여 배향하는 일이 외면에 있는 예모가 될 뿐만이 아니니 어찌 성대하지 않겠습니까.

자기도 못 하는 것을 남에게 요구하였습니다. 저로서는 비록 매우 부끄러워 얼굴이 붉어지지만, 사림으로 보자면 타산지석으로 자기의 옥을 다듬는 것이니, 또한 애당초 자신을 수양하는 데 얼마간의 도움이 됩니다. 어떻게 생각하십니까?

이불을 쓰고 있노라니 피곤하고 말은 뜻을 다 표현하지 못했습니다. 이만 줄입니다.

영남의 사우들에게 주는 글
與嶺南士友書

선세자(先世子)[106]의 예효(睿孝)는 하늘이 낸 것으로, 정성왕후(貞聖王后)[107]를 받들어 모실 때 자애와 효성이 모두 지극하였으니, 고금에 비할 데가 거의 없습니다. 정축년(1757, 영조33) 거상(居喪)하던 날[108]에는 슬픔으로 몸이 수척해짐이 예제를 지나쳤고, 인산(因山) 때는 상여를 부여잡고 통곡하여 슬픈 모습이 길 가는 사람을 감동시켰으니, 당시에 그것을 본 자들은 지금까지 감복하고 있습니다. 그리고 누차 선왕(先王 영조)의 염려하는 분부가 있었으나, 종제(終制)에 이르러서도 남은 슬픔이 다하지 않았습니다. 최복(衰服)과 삭장(削杖 오동나무 상장)은 사가(私家)에서는 불에 태우고 왕실에서는 땅에 묻는데, 선세자는 지극한 성품이 특히 남달라 차마 버리지 못하고 그대로 두었다가 슬픔이 지극할 때마다 꺼내 보며 눈물을 흘렸습니다.

그때에 노적(魯賊)과 문녀(文女)[109]가 안팎에서 결탁하여 온갖 참소

106 선세자(先世子) : 정조의 생부인 장헌세자(莊獻世子)를 가리킨다.

107 정성왕후(貞聖王后) : 1692～1757. 달성부원군(達城府院君) 서종제(徐宗悌)의 딸로, 영조의 정비이다.

108 정축년 거상(居喪)하던 날 : 정성왕후가 사망하여 거상하던 때를 말한다.

109 노적(魯賊)과 문녀(文女) : 노적은 영조 때 영의정을 지낸 김상로(金尙魯)이고, 문녀는 영조의 후궁 문씨(文氏)이다. 이들이 결탁하여 영조와 사도세자(思悼世子)의 사이를 이간질하고 영조에게 사도세자를 무함하여 폐위시킨 뒤에 뒤주에 가두어 죽세 하였다는 죄로, 정조가 즉위한 해에 문씨는 사약을 받고 김상로는 관작을 추탈당하였다.

와 무함이 이르지 않는 데가 없었는데, 도리어 최복과 삭장의 일로 차마 말할 수 없는 무함을 지어내니, 위협과 핍박이 더욱 급박하였습니다. 경진년(1760)에 이르러 천신(賤臣)인 제공이 도승지로서 함인정(涵仁亭)[110]에 입시했을 때 선왕께서 글을 내렸는데 제공이 곧 작환(繳還)하였으니, 이것이 대개 모년(某年) 예무(睿誣)[111] 중에 지극히 큰 것이었습니다.

그 뒤에 선왕께서 뉘우치고 깨달아 그런 심정이 누차 말씀과 분부에 드러났습니다. 일찍이 휘령전(徽寧殿)[112]에 납시었을 때 제공이 지신(知申)으로서 입시했는데, 이때 선왕께서 사관을 물리치고 천신에게만 앞으로 나아올 것을 명하고 어서(御書) 1장을 신위(神位)-곧 정성왕후의 신위이다.- 아래 욕석(褥席)[113] 가운데에 감춰 두게 하였으니, 곧 연본(筵本)에서 일컬은 금등(金縢)[114] 가운데의 2구절이었습니다. 그 글-피 묻은 적삼이여, 피 묻은 적삼이여. 오동나무여, 오동나무여. 누가 금장(金藏)[115]인가.

110 함인정(涵仁亭) : 창경궁 명정전 서북쪽에 있다. 국왕이 편전으로 자주 이용하던 건물이다. 휴식을 취하기도 하고 신하들과 경연을 열기도 했다. 1484년(성종15)에 지은 인양전(仁陽殿)이 있었는데 임진왜란 때 불타 버렸고, 1633년(인조11) 인경궁(仁慶宮)의 함인당(涵仁堂)을 이건하여 함인정이라 하였다.

111 예무(睿誣) : 장헌세자에 대한 무고(誣告)를 말한다.

112 휘령전(徽寧殿) : 영조의 비 정성왕후 서씨(徐氏)의 혼전(魂殿)이다.

113 욕석(褥席) : 신위를 올려놓는 요이다.

114 금등(金縢) : 원래 주나라 주공(周公)이 무왕(武王)의 병을 낫게 하기 위하여 자신의 목숨과 바꾸게 해 달라고 하늘에 기원했던 글인데, 여기서는 영조가 사도세자를 죽인 뒤 이를 후회하여 기록한 글을 말한다.

115 금장(金藏) : 안금장(安金藏)이다. 안금장은 당나라 측천무후(則天武后) 때의 충신으로, 당시에 태자로 있던 예종(睿宗)이 반역을 꾀한다는 무고가 일어나자 태자의

천추에 나는 뉘우치네, 망사지대(望思之臺)[116]에서.-에서 "피 묻은 적삼"이라 한 것은 최복의 적삼 소매가 피눈물로 얼룩진 것을 말하고, "오동나무"라고 한 것은 삭장을 말합니다. 이번 제공의 소(疏)는 대개 혼자 이 일을 알고 있으므로 죽기 전에 한번 알리고 싶었던 것입니다. 그러므로 원래의 소에는 '즉(卽)' 자 아래에 1구절이 있고 '즉' 자 위에 "간흉이 무함한 것……〔奸凶所以誣之……〕"이라는 구절이 있습니다.[117] 지금은 연본을 이미 내놓고 원래의 소를 대신과 비당(備堂)에 반포하여 두루 알렸으니, 삼기(三紀)[118]의 예무가 이미 깨끗이 씻겼고, 두 임금의 아름다운 덕이 모두 천양(闡揚)되었습니다. 이것은 실로 우리 국가의 막중하고 막대한 행운이니, 어찌 한 사람이니 한 집안의 사적인 영광일

측근들이 국문을 받고서는 형신(刑訊)을 견디지 못하여 모두 거짓으로 자백을 하였으나, 안금장만 태자의 무함을 밝히기 위해서 칼로 배를 갈라 창자를 꺼내어 보임으로써 태자의 결백을 주장하였다. 《新唐書 安金藏列傳》《舊唐書 忠義列傳 安金藏》 여기서는 사도세자의 결백을 끝까지 주장하는 신하를 뜻한다.

116 망사지대(望思之臺) : 귀래망사지대(歸來望思之臺)를 말한다. 한 무제(漢武帝) 말년에 강충(江充)이 권력을 잡고 무고(巫蠱)의 옥사(獄事)를 일으켜 태자를 무고(誣告)하자 견디다 못한 태자는 군사를 이끌고 난을 일으켜 강충을 베고 자신도 자살하고 말았다. 뒤에 무제가 태자의 억울함을 깨닫고 후회하던 끝에 사자궁(思子宮)을 짓고 귀래망사지대를 만들었는데, 이 소식을 들은 천하 사람들이 모두 눈시울을 적셨다. 《漢書 武五子傳》 여기서는 영조가 사도세자를 그리워하고 있음을 뜻한다.

117 즉(卽)……있습니다 : 《번암집》 권26 〈화성의 유수영에 있으며 영의정을 사직하는 상소〔在華城留營辭領議政疏〕〉에 "단지 간흉이 무함한 것은 곧 천고에 차마 말할 수 없는 일입니다.〔直以奸兇所以誣之者, 卽千古不忍言之事.〕"라고 하였다.

118 삼기(三紀) : 1기는 12년이니 3기는 36년이다. 1757년 정성왕후가 사망하고 사도세자가 집중적으로 무함을 받은 이래, 번암이 금등의 사실을 상소하여 알린 1793년(정조17)까지가 36년이다.

뿐이겠습니까.

하지만 이 일의 전말을 서울의 진신(搢紳)들은 모두 참여하여 들었으나 교남(嶠南)의 군자들은 머나먼 밖에서 전해 들어 자세히 알지 못할까 염려됩니다. 이에 감히 이 차마 말하지 못하고 차마 제기하지 못하는 일을 대략 진술하지 않을 수 없습니다. 종이를 대하니 눈물이 쏟아져 말할 바를 모르겠습니다.

영남의 사우들에게 주는 글
與嶺南士友書

서늘한 날씨에 서리가 내립니다. 여러분의 학문하는 기거가 더욱 좋아지셨을 줄로 압니다. 늙은 저는 문을 닫아걸고 병상에 누워 병과 서로 이웃이 되었으니, 우러러 알려 드릴 만한 것이 없습니다. 지난번 연교(筵教) 한 통을 학문을 갈고닦는 여러 서원에 써서 올렸는데, 이미 돌려 보셨으리라 생각합니다.

영남에서 온 사람에게 전하여 들은 바에 의하면, 도내 선비들이 타고난 지극한 혈성(血誠)으로 소를 지어 궐문 앞에서 부르짖으려는 계획을 다시 세워서 도회(道會)가 빈번하게 열리는 데에 이르렀다고 하는데, 말을 전한 자의 실수라면 진실로 족히 염려할 것이 없지만, 만약 그렇지 않다면 어찌 여러 군자가 갈고닦아 백번 단련한 강철 같은 의(義)로써 이러한 천려일실(千慮一失)을 한단 말입니까. 이것은 다만 영남이 서울과 아주 멀리 떨어져서 이면(裏面)의 많은 이야기를 듣지 못해서 그런 것일 겁니다.

대개 금등(金縢)인 어한(御翰 임금이 쓴 글)이 한번 반포되어 알려진 후부터 의리의 가장 근본이 되는 부분이 환연(渙然)히 드러났습니다. 지금 세상에 귀가 있는 자가 모두 듣고 눈이 있는 자가 모두 볼 뿐만 아니라 비록 천백 년이 지난 뒤일지라도 절로 칭찬하는 말이 있을 것입니다. 그렇다면 우리가 지키고 있는 의리는 거의 8, 9분 유감이 없을 것이므로 진실로 다시 임금을 번거롭게 하는 죄를 범하는 것을 일삼을 필요 없습니다. 더구나 그 뒤에 연교(筵教)에서 지엄함을 지극하게 하시기를 "이제부터 이러한 일을 언급하는 자가 있으면 단연코 국법으로 처리해야 한다."라고 하였습니다. 대개 성상의 학문은 천도(天道)와 인사(人事)를 관통하고 의리는 실오라기나 털끝같이 미세한 것도 분석하는데, 어찌 혹시라도 영원불변한 도리가 그칠 수 없는 곳에 대해 하루라도 인습을 지키거나 하루라도 의심쩍은 생각을 가진 것이 있어서 그런 것이겠습니까.

두 임금의 아름다운 덕을 천양하는 것은 힘써 윤집궐중(允執厥中)[119] 하는 것이지, 아래에 있는 자가 거칠고 경솔한 식견으로 얼룩무늬를 하나라도 엿볼 수 있는 것[120]이 아니니, 지난여름에 돌려보내진 후에 지금 또 임금을 번거롭게 하는 것은 결코 의리와 분수상 감히 할 수 있는 것이 아닙니다. 더구나 국법으로 처리하겠다는 분부가 금석(金石)처럼 견고하니, 또한 누가 감히 법으로 금지하는 것을 범하며 튀어나오기를 거의 승부를 겨루는 것같이 하여 불측한 죄에 스스로 빠지겠습니까. 천하만사에서 귀하게 여기는 것은 상황에 따라 적절하게 조처하는 것입니다. 여러 군자는 반드시 《역》을 읽고 얻은 것이 있을 것인데, 어찌 시대의 의리를 아침저녁으로 돌아보지 않으십니까.

119 윤집궐중(允執厥中) : 중도(中道)를 잡는 것을 말하는데, 《서경》 〈대우모(大禹謨)〉의 "인심은 위태롭고 도심은 미약하니, 오직 정밀하게 살피면서 한결같이 행해야만 진실로 그 중도를 잡을 수 있다.〔人心惟危, 道心惟微, 惟精惟一, 允執厥中.〕"라는 말에서 나왔다.

120 얼룩무늬를……것 : 견문이 좁은 것을 말한다. 진(晉)나라의 서예가 왕헌지(王獻之)가 어렸을 때 어느 날 서생(書生)들이 노름하고 있는 것을 보고 "아저씨, 초나라 군대가 지겠어요."라고 말하자, 서생이 말하기를 "도련님은 관중규표야. 표범의 얼룩무늬 하나만 보았으니까.〔此郎亦管中窺豹, 時見一斑.〕"라고 하였다. 《世說新語 方正》

또한 여러분의 의론이 "지난여름 우악한 은혜를 지나치게 입었으니, 지금은 반드시 귀양 가는 것을 기준으로 삼아야 한다. 그런 뒤에야 마음이 편안할 것이다."라고 했다고 들었는데, 이것은 비록 군자의 마음 쓰이지만 저는 크게 옳지 않다고 생각합니다. 우리가 지키는 것, 이것은 어떤 의리이고 무엇과 관계된 것입니까. 만약 왕에게 그 내용을 말한 것으로 인하여 귀양 가는 상황에 이른다면 귀양 가는 것은 진실로 두려워할 필요가 없으나, 사람들이 만약 의리가 성상의 마음을 감동시키지 못했다고 의심한다면 천만번 죽음을 당한다 하더라도 도리어 어떻게 그것을 속죄하겠습니까.

또한 여러분의 노여움이 무뢰한 시니 무리가 공공연히 하늘을 꾸짖은 것[121]으로 인하여 한층 격해졌다고 들었습니다. 도깨비 같은 무리는 진실로 주살해도 되나 그 근원을 찾아보면 모두 입으로 전해 주었거나 정신으로 전한 것[122]이어서 눈을 크게 부릅뜨고 믿을 만해서 그렇게 한 것입니다. 와주(窩主)를 토벌하지 못했다면 지엽과 말류에 대해 놀라는 것은 괴로운 단서가 되기에 충분하고, 더구나 이들은 모두 외로운 새 새끼나 썩은 쥐[123]일 뿐이니, 만약 그들을 다스리려 한다면 한 명의 반장(泮長)과 한 명의 장의(掌議)면 충분합니다.

조령 밖 사람이 천 리 길을 와서 이것을 일제히 성토하는 것은 성가시게 구는 파리를 보고 화가 나서 칼을 뺀다는 기롱을 받는 데에 가깝지 않겠습니까. 크게 보면 시조가 적절함을 잃고 작게 보아도 너무 가볍게

121 하늘을 꾸짖은 것 : 임금을 비난한 것을 비유한 말이다.

122 정신으로 전한 것 : 편지 등 글로 전한 것을 말한다.

123 외로운……쥐 : 미천하여 말할 것이 못 되는 사람이나 물건을 비유한 말이다.

행동하는 것입니다. 여러 군자가 참으로 생각이 이에 미친다면 상을 준다고 해도 결코 조령을 한 걸음도 넘지 않을 것입니다.

일찍이 듣건대, 청대(淸臺) 권공(權公)[124]은 사람을 마주할 때마다 말하기를 "영남 사람이 소를 진달하고 싶은 경우에는 경(敬), 성(誠), 격물치지(格物致知), 수신제가(修身齊家) 등 학문에 속한 것 이외에는 결코 반 구절도 시사(時事)에 대해 논해서는 안 된다."라고 했다고 합니다. 대개 이 어른은 함양을 오래한 데다 세상을 두루 거친 것이 또한 익숙하여, 영남의 선배들이 장주(章奏) 때문에 당인에게 흠을 잡히고, 심지어 당인 중에는 그들을 덫이나 함정에 밀어 넣는 자도 많은 것에 깊이 경계하고 두려워한 것이 있기 때문입니다. 여러 군자가 일찍이 현명한 대부를 섬겼는데, 이미 그 사람을 섬겼다면 감히 그 사람의 말을 가슴에 새기고 실추하지 말아야 하지 않겠습니까.

늙은 저는 비록 조만간 죽겠지만 구구한 일념은 반드시 영남 땅을 위하고자 하는 자이고, 옥루(屋漏)[125]가 저기 있고 밝은 등촉이 옆에 있습니다. 만약 제가 여러 군자가 오늘 하고자 하는 일이 큰 화를 사고 성명(聖明)한 군주가 예로 대우하고 장려하는 뜻을 저버리는 것인 줄 결단코 알지 못한다면, 어찌 괴로이 이미 노쇠한 정신을 일으키고 이미 물이 마른 벼루에서 먼지를 떨어내어 이렇게 천 리 밖에서 세세하게 충고하는 말을 하겠습니까. 늙은 말은 비록 구유 앞에 엎드

124 청대(淸臺) 권공(權公) : 권상일(權相一, 1679～1759)로, 본관은 안동(安東), 자는 태중(台仲), 호는 청대이다.

125 옥루(屋漏) : 집에서 가장 어두운 서북쪽의 으슥한 방구석을 가리키는데, 아무도 모르는 자기의 마음속이라는 의미로 쓰인다. 《詩經 大雅 抑》

려 있다[126] 하더라도, 만약 길을 알고자 한다면 이 늙은 말이 아니면 할 수 없습니다. 바라건대, 여러분께서는 저를 제 환공(齊桓公)의 늙은 말[127]로 보시어 속히 이미 발한 논의를 정지하고 아직 익히지 못한 글을 더욱 읽어서 훗날 등용되어 일마다 사리에 맞게 일하는 바탕을 기대할 수 있다면 천만 다행이겠습니다. 이만 줄입니다.

계축년(1793, 정조17) 10월 4일.

126 늙은……있다 : 조조(曹操)가 지은 〈보출하문행(步出夏門行)〉에 "늙은 천리마가 구유 앞에 엎드렸어도 뜻은 언제나 천 리 밖이요, 열사의 나이 비록 늙었어도 장한 그 마음 변함이 없네.〔老驥伏櫪, 志在千里, 烈士暮年, 壯心不已.〕"라고 하였다.

127 제……말 : 춘추 시대 제나라의 관중(管仲)이 일찍이 환공(桓公)을 수행하여 고죽국(孤竹國)을 정벌했는데, 봄에 길을 떠났다가 겨울에 오면서 길을 잃었다. 이에 관중이 "늙은 말의 지혜를 쓸 만하다.〔老馬之智可用也.〕"라고 하고는, 늙은 말을 풀어놓고 그 뒤를 따라가 마침내 길을 찾게 되었다. 《韓非子 說林》

인동 부사 최헌중[128]에게 답하는 글

答仁同崔使君獻重書

그대를 천 리 밖으로 보내고 나니, 거리에 사람이 없는 듯합니다. 편지가 잇따라 너울너울 손에 들어오니, 이것은 서각(犀角)의 빛[129]입니다. 다만 병환이 괴롭게도 아직 가시지 않았음을 살펴 알고 보니, 편지를 받을 때는 기쁘다가 편지를 보고는 근심을 합니다. 사람의 심정이 만나는 것에 따라 곧 변하는 것을 또한 어찌하겠습니까.

나는 근래에 비로소 한가로운 시간을 얻어서, 기망(旣望)에 시사(詩社)의 여러 사람과 고삐를 나란히 하고 시안정(是岸亭)[130]에 나가서 밤새도록 용호(龍湖)[131]의 배 안에서 노래하고 웃다가 시축(詩軸)을

128 최헌중(崔獻重) : 1745~? 본관은 삭녕(朔寧), 자는 치회(稚會), 다른 이름은 현중(顯重)이다. 1797년(정조21) 1월 동부승지에 제수되었으나 정세(情勢)를 이유로 여러 차례 패초(牌招)해도 나오지 않았다. 이에 정원에서 파직하라는 전지(傳旨)를 봉입(捧入)했으나 파직하는 대신 인동 부사(仁同府使)로 제수하였다.《承政院日記 正祖 21年 1月 22日, 24日》

129 서각(犀角)의 빛 : 영묘(靈妙)한 서각을 태울 때 나오는 밝은 빛이라는 뜻인데, 여기서는 아주 보배로운 물건을 말한다. 진(晉)나라의 온교(溫嶠)가 여행을 하다가 무창(武昌)의 우저기(牛渚磯)에 당도하였는데, 사람들이 물속에 괴물이 산다고 하였다. 이에 온교가 무소의 뿔에 불을 붙여서 물속을 비추자 물속에 있던 기이한 모습의 괴물들이 모두 모습을 드러냈다고 한다.《晉書 溫嶠列傳》

130 시안정(是岸亭) : 연천(淵泉) 홍석주(洪奭周)의 정자로, 서울 용산에 있었다.

131 용호(龍湖) : 용산(龍山) 앞 한강 가 동재기나루, 노들나루로 둘러싸인 그 앞의 강을 가리켜 부르는 말이다.

가지고 돌아왔으니, 즐거운 일입니다. 이러한 때를 당하여 그리운 그대를 비록 가슴속에 떠올리지 않으려 한들 되겠습니까. 긴말로 하늘가에서 "발돋움하면 내가 바라보겠도다."라고 하며 한스러워하는 그대의 마음을 조장할 필요가 없을 뿐입니다.

지난번에 영남에서 온 자가 말을 전하기를, 70주(州) 가운데서 잘 다스린다고 이름난 자가 3명 있는데 인동 부사가 그중에 한 사람이라고 했습니다. 구비(口碑)[132]는 진실로 외물이니, 기뻐할 만한 것은 처지에 따라 하는 물방울과 먼지 같은 보답[133]이 애초에 여기에 있지 않음이 없으니, 치적이 이루어졌다고 우쭐거리지 말고 나의 마음을 다해야 할 바를 더욱 다하십시오.

인끈을 풀고 전원으로 돌아가겠다고 했는데, 어찌 그리 지나치게 서두릅니까. 지난번 그대의 소(疏)는 참으로 간사한 무리를 배척하는 공정함을 얻었고 사람들이 말한 것은 이치에 어긋납니다. 저들 중에 누가 그 소의 엄정하고 광대함을 알지 못하겠습니까마는 나만 나를 알지 못하기 때문에 먼저 마음속에 하나의 '의(疑)' 자를 잡고서 솔직하지 못하다고 보고 따로 주석과 풀이를 낸 것입니다.

만약 이 소가 우리 쪽에서 나왔다면, 이렇게 의심할 것이 없음을

132 구비(口碑) : 사람들의 입에 칭송되는 덕행이 마치 문자를 돌에 새기는 것과 같음을 뜻한다. "그대여 돌덩이에다 새길 것 없나니, 노상에 행인의 입이 비석과 같다네.〔勸君不用鐫頑石, 路上行人口似碑.〕"라는 시구에서 유래한다. 《五燈會元 寶峯文禪師法嗣》

133 물방울과……보답 : 임금의 큰 은혜에 대한 신하의 조그마한 보답을 말한다. 《주서(周書)》〈소휘열전(蕭撝列傳)〉에 "신이 은혜를 입어 조정에 돌아온 지가 16년이 되었는데 은혜가 바다와 산악처럼 심대하지만 보답은 물방울과 먼지처럼 작습니다.〔臣披款歸朝, 十有六載, 恩深海嶽, 報淺涓埃.〕"라고 하였다.

잘 알 것입니다. 왕의 말씀이 태양같이 빛나고 사람들의 공평한 눈에 절로 정론(定論)이 있으니, 저들이 나를 알지 못하는 것이 나에게 무슨 상관입니까. 더구나 나의 마음이 만족하여 하늘과 땅에 부끄러움이 없다면 알지 못하는 자가 끝내 또한 알게 되는 이치가 있습니다. 성인(聖人)께서 "사람들이 알아주지 않아도 화내지 않는다."[134]라고 말씀하지 않았습니까. 그대가 이로 인하여 곧 물러날 것을 결단하고자 한다면 화난 것을 사람들에게 보여 주는 것이 아니겠습니까.

사람이 태어나 한번 영화를 누리고 한번 욕을 보는 것은 명수(命數)가 있어서 그런 것이 아님이 없습니다. 오직 지금 해야 할 일을 하는 것을 마음으로 삼고 나머지 일은 모두 조물주에게 맡길 뿐입니다. 늙은 저는 아홉 번 팔이 부러져 본 사람이니,[135] 제 말을 노망이 들어서 하는 말로 여기지 말고 부디 힘쓰십시오.

도회(道會)에 보낸 글은 의리가 떳떳하고 정당하며 문장이 넓고 커서 후세에 전해 보여 주기에 충분하여, 아이와 함께 펼쳐 읽으며 칭송하고 감상하였습니다. 도유(道儒)들이 과연 중지한다면 그대의 공로가 지주(砥柱)보다 못하지 않습니다. 처음부터 끝까지 계속 힘쓰십시오. 어떻게 생각하십니까? 종이가 짧아서 이만 줄입니다.

134 사람들이……않는다 : 공자가 "사람들이 알아주지 않아도 화내지 않으면, 또한 군자가 아니겠는가.〔人不知而不慍, 不亦君子乎?〕"라고 하였다. 《論語 學而》

135 아홉……사람이니 : 경험이 풍부하여 처세에 능한 사람이라는 말이다. 《초사(楚辭)》 〈석송(惜誦)〉에 "나는 충성하고서도 미움을 산다는 말을 듣고서 지나친 말이라 여겼는데, 아홉 번 팔 부러지고서 좋은 의사 되니 내가 이제야 진실로 그런 줄을 아노라.〔吾聞作忠以造怨兮, 忽謂之過言, 九折臂而成醫兮, 吾至今而知其信然.〕"라는 말이 나온다.

도정 이세백[136]에게 답하는 글

答李都正世伯書

제공이 아룁니다. 봄에 뵙고부터 모습이 마음속에 또렷이 남아 있습니다. 편지를 갑자기 받아 보고 헤아릴 수 없이 기쁘고 위로됩니다. 더구나 그대의 신체와 기거가 건강하고 편안하심을 살펴 알았습니다.

다만 도산서원(陶山書院) 동주(洞主 서원의 원장)의 천망이 어째서 이곳에까지 미쳤습니까. 서원은 선비들이 책을 읽고 학문에 힘쓰는 곳입니다. 서원에 원장을 두는 것은 진실로 일반적으로 통용되는 예이나 도산과 같은 경우는 곧 우리 동방의 궐리(闕里)[137]이니, 진실로 학문이 많은 선비에게 모범이 되기에 충분하고 명성이 이미 당대에 밝게 드러난 자가 아니라면 어느 누가 능히 동주의 자리에 편안히 앉을 수 있겠습니까.

지금 도리어 사림이 모두 모여 조금도 어렵게 여기거나 조심하지 않고 80에도 세상에 알려진 것이 없는 일개 늙은이에게 그 임무를 맡기니, 저의 한 몸이 그 의리를 처리하기 어려운 것은 일단 거론하지 않고 놔두더라도 사림을 위하여 마음속에서 사라지지 않는 것이 없지 않습

136 이세백(李世伯) : 1726~? 본관은 진성(眞城)이고, 거주지는 예안(禮安)이다. 1798년(정조22) 3월 70세를 넘긴 나이에 돈녕부 도정에 제수되었다가 그해 8월 체차해 줄 것을 청하여 윤허를 받았다.

137 궐리(闕里) : 중국의 산동성(山東省) 곡부현(曲阜縣)에 있는 공자(孔子)의 출생지이다. 여기서는 도산이 이황(李滉)이 태어난 곳으로서 조선의 유학에서 아주 중요한 곳임을 비유하였다.

니다. 제공의 평소 지극한 바람은 한번 본원(本院)에 달려가서 배알하는 것이었으니, 어렴풋이 마치 쟁쟁한 음성과 온화한 안색을 보는 듯하고 기쁘게 그 집집마다 흘러나오는 현송(絃誦) 소리를 들을 수 있다면 거의 혹 평소 우러러 바라던 마음이 위로될 수 있을 것입니다.

이제 늙어 흰머리가 된 저는 죽을 날이 머지않으니, 두 공부(杜工部)가 "이제 와서 남은 한이 있네.〔到今有遺恨〕"라고 한 것[138]은 바로 이것을 이른 것입니다. 한번 동주를 추천하는 명단에 이름이 오르니, 몸은 비록 이곳에 있으나 마음은 이미 조령(鳥嶺)과 죽령(竹嶺)을 넘어 전교당(典敎堂 도산서원의 강당) 앞에 날아 매달려 있습니다. 이것으로 말하자면, 이것이 저 자신에게 영광이자 행운이 되지 않는 것은 아니나, 스스로를 참되고 절실하게 헤아려야 한다는 점과 관련해서 식견 있는 자들이 비웃으며 손가락질하는 것은 어찌하겠습니까.

편지 안에서 삼달존(三達尊) 운운하셨는데, 또한 어찌 그리 이치에 가깝지 않음이 심하십니까. 추 부자(鄒夫子 맹자(孟子))가 일찍이 이 말을 한 적은 있으나 저 작록과 나이는, 하나는 조맹(趙孟)[139]이 준 것이고 다른 하나는 명수(命數)에 관계된 것으로서, 사람의 힘으로 구하여 얻을 수 있는 것이 아니니, 군자가 어찌 관여하겠습니까.

덕(德)의 경우는, 하늘이 사람에게 부여한 것이니 덕을 밝히는 것이 자기로부터 말미암지 다른 사람으로부터 말미암겠습니까. 다만 한스

138 두……것 : 두 공부는 당나라 때 시인 두보(杜甫)를 말한다. 벼슬이 공부 원외랑(工部員外郎)이었으므로 두 공부라 한다. 이 시는 두보의 시 〈장유(壯游)〉의 구절이다.

139 조맹(趙孟) : 춘추 시대 진(晉)나라 권신(權臣)인 조둔(趙盾)과 그 직계 후손들을 이르는데, 조씨는 당시에 권력이 막강하여 작록을 자기 마음대로 사람들에게 주고 뺏고 하였다.

럽게도, 덕을 받들어서 사욕에 골몰하는 데 떨어지지 않는 이가 없고, 그 덕으로 하여금 질곡에 빠져 사라지는 데 이르지 않게 하는 자가 드뭅니다. 이와 같은데도 그 우연히 얻은 작록과 우연히 얻은 나이가 한 몸에 모여 있는 것을 가지고 모호하게 그 덕을 칭송하며 함께 세워 삼달존을 만들었으니, 이것이 어찌 아성(亞聖)의 본래 의도이겠습니까. 군자는 한마디 말로 지혜로운 사람이 된다고 하였으니, 좌하가 이렇게 말한 것은 생각을 하지 않은 것으로 귀결될 수밖에 없을 것 같습니다.

시사단(試士壇)[140]의 비문을 간인(刊印)하는 일은 이미 마쳤으니, 사림이 사문(斯文)을 위하여 힘을 다하며 극진히 하지 않음이 없어서 사람으로 하여금 흠탄을 그치지 못하게 하기에 충분합니다. 다만 생각건대, 문장이 졸렬하고 필력이 무뎌져 무이산(武夷山)[141]의 산천으로 하여금 그 구곡(九曲)[142]의 옛 안색을 잃게 할까 두려워 더욱더 부끄러워 땀이 흐릅니다.

근래에 저는 뱃속에 응어리가 생겨 자리에 쓰러져 끙끙 앓지 않는

140 시사단(試士壇) : 도산서원 앞에 있는 단이다. 1792년 이황을 추모하기 위하여 서원 앞 송림에서 과거를 치러 인재를 선발하고, 이 사실을 기념하기 위해 1796년 단을 모으고 비와 비각을 세웠는데, 그 비문을 번암이 썼다.

141 무이산(武夷山) : 중국 복건성(福建省)의 제일 명산으로, 남송 때 주희(朱熹)가 은거하여 학문을 닦던 곳이다. 주희는 이산의 다섯 번째 골짜기에 무이정사(武夷精舍)를 짓고 은거하면서 〈무이정사잡영(武夷精舍雜詠)〉, 〈무이구곡도가(武夷九曲圖歌)〉 등의 작품을 남기기도 하였다. 여기서는 이황이 살던 도산서원 주변의 산천을 말한다.

142 구곡(九曲) : 주희가 살던 무이산의 시내가 아홉 굽이였던 데서 무이구곡(武夷九曲)이라 하였는데, 여기서는 이황이 〈도산구곡가(陶山九曲歌)〉를 불렀던 노산구곡(陶山九曲)을 가리킨다.

날이 없는데, 도망간 정신을 겨우 수습하여 베개에 기대 간신히 글을 썼으니, 아울러 굽어 양해해 주시기를 바랍니다. 이만 줄입니다.

진사 이경에게 답하는 글
答李進士熲書

그대를 안개 자욱한 바다로 들여보내고 혹시라도 편지를 받지 못할까 염려했는데, 한 폭의 편지가 갑자기 손에 들어와 아름다운 풍도가 지난날처럼 앞에 있으니, 늙은 눈이 어찌 반갑지 않겠습니까. 이어서 훤당(萱堂)의 춘추가 90세인데 객지의 조섭을 신명(神明)이 보우하시며, 그대도 어머님을 모시는 나머지에 학문을 연마하면서 또한 편안하고 건강하다는 것을 살펴 알았으니, 위로되고 축하하는 마음이 모두 지극합니다.

생각건대, 그대는 화려한 서울에서 태어나서 성장했는데, 지금은 노쇠한 데다 백발이 되어 하루아침에 성문을 하직하고 온 집안이 바닷가 소금 나는 땅으로 들어가서, 물고기와 새우를 이웃으로 삼고 나무꾼과 목동을 짝하였습니다.

준교(浚郊)에 소 꼬리털 깃발 펄럭이며 이르는 것[143]을 보지 못하니, 비록 빈천하면 빈천한 처지에 알맞게 행동하려는 마음으로 살지라도 또한 어찌 마음속이 평탄하고 여유가 있을 수 있겠습니까.

편지에서 "눈에 보이는 사람 중에 종일토록 더불어 이야기 나눌 만한 이가 없는 것이 가장 견딜 수 없다." 하였는데, 향촌에 거처하는 자가

143 준교(浚郊)에……것 : 임금의 사신이 현자를 초빙하려고 잇달아 오는 것을 표현한 것이다. 《시경》 〈용풍(鄘風) 간모(干旄)〉에 "펄럭이는 소 꼬리털 깃발이 준읍의 교외에 있구나.〔孑孑干旄, 在浚之郊.〕" 하였는데, 이 시는 위(衛)나라 대부가 수레에 소 꼬리털 깃발을 꽂고서 준읍으로 현자를 만나러 간 것을 노래한 것이다.

이것을 괴로워한 것은 예로부터 그러하였습니다. 그대의 말에 괴이할 것이 없는 것이 이와 같으나 다만 제가 그런 상황에 대처하는 것에 그 요령을 얻었으니, 이것은 참으로 그대를 옥처럼 갈고 연마하여 완성시키는 것입니다.

일찍 일어나서 세수하고 머리를 빗고 나의 책상을 정돈하고 성인의 말씀을 천천히 읽으면 마치 부자(夫子)가 자리에 계시고 안자(顔子)와 증자(曾子)가 앞뒤로 서 있는 듯할 것입니다. 오늘 이와 같이 하고 내일 이와 같이 하여, 마침내 그만두고자 해도 그만둘 수 없고 세간(世間)에서 이른바 영욕(榮辱)과 득상(得喪)이 모두 나의 영대(靈臺)를 어지럽힐 수 없는 경지에 이른다면 행단(杏壇)[144] 3000무리가 모두 내가 상우(尙友)하는 가운데에 들어올 것입니다. 이것으로써 말하자면, 그대가 더불어 이야기 나눌 만한 자가 천하에서 가장 많을 것이니, 어찌 무리와 헤어진 것을 근심하고, 어찌 홀로 사는 것을 걱정하겠습니까.

늙은 저는 겨우내 벌레처럼 동면하여 전혀 즐거운 일이 없습니다. 기천(岐川)[145]과 오사(五沙)[146]의 무리가 때로 찾아와 주는 덕분에 벗들과 헤어져 홀로 사는 심회가 조금 위로되나 풍단(楓壇)의 옛 모임[147]을

144 행단(杏壇) : 공자(孔子)가 학문을 강학하던 곳으로, 여기서는 공자의 문하를 가리킨다.

145 기천(岐川) : 채홍리(蔡弘履, 1737~1806)로, 본관은 평강(平康), 자는 사술(士述), 호는 기천이다.

146 오사(五沙) : 이정운(李鼎運, 1743~1800)으로, 본관은 연안(延安), 자는 공회(公會), 호는 오사, 시호는 정민(貞敏)이다.

147 풍단(楓壇)의 옛 모임 : 풍단은 번암이 약봉(藥峯)에 만든 단 이름이고, 번암이 문하생들과 그곳에서 시를 읊고 즐기는 모임을 가졌다. 《樊巖集 卷34 藥峯楓壇記》

가만히 생각하면 젊은이 중에 불행하게 이미 황천으로 돌아간 자가 많고, 다행히 세상에 살아 있어 더불어 밤낮으로 종유할 수 있는 이는 그대와 같은 사람인데 지금 또한 새벽하늘의 별들처럼 서로 멀리 떨어져 있으니,[148] 덧없는 세상의 만남과 이별의 비환(悲歡)이 어찌 이와 같이 믿을 수 없단 말입니까.

호연지기(浩然之氣)를 꺾지 말고 끊임없이 나아가기를 게을리하지 않아서 평소 사랑하고 소중하게 여기는 저의 마음을 저버리지 말기를 바랍니다. 붓을 잡았으나 손놀림이 거북하여 간신히 이렇게 썼습니다. 이만 줄입니다.

148 새벽하늘의……있으니 : 벗과 멀리 떨어져 지낸다는 말이다. 새벽하늘의 별은 멀리 떨어져 있는 벗에 대한 그리움을 비유한다. 당(唐)나라 시인 유우석(劉禹錫)의 〈송장관부거시서(送張盥赴擧詩序)〉에 "옛날에 함께 급제했던 벗들과 어울려 노닐 때는 말고삐를 나란히 하고 마치 병풍처럼 대로(大路)를 돌아다녔는데, 지금은 마냥 쓸쓸하기가 새벽 별빛이 서로 바라보는 것 같기만 하다.〔向所謂同年友, 當其盛時, 聯袂齊鑣, 亙絕九衢, 若屏風然, 今來落落, 如晨星之相望.〕" 하였다. 《古今事文類聚 前集 卷29》

최 사문 식[149]에게 답하는 글

答崔斯文湜書

제공이 아룁니다. 접때 사우를 통해서 빈 골짜기의 망아지[150]가 찬란하게 도성에 들어왔다고 들었습니다. 그 망아지를 매어 놓고 밤을 길게 늘이고 싶다[151]는 말이 어찌 나의 바람에 딱 맞는 것이 아니겠습니까마는, 이렇게 늙음과 병이 몸에 얽혀 있어 밤낮으로 기다리는 것은 오직 부절이 도착하는 것[152]일 뿐이니, 이 세상의 인사가 지금 어떻게 돌아가는지 알지 못합니다.

갑자기 편지를 받고, 머뭇거리다가 여관에 돌아갈 때 자꾸 돌아보며 출발하지 못했던 것은 첫째도 늙은 저 때문이고 둘째도 늙은 저 때문이라는 것을 비로소 살펴 알았으니, 기쁘고 위로되며 부끄럽고 송구함이

149 최 사문 식(崔斯文湜) : 최식(1762~1807)으로, 본관은 경주이고, 나중에 식(湜)으로 개명하였다.

150 빈 골짜기의 망아지 : 은거하는 현자를 비유한 말이다. 《시경》 〈소아(小雅) 백구(白駒)〉에 "흰 망아지가 저 빈 골짜기에 매여 있구나.〔皎皎白駒, 在彼空谷.〕"라고 하여, 현명한 자가 세상에 쓰이지 못하고, 흰 망아지를 타고 골짜기에 들어가서 지내는 것을 비유하였다.

151 망아지를……싶다 : 현자를 맞이하여 오래 머물게 하며 좋은 사귐을 갖고 싶다는 말이다. 《시경》 〈소아 백구〉에 "깨끗한 저 흰 망아지가, 우리 콩잎 먹었다 핑계 대고, 발과 가슴을 얽어매 놓고, 오늘 밤을 길게 늘이어, 저 훌륭한 사람을, 내 좋은 손이 되게 하련다.〔皎皎白駒, 食我場藿, 縶之維之, 以永今夕, 所謂伊人, 於焉嘉客.〕"라고 하였다.

152 부절이 도착하는 것 : 420쪽 주80 참조.

모두 마음에 모였으나 만약 분수를 논할 것 같으면 부끄러움과 송구함이 거의 여러 곱절을 차지하니, 어찌 감히 가시나무 매를 등에 진다[153]는 가르침을 편안히 받겠습니까.

백불암(百弗菴) 선생[154]의 묘도(墓道)를 꾸미는 글을 좌하가 부적당한 사람인 저에게 부탁한 것은 혹시 제 환공(齊桓公)의 말이 늙어서 길을 아는 것[155]을 생각해서일 것입니다. 그러나 저는 스스로 부적당한 사람임을 알고도 감히 굳게 사양하지 못하였으니, 자신의 소유가 아닌데 소유한 자에 가깝지 않겠습니까.

그러나 스스로 생각건대, 선생과 이 세상에 같이 태어나서 덕을 좋아하는 천성이 결코 남에게 미치지 못하는 것은 아니지만 큰 산맥이 천 겹이라 끝내 단명(端明)에게 납배(納拜)하지[156] 못했으니, 이것은 실로 결계(缺界)[157]의 한스러운 일입니다. 이제 이생(麗牲)[158]을 새기는데

153 가시나무……진다 : 과거의 잘못을 사죄하고 싶다는 뜻이다. 전국 시대 조(趙)나라의 인상여(藺相如)가 재상에 임명되었을 때, 장군 염파(廉頗)가 승복하지 않고 화내면서 인상여를 만나기만 하면 모욕을 가하려고 계속 시도하다가, 국가의 일을 우선하고 사감(私憾)은 뒤로 돌린다는 인상여의 말에 감복하여, 윗옷 한쪽을 벗고 가시나무 매를 등에 지고는 빈객의 주선으로 인상여를 찾아가서 정중히 사과하며 문경지교를 맺었던 고사에서 나온 것이다. 《史記 廉頗藺相如列傳》

154 백불암(百弗菴) 선생 : 최흥원(崔興遠, 1705～1786)으로, 본관은 경주(慶州), 자는 여호(汝浩)·태초(太初), 호는 백불암·칠계(漆溪)·수구당(數咎堂)이다.

155 제……것 : 443쪽 주127 참조.

156 단명(端明)에게 납배(納拜)하지 : 410쪽 주67 참조.

157 결계(缺界) : 결함이 있는 세상이라는 뜻으로 사바세계를 말한다.

158 이생(麗牲) : 옛날에 제사를 지낼 적에 사당이나 묘소 앞에 희생(犧牲)으로 쓰는 짐승을 붙잡아 매어 세워 놓은 돌로, 전하여 비석(碑石)을 뜻하는 말로 쓰인다. 《예기》 〈제의(祭義)〉에 "종묘에 제사하는 날, 임금이 희생으로 바칠 소를 끌고 가면 세자가

그 속에 이름을 맡기게 되었으니, 저는 더불어 행운이라고 여겼습니다. 그러므로 재배(再拜)하고 받았으며, 아는 것을 안다고 하는 사이에 스스로를 부치고자 하였으나[159] 엎어지고 자빠지며 몸을 붙이고 살 곳이 없어서 감히 남을 위해 글 지을 생각을 하지 못하였습니다.

그렇지 않으면 묘당(廟堂)의 공무가 날로 늘어나 저에게 맡겨져서, 실로 다른 것을 생각할 겨를이 없었으며, 한 해 두 해 성대한 부탁을 저버리다가 드디어 지금에 이르렀습니다. 몇 년 전에 전하는 말이 중간에 솟아 나온 것과 같은 것은, 아마도 그 뜻이 오로지 공동(恐動)하여 독촉함에 있었을 것이나, 예속(禮俗)이 이와 같이 해서는 안 되는데 미처 생각할 겨를이 없었던 것입니다. 그러나 또한 하필 깊이 허물하겠습니까. 사문(斯文) 이재연(李載延) 보(甫)가 일부러 와서 찾아 준 것을 계기로 그 일을 자세히 알고는, 저는 좌하께서도 반드시 한번 웃고 넘기리라 생각했습니다. 지금 이 편지에서 혹은 좌하의 잘못이라고 일컫거나 모든 것을 다 드러낸다고 일컬으며 지나치게 공손한 예를 스스로 행하시니, 제 마음이 움츠러들고 불안하지 않겠습니까. 지나간 이야기는 이미 허공의 뜬구름[160]에 속하니, 이제부터는 피차 모두 다시는 언급하지 않는 것이 어찌 알맞은 도리가 아니겠습니까.

이를 돕고 경대부는 차례대로 따른다. 이미 종묘의 문에 들어가서 비석에 희생을 잡아맨다.〔祭之日, 君牽牲, 穆答君, 卿大夫序從. 旣入廟門, 麗於碑.〕"라고 하였다.

159 아는……하였으나 : 비문을 지으려고 했다는 말이다. "아는 것을 안다고 한다."라는 것은 비문을 정직하게 쓰는 태도를 말한 것이다.

160 허공의 뜬구름 : 말할 필요 없는 허무한 것을 말한다. 《이정수언(二程粹言)》 하권(下券)에 "당우의 사업을 요순의 입장에서 볼 때 또한 한 점 뜬구름이 태허를 지나는 것 같을 뿐이다.〔唐虞事業, 自堯舜觀之, 亦猶一點浮雲過於太虛耳.〕"라고 하였다.

글은 마땅히 정신과 기력이 조금 깨어나기를 기다려야 바야흐로 조롱박을 그려 낼 수 있을 것입니다.[161] 요컨대 묵은해가 가고 새해가 될 때는 좌우께 글을 받들어 전달할 길이 없을까 근심하지 않습니다. 좌하께서 오래지 않아 수레를 돌리시어 늙은 저로 하여금 병중에 병을 하나 더하지 않게 해 주시기를 바랍니다. 어떻게 생각하십니까?

이어서 생각건대, 추로(鄒魯)의 옛 고장[162]은 선배들이 거의 모두 세상을 떠났고, 젊은 선비들이 자기 한 몸의 큰 사업으로 간주하는 것은 오직 공령 문자(功令文字)입니다. 선정(先正)이 남긴 교화를 어찌해야 사라져 징험할 수 없는 데에 이르지 않게 하겠습니까? 좌하는 백불암 선생의 손자이고, 아름다운 명예와 명성이 사림에 퍼져 있습니다. 오직 바라건대 돌아가시어 백불암 선생의 옛 책을 읽고 선생이 남긴 서업을 잘 이어서 영남의 사론(士論)으로 하여금 "이런 할아버지가 있기에 이런 손자가 나왔다."라고 크게 말하게 한다면 "사방 이웃들 모두 쟁기와 보습 메고 나간다.〔四隣耒耜出〕"[163]라는 시구를 제공이 삼가 마땅히 좌하를 위하여 읊을 것입니다.

병을 무릅쓰고 간신히 썼습니다. 이만 줄입니다.

161 조롱박을……것입니다 : 글을 집필할 수 있을 것이라는 뜻이다. 조롱박을 그려 낸다는 것은 원래 새로운 생각을 창안해 내지 않고 옛사람을 모방하는 것을 말하는데, 여기서는 겸사로 쓰인 것이다.

162 추로(鄒魯)의 옛 고장 : 409쪽 주64 참조.

163 사방……나간다 : 자신은 물러나 수양하지만, 다른 사람이 세상에 도를 펴는 것을 기뻐한다는 뜻이다. 두보(杜甫)의 〈대우(大雨)〉 시에 "사방 이웃들 모두 쟁기와 보습 메고 나가니, 어찌 굳이 우리 집까지 잡을 것 있겠나.〔四隣耒耜出, 何必吾家操?〕"라고 하였다. 《杜少陵詩集 卷11》 423쪽 주93 참조.

제학 정법정[164]에게 주는 글

與丁提學法正書

삼가 섣달 추위에 대감께서 건강하시기를 바랍니다. 스스로 생각건대, 저의 나이는 이제 80이고 대감의 연세는 비록 저보다 조금 적지만 80까지 얼마 안 남아 상유(桑榆)의 남은 그림자가 갈수록 많지 않은 것은 대감과 제가 같습니다. 아무리 낮을 점치고 밤을 점쳐[165] 담소하고 토론한들 그 즐거움이 장차 얼마나 되겠습니까마는 지금 마냥 쓸쓸하게 멀리 떨어져 벌써 4, 5년이나 지우(芝宇)를 뵙지 못하였습니다. 인간 세상의 일을 번번이 조물주가 희극(戲劇)으로 만드는 것을 모르는 것이 아니나 뜻대로 되지 않는 것이 본래 이와 같으니, 침울하게 그리워하고 상상하는 마음이 어찌 법천(法泉)[166] 강가에 길이 걸리지 않겠습니까.

매번 사우 중에 상하(床下)에 들러 절하고[167] 온 자들을 통해 듣건대,

164 정법정(丁法正) : 정범조(丁範祖, 1723~1801)로, 본관은 나주(羅州), 자는 법정・법세(法世), 호는 해좌(海左), 시호는 문헌(文憲)이다. 정조 연간에 문장이 바르다고 인정받아 문한을 관장하였다.

165 낮을……점쳐 : 약속을 정해서 밤과 낮에 술을 마시는 것을 말한다. 《춘추좌씨전》 장공(莊公) 22년에 "진 공자 완(陳公子完)이 주연을 베풀어 제 환공(齊桓公)을 대접하니 환공은 매우 즐거워하였다. 환공이 '불을 밝히고 계속 마시자.'라고 하니, 진 공자 완이 사양하기를 '신은 낮에 모시는 일만 점을 쳤지 밤까지 모실 것은 점을 치지 않았으니 감히 명을 받들 수 없습니다.' 하였다.〔飮桓公酒, 樂. 公曰: "以火繼之." 辭曰: "臣卜其晝, 未卜其夜, 不敢."〕"라고 하였다.

166 법천(法泉) : 강원도 원주시 부론면 법천리이다.

대감께서 4, 5칸 정사(精舍)를 짓고 천 가지 꽃나무로 둘러 담장으로 삼으니, 봄과 여름 사이에는 꿈틀꿈틀 푸르게 자라는데, 처음 오는 자들이 길을 잃고 정사가 있는 곳을 알지 못하다가 한참 뒤에야 여러 가지 향기 나는 꽃들을 헤치고 길을 찾아 들어가면, 비로소 대감이 하얀 머리와 아름다운 모습으로 대청 위에 단정히 앉아 책상 위 경전을 읽는 것을 보게 되는데, 느린 가락에 맞춰 나직하게 읊는 소리가 낭랑하여 들을 만하다고 합니다. 이와 같은 자는 비록 "신선 세계 속의 사람이다."라고 말해도 과장이 아닐 것입니다. 저와 같은 자는 무거운 직임이 비록 해면되더라도 늙음과 병이 점점 더 침해하여, 신음하며 살아가는 형편이 열 길 먼지 속 세상을 벗어나지 못하니, 아무리 우러러 부러워해도 얻을 수 없을 뿐입니다.

문원(文苑)에 제수하는 교지는 대감에게는 이롭거나 해로울 것이 없으나 진실로 우리 성상이 현자를 구하기 좋아하고 인재를 등용하는 지극한 뜻이 아니라면 지금 조정에서 갑을이 서로 이익을 취하는 때에 어찌 제형(提衡)[168]의 직임을 세상일을 아주 잊은 강호의 한 늙은 어부에게 맡기겠습니까.

대감이 새로운 명을 받은 이래로, 제가 예원(藝垣)의 고사를 자세히 검토했는데, 대저 관각(館閣)으로 비교하자면 악양루(岳陽樓)와 같습니다. 악양루는 천하에서 제일 뛰어난 명승(名勝)으로서 난새를 타거

167 상하(床下)에 들러 절하고 : 덕이 높은 은자(隱者)에게 절하는 것을 말한다. 제갈량(諸葛亮)이 매번 방덕공(龐德公)을 찾아가서 상하에서 절을 했던 고사에서 유래한 것이다. 《尙友錄 1》

168 제형(提衡) : 홍문관과 예문관의 제학과 대제학을 말한다.

나 학을 탄 신선이 아니면 한번 그 위에 오르지 못할 듯하나 악양루가 점유한 구역은 오히려 인간 세상입니다. 가까운 곳은 촌(村)이 되고 먼 곳은 이(里)가 되어 악양루를 둘러싸고 사는 자들이 장차 몇 명이 될지 알 수 없으며, 나무꾼과 목동으로서 악양루 아래에서 나고 자라서 악양루를 마치 자기 분수 안의 한 물건으로 보아 더위를 피하는 자도 악양루로 가고 몸을 쉬는 자도 악양루로 가지만 그들은 자신이 너무 지나친 것을 알지 못하고 사람들도 역시 신기하고 특이함을 알지 못합니다. 저 맹양양(孟襄陽)[169]과 두 공부(杜工部)가 바람을 타고 한번 올라 그 위에서 휘파람을 불고 읊조리면 천하 사람이 비로소 사람과 악양루가 서로 걸맞음을 알고 어렴풋하게나마 기어올라 가면 안 될 것 같은 느낌을 갖게 됩니다.

관각도 마찬가지입니다. 여러 유언비어가 하늘을 찌르면 벼슬을 단번에 박차고 관각에 오르는 자가 백 년 동안 몇 사람이나 되는지 모르겠지만, 하늘의 뜻이 어찌 차마 관각을 설립했다가 곧 다시 매몰시켜 식자들의 수치가 되게 하는 것이겠습니까. 그렇다면 이에서 3, 4십 년이나 수십 년 사이를 두어 송곡(松谷),[170] 희암(希菴),[171] 약산(藥山)[172] 세

169 맹양양(孟襄陽) : 당나라 시인 맹호연(孟浩然)을 이른다. 호북성(胡北省) 양양(襄陽)에서 출생하여 맹양양으로 불린다.

170 송곡(松谷) : 이서우(李瑞雨, 1633~?)로, 본관은 우계(羽溪), 자는 윤보(潤甫), 호는 송곡이다.

171 희암(希菴) : 채팽윤(蔡彭胤, 1669~1731)으로, 본관은 평강, 자는 중기(仲耆), 호는 희암·은와(恩窩)이다.

172 약산(藥山) : 오광운(吳光運, 1689~1745)으로, 본관은 동복(同福), 자는 영백(永伯), 호는 약산, 시호는 충장(忠章)이다.

분의 거공(鉅公)으로 하여금 그 위에 오르게 한 것이니, 이것은 맹양양, 두 공부가 바람을 타고 올라간 것입니다.

약산의 뒤에 저와 같은 자는 좋은 시절을 만났고 또한 여기에 공연히 끼어서 피리를 불었으니,[173] 이것은 맹양양과 두 공부가 지나간 뒤에 나무꾼과 목동이 예전처럼 배회하는 것입니다. 비록 여산(廬山)의 폭포[174]를 기울일 수 있다 하더라도 그 수치를 다 씻어 낼 수 없습니다. 지금 이에 대감과 같은 나라를 빛내는 보불(黼黻)[175]의 솜씨를 얻어 주인으로 삼게 되었으니, 어떤 사람이 맹양양과 두 공부가 다시 온 것을 술잔을 날려 악양루와 강산을 축하하지 않겠습니까.-마치지 못한 글이다.

173 공연히……불었으니 : 재주가 없으면서 그 자리를 채우고 있는 것을 말한다. 《한비자(韓非子)》〈내저설(內儲說)〉에 "제 선왕(齊宣王)이 피리를 좋아하여 300명을 두었는데, 남곽처사(南郭處士)가 왕을 위하여 피리를 불겠다고 청하니 왕은 매우 기뻐하여 녹을 후히 주었다. 선왕이 죽고 민왕(湣王)이 즉위하여 일일이 들어 보기를 좋아하니, 300명 가운데 공연히 끼어서 부는 척만 하던 처사는 그것이 폭로될까 두려워서 도망했다."라고 하였다.

174 여산(廬山)의 폭포 : 이백(李白)의 시 〈망여산폭포(望廬山瀑布)〉에 "햇빛이 향로봉 비추어 붉은 노을이 생겼는데, 멀리 보니 폭포는 전천이 거꾸로 걸린 듯하네. 삼천 자 높이를 곧장 쏟아져 내리니 아마도 은하수가 하늘에서 떨어진 게 아닐까.〔日照香爐生紫煙, 遙看瀑布挂前川, 飛流直下三千尺, 疑是銀河落九天.〕"라고 하였다.

175 보불(黼黻) : 옛날에 임금의 대례복(大禮服)인 곤복(袞服)에 수놓았던 화려한 문양으로, 전하여 유려하고 찬란한 문장(文章)을 비유한다.

지은이 **채제공(蔡濟恭)**

1720년(숙종46)~1799년(정조23). 조선 후기의 문신으로, 본관은 평강(平康), 자는 백규(伯規), 호는 번암(樊巖)·번옹(樊翁)이며, 시호는 문숙(文肅)이다. 1743년 정시 문과에 병과로 급제하여 승문원 권지부정자에 임명되면서 관직 생활을 시작하였다. 1748년 11월 영조의 특명으로 시행한 한림 소시(翰林召試)에서 수석을 차지하여 예문관 검열과 대교가 되었고, 이후 대사간, 한성부 판윤, 병조 판서, 예조 판서, 호조 판서 등을 역임하였다. 1780년 역적 홍국영과의 친분, 사도세자에 대한 신원 주장으로 공격을 받자 사직하고, 명덕산(明德山)과 노량(鷺梁) 등지에서 은거하였다. 1788년 우의정이 되었으며 2년 후 좌의정으로 승진하면서 3년간 혼자 정승을 맡아 국정을 운영하였다. 영조가 사도세자의 죽음을 후회하여 기록한 〈금등(金縢)〉을 정조와 함께 보관할 유일한 신하로 채택될 만큼 두 국왕의 깊은 신임을 받았으며, 정조의 탕평책을 추진한 핵심적인 인물이었다. 사후인 1801년 황사영 백서 사건(黃嗣永帛書事件)으로 관작이 추탈되었다가 1823년 영남만인소로 신원되었다. 문장은 소차(疏箚)에 능했고, 시풍은 위로는 이민구(李敏求)·허목(許穆), 아래로는 정약용(丁若鏞)으로 이어진다고 한다.

옮긴이

양기정(梁基正)

고려대학교 한문학과를 졸업하고 성균관대학교에서 문헌정보학으로 석사 학위를 받았다. 민족문화추진회 국역연수원을 졸업하였고, 한국고전번역원에 재직 중이다. 《한국문집총간》 기획과 편찬, 《승정원일기》, 《명재유고》, 《성호전집》, 《번암집》, 《송자대전》 번역에 참여하였다. 교주서로 《남명집교주》가 있고, 저서로 《생각, 세 번》, 《景, 자연을 노래하다》(이상 공저) 등이 있다.

김정기(金正基)

한림대학교 부설 태동고전연구소와 강원대학교 국어국문학과 박사과정을 수료하였다. 현재 한국고전번역원 고전문헌번역실 교점번역위원이며, 한국국학진흥원 영남선현문집번역 객원연구원이다.

번암집 9

채제공 지음 | 양기정 김정기 옮김

2021년 12월 31일 초판 1쇄 발행

발행인 신승운 | 발행처 한국고전번역원
등록 2008. 3. 12. 제25100-2018-000049호
주소 (03310) 서울시 은평구 진관1로 85
전화 02-350-4800 | 팩스 02-350-4994 | 홈페이지 www.itkc.or.kr

번역 양기정(제32권~제35권) 김정기(제36권)
연구총괄 양기정 | 연구기획 김지민 | 자문 정선용

책임편집 하현주 | 편집진행 김태훈 신진호 김지수
편집교정 김상순 서세영 채은주 | 조판 김지현 | 제작 김형석
디자인 씨디자인 | 인쇄 ㈜대유기획인쇄

값 20,000원
ISBN 978-89-284-0863-4 94810
978-89-284-0427-8 (세트)